税务干部业务能力升级考试辅导丛书

信息技术
应试辅导及模拟试卷（含解析）

（适用1~7级）

本书编写组●编

中国商业出版社

图书在版编目(CIP)数据

信息技术应试辅导及模拟试卷:含解析/《信息技术应试辅导及模拟试卷:含解析》编写组编. —北京:中国商业出版社,2020.1

(税务干部业务能力升级考试辅导丛书)

ISBN 978-7-5208-1090-6

Ⅰ.①信… Ⅱ.①信… Ⅲ.①信息技术-应用-税收管理-中国-干部培训-自学参考资料 Ⅳ.①F812.423

中国版本图书馆 CIP 数据核字(2019)第 289855 号

责任编辑:杜　辉

中国商业出版社出版发行
010-63180647　www.c-cbook.com
(100053　北京市广安门内报国寺 1 号)
新华书店经销
北京俊林印刷有限公司印刷
*
787 毫米×1092 毫米　16 开　21.5 印张　510 千字
2020 年 1 月第 1 版　2020 年 1 月第 1 次印刷
定价:79.00 元
* * * *

(如有印装质量问题可更换)

前 言

为持续推进"人才强税"战略,根据素质提升"115"工程总体部署和《2018—2022年全国税务系统干部教育培训规划》有关要求,国家税务总局2020年将在全国税务系统组织开展数字人事业务能力升级测试。测试内容分为政治素质、通用业务和专业知识与技能三大板块。根据全国税务系统信息技术类岗位人员参加测试的实际需要,本书编写组特地组织信息技术方面的专家、教授、学者及税务系统在职业务骨干,共同协作,精心编写出全新的《信息技术应试辅导及模拟试卷(含解析)》一书,以期对参加数字人事业务能力升级测试的税务系统信息技术类岗位人员提供有益的帮助。

这次新出版的《信息技术应试辅导及模拟试卷(含解析)》一书,具有以下几个显著特点。

一、严格按照最新的税务系统数字人事业务能力升级测试大纲(信息技术类)要求的从事信息技术工作的税务干部必须具备的基本素质,特别是运用有关基本理论、基本知识和基本方法分析解决信息技术工作中相关实际问题的能力进行布局编写。

二、本书分为上、下两篇。上篇以章为单元,每个单元包括两个板块。第一个板块为各章知识要点归纳,对每章的整体知识内容作了系统全面、详略得当、要点突出的梳理归纳,可以使学习者在较短的时间内清晰而迅速地掌握每章的总体知识内容。第二个板块为各章同步习题精练,设置了单项选择题、多项选择题、判断题、简答题和综合案例题五种题型。所有习题的内容与测试大纲的要求对应一致,紧密结合。下篇包括十套模拟试卷(含答案及解析),可用以检测总体的学习使用效果。

三、本书表述简明扼要、重点突出,有助于使用者开阔思路、拓展思维、借鉴比较、对照分析,从而取得更好的学习效果。

四、本书的内容要点突出、逻辑清晰、语言流畅、通俗易懂,将税务系统数字人事业务能力升级测试大纲中信息技术类的基本理论知识及专业知识层面所要求的规范性、通识性、专业性、特殊性与学习者所要求的易懂性、易识性、启发性、可悟性和应考性有机结合,有助于学习者取得事半功倍的理想效果。

由于时间有限,加之本书涉及信息技术业务范围广、内容多、容量大,本书在知识要点的归纳、习题的选取以及实例的解析等方面都必然还存在一些不足,恳切希望使用者及时提出宝贵的改进意见。

本书编写组
2020 年 1 月

目 录

上篇　应试指导

第一章　信息化建设与管理 ··································· 3
　★ 知识要点归纳 ·· 3
　第一节　IT 治理 ·· 3
　第二节　项目管理 ·· 5
　第三节　ITIL ·· 6
　★ 习题精练 ··· 9
　★ 答案及解析 ··· 10

第二章　计算机终端设备 ····································· 11
　★ 知识要点归纳 ··· 11
　第一节　计算机组成 ······································· 11
　第二节　计算机日常维护 ··································· 14
　第三节　终端安全管理 ····································· 18
　★ 习题精练 ·· 21
　★ 答案及解析 ·· 24

第三章　通信与网络 ·· 29
　★ 知识要点归纳 ··· 29
　第一节　计算机网络基础 ··································· 29
　第二节　计算机局域网基础 ································· 32
　第三节　数据通信基础 ····································· 35
　第四节　Internet 基础 ····································· 39
　第五节　网络互联技术与设备 ······························· 44
　第六节　网络管理 ·· 50
　第七节　物联网 ·· 56
　第八节　区块链 ·· 63
　第九节　网络规划与建设 ··································· 65

★ 习题精练 ··· 71
　　★ 答案及解析 ··· 77
第四章　网络安全 ··· 86
　　★ 知识要点归纳 ··· 86
　　第一节　网络安全基础 ··· 86
　　第二节　安全管理 ·· 88
　　第三节　安全技术 ·· 93
　　★ 习题精练 ··· 99
　　★ 答案及解析 ··· 104
第五章　数据管理与应用 ·· 113
　　★ 知识要点归纳 ··· 113
　　第一节　数据库技术 ·· 113
　　第二节　结构化查询语言 ·· 115
　　第三节　Oracle 数据库 ·· 121
　　第四节　数据挖掘 ··· 140
　　第五节　大数据 ·· 151
　　★ 习题精练 ··· 164
　　★ 答案及解析 ··· 170
第六章　软件开发 ··· 179
　　★ 知识要点归纳 ··· 179
　　第一节　软件开发基础知识 ·· 179
　　第二节　Web 熟悉开发 ·· 183
　　第三节　中间件 ··· 185
　　★ 习题精练 ··· 195
　　★ 答案及解析 ··· 200
第七章　计算机与存储 ·· 207
　　★ 知识要点归纳 ··· 207
　　第一节　主机 ··· 207
　　第二节　存储 ··· 213
　　第三节　虚拟化 ··· 217
　　第四节　云计算 ··· 223
　　★ 习题精练 ··· 226
　　★ 答案及解析 ··· 230
第八章　基础设施保障 ·· 237
　　★ 知识要点归纳 ··· 237
　　第一节　基础设施概述 ·· 237
　　第二节　基础环境 ··· 240
　　第三节　支持环境 ··· 241

★ 习题精练 ·· 241
★ 答案及解析 ·· 242

下篇　模拟试卷及答案解析

模拟试卷（一） ·· 247
　　模拟试卷（一）答案及解析 ·· 251
模拟试卷（二） ·· 255
　　模拟试卷（二）答案及解析 ·· 260
模拟试卷（三） ·· 265
　　模拟试卷（三）答案及解析 ·· 270
模拟试卷（四） ·· 275
　　模拟试卷（四）答案及解析 ·· 279
模拟试卷（五） ·· 284
　　模拟试卷（五）答案及解析 ·· 288
模拟试卷（六） ·· 293
　　模拟试卷（六）答案及解析 ·· 297
模拟试卷（七） ·· 302
　　模拟试卷（七）答案及解析 ·· 306
模拟试卷（八） ·· 310
　　模拟试卷（八）答案及解析 ·· 315
模拟试卷（九） ·· 320
　　模拟试卷（九）答案及解析 ·· 324
模拟试卷（十） ·· 328
　　模拟试卷（十）答案及解析 ·· 332

上篇
应试指导

第一章

信息化建设与管理

★ 知识要点归纳

第一节 IT 治理

一、IT 治理的概念

IT 治理是公司治理的一部分,对于公司治理,1999 年出版的《公司治理的基本原则》一书所下的定义为:为确定组织目标和确保目标实现的绩效监控所提供的治理结构。

关于 IT 治理,中外学者给出了很多的定义,美国 IT 治理协会给 IT 治理的定义是:"IT 治理是一种引导和控制企业各种关系和流程的结构,这种结构安排,旨在通过平衡信息技术及其流程中的风险和收益,增加价值,以实现企业目标。"

国内有一种观点认为,IT 治理是描述企业或政府是否采用有效的机制,使得 IT 的应用能够完成组织赋予它的使命,同时平衡信息化过程中的风险,确保实现组织的战略目标的过程。它的使命是:保持 IT 与业务目标一致,推动业务发展,促使收益最大化,合理利用 IT 资源,适当管理与 IT 相关的风险。

美国麻省理工学院的学者彼得·维尔和珍妮·罗斯在其所撰写的《IT 治理》一书中指出,IT 治理就是为鼓励 IT 应用的期望行为,而明确的决策权归属和责任担当框架。他们认为是行为而不是战略创造价值,

任何战略的实施都要落实到具体的行为上。

从 IT 中获得最大的价值,取决于在 IT 应用上产生我们期望的行为。期望行为是组织信念和文化的具体体现,它们的确定和颁布不仅基于战略,而且基于公司的价值纲要、使命纲要、业务规则、约定的行为习惯以及结构等。在每一家公司里,期望行为都各不相同。综合这些定义,我们可以得出,IT 治理就是要明确有关 IT 决策权的归属机制和有关 IT 责任的承担机制,以鼓励 IT 应用的期望行为的产生,以联结战略目标、业务目标和 IT 目标,从而使企业从 IT 中获得最大的价值。治理和管理是两个不同的概念,它们之间的区别就在于,

治理是决定由谁来进行决策，管理则是制定和执行这些决策。

二、进行 IT 治理的必要性

海尔和联想等企业的成功与其最高领导者的眼光、个人素质和领导魅力有相当大的关系。国内很多 IT 项目开发和实施的成功在很大程度上也要依靠项目经理的个人素质和魅力，也即所谓的技术英雄。但是，这些公司和项目的成功更多是依赖于人的因素，而不是制度的安排。随着强有力领导者和英雄的隐退和消亡，这些成功的企业和项目也随之消亡。

问题的关键在于治理缺位，如果没有好的治理机制，企业管理得好是偶然的，管理不好是必然的；如果有好的治理机制，企业管理得好是必然的，管理不好是偶然的。同样，对于 IT，如果存在好的 IT 治理机制，IT 管理得好就是必然的，管理不好是偶然的；而如果没有好的 IT 治理机制，IT 管理得好是偶然的，管理不好是必然的。

企业的关键资产包括人力资产、金融资产、实物资产、知识产权资产、关系资产、信息和 IT 资产。企业要实现其战略计划并获得商业价值必须对这六个关键资产进行有效的治理。

这些关键资产的治理需要大量的组织机制（如组织结构、流程、委员会、议事程序和审计等）来完成。一些机制是专属于某一特定资产的（如 IT 基础架构委员会），而其他的一些机制则交叉和整合多项资产类型（如资产审批流程），以保证关键资产的协同。

在今天的大量企业中，六项关键资产的治理成熟度具有显著的差别。金融资产和实物资产的治理情况最为良好，而信息和 IT 资产的治理则最为糟糕。如下因素导致信息和 IT 在绝大多数企业中成为被理解得最少和利用得最差的关键资产：

（1）越来越容易收集和数字化；
（2）在产品、服务中的重要性不断上升；
（3）难以确定价值或估价；
（4）半衰期越来越短；
（5）风险不断升高（如安全性、保密性等）；
（6）对绝大多数企业来说还是非常昂贵。

三、IT 价值的实现

IT 价值的实现不仅仅取决于是否拥有好的技术，而更在于如何用好这些技术。有人估算说 IT 项目的失败率在 70% 以上。虽然有些项目的失败是由于技术方面的问题，但绝大部分失败都是因为组织无力采用新的流程以有效应用新技术而造成的。即使是在西方一流的企业中也仅仅只有 38% 的高级经理能够精确描述他们的 IT 治理。所以，要想从 IT 中获得最大的价值，我们必须对 IT 进行有效的治理。IT 治理需要解决的问题管理实践的核心是目的性、组织性和系统性。企业目标是通过相应的组织架构和规范流程来实现的。一旦目标明确后，组织性意味着组织架构的设计，成员的角色定位，明晰的权责划分和资源分配。系统性则意味着一系列的流程、规章制度、方法论和工具。IT 治理和管理实践的核心精神是一致的。这样的管理理念和治理机制正是当前我们企业最缺乏的。与目的性相对的是盲目性，我们见过多少 IT 项目因为目的不明确、需求含混或动机不纯而失败？与组织性相对的是混乱和无序（在企业中通常表现为没有明确的权责），我们周围有多少企业能通过组织框架实现有效 IT 治理和部门之间实现资源共享和整合？和系统性相对的是随意性和随机性，有多少企业是依靠严格定义的流程、可度量的绩效指标和方法论管理 IT 功能？所以有效的 IT 治理需要解决三个方面的问题,以保证有效地管理和使用 IT,即必须做出哪些决策(目的性);应该由谁来做出这些决策(组织性);如何制定和监控这些决策(系统性)。

第二节 项目管理

一般项目管理的内容主要包括以下九个方面:

一、范围管理

范围管理基本内容是定义和控制列入或未列入项目的事项,主要包括:

①项目立项:项目的开始。

②项目规划:将项目划分为几个小的单元,更易管理的部分。

③项目界定:确定一个范围说明,作为将来项目决策的基础。

④项目核实:项目范围的正式接纳。

⑤项目变更与控制:控制项目范围的变化。

二、时间管理

时间管理是为了确保项目最终按时完成的一系列管理过程。它包括具体活动的界定、活动的排序、时间的估算、进度安排及时间控制等各项工作。

①项目管理流程:分析工作顺序,工作工期和资源需求,编制项目进度计划。

②项目时间的估算:估计每一项工作所需要的时间段。

③项目进度控制:确定为完成各种项目可交付成果所必须进行的诸项具体流程。控制项目进度计划的变化。

三、成本管理

成本管理是为了保证在批准的项目预算内完成项目的资源管理过程。它包括资源的配置、成本费用的估算及费用控制等工作。

①项目资源规划:确定为完成项目需要何种资源、多少资源。包括人、设备、材料等。

②项目成本预算:对完成项目各环节所需要的资源费用的近似估算,将总费用估算分配到各单项工作上。

③项目成本控制:控制项目预算的变更。

四、质量管理

质量管理是为了确保目标达到客户所规定的质量要求而实施的一系列管理过程。它包括项目质量的规划、控制和保证等。

①项目质量规划:确定项目的相关质量标准,并规划如何达到标准。

②项目质量控制:监控项目的执行结果,确定是否符合相关的质量标准。

③项目质量保证:定期评价总体项目执行情况,提高项目相关人员完成质量标准的信心。

五、人力资源管理

人力资源管理是为了保证所有项目关系人的能力和积极性都得到最有效的发挥和利用而采取的一系列管理措施。它包括人员招聘、相关人员的项目管理培训、队伍建设与开发、组织协调、激励、监控、评价等一系列工作。

六、风险管理

项目在实施过程中可能遇到各种不确定的因素,为了将他们有利的方面尽量扩大并加以利用,而将其不利方面所带来的后果降到最低限度,需要采取一系列风险管理措施,包括风险识别、风险量化、制定应对措施和风险控制等。

①项目风险识别:分析哪些风险可能对项目造成影响。

②项目风险量化:通过对风险及风险的相互作用的分析评估,来评价风险的可能性与结果。

③项目风险应对:制定应对措施。

④项目风险控制:对项目执行过程中的风险进行对抗性的回应。

七、采购管理

项目采购管理是为了从项目组织外部获取材料或服务所采取的一系列管理措施。它主要包括决定何时采购何物,产品需求和鉴定潜在的来源,依据报价招标等方式选择潜在的卖方,管理与卖方的关系。

八、沟通管理

项目沟通管理是确保信息及时、准确地提取、收集、传播、存储及最终处置的过程,使参与项目的每一个人都明白他们以个人身份涉及的信息将如何影响整个项目。它包括项目的概述、主要过程、内容、信息发布和进度报告等。

九、项目整体管理

项目整体管理是为了正确地协调项目所有各组织部门而进行的综合性过程。它牵涉到在竞争目标和方案选择中做出平衡,以满足或超出项目利害关系者的需求和期望,其核心就是要在多个互相冲突的目标和方案之间作出权衡,以满足项目利益关系者的要求。

第三节 ITIL

一、ITIL 的概念

ITIL 即 IT 基础架构库(Information Technology Infrastructure Library,ITIL,信息技术基础架构库)由英国政府部门 CCTA(Central Computing and Telecommunications Agency)在 20 世纪 80 年代末制定,现由英国商务部(Office of Government Commerce,OGC)负责管理,主要适用于 IT 服务管理(ITSM)。ITIL 为企业的 IT 服务管理实践提供了一个客观、严谨、可量化的标准和规范。

二、使用功能

ITIL 主要包括六个模块,即业务管理、服务管理、ICT 基础架构管理、IT 服务管理规划与实施、应用管理和安全管理。其中服务管理是其最核心的模块,该模块包括服务提供和服务支持两个流程组。

ITIL 为企业的 IT 服务管理实践提供了一个客观、严谨、可量化的标准和规范,企业的 IT 部门和最终用户可以根据自己的能力和需求定义自己所要求的不同服务水平,参考 ITIL

来规划和制定其IT基础架构及服务管理,从而确保IT服务管理能为企业的业务运作提供更好的支持。对企业来说,实施ITIL的最大意义在于把IT与业务紧密地结合起来了,从而让企业的IT投资回报最大化。

实际上,ITIL并不仅仅适用于企业内部的IT服务管理,也适合于IDC数据托管中心。过去,IDC为每个用户提供的IT服务水平很难量化、考评,用户无法断定是否获得了合同承诺的服务,而ITIL的实施为IDC的IT服务水平提供了一个可以客观考评的依据和标准。

目前,ITIL已经在全球IT服务管理领域得到了广泛的认同和支持,四家最领先的IT管理解决方案提供商都宣布了相应的策略:IBM Tivoli推出了"业务影响管理"解决方案、HP公司倡导"IT服务管理"、CA公司强调"管理按需计算环境"、BMC公司则推出了"业务服务管理"理念。实际上,无论各公司的理念和解决方案有多大差异,但目标都是一致的:把IT与业务相结合,以业务为核心搭建和管理IT系统。

为什么ITIL在最近几年得到了厂商和客户的广泛认同和大力支持?"是因为我们已经进入了'技术利润三角区'",ITIL专家Malcolm Fry先生在接受记者采访时谈道:"现在很多业务都必须借助技术手段才能完成,比如占领新市场、远距离地开展工作、把产品推荐给世界各地的客户等。"在这种情况下,我们已经很大程度上将企业对技术的控制权转移到客户手中了。例如在英国的零售业,如果在线商店停业,服务台必须首先报告CEO,而在五年前,CEO很可能根本不知道有服务台。不难看出,在目前的市场情形下,客户服务的好坏直接受IT系统的影响,IT服务管理成为企业业务运作过程中不可或缺的重要一环。

三、基本特点

公共框架ITIL由世界范围内的有关专家共同开发,它也可由世界上任何组织免费使用以及利用ITIL开展有关业务。

最佳实践框架。ITIL是根据实践而不是基于理论开发的:OGC收集和分析各种组织解决服务管理问题方面的信息,找出那些对本部门和在英国政府部门中的客户有益的做法,最后形成了ITIL。

事实上的国际标准。虽然ITIL当初只是为英国政府开发的,但是在20世纪90年代初期,它很快就在欧洲其他国家和地区流行起来。ITIL已经成为世界IT服务管理领域事实上的标准。

质量管理方法和标准。ITIL内含着质量管理的思想,组织在运用ITIL提供的流程和最佳实践进行内部的IT服务管理时,不仅可以提供用户满意的服务从而改善了客户体验,还可以确保这个过程符合成本效益原则。

四、核心模块

ITIL的核心模块是服务管理,这个模块一共包括了10个流程和一项职能,这些流程和职能又被归结为两大流程组,即服务支持流程组和服务提供流程组。其中服务支持流程组归纳了与IT管理相关的一项管理职能及5个运营级流程,即事故管理、问题管理、配置管理、变更管理和发布管理;服务提供流程组归纳了与IT管理相关的5个战术级流程,即服务级别管理、IT服务财务管理、IT服务持续性管理、能力管理和可用性管理。下面对这些流程进行简要的介绍。

服务台:服务台是IT部门和IT服务用户之间的单一联系点。它通过提供一个集中和专职的服务联系点促进了组织业务流程与服务管理基础架构集成。服务台的主要目标是协调客户（用户）和IT部门之间的联系，为IT服务运作提供支持，从而提高客户的满意度。

事故管理：事故管理负责记录、归类和安排专家处理事故并监督整个处理过程直至事故得到解决和终止。事故管理的目的是在尽可能最小地影响客户和用户业务的情况下使IT系统恢复到服务级别协议所定义的服务级别。

问题管理：问题管理是指通过调查和分析IT基础架构的薄弱环节、查明事故产生的潜在原因，并制定解决事故的方案和防止事故再次发生的措施，将由于问题和事故对业务产生的负面影响减小到最低的服务管理流程。与事故管理强调事故恢复的速度不同，问题管理强调的是找出事故产生的根源，从而制定恰当的解决方案或防止其再次发生的预防措施。

配置管理：配置管理是识别和确认系统的配置项，记录和报告配置项状态和变更请求，检验配置项的正确性和完整性等活动构成的过程，其目的是提供IT基础架构的逻辑模型，支持其他服务管理流程特别是变更管理和发布管理的运作。

变更管理：变更管理是指为在最短的中断时间内完成基础架构或服务的任一方面的变更而对其进行控制的服务管理流程。变更管理的目标是确保在变更实施过程中使用标准的方法和步骤，尽快地实施变更，以将由变更所导致的业务中断对业务的影响减小到最低。

发布管理：发布管理是指对经过测试后导入实际应用的新增或修改后的配置项进行分发和宣传的管理流程。发布管理以前又称为软件控制与分发，它由变更管理流程控制。

服务级别管理：服务级别管理是为签订服务级别协议（SLAs）而进行的计划、草拟、协商、监控和报告以及签订服务级别协议后对服务绩效的评价等一系列活动所组成的一个服务管理流程。服务级别管理旨在确保组织所需的IT服务质量在成本合理的范围内得以维持并逐渐提高。

IT服务财务管理：IT服务财务管理是负责预算和核算IT服务提供方提供IT服务所需的成本，并向客户收取相应服务费用的管理流程，它包括IT投资预算、IT服务成本核算和服务计费三个子流程，其目标是通过量化服务成本减少成本超支的风险、减少不必要的浪费、合理引导客户的行为，从而最终保证所提供的IT服务符合成本效益的原则。IT服务财务管理流程产生的预算和核算信息可以为服务级别管理、能力管理、IT服务持续性管理和变更管理等管理流程提供决策依据。

IT服务持续性管理：IT服务持续性管理是指确保发生灾难后有足够的技术、财务和管理资源来确保IT服务持续性的管理流程。IT服务持续性管理关注的焦点是在发生服务故障后仍然能够提供预订级别的IT服务，从而支持组织的业务持续运作的能力。

能力管理：能力管理是指在成本和业务需求的双重约束下，通过配置合理的服务能力使组织的IT资源发挥最大效能的服务管理流程。能力管理流程包括业务能力管理、服务能力管理和资源能力管理三个子流程。

可用性管理：可用性管理是通过分析用户和业务方的可用性需求并据以优化和设计IT基础架构的可用性，从而确保以合理的成本满足不断增长的可用性需求的管理流程。可用性管理是一个前瞻性的管理流程，它通过对业务和用户可用性需求的定位，使得IT服务的设计建立在真实需求的基础上,从而避免 IT 服务运作中采用了过度的可用性级别,节约了 IT 服务的运作成本。

ITIL 的 2011 年版本涉及 26 个流程,使用 5 个主要书面指导文件,分别论述了 IT 服务的服务战略、服务设计、服务转换、服务运营和服务的持续改进。

服务战略指导文件提供了基于市场驱动模型的 IT 服务方法。它描述了一系列的管理流程,可以帮助企业根据财务效益原则作出更精准的外包决策。

服务设计指导文件解释了 IT 服务对较大的业务怎样产生影响。它涵盖了 IT 服务的设计实例和技术服务的交付,以及服务管理工具,ITIL 服务支持流程,还有支撑服务的供应链。具体的管理业务内容包括服务水平、可用性、容量和安全管理。

服务转换指导文件讲解了将业务需求转化为实际 IT 服务的过程。ITIL 服务管理约定你必须以项目管理的模式完成这些转换过程,同时,服务转换指导文件也说明了应该如何完成业务环境下的变更管理。服务转换包括变更管理、资产和配置管理、软件发布或部署管理、服务测试等。

服务运营指导文件提供了一系列范例,帮助企业向其员工、合作伙伴和客户交付所需的服务水平——这也是 IT 在整个 ITIL 生命周期中真正创造价值的部分。ITIL 服务从业人员接受的培训包括如何处理日常事务和事故、回应请求、管理问题、维护安全性。

服务的持续改进指导文件协助企业确定需要服务变更的节点,配合业务需求的变化持续调整服务——同时掌控全局,考核变更的成效。这涉及考核节点的定义和考核数据的收集、处理和分析。当需要改进时,IT 团队会执行变更流程,通过前面的考核数据评估成效,并依次推广到更多标准化的变更。这是一个持续的过程。

★ 习题精练

1. 以下关于企业信息化方法的叙述中,正确的是( )。
   A. 业务流程重构是对企业的组织结构和工作方法进行重新设计,SCM(供应链管理)是一种重要的实现手段
   B. 在业务数量浩繁且流程错综复杂的大型企业里,主题数据库方法往往形成许多"信息孤岛",造成大量的无效或低效投资
   C. 人力资源管理把企业的部分优秀员工看作一种资本,能够取得投资收益
   D. 围绕核心业务应用计算机和网络技术是企业信息化建设的有效途径
2. 企业信息资源集成管理的前提是对企业( )的集成,其核心是对企业( )的集成。
   A. 信息功能　　　　　B. 信息设施　　　　C. 信息活动　　　　D. 信息处理
   E. 业务流　　　　　　F. 内部信息流　　　G. 外部信息流　　　H. 内部和外部信息流
3. 企业信息化涉及对企业管理理念的创新,按照市场发展的要求,对企业现有的管理流程重新整合,管理核心从对( )的管理,转向对技术、物资和人力资源的管理,并延伸到对企业技术创新、工艺设计、产品设计、生产制造过程的管理,进而还要扩展到对客户关系和供应链的管理乃至发展到电子商务。

A. 人力资源和物资 B. 信息技术和知识
C. 财务和物料   D. 业务流程和数据

★ 答案及解析

1.【答案】D

【解析】A：一般的用业务流程的重组我们用的是 BPR/BPM，SCM 是负责企业之间对接的问题；

B：主题数据库是多个业务数据库的整合，只有业务数据库才会形成"信息孤岛"。

C：人力资源管理是把所有的员工看作生产资本。

2.【答案】A

【解析】集成管理是企业信息资源管理的主要内容之一，实行企业信息资源集成管理的前提是对企业历史上形成的企业信息功能的集成，其核心是对企业内部和外部信息流的集成，其实施的基础是各种信息手段的集成。

为了加强对企业信息资源的管理，企业应按照信息化和现代化企业管理要求设置信息管理机构，建立信息中心。

3.【答案】C

【解析】企业信息集成按照组织范围分为企业内部的信息集成和外部的信息集成。在企业内部的信息集成中。作为管理核心的财务、物料管理，转向技术、物资、人力资源的管理，延伸到企业技术创新、工艺设计、产品设计、生产制造过程的管理，进而还要扩展到客户关系管理、供应链管理乃至发展到电子商务。

第二章 计算机终端设备

★ 知识要点归纳

第一节 计算机组成

计算机系统由硬件系统和软件系统两大部分组成。图 2-1 描绘了计算机系统的组成。

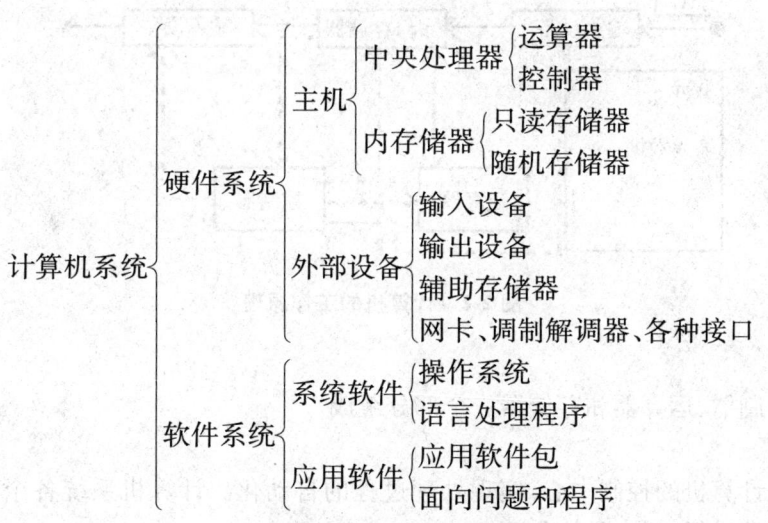

图 2-1 计算机系统的组成

硬件是构成计算机的实体,是计算机系统中实际装置的总称,如机箱、键盘、鼠标器、显示器和打印机等,都是所谓的硬件。

仅仅具备硬件部分,计算机是不能正常工作的,还必须有软件来安排计算机做什么工作、怎样工作。软件是相对硬件而言的,是指计算机运行所需的程序、数据及有关资料。

计算机系统是一个整体,既包括硬件系统也包括软件系统,两者是不可分割的。目前,计算机之所以能够推广应用到各个领域,正是由于软件的丰富多彩,能够出色地完成各种不同的任务。当然,计算机硬件是支持软件工作的基础,没有良好的硬件配置,软件再好也没有用武之地。同样,没有软件的支持,再好的硬件配置也是毫无价值的。人们把没有配备任何软件的计算机称为"裸机"。

一、计算机的硬件系统

硬件是指组成计算机的各种物理设备,是指那些看得见、摸得着的实际物理设备。它包括计算机的主机和外部设备,具体由五大功能部件组成,即运算器、控制器、存储器、输入设备和输出设备,这五大部分相互配合、协同工作。

计算机简单工作原理:首先由输入设备接收外界信息(程序和数据),控制器发出指令将数据送入(内)存储器,然后向内存储器发出取指令命令。在取指令命令下,程序指令逐条送入控制器。控制器对指令进行译码,并根据指令的操作要求,向存储器和运算器发出存数、取数命令和运算命令,经过运算器计算并把计算结果存在(内)存储器内。最后在控制器发出的取数和输出命令的作用下,通过输出设备输出计算结果。

计算机的简单工作原理演示如图 2-2 所示。

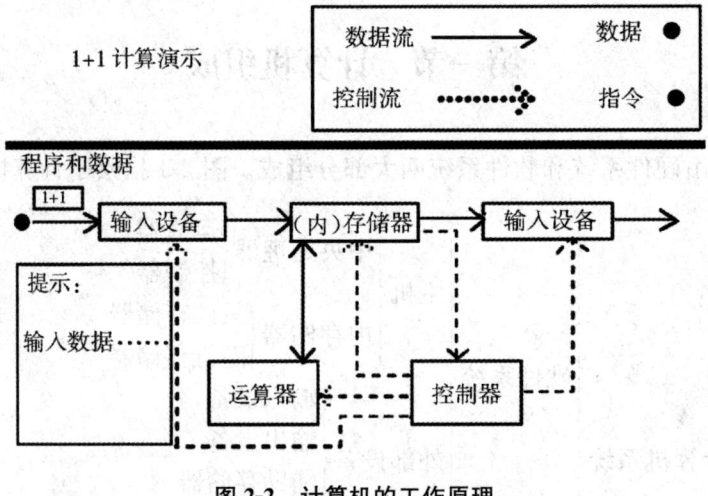

图 2-2　计算机的工作原理

(一)主机

主机由控制器、运算器和存储器三个部分组成。

1. 控制器

控制器是计算机的控制中心,实现处理过程的自动化。计算机系统各个部件在控制器的控制下协调地进行工作,具体如下。

(1)控制器控制输入设备将数据和程序从输入设备输入到内存储器。

(2)在控制器指挥下,从存储器取出指令送入控制器。

(3)控制器分析指令,指挥运算器、存储器执行指令规定的操作。

(4)运算结果由控制器控制,送到存储器保存或送到输出设备输出。

2. 运算器

运算器的功能是在控制器的指挥下,对信息或数据进行处理和运算,包括算术运算和逻辑运算,其内部有一个算术逻辑运算部件(Arithmetical Logic Unit,ALU)和若干种寄存器。运算器主要工作是数据处理(运算)和暂存运算数据。

3. 存储器

存储器(Memory)一般是指内存储器,简称内存,是计算机用来存放程序和数据的记忆部件。常用的存储单位如下。

(1)位(bit):表示一位二进制信息,可存放一个0或1,是计算机中存储信息的最小单位。

(2)字节(Byte):是计算机中存储器的一个存储单元,由8个二进制位组成。字节(B)是存储容量的基本单位。

(3)字:由若干个字节组成,是信息处理的单位。

保存信息到存储单元的操作称作"写"操作,从存储单元中获取信息的操作称作"读"操作,"读""写"时一般都以字节为单位。"读"操作不会影响存储单元中的信息,"写"操作使新的信息取代存储单元中原有的信息。

内存储器直接和运算器、控制器交换信息,分为随机存取存储器(Random Access Memory,RAM)和只读存储器(Read Only Memory,ROM)两种。

①RAM中的信息:可随机地读出或写入,一旦关机(断电),信息不再保存。

②ROM中的信息:只有在特定条件下才能写入,通常只能读出而不能写入,断电后,ROM中的原有内容保持不变。ROM一般用来存放自检程序、配置信息等。

(二)输入设备

输入设备将原始数据、程序和控制信息转换成计算机所能识别的二进制形式的电信号,送到计算机内存中。常用输入设备有键盘、光电输入机、磁盘驱动器和磁带机等。最早使用的是纸带输入机和卡片输入机,都属于光电输入机,把程序和数据的代码在纸带或卡片上打成不规则的孔,利用光转换成电的原理,变成电的脉冲代码。20世纪末,使用最为普遍的输入方法是键盘输入,广泛用在微型计算机和终端上。这种方法可将按键所代表的字符直接转换成电脉冲代码。

(三)输出设备

将计算结果或中间结果用人所能识别的形式表现出来,常用输出设备有屏幕显示器、打印机、各种绘图仪等。这些设备可根据计算机工作的需要以多种颜色和多种速度输出结果。

(四)外存储器

在计算机外还有辅助存储器,称为外存储器,简称外存。外存储器有补充内存和长期保存程序、数据及运算结果的作用。外存储器存储的内容不能直接供计算机使用,而要先送入内存,再从内存提供给计算机。外存的特点是容量大、能够长时间保存内容,存取速度比内存慢。

个人计算机常见的外存储器有U盘、硬盘存储器、磁带存储器、光盘存储器等。

U盘:U盘也称为"闪盘",可以通过计算机的USB口存储数据。与软盘相比,由于U盘的体积小、存储量大及携带方便等诸多优点,U盘已经取代软盘的地位。

硬盘存储器:硬盘是由涂有磁性材料额铝合金原盘组成的,每个硬盘都由若干个磁性圆盘组成。

磁带存储器：磁带也称为顺序存取存储器 SAM。它存储容量很大，但查找速度很慢，一般仅用作数据后备存储。计算机系统使用的磁带机有 3 种类型：盘式磁带机、数据流磁带机及螺旋扫描磁带机。

光盘存储器：光盘指的是利用光学方式进行信息存储的圆盘。它应用了光存储技术，即使用激光在某种介质上写入信息，然后再利用激光读出信息。光盘存储器可分为 CD-ROM、CD-R、CD-RW 和 DVD-ROM 等。

二、计算机的软件系统

计算机软件系统包括系统软件和应用软件两大类。

(一)系统软件

系统软件是指控制和协调计算机及其外部设备，支持应用软件开发和运行的软件。其主要的功能是进行调度、监控和维护系统等。系统软件是用户和裸机的接口。

（1）操作系统软件，如 DOS、Windows 98、Windows NT、Windows XP、Linux、Netware 等。

（2）各种语言的处理程序，如低级语言、高级语言、编译程序、解释程序等。

（3）各种服务性程序，如机器的调试、故障检查和诊断程序、杀毒程序等。

（4）各种数据库管理系统，如 SQL Sever、Oracle、Informix、Foxpro 等。

(二)应用软件

应用软件是用户为解决各种实际问题而编制的计算机应用程序及其有关资料。应用软件主要有以下几种。

（1）用于科学计算方面的数学计算软件包、统计软件包。

（2）文字处理软件包，如 WPS、Word 等。

（3）图像和动画处理软件包，如 Photoshop、3DS MAX 等。

（4）各种财务管理软件、税务管理软件、工业控制软件、辅助教育等专用软件。

三、硬件和软件的关系

（1）硬件与软件是相辅相成的，硬件是计算机的物质基础，没有硬件就无所谓计算机，软件是计算机的灵魂，没有软件，计算机的存在就毫无价值。

（2）硬件系统的发展给软件系统提供了良好的开发环境，而软件系统发展又给硬件系统提出了新的要求。

第二节　计算机日常维护

计算机的维修不像一般家用电器的维修，由维修人员拿着万用表去测量电阻、电容、三极管，拿着电烙铁去焊接这个或那个电子元件；也不像一些专门的电器维修部门，使用信号发生器、示波器、逻辑笔或高级吹锡器等进行集成块的判断和调换等。由于计算机是超大规模集成电路的产品，所以不可能采用以上维修方式。又由于计算机是由一些配件拼装而成，并且还需要一系列的管理软件，因此所说的计算机维修实际上是判断出故障的配件，并进行更换；或判断哪一个管理软件出现故障，并进行重新设置、安装。

一、计算机故障的分类

计算机常见的故障有三大类,即软件故障、硬件故障和硬件软故障。

(一)软件故障

软件故障具体表现为操作系统的系统文件被破坏,系统配置出错、受到病毒感染,应用软件遭到破坏、数据文件丢失或安装了不应安装的软件等。发生故障时,有时只影响某个软件的使用,严重时可能导致死机,但一般不会对硬件设备造成破坏。

(二)硬件故障

硬件故障是指计算机配件出现物理性的损坏或各配件之间接触不良。计算机板卡、外设的故障多为电气性故障和机械性故障,故障发生时常常伴随着响声、火花、糊味、烧焦等现象。硬件故障会导致发生故障的设备或电路功能丧失,最终产生死机现象。这种故障也会影响到硬件的其他部分,如不能及时排除故障会使相关电路也受到损坏。

(三)硬件软故障

硬件软故障即硬件配置数据出错、丢失,或操作系统中的硬件设置有误。所谓计算机硬件配置的设置数据,就是指主板上 CMOS 程序的设置。CMOS 是计算机主板上的一块可读写的 RAM 芯片,用来存放当前计算机系统的硬件配置参数、用户对计算机某些功能的设置参数。这些参数的错误和丢失会使计算机的某些配件和功能不能使用,甚至出现计算机死机现象。常见的硬件软故障一般都是由 CMOS 设置不当造成的。

硬件软故障一般表现为硬件设备不能被识别、系统资源占用冲突、相关软件不能运行或设备运行效率下降等。硬件软故障是最常见的故障现象。

二、计算机故障检测的原则

由于现在计算机的修理大都是换配件,或者对计算机的软硬件进行重新设置以及重新安装软件,因此修理计算机的主要工作就在于判断故障源。而对故障源的判断并非易事,它必须通过一系列的检测。所以掌握下列检测原则是相当重要的。

计算机故障的检测手段有软件检测和硬件检测两种,一般应遵循先进行软件检测,然后再进行硬件检测的原则。

(一)软件检测的原则

软件检测是在计算机能启动,并可进行一系列设置,或在可以运行测试软件的前提下进行,以查出软件故障或硬件故障,该方法主要用于诊断一些非致命性故障。

(1)先查病毒。计算机发展迅速,病毒程序的水平也在提高。现在,任何计算机故障都有可能是病毒造成的,如计算机运行过程中的死机现象、计算机设置的丢失等。因此应常备病毒清查软件,如 360、瑞星等。只要计算机还能启动,就应立即对整个计算机系统进行杀毒。

(2)先设置,后诊断软件。在查过病毒后,应先检查各种设置数据是否有错,然后再使用专门的诊断软件进行检查。

(3)先应用软件,后系统软件。计算机故障一般都发生在应用软件的运行过程中。因此,一旦发生故障,应先检查应用软件是否有问题,然后再检查操作系统等系统软件是否正常。

(4)避免增加故障。有些诊断软件需在进行软件检测时安装,有些诊断软件对运行环境的要求较高,或者急于求成,可能造成安装诊断软件时又一次发生死机等现象,这就雪上加霜,增加了检测难度。因此安装诊断软件时应特别小心,并尽量使用对运行环境要求较低的诊断软件。

(二)硬件检测的原则

如果进行了软件检测仍没有查出故障源,就应考虑进行硬件检测了。所谓硬件检测就是通过对计算机部件的插拔等动作,逐渐查出故障源。硬件检测应遵循下列原则:

1. 先分析

刚开始维修时,维修人员应先回忆或者问清计算机故障前所进行的操作,然后根据故障的现象和所进行过的操作,分析出错原因及可能的故障源,然后再考虑检测的步骤和维修的方法。漫无目的地修理是计算机维修人员的大忌,它会加重计算机的故障。

2. 先表后里

故障检测应先检查表面现象(如电源是否打开、插件接触是否良好、有无松动、外接部件安装了没有),然后再检查内部设备(机箱内的设备、密封壳里的部件)。在检查内部设备时也应遵循先表后里的原则,如检查机箱内部时,应看是否有冒烟和高温现象、连线是否脱落、部件是否松动等。先表后里的原则就是要求维修人员在确认外部设备无故障,表面现象正常后,再进行内部零件的检查。这样,可以避免不必要的拆卸,从而提高维修效率。

3. 先电源后负载

由于电源故障是最常见的故障之一,并且电源检查比较方便。因此,应该首先检查电源部分。一般可用万用表进行测量,如输入电源是否正常、输出电源(输出给主板和驱动器的电源)是否符合规格。

4. 先外部设备后主机

由于主机(机箱)比外部设备复杂、重要和价格贵,因此检测故障时应先检查外部设备(暴露在机箱或密封壳外部的设备:显示器、打印机、键盘、鼠标、外接驱动器、外接 Modem、插头、插座、引线、开关或其他附件)。在确定外部设备没有故障后再对主机进行检查。对主机的检测也有主、外之分,如软驱、CD-ROM 等设备就可作为主机内的外部设备。

5. 先冷后热

在维修时应先在冷(不通电)的状态下检查,在确信可通电时才可进行热(通电)检查。并且在热检查时也应尽量保持一些配件处于冷状态。如查电源时,可拔掉主板和驱动器上的电源插头;查系统时可去掉软驱和 CD-ROM 等部件,以保持这些部件的冷状态。

6. 先简单后复杂

计算机故障原因多种多样,有简单的,也有复杂的。计算机出了故障,用户总希望故障越小越好,损失越少越好。作为计算机修理人员也应这样认为,在作分析时要考虑到最坏、最复杂的可能,但维修时应从最简单、最常见的原因查起。这样做可加快修理的速度,并可避免故障的增加。

7. 先主要后次要

计算机故障有主要和次要之分,一旦这些故障同时发生,就应先主要后次要。如硬盘、主板同时发生故障,这时应先解决主板问题。这是因为,主板可以在脱离硬盘的情况下进行检查,反之就不行。另外,排除了主板的故障,可能同时也解决了硬盘的问题。

以上是计算机维修的一般原则,在实际维修时应综合考虑、灵活应用。

三、计算机故障的检测方法

(一)直接观察法

直接观察法即观察计算机的插板、插头和插座是否倾斜、松动或脱落;各个配件上的针脚是否整齐;电阻、电容引脚是否相碰、表面是否烧焦;芯片的表面是否开裂或有焦痕;还要查看是否有异物掉进主板的元器件之间(可能造成短路);以及 CPU 的风扇是否转动等。

监听电源风扇、软/硬盘电机或寻道机构、显示器变压器等设备的工作声音是否正常。另外,系统发生短路故障时常常伴随着异常声响。一般在组装计算机时,应先将机箱内的小喇叭装好,它可以警告计算机故障的发生,并且可以帮助维修人员查找故障源。

辨闻主机、板卡中是否有烧焦的气味,便于发现故障和确定短路所在地。

用手感觉芯片是否松动、接触不良;在系统运行时用手触摸或靠近 CPU、显示器、硬盘等设备的外壳,根据其温度可以判断设备运行是否正常;用手触摸一些芯片的表面,如果异常发烫,则该芯片可能损坏。

直接观察法简便易行,它是检测故障的第一步,很多故障通过这一方法就能被发现和解决。

(二)敲击、手压、拔插法

敲击、手压、拔插的目的是保证配件、芯片等接插件的接触良好。拔插配件就是将一些芯片、板卡或插头拔出后再重新正确地插入。在开机状态下进行敲击、手压,能很快找到接触不良的部件。但在开机状态下用这一方法时应格外小心,以免敲坏部件或发生短路现象。一般对硬盘、软盘和 CD-ROM 不可采用此方法。

(三)拔插交换法

计算机硬件系统实际上是由各个配件拼装而成,主板自身故障或 I/O 总线上的各种插卡故障均可导致系统运行不正常,采用拔插维修法是确定故障在主板或 I/O 设备的简捷方法。该方法就是关机将插件逐块拔出,每拔出一块插件板开机观察机器运行状态,一旦拔出某块后主板运行正常,那么故障原因就是该插件板故障或相应 I/O 总线插槽及负载电路故障。若拔出所有插件板后系统启动仍不正常,则故障很可能就在主板上。采用交换法实质上就是将同型号、总线方式一致、功能相同的插件板或同型号芯片相互交换,根据故障现象的变化情况判断故障所在。此法多用于易拔插的维修环境,如内存自检出错,可交换相同的内存芯片或内存条来确定故障原因。该方法最为常用,但需要较多备用配件,对一般用户不合适。

(四)分割缩小法

组成计算机的配件很多,但若仅仅考虑计算机的启动,则需要的配件是电源、主板、CPU、内存、显示卡、显示器(显示器可有可无,无显示器时则可根据声音判别)和键盘。

分割缩小法就是根据计算机的这一特点,当计算机不能启动时,逐一将不影响启动的配件脱离,直至计算机启动成功(此时,最后脱离的配件即为故障源)。用户也可以先用分割缩小法缩小到不能再缩小时,再用替换法进一步检查。对一般用户而言,这是一种比较可行的方法。

(五)升温降温法

高温可能是造成计算机故障的原因之一,因此在打开机箱后,由于散热条件改善故障可能消失。人为升高计算机运行环境的温度,可以检验计算机各部件(尤其是 CPU)的耐高温情况,使计算机重新出现故障,提高温度的部件即为故障源;相反,降低计算机运行环境的温度,可使计算机的故障出现率大为减少,降低温度的部件即为故障源。

对因温度引起的故障,此方法比较行之有效。但该方法具体实施较困难,温度难以掌握,稍有差错,就可能将配件烧坏。因此,使用该方法时应特别小心。

(六)信息提示检测法

计算机启动时 ROM BIOS 会自动检测计算机的配置情况,所查内容与计算机的配置设置(CMOS)不符时,即显示出错信息或通过机箱内的小喇叭报警。用户可根据计算机的提示信息判断出故障配件,由此可见最初安装小喇叭是非常重要的。

(1)各种 MOS 自检时,喇叭报警信息。

(2)BIOS 自检时屏幕提示的出错信息:
- Diskette Boot Failure(磁盘引导失败);
- Invalid Boot Diskette(无效的引导磁盘);
- C:Drive Failure(检测 C 驱动器失败);
- FDD Controller Failure(检测软盘控制器失败);
- HDD Controller Failure(检测硬盘控制器失败);
- CMOS System Options Not Set(CMOS 系统项没设置);
- CMOS Memory Size Mismath(内存大小不匹配);
- CMOS Battery State Low(CMOS 供电不足);
- Keyboard Error(键盘出错);
- On Board Parity Error(内存奇偶校验错)。

(七)软件检测法

通过随机诊断程序、专用维修诊断卡及根据各种技术参数(如接口地址),自编专用诊断程序来辅助硬件维修可达到事半功倍之效。程序测试法的原理就是用软件发送数据、命令,通过读线路状态及某个芯片(如寄存器)状态来识别故障部位。此法往往用于检查各种接口电路故障及具有地址参数的各种电路。但此法应用的前提是 CPU 及其总线运行正常,能够运行有关诊断软件,能够运行安装于 I/O 总线插槽上的诊断卡等。编写的诊断程序要严格、全面、有针对性,能够让某些关键部位出现有规律的信号,能够对偶发故障进行反复测试及能显示记录出错情况。

第三节 终端安全管理

一、移动存储介质管理

移动存储介质主要包括 U 盘、移动硬盘、可刻录光盘、手机/MP3/MP4/MD/SD 卡,以及各类 FlashDisk 产品等。U 盘、移动硬盘等移动存储设备由于使用灵活、方便,迅速得到普及，而且其储存容量也越来越大。移动存储介质在便利使用的同时，也给单位机密资料外泄带来严重的隐患和不可估量的危害。例如，如果不加以限制，外来人员进入本单位就可能使用U盘将机密文件复制出去；一些内部人员（尤其即将离职的员工）可以使用移动硬盘将大量机密信息复制出去；内部人员外出交流，暂时离开笔记本电脑时，他人可以使用U盘将机密文件复制出去；在无意将U盘借给他人使用或信息交换复制时可能泄露机密信息；存有机密信息的U盘或移动硬盘遗失或被盗可能导致机密信息泄露；U盘、移动硬盘等移动存储设备外出修理时，存储在上面的机密文件可能泄露等。所以，为保证内部网络的安全，应该对移动存储介质进行全面的管理。

二、网络行为监控

为了保障单位的信息安全和网络稳定性，必须对用户的行为进行有效管理。例如，禁止用户使用可能带来危害的应用程序等。对网络中所有计算机进行有效的集中监管能够及时发现计算机的实时环境，包括发现用户计算机应用程序、硬件设备、用户账号、网络状况等用户信息。应在对每台计算机的网络状况进行实时监控的基础上，实现对每个计算机网络使用情况的有效管理。例如，对访问的站点、IP地址和应用端口等因素进行控制，以及对访问网络的内容进行记录等。应对用户违反管理规则的行为进行记录、对用户的文件操作进行记录，以及对用户在网络上的行为进行记录等，以便日后为追查用户责任提供有力证据。网络监控主要是对邮件发送、聊天内容、文件传输、网页浏览等进行监控，对远程登录和P2P下载、端口与流量进行管理。

网络监控系统可以采用C/S模式，在每台计算机上安装一个安全的隐形监控代理，从而获取Windows操作系统的各种详细信息，提供详细的计算机环境信息，进而对网络上的计算机进行集中的管理监控。监控服务器是网络中的监控管理中心，存放所有的监控策略，并实时接受监控代理的违规记录和其他日志记录。监控服务器应由安全管理员或网络管理员通过监控管理中心进行远程管理。

三、内网安全防护措施

内网安全防护措施包括防止局域网内所有计算机终端各种途径的非授权信息泄密（如U盘复制、邮件发送、文件打印等），防止局域网内所有计算机终端各种途径的非授权互联网访问（如违规拨号上网、访问非法网页等），主动对计算机内机密进行高强度加密，防止机密文件丢失造成泄密；对局域网内的网络行为进行记录、审计、分析、预警，并在必要时进行追溯、取证和查处（如截取计算机终端屏幕图片用于取证等）。

目前基于网络的应用越来越多，其中有些应用对于安全性、可靠性的要求较高，有些应用则更强调使用的方便性。将这些不同安全级别的应用运行在同一个网络上，允许它们共享网络上的所有资源的做法已经不能满足人们对安全的需求。局域网开放共享的特点，使得分布在各台主机中的重要信息资源处于一种高风险的状态，这些数据很容易受到非法监听、非法复制、非法访问等各种恶意的攻击。针对这样的情况，就需要把一个物理网络划分为多个逻辑网络，需要有一套完善的局域网安全管理解决方案，便捷、安全、有效地控制网络资源的共享及传递，保护部门内部重要数据的安全。可将局域网中的计算机按照安全等级、信任关系等标准划分成多个逻辑网络，同一个逻辑网络内的所有主机是一个信息共享的整体。管理员根据实际情况决定逻辑网络之间的信任关系，控制不同逻辑网络之间的主机是否能够实现网络互访。应对逻辑网络内运行的数据进行加密处理,确保主机脱离原有网络环境后,其数据不能被非授权用户访问。同时,逻辑网络还应支持对存储设备的认证和注册,设定磁盘读写权限,加密磁盘文件;当有磁盘接入逻辑网络时需要得到管理员的认证方可使用,确保在没有管理员的许可下,任何外接设备都会被拒绝接入网络,以免重要信息泄露出去。管理员可以根据情况随时更改逻辑网络的分布及相关策略,实现对局域网的方便有效管理。同时应对单位的所有重要信息服务资源,如OA、Mail和文件服务器等进行有效保护,防止非法接入攻击。

面对当前的网络安全形势,应该以"防内为主、内外兼防"的模式,从提高使用节点自身的安全着手,构筑积极、综合的安全防护系统。

四、税务系统桌面管理

税务系统作为国家重要经济部门,数据的泄露会造成社会的不稳定和国家经济的严重损失,税务业务专网的运营安全对国民经济建设至关重要。数据的泄密除了黑客的攻击以外,大多数是因为信息系统使用者安全意识不强以及操作行为不当造成的。例如,由于外部终端设备随意接入内部网络引发安全事故、病毒木马防控不严、U盘等外设存储使用不当、擅自连接其他网络、重要文档被非授权访问和复制、未经授权而进行数据拷贝和光盘刻录,以及对存储敏感信息的介质和文件没有彻底消除等。

为了应对上述安全问题,减少甚至杜绝因内部敏感信息的泄露和重要数据丢失引发的安全事故,建设安全和谐的内网运行环境就成为税务机关网络建设的重中之重。

(一)桌面管理目标

应在税务系统安全风险评估工作基础上,以核心安全域——重要业务应用系统与数据库安全域为重点,结合国家等级保护要求,针对终端计算机存在的使用控制问题、安全管理风险、安全审计风险、安全接入风险、安全监控问题等各种安全威胁和脆弱点统一进行安全防护建设,最终使得税务业务专网内的终端计算机可管、可控、可审计,并通过统一、联动的安全管控平台实现集中策略配置与管理,完成对网络终端的分级部署、统一管控,实现对内网终端全方位的控制管理,最终形成完整的终端安全管理体系。

(二)桌面管理效果

税务系统终端安全防护系统提供资产管理、软件管理、补丁分发管理、安全管理、终端审计及桌面报警处置等安全功能,根据桌面终端安全管理与防护需要可分为全局策略、本地策略、特殊策略。

全局策略、本地策略、特殊策略由管理员在策略管理中心设定,通过设置策略的开启、关闭、执行范围、时间周期及策略级联等参数项实现。

- 全局策略。由国家税务总局统一制定,适用于系统专网内所有计算机终端,各级网络必须严格执行,未经国家税务总局批准不得擅自修改或停用。
- 本地策略。各级管理员可以根据本区域网络的管理需要进行制定,以加强对终端的管理。
- 特殊策略。此类策略为各地管理员为适应当地管理特殊需要,或者根据管理需要暂时不予以启用的策略,以便对常规桌面管理策略进行修正或补充,或者替代正在执行的策略。

★ 习题精练

一、单项选择题

1. 当前的计算机一般称为第四代计算机,它所采用的逻辑元件是（　　）。
   A. 晶体管　　　　　　　　　　　　B. 集成电路
   C. 电子管　　　　　　　　　　　　D. 大规模、超大规模集成电路

2. 计算机当前的应用领域无处不在,但其应用最早的领域却是（　　）。
   A. 数据处理　　　B. 科学计算　　　C. 人工智能　　　D. 过程控制

3. 能够将高级语言源程序加工为目标程序的系统软件是（　　）。
   A. 解释程序　　　B. 汇编程序　　　C. 编译程序　　　D. 编辑程序

4. 计算机中的运算器的主要功能是完成（　　）。
   A. 代数和逻辑运算　　　　　　　　B. 代数和四则运算
   C. 算术和逻辑运算　　　　　　　　D. 算术和代数运算

5. 下列计算机接口中,可以直接进行"插拔"操作的是（　　）。
   A. COM　　　　　B. IPT　　　　　C. PCI　　　　　D. USB

6. 微型计算机的主频很大程度上决定了计算机的运行速度,它是指（　　）。
   A. 计算机的运行速度快慢　　　　　B. 微处理器时钟工作频率
   C. 基本指令操作次数　　　　　　　D. 单位时间的存取数量

7. 六位二进制数最大能表示的十进制整数是（　　）。
   A. 64　　　　　　B. 63　　　　　　C. 32　　　　　　D. 31

8. 下列四组数依次为二进制、八进制和十六进制的是（　　）。
   A. 11,78,19　　　B. 12,77,10　　　C. 12,80,10　　　D. 11,77,19

9. ROM 中的信息是（　　）。
   A. 由计算机制造厂预先写入的
   B. 在系统安装时写入的
   C. 根据用户需求不同,由用户随时写入的
   D. 由程序临时写入的

10. 在标准 ASCII 编码表中,数字码、小写英文字母和大写英文字母的前后次序是（　　）。
    A. 数字、小写英文字母、大写英文字母
    B. 小写英文字母、大写英文字母、数字
    C. 数字、大写英文字母、小写英文字母
    D. 大写英文字母、小写英文字母、数字

11. 十进制数 91 相当于二进制数（　　）。
    A. 1101011　　　B. 1101111　　　C. 1110001　　　D. 1011011

12. 将汇编语言源程序翻译成计算机可执行代码的软件称为（　　）。
    A. 编译程序　　　B. 汇编程序　　　C. 管理程序　　　D. 服务程序

13. 7位二进制编码的ASCII码表示的字符个数是(   )。
    A. 127   B. 255   C. 256   D. 128
14. 与二进制数11111110等值的十进制数是(   )。
    A. 251   B. 252   C. 253   D. 254
15. 用来表示计算机辅助设计的英文缩写是(   )。
    A. CAI   B. CAM   C. CAD   D. CAT
16. 在计算机内部,数据加工、处理和传送的形式是(   )。
    A. 二进制码   B. 八进制码   C. 十进制码   D. 十六进制码
17. 在计算机中表示存储容量时,下列描述中正确的是(   )。
    A. 1KB=1024MB   B. 1KB=1000B   C. 1MB=1024KB   D. 1MB=1024GB
18. 已知英文字母m的ASCII码值为109,那么英文字母p的ASCII码值为(   )。
    A. 111   B. 112   C. 113   D. 114
19. 具有多媒体功能的微型计算机系统中,常用的WORM是(   )。
    A. 只读型大容量软盘   B. 只读型光盘
    C. 一次性写入多次读出光盘   D. 半导体只读存储器
20. "32位微型计算机"中的32指的是(   )。
    A. 微机型号   B. 内存容量   C. 运算速度   D. 机器字长

二、多项选择题

1. 常见的多媒体元素有(   )。
    A. 文本   B. 图形   C. 图像   D. 动画
2. 以下关于移动硬盘的描述中正确的是(   )。
    A. 相对U盘容量大   B. 需要放置在机箱内部使用
    C. 采用USB接口即插即用   D. 使用方便
3. 在计算机中一个字节可以表示(   )。
    A. 256种状态   B. 一个机内码
    C. 四位十进制数   D. 二位十六进制数
4. 计算机辅助技术包括(   )。
    A. CAD   B. CAI   C. CAB   D. CAM
5. 计算机主机通常包括(   )。
    A. 显示器   B. 控制器   C. 内存储器   D. 运算器
6. 鼠标的基本操作有(   )。
    A. 双击   B. 拖动   C. 右击   D. 单击
7. 在英文录入时,可以进行大小写切换的键是(   )。
    A. Ctrl   B. CapsLock   C. Shift   D. Tab
8. 计算机的主要性能指标包括(   )。
    A. 存储容量   B. 运算速度   C. 可靠性   D. 字长
9. 程序设计语言包括(   )。
    A. 数据库   B. 机器语言   C. 高级语言   D. 汇编语言

10. 在计算机中采用二进制的主要原因是(　　)。
    A. 两个状态的系统容易实现,成本低　　B. 运算法则简单
    C. 十进制无法在计算机中实现　　　　D. 可进行逻辑运算
11. 计算机内存包括(　　)。
    A. 只读存储器　　B. 硬盘　　C. 软盘　　D. 随机存储器
12. 断电后仍能保存信息的存储器为(　　)。
    A. CD-ROM　　B. RAM　　C. ROM　　D. 硬盘
13. CPU能直接访问的存储器是(　　)。
    A. ROM　　B. RAM　　C. Cache　　D. 外储存卡
14. 与内存相比,外存的主要优点是(　　)。
    A. 存储容量大　　　　B. 信息可长期保存
    C. 价格便宜　　　　　D. 存取速度快
15. 在Windows资源管理器中,假设已经选定文件,下列关于"复制"操作的叙述中,正确的有(　　)。
    A. 直接拖至不同驱动器的图标上
    B. 按住Shift键,拖至不同驱动器的图标上
    C. 按住Ctrl键,拖至不同驱动器的图标上
    D. 按住Shift键,然后拖至同一驱动器的另一子目录上
16. 在资源管理器中,查找文件的方式有(　　)。
    A. 按照建立文件的操作者姓名
    B. 按需要查找的文件或文件夹的名称
    C. 按照文件最后的修改日期
    D. 按高级方式查找(可以给出需要查找文件的某些特征、状况)
17. 计算机系统主要的组成部分有(　　)。
    A. ARP　　B. 计算机硬件　　C. TCP/IP协议　　D. 计算机软件
18. 下列方法可以启动"资源管理器"的有(　　)。
    A. 单击"开始"按钮,再从"开始"菜单单击"程序",从"程序"级联菜单中选择"Windows资源管理器"
    B. 用右键单击"我的电脑",选择"资源管理器"
    C. 用左键单击"我的电脑",选择"资源管理器"
    D. 打开控制面板,选择"资源管理器"
19. 下列关于操作系统的叙述中错误的有(　　)。
    A. 操作系统是软件和硬件之间的接口
    B. 操作系统是源程序和目标程序之间的接口
    C. 操作系统是用户和计算机之间的接口
    D. 操作系统是外设和主机之间的接口
20. 一台计算机在自检时发生故障原因可能有(　　)。
    A. BIOS设置　　B. MBR出错　　C. 操作系统出错　　D. 硬件故障

三、判断题

1. SRAM 存储器是动态随机存储器。（　　）
2. 分时操作系统将 CPU 时间分成许多时间片,使每个用户占用一定的时间段,并循环安排每个用户轮流使用 CPU。（　　）
3. 一般而言,中央处理器是由控制器,外围设备及存储器所组成。（　　）
4. 程序设计语言是计算机可以直接执行的语言。（　　）
5. 二进制数 101100 转换成等值的八进制数是 45。（　　）
6. MIPS 表示的是主机的类型。（　　）
7. 操作系统只负责管理内存储器,而不管外存储器。（　　）
8. 已知字符"9"的 ASCII 码 0111001,则字符"8"的 ASCII 码是 0111000。（　　）
9. 指令是一组二进制代码,是计算机可以直接执行的操作命令。（　　）
10. 高级语言编写的源程序,要转换为其等价的目标程序,必须经过编译。（　　）
11. 外存中的信息可直接进入 CPU 进行处理。（　　）
12. 总线是计算机系统中各部件之间传输信息的公共道路。（　　）
13. 控制器,运算器,存储器和输入输出设备合称为计算机系统。（　　）
14. 程序必须装载到内存中才能执行。（　　）
15. 内存中数据的运算可以采用二进制、八进制或十六进制形式。（　　）
16. 程序是能够完成特定功能的一组指令序列。（　　）
17. 字处理软件是一种系统软件。（　　）
18. 键盘指法中,左手基准键为 A、S、D、F。（　　）
19. A 字符的 ASCII 码的值是 41H,则 Z 字符的 ASCII 码为 5AH。（　　）
20. 系统软件包括操作系统、语言处理程序和各种服务程序等。（　　）

★ 答案及解析

一、单项选择题

1.【答案】D
【解析】第四代计算机所采用的逻辑元件是大规模、超大规模集成电路。

2.【答案】B
【解析】计算机当前的应用领域无处不在,但其应用最早的领域却是科学计算。

3.【答案】C
【解析】能够将高级语言源程序加工为目标程序的系统软件是编译程序。

4.【答案】C
【解析】计算机中的运算器的主要功能是完成算术和逻辑运算。

5.【答案】D
【解析】选项中可以直接进行"插拔"操作的计算机接口是 USB。

6.【答案】B

【解析】微型计算机的主频很大程度上决定了计算机的运行速度，它是指微处理器时钟工作频率。

7.【答案】B

【解析】$2^6-1=63$。

8.【答案】D

【解析】二进制只能出现0~1两个符号，八进制只能出现0~7八个符号。

9.【答案】A

【解析】ROM中的信息是由计算机制造厂预先写入的，只能读，不能写。

10.【答案】C

【解析】标准ASCII编码表的前后次序是数字、大写英文字母、小写英文字母。

11.【答案】D

【解析】十进制数91相当于二进制数1011011。

12.【答案】B

【解析】将汇编语言源程序翻译成计算机可执行代码的软件称为汇编程序。

13.【答案】D

【解析】$2^7=128$。

14.【答案】D

【解析】二进制数11111110等值的十进制数是254。

15.【答案】C

【解析】计算机辅助设计CAD。

16.【答案】A

【解析】在计算机内部，数据加工、处理和传送的形式是二进制码。

17.【答案】C

【解析】1KB=1024B,1MB=1024KB,1GB=1024MB。

18.【答案】B

【解析】p的ASCII码值=m的ASCII码值+3=109+3=112。

19.【答案】C

【解析】WORM是一次性写入多次读出光盘。

20.【答案】D

【解析】"32位微型计算机"中的32指的是机器字长。

二、多项选择题

1.【答案】ABCD

【解析】常见的多媒体元素有文本、图形、图像、动画等。

2.【答案】ACD

【解析】移动硬盘的特点：相对U盘容量大、采用USB接口即插即用、使用方便。

3.【答案】AD

【解析】计算机中一个字节可以表示：8位二进制(2位十六进制数)，$2^8=256$种状态。

4.【答案】ABD

【解析】计算机辅助技术包括 CAD、CAI、CAM。

5.【答案】BCD

【解析】计算机主机通常包括控制器、内存储器、运算器。

6.【答案】ABCD

【解析】鼠标的基本操作有双击、拖动、右击、单击。

7.【答案】BC

【解析】在英文录入时，可以进行大小写切换的键是 CapsLock、Shift。

8.【答案】ABD

【解析】计算机的主要性能指标包括存储容量、运算速度、字长。

9.【答案】BCD

【解析】数据库不属于程序设计语言。

10.【答案】ABD

【解析】在计算机中采用二进制的主要原因是两个状态的系统容易实现，成本低；运算法则简单；可进行逻辑运算。

11.【答案】AD

【解析】计算机内存包括只读存储器、随机存储器。

12.【答案】ACD

【解析】断电后仍能保存信息的存储器是 CD-ROM、ROM、硬盘。

13.【答案】ABC

【解析】CPU 能直接访问的存储器是 ROM、RAM、Cache。

14.【答案】ABC

【解析】外存的主要优点是存储容量大、信息可长期保存、价格便宜。存取速度快是内存的优点。

15.【答案】AC

【解析】不同驱动器下拖动文件相当于复制。

16.【答案】BCD

【解析】在资源管理器中查找文件时，可以根据文件的大小、修改日期、文件名、包含文字等特征查找文件。

17.【答案】BD

【解析】计算机系统主要由硬件系统及软件系统构成。

18.【答案】AB

【解析】启动"资源管理器"的方法有：①单击"开始"按钮，再从"开始"菜单单击"程序"，从"程序"级联菜单中选择"Windows 资源管理器"；②用右键单击"我的电脑"，选择"资源管理器"。

19.【答案】ABD

【解析】操作系统是用户和计算机之间的接口。

20.【答案】AD

【解析】MBR、操作系统出错在自检时不会发生故障。

三、判断题

1. 【答案】×

   【解析】SRAM 是英文 static ram 的缩写,它是一种具有静止存取功能的内存,不需要刷新电路即能保存它内部存储的数据。

2. 【答案】√

   【解析】分时操作系统将 CPU 时间分成许多时间片,使每个用户占用一定的时间段,并循环安排每个用户轮流使用 CPU。

3. 【答案】×

   【解析】中央处理器是由控制器和运算器组成。

4. 【答案】×

   【解析】程序设计语言编写的程序必须通过编译才能被计算机执行。

5. 【答案】×

   【解析】二进制数 101100 转换成等值的八进制数是 54。

6. 【答案】×

   【解析】MIPS(Million Instructions Per Second):单字长定点指令平均执行速度,这是衡量 CPU 速度的一个指标。

7. 【答案】×

   【解析】操作系统既负责管理内存储器,也管理外存储器。

8. 【答案】√

   【解析】字符"8"的 ASCII 码比字符"9"的 ASCII 码少 1。

9. 【答案】√

   【解析】指令是一组二进制代码,是计算机可以直接执行的操作命令。

10. 【答案】√

    【解析】高级语言编写的源程序,要转换为其等价的目标程序,必须经过编译。

11. 【答案】×

    【解析】内存中的信息可直接进入 CPU 进行处理。

12. 【答案】√

    【解析】计算机系统中各部件之间传输信息依靠总线。

13. 【答案】×

    【解析】计算机系统由硬件和软件两大部分组成。①硬件:输入设备,输出设备,存储器,运算器,控制器;②软件:系统软件和应用软件。

14. 【答案】√

    【解析】程序必须装载到内存中才能执行。

15. 【答案】×

    【解析】内存中数据的运算采用二进制。

16. 【答案】√

    【解析】程序是能够完成特定功能的一组指令序列。

17. 【答案】×

【解析】字处理软件是一种应用软件。

18.【答案】√

【解析】键盘指法中，左手基准键为 A、S、D、F。

19.【答案】√

【解析】A 字符的 ASCII 码的值是 41H，则 Z 字符的 ASCII 码为 5AH。

20.【答案】√

【解析】系统软件包括操作系统、语言处理程序和各种服务程序等。

第三章 通信与网络

★ 知识要点归纳

第一节 计算机网络基础

一、计算机网络基本概念和分类

计算机网络是把分散的、具有独立功能的计算机系统通过通信设备和通信线路互相连接起来,在特定的通信协议和网络系统软件的支持下,彼此互相通信并共享资源的系统。

计算机网络按逻辑功能分为通信子网与资源子网。资源子网由主机、终端及软件等组成,提供访问网络和处理数据的能力;通信子网由网络节点、通信链路及信号变换器等组成,负责数据在网络中的传输与通信控制。

计算机网络可按不同的标准进行分类:

(1)按网络覆盖的范围大小可分为局域网、城域网和广域网。局域网(Local Area Network,LAN)的覆盖地理范围一般在一公里到几公里。城域网(Metropolitan Area Network,MAN)的使用范围是一个城市,它是适应多种业务、多种网络协议及多种数据传输速率的网络连接。广域网(Wide Area Network,WAN)的使用范围通常为几十公里到几千公里,是长距离传输数据的网络连接。

(2)按网络拓扑结构可分为总线形网络、星形网络、环形网络、树形网络和网状网络。

(3)按信号频带占用方式可分为基带网和宽带网。

(4)按网络的数据传输与交换系统的所有权可分为专用网和公用网。公用网是由国家电信部门组建、经营管理、提供公众服务的网络;专用网由一个政府部门、行业或一个公司等组建经营,未经许可其他部门和单位不得使用。

(5)按通信介质可分为有线网和无线网。有线网是采用同轴电缆、双绞线、光纤等物理介质来传输数据的网络;无线网是采用卫星、微波、电磁波等无线形式来传输数据的网络。

网络中相互连接的计算机之间要实现相互通信就必须具有相同的语言,交换什么、何时交换、怎样交换等都必须遵守约定好的规则。这些规则的集合称为协议(Protocol)。协议有三个要素:

语法(Syntax)。用来规定信息格式、数据及控制信息的格式、编码及信号电平等。

语义(Semantics)。用来说明通信双方应当怎么做,用于协调与差错处理的控制信息。

定时(Timing)。用来定义何时进行通信,先讲什么,后讲什么,讲话的速度等,包括速度匹配和数据排序。

计算机网络的各层及其协议的集合称为网络的体系结构。

二、OSI 体系结构模型

开放系统互连参考模型(Open System Interconnection Reference Model,OSI)是 1981 年在国际标准化组织(ISO)的建议下,为了解决不同网络系统的互联而提出的模型。在 1984 年形成了 ISO 7498 国际标准(OSI/RM)。"开放系统"是指凡是遵守 OSI 协议标准的网络系统互相之间就能够实现通信。OSI 参考模型用于对各层的协议进行标准化规范,模型中包含了详细的信息用于帮助将不同厂商的网络硬件设备或网络软件连接起来。

(一)物理层

物理层处于 OSI 参考模型的最下层,为数据链路层提供物理连接,主要实现比特流的透明传输,所传输数据的单位是比特。物理层定义了传输介质接口、数据信号编码、电压表示、接头尺寸以及和比特数据流传输相关的各种内容。

物理层的各种协议规范是为了让通信发送设备实现将 0/1 的数据串通过物理传输介质传送到接收方,并使数据接收设备能从物理传输介质上获得这些数据串。在物理层上,比特数据流进行的是"透明"的传输过程。在比特流的传输过程中,物理层的设备并不关心也不知道这些比特流实际代表的数据意义。设备唯一需要做的就是完成这些比特流的传输,不负责数据是否被正确传输到目的地。

(二)数据链路层

数据链路层是在物理层的比特流传输的基础上,加强数据传输的可靠性。也就是要在不可靠的物理链路之上建立可靠的数据传输。数据链路层负责实现在通信节点之间建立起数据链路的连接,比物理层传输增加了差错控制和比特数据流的处理功能。

数据链路层将比特数据流组合成数据块,这种数据块在数据链路层中就称为数据帧(Data frame)。数据帧是数据链路层所处理的基本数据单位,数据发送方将要传输的数据进行分装,形成多个数据帧,一个数据帧往往包含了几百或几千个字节。这些数据帧将在数据链路层的控制之下进行传输。

数据链路层划分为两个子层:介质访问控制层(Media Access Control,MAC)和逻辑链路控制层(Logical Link Control,LLC)。MAC 控制所有与传输介质有关的内容,并为 LLC 子层提供接口服务。这样即使物理介质发生改变,也不会影响其上的高层协议。LLC 为更高层的协议提供逻辑接口服务,比如为网络层提供数据报、虚电路控制以及多路复用技术等。

(三)网络层

在 OSI 参考模型中,最底下的三层也称为通信子网,主要实现数据通信的功能。网络层的功能是实现通信节点之间端到端的数据传输。正是在网络层上,异构的物理网络设备才可以实现互联。路由选择、拥塞控制是网络层中的重要技术。

网络层所实现的通信节点之间端到端传输的含义不同于数据链路层上的帧传输。通信节点的源发送端到目的接收端之间会经过许多的中间节点,网络层实现把这些数据分组独立地通过中间节点向目的地传输的功能。

(四)传输层

传输层协议是用户资源子网和通信子网之间的桥梁。传输层彻底屏蔽了通信子网中的传输细节,实现了用户资源子网中通信节点间逻辑层面的通信。

传输层负责管理发送端和接收端之间端口到端口的数据交换,保证数据被完整无错地传输。传输层从更上一层的会话层接收用户数据,完成传输地址到网络地址的映射,并将数据转换为可用通信数据子网进行传输的数据格式,然后交给通信子网进行发送。传输层还提供序列控制、流量控制和错误的检测恢复等功能。

(五)会话层

会话层提供会话管理的功能,允许在机器上的不同用户之间建立会话关系。会话层建立在下层传输层提供的服务基础上,负责打开或者关闭会话。会话层在连接出现错误时试图进行恢复。如果会话层检测到一个连接长时间没有被使用,将会关闭连接并在需要使用时再重新打开连接。这个连接的控制过程对上层的协议是完全透明的。

(六)表示层

表示层是负责对面向连接或无连接传输中的数据信息进行处理。表示层关心的是数据信息的语法和语义,而其他各层协议关心的是对数据的传输控制。其主要功能有:用于处理在多个通信系统之间交换信息的表示方式,包括数据格式的变换、数据加密与解密、数据压缩与恢复等。

表示层中的一个典型示例就是标准的数据编码。传输的数据是有其内在意义的,它要表示一定的逻辑信息。不同通信节点对于数据的组织方式有可能并不相同。不同的计算机可能使用不同的代码来表示字符串,比如 ASCII 码和 Unicode 码。标准的数据编码就是要将这些不同的编码表示统一起来,它将机器的内部编码转换成标准的网络编码在网络上传输,这样接收端的机器就能理解对方数据编码的含义,接收端只需再将标准的网络编码转换成自己的编码格式就可以进行内部的处理。

(七)应用层

应用层位于体系结构的最高层,主要的功能是通过网络应用程序直接为用户提供网络服务。应用层上开发有大量的常用协议,如文件传输 FTP、TFTP,远程访问控制 TELNET,超文本传输服务 HTTP,电子邮件服务 SMTP 等。

根据 OSI 参考模型,可以看到信息交换的过程发生在对等层之间,源主机中的每一层把控制信息附加在数据中,而目的主机的每一层则对接收到的信息进行分解,并从数据中移去控制信息。高层的协议将数据传递到网络层后,形成标准的数据包,而后传送到数据链路层,添加链路层的控制信息,形成帧,再传递到物理层,在物理层传送原始的比特流。

从上面的分层描述中可以看出,OSI 参考模型是一个设计详尽和完整的体系结构,每一层的协议功能划分和相关服务都有很细致的定义,是一个结构化非常好的网络体系结构模型。

(八) TCP/IP 体系结构模型

TCP/IP 协议是互联网实现的技术基础。最初对 TCP/IP 的研究是由美国国防部在 1967 年发起,目的是发展军用计算机通信网络技术,1978 年开始正式使用 TCP/IP 名称。TCP/IP 协议最终被互联网工程任务组(Internet Engineering Task Force,IETF)协会形成标准文档。

TCP/IP 参考模型的体系结构和 OSI 参考模型并不是完全匹配。由于 TCP/IP 协议使用广泛,因而形成了事实标准。将这些协议按功能层进行组织,就形成了与 OSI 参考模型类似的层状参考模型。

TCP/IP 模型的应用层是和用户打交道的部分,用户在应用层上进行操作,如收发电子邮件、文件传输等。

传输层的主要功能是:对应用层传递过来的用户信息进行分段处理,然后在各段信息中加入一些附加的说明,如说明各段的顺序等,保证对方收到可靠的信息。该层有两个协议,一个是传输控制协议(Transport Control Protocol,TCP),另一个是用户数据包协议(User Datagram Protocol,UDP)。

网络层将传输层形成的信息打成 IP 数据包,在报头中填入地址信息,然后选择发送的路径。本层的网际协议(Internet Protocol,IP)和传输层的 TCP 是 TCP/IP 体系中两个最重要的协议。网络层还包括互联网络控制消息协议 ICMP、地址解析协议 ARP、反向地址解析协议 RARP。

网络接口层也称为链路层,其功能是接收和发送 IP 数据包,负责与网络中的传输媒介打交道。

TCP/IP 本质上采用的是分组交换技术,其基本意思是把信息分割成一个个不超过一定大小的信息包传送出去。分组交换技术的优点是:一方面,可以避免单个用户长时间占用网络线路;另一方面,在传输出错时不必全部重新传送,只需将出错的包重新传输。

TCP 和 UDP 是传输层最为著名的两个协议,二者都使用 IP 作为网络层协议。TCP 是一种面向连接的、可靠的传输层协议,允许从一台机器发出的字节流无差错地发送到网络上的其他机器。TCP 协议在实现端到端的连接时使用了三次握手机制。TCP 连接包括建立与拆除两个过程。连接可以由任何一方发起,也可以由双方同时发起。

UDP 是一种无连接的传输层协议,提供面向事务的简单不可靠信息传送服务。由于 UDP 不可靠,在实际应用中主要用于不需要排序和流量控制能力而是自己完成这些功能的应用程序。

第二节 计算机局域网基础

计算机网络根据覆盖的区域不同,可划分成不同的网络类型:局域网、城域网、广域网及互联网等。其中局域网是人们非常熟悉和常见的网络类型。

局域网一般是指在较小的地理区域内,将各种数据通信设备连接在一起,并通过网络软件系统实现通信节点之间数据交换的通信网络。

一、IEEE 802 参考模型

1980年2月,电器和电子工程师协会(Institute of Electrical and Electronics Engineers, IEEE)成立了 IEEE 802 委员会。该委员会制定了一系列局域网标准,称为 IEEE 802 标准。按照 IEEE 802 标准,局域网体系结构由物理层、媒体访问控制子层(又称介质访问控制子层)和逻辑链路控制子层组成。

IEEE 802 参考模型的最底层对应于 OSI 模型中的物理层,包括以下功能:
- 信号的编码/解码;
- 前同步系列生成/去除;
- 比特的发送/接收。

IEEE 802 参考模型的 MAC 层和 LLC 层合起来对应 OSI 模型中的数据链路层,MAC 子层完成的功能如下:
- 在发送时将要发送的数据组装成帧,帧中包含有地址和差错检测等字段;
- 在接收时,将接收到的帧解包进行地址识别和差错检测;
- 管理和控制对于局域网传输媒体的访问。

LLC 子层完成的功能如下:
- 为高层协议提供相应的接口,即一个或多个服务访问点(Service Access Point, SAP),通过 SAP 支持面向连接的服务和复用能力;
- 端到端的差错控制和确认,保证无差错传输;
- 端到端的流量控制。

目前,由 IEEE 802 委员会制定的标准已近 20 个,具体标准如下:

IEEE 802.1:局域网概述、体系结构、网络管理和网络互联。

IEEE 802.2:逻辑链路控制子层(LLC)的定义。

IEEE 802.3:以太网介质访问控制协议(CSMA/CD)及物理层技术规范。

IEEE 802.4:令牌总线网(Token-Bus)的介质访问控制协议及物理层技术规范。

IEEE 802.5:令牌环网(Token-Ring)的介质访问控制协议及物理层技术规范。

IEEE 802.6:城域网介质访问控制协议分布式队列双总线(Distributed Queue Dual Bus,DQDB)及物理层技术规范。

IEEE 802.7:宽带技术咨询组,提供有关宽带联网的技术咨询。

IEEE 802.8:光纤技术咨询组,提供有关光纤联网的技术咨询。

IEEE 802.9:综合声音数据的局域网介质访问控制协议及物理层技术规范。

IEEE 802.10:网络安全技术咨询组,定义了网络互操作的认证和加密方法。

IEEE 802.11:无线局域网访问方法和物理层规范。

IEEE 802.12:需求优先的介质访问控制协议(100VG ANY LAN)。

IEEE 802.13:未使用。

IEEE 802.14:采用线缆调制解调器(Cable Modem)的交互式电视介质访问控制协议及网络层技术规范。

IEEE 802.15:采用蓝牙技术的无线个人网(Wireless Personal Area Networks,WPAN)

技术规范。

IEEE 802.16：宽带无线连接工作组，开发2~66GHz的无线接入系统空中接口。

IEEE 802.17：基于弹性分组环（Resilient Packet Ring）制定单性分组环网访问控制协议及有关标准。

IEEE 802.18：宽带无线局域网技术咨询组（Radio Regulatory）。

IEEE 802.19：多重虚拟局域网共存（Coexistence）技术咨询组。

IEEE 802.20：移动宽带无线接入（Mobile Broadband Wireless Access）工作组，制定宽带无线接入网的技术规范。

二、局域网拓扑结构

局域网的主要拓扑结构有总线型、环型、星型、树型和网状。

总线型局域网是将计算机以总线连接起来构成的局域网，是最早的局域网，采用同轴电缆作为传输介质，使用带冲突检测的载波侦听多路访问（Carrier Sense Multiple Access with Collision Detection，CSMA/CD）的访问控制方式控制对总线的访问。当使用细同轴电缆时，总线长度不超过300米，工程上一般不超过185米，可连接的节点数不超过30个；可借助中继器将最多5段总线连接在一起，组成更大的局域网。当使用粗同轴电缆时，总线长度不超过500米，可连接的节点数不超过100个；可借助中继器将最多5段总线连接在一起，组成可延伸至2.5千米的局域网。

环型局域网利用环接口设备将传输介质连接成环状，计算机连接到环接口设备上。所组成的环可以是单环，也可以是双环。信号在环上一定是单向传送的。环型局域网现在已基本上不再使用，但环型广域网（如SDH网络）还在广泛使用。

树型局域网是由总线型局域网演变形成的，它的物理分布形状就像是一棵树，具有一个带有分支的根，而分支仍然可再延伸出子分支。这种拓扑结构更加容易实现规模的扩展，采用分支的方法很容易加入新的子网。对于网络故障的检查也可以使用分段隔离的方法，具有较好的可维护性。

网状局域网的每个通信节点和其他通信节点之间都建立有传输线路，是一种高冗余的网络实现技术，数据的传输能力和可靠性都很高，但建设费用很高。

在许多实际情况中，会根据通信节点的实际分布和传输介质的选取，以及介质访问控制方法的难易程度进行综合考虑，还可能采用一些混合的拓扑结构形式。

三、无线局域网

无线局域网（Wireless Local Area Network，WLAN）与传统的局域网的主要不同之处是传输介质不同。传统局域网是通过有形的传输介质进行连接，如同轴电缆、双绞线和光纤等，而无线局域网则是采用无形的传输介质，如卫星、电磁波、微波等。正因为它摆脱了有形传输介质的束缚，所以只要在网络的覆盖范围内，可以在任何一个地方与服务器及其他工作站连接，而不需要重新铺设电缆。

（一）无线局域网标准

无线局域网采用802.11系列标准，它也是由IEEE 802标准委员会制定的。目前这一系列标准主要有802.11b、802.11a、802.11g、802.11n等标准。

802.11b：最开始推出的标准，该标准规定WLAN工作频段在2.4~2.4835GHz，它的传输速度为11Mbps。

802.11a：该标准规定WLAN工作频段在5.15～5.825GHz，它的连接速度可达54Mbps。

802.11g：该标准规定WLAN工作频段在2.4～2.4835GHz，它的传输速度为54Mbps。

802.11n：在802.11g和802.11a之上发展起来的一项技术，最大的特点是速率提升，理论速率最高可达600Mbps。802.11n可工作在1 4GHz和5GHz两个频段。802.11n采用智能天线技术，通过多组独立天线组成的天线阵列可以动态调整波束，保证让WLAN用户接收到稳定的信号，并可以减少其他信号的干扰。因此其覆盖范围可以扩大到几平方公里，使WLAN移动性极大提高。

(二)无线局域网访问控制方式

在局域网中，我们已经知道了采用IEEE 802.3标准的以太网使用CSMA/CD的访问控制方法。在这种介质访问机制下，准备传输数据的设备首先检查载波通道。如果在一定时间内没有侦听到载波，那么这个设备就可以发送数据。如果两个设备同时发送数据，冲突就会发生，并被所有冲突设备检测到。这种冲突便延缓了这些设备的重传，使得它们在间隔某一随机时间后才发送数据。而IEEE 802.11b标准的无线局域网使用的是冲突避免(Collision Avoidance)。因为在无线传输中侦听载波及冲突检测都是不可靠的，侦听载波有困难；而且通常无线电波经天线送出去时，自己是无法监视到的，因此冲突检测实质上也做不到。在IEEE 802.11中侦听载波是由两种方式来实现的，一是实际去听是否有电波在传，然后加上优先权控制；二是虚拟的侦听载波，告知等待多久的时间要传东西，以防止冲突。

CSMA/CA通信方式将时间域的划分与帧格式紧密联系起来，保证某一时刻只有一个站点发送，实现了网络系统的集中控制。因传输介质不同，CS-MA/CD与CSMA/CA的检测方式也不同。CSMA/CD通过测量电缆中电压的变化来进行检测，即当数据发生冲突时，电缆中的电压会随之产生变化；CS-MA/CA采用能量检测、载波检测和能量载波混合检测3种方式检测信道是否空闲。

第三节　数据通信基础

一、数据通信系统

数据通信就是利用通信系统对各种数据信号进行变换、处理和传输的过程。数据通信是计算机与通信相结合产生的一种通信方式和通信业务。数据通信系统是通过数据电路将分布在远地的数据终端设备与计算机系统连接起来，实现数据传输、交换、存储和处理的系统。

(一)概念和术语

1. 数据

网络中传输的二进制代码被称为数据，它是传递信息的载体。数据与信息的区别在于，数据仅涉及事物的表示形式，而信息则是数据的内在含义和解释。

2. 信号

信号指数据的电编码或电磁编码。它分为数字信号和模拟信号两种。从时间域来看，数字信号是一串电压脉冲序列，是一种离散信号；模拟信号则是一种连续变化信号。两种信号在一定技术措施下可以相互转换。

3. 信道

信道是传送信号的一条通路，由传输线路和传输设备组成。同一个传输介质上可以同时存在多条信号通路，即一条传输线路上可以有多个信道。

4. 噪声

信号在传输过程中受到的干扰称为噪声，干扰可能来自外部，也可能由信号传输过程本身产生。噪声过大将影响被传送信号的真实性或正确性。

5. 信号带宽

信号通常都是以电磁波的形式传送的，电磁波都有一定的频谱范围，该频率范围称作该信号的带宽。

6. 信道带宽

信道带宽指信道上能够传送的信号的最大频率范围，如普通电话信道的带宽是 300～3 400Hz。当信号带宽大于信道带宽时，信号就不能在该信道上传送，或者传送出的信号失真。

7. 模拟传输和数字传输

以模拟信号的形式在信道上传送数据称作模拟传输；以数字信号的形式传送数据称作数字传输。信号在传送一定距离后，会由于衰减而变形（失真），所以在长距离传送时，需要每隔一定的距离将信号放大，然后继续往下传送。但是放大信号的同时也会加大噪声，同样会引起误差，而且误差是沿途累加的。数字信号只要在信号还能辨认时进行还原、放大后再传送，信号的正确性就不受影响；但对于模拟信号，失真将是不可避免的。

8. 码元

数字通信中对数字信号的计量单位采用码元这个概念。一个码元指的是一个固定时长的数字信号波形。该时长称为码元宽度。数字通信系统中总是采用等时长的码元宽度。

在二进制通信系统中，每个码元具有两个状态，分别代表"0"和"1"，如果通信系统采用十六进制，则每个码元可有 16 种状态，每个状态和十六进制数中的一种对应。

9. 数据包和数据帧

在数据传输时，往往要将较大的数据块分割成较小的数据段并在每一段上附加一些信息，这些附加信息通常包括序号、地址、校验码等。这些数据段及其附加信息一起形成的逻辑数据单位就称为数据包。在实际传输时，还要将数据包进一步分割成更小的逻辑数据单位，称为数据帧。

10. 数据传输速率

数据传输速率简称数据率，是指单位时间内传送的二进制数据位数，通常用"比特/秒"或 bps 作计量单位。

11. 传输效率

传输效率指原始数据量占整个传送的数据的比率，数值上等于数据包中数据的长度与整个包长度的比值。

12. 信道容量

信道容量一般是指物理信道能够传输信息的最大能力,它的大小由信道的带宽、可使用的时间、传输速率以及信道质量(即信号功率与干扰功率之比)等因素决定。

(二)信道分类

信道可以按传输介质、传输信号、使用权限分等不同的方法分类。

1. 按传输介质划分

信道按传输介质可分为有线信道和无线信道。有线信道:使用有线传输介质的信道,包括双绞线、光纤;无线信道:由无线传输介质构成的信道,包括光波、电磁波、卫星等。

2. 按传输信号划分

信道按传输信号可分为模拟信道和数字信道。数字信道:传输数字信号的信道;模拟信道:传输模拟信号的信道。数字信号在经过数模变换后可以在模拟信道上传送,模拟信号在经过模数转换后也可以在数字信道上传送。

3. 按使用权限划分

信道按使用权限可分为专业信道和共用信道。

二、数据交换技术

一个通信系统至少应包含发送设备、传输介质、接收设备三个部分。其中发送设备用于产生数据,并通过传输介质将数据传送给接收设备,以完成两点之间的数据传送。

(一)通信方式

按照数据传输方向及其时间关系可将通信方式分为单工、半双工和全双工三种。

1. 单工通信

在单工信道上,信息只能在一个方向传送,发送方不能接收,接收方也不能发送。信道的全部带宽都用于由发送方到接收方的数据传送。无线电广播和电视广播都是单工通信的例子。

2. 半双工通信

在半双工信道上,通信的双方可交替发送和接收信息,但不能同时发送和接收。在一段时间内,信道的全部带宽用于在一个方向上传送信息,航空和航海无线电台以及无线对讲机等都是以这种方式通信的。这种方式要求通信双方都有发送和接收能力,因而比单工通信设备贵,但比全双工设备便宜。在要求不是很高的场合,多采用这种通信方式,虽然转换传送方向会带来额外的开销。

3. 全双工通信

这是一种可同时进行双向信息传送的通信方式,例如现代的电话通信就是这样的。这不但要求通信双方都有发送和接收设备,而且要求信道能提供双向传输的双倍带宽,所以全双工通信设备贵。

(二)传输方式

在通信过程中,发送方和接收方必须在时间上保持同步,才能准确地传送信息。前面曾提到过信号编码的同步作用,即码元同步。另外,在传送由多个码元组成的字符以及由许多字符组成的数据块时,通信双方也要就信息的起止时间取得一致。这种同步作用有两种不同的方式,因而也对应了两种不同的传输方式。

1. 异步传输

异步传输把各个字符分开传输,字符之间插入同步信号。这种方式也叫起止式,即在字符的前后分别插入起始位("0")和停止位("1")。起始位对接收方的时钟起置位作用。接收方时钟置位后只要在 8~11 位的传送时间内准确,就能正确接收一个字符。最后的停止位告诉接收方该字符传送结束,然后接收方就可以检测后续字符的起始位了。当没有字符传送时,连续传送停止位。

加入校验位的目的是检查传输中的错误,一般使用奇偶校验。异步传输的优点是简单,但是起止位和检验位的加入会引入 20%~30% 的开销,传输的速率也不会很高。

2. 同步传输

异步传输不适合传送大的数据块,同步传输在传送连续的数据块时比异步传输更有效。按照这种方式,发送方在发送数据之前先发送一串同步字符 SYNC,接收方只要检测到连续两个以上 SYNC 字符就可确认进入同步状态,准备接收信息。随后的传送过程中双方以同一频率工作(信号编码的定时作用也表现在这里),直到传送完指示数据结束的控制字符。这种同步方式仅在数据块的前后加入控制字符 SYNC,所以效率更高。在短距离高速数据传输中多采用同步传输方式。

(三)交换方式

一个通信网络由许多交换节点互连而成。交换节点转发信息的方式可分为电路交换、报文交换和分组交换三种。

1. 电路交换

这种交换方式把发送方和接收方用一系列链路直接连通。电话交换系统就是采用这种交换方式。当交换机收到一个呼叫后就在网络中寻找一条临时通路供两端的用户通话,这条临时通路可能要经过若干个交换局的转接,并且一旦建立连接就成为这一对用户之间的临时专用通路,别的用户不能打断,直到通话结束才拆除连接。

早期的电路交换机采用空分交换技术。这种交换机的开关数量与站点数的平方成正比,成本高,可靠性差,目前已经被更先进的时分交换技术取代了。

时分交换是时分多路复用技术在交换机中的应用。常见的 TDM 总线交换的每个站点都通过全双工线路与交换机相连,当交换机中某个控制开关接通时该线路获得一个时槽,线路上的数据被输出到总线上。在数字总线的另一端按照同样的方法接收各个时槽上的数据。

电路交换的特点是建立连接需要等待较长的时间。由于连接建立后通路是专用的,因而不会有别的用户干扰,不再有等待延迟。这种交换方式适合于传输大量的数据,传输少量信息时效率不高。

2. 报文交换

这种方式不要求在两个通信节点之间建立专用通路。节点把要发送的信息组织成一个数据包报文,该报文中含有目标节点的地址,完整的报文在网络中一站一站地向前传送。每一个节点都接收整个报文,检查目标节点地址,然后根据网络中的交通情况在适当的时候转发到下一个节点;经过多次的存储转发最后到达目标节点。因而这样的网络叫存储转发网络。其中的交换节点要有足够大的存储空间,用以缓冲接收到的长报文。交换节点对各个方向上收到的报文排队,寻找下一个转发节点,然后再转发出去,这些都带来了排队等待延迟。报文交换的优点是不建立专用链路,线路是共享的,因而利用率较高,这是由通信中的等待时延换来的。

3. 分组交换

在分组交换方式中数据包有固定的长度,因而交换节点只要在内存中开辟一个小的缓冲区就可以了。进行分组交换时,发送节点要对传送的信息分组,对各个分组编号,再加上源地址和目标地址以及约定的分组头信息,这个过程叫作信息的打包。一次通信中的所有分组在网络中传播时又有两种方式,一种叫数据报(Datagram),另一种叫虚电路(Virtual Circuit)。

①数据报。

数据报类似于报文交换,每个分组在网络中的传播路径完全是由网络当时的状况随机决定的。因为每个分组都有完整的地址信息,如果不出意外的话都可以到达目的地。但是到达目的地的顺序可能和发送的顺序不一致。有些早发的分组可能在中间某段交通拥挤的链路上耽搁了,比后发的分组到得迟,目标主机必须对收到的分组重新排序才能恢复原来的信息。一般来说,在发送端要有一个设备对信息进行分组和编号,在接收端也要有一个设备对收到的分组拆去头尾并重排顺序,具有这些功能的设备叫分组拆装设备,通信双方各有一个。

②虚电路。

虚电路类似电路交换,这种方式要求在发送端和接收端之间建立一条逻辑连接。在会话开始时,发送端先发送建立连接的请求消息,这个请求消息在网络中传播,途中的各个交换节点根据当时的交通状况决定采用哪条线路来响应这一请求,最后到达目的端。如果目的端给予肯定的回答,那么逻辑连接就建立了。以后发送端发出的一系列分组都走这同一条通路,直到会话结束,拆除连接。与电路交换不同的是,逻辑连接的建立并不意味着别的通信不能使用这条线路,它仍然具有链路共享的优点。

按虚电路方式通信,接收方要对正确收到的分组给予回答确认,通信双方要进行流量控制和差错控制,以保证按顺序正确接收,所以虚电路意味着可靠的通信。当然,它涉及更多的技术,需要更大的开销。这就是说,它没有数据报方式灵活,效率不如数据报方式高。虚电路可以是暂时的,即会话开始建立,会话结束拆除,这叫作虚呼叫;也可以是永久的,即通信双方自动建立连接,直到一方请求释放才断开连接,这叫作永久虚电路。

第四节　Internet 基础

一、计算机网络的体系结构与协议

(一)计算机网络的体系结构

在计算机网络技术中,网络的体系结构指的是通信系统的整体设计,它的目的是为网络硬件、软件、协议、存取控制和拓扑提供标准。它将直接影响总线、接口和网络的性能。现在广泛采用的是开放系统互连 OSI(Open System Interconnection)的参考模型,它是用物理层、数据链路层、网络层、传输层、会话层、表示层和应用层七个层次描述网络的结构。OSI/RM 中定义的七层如图 3-1 所示。

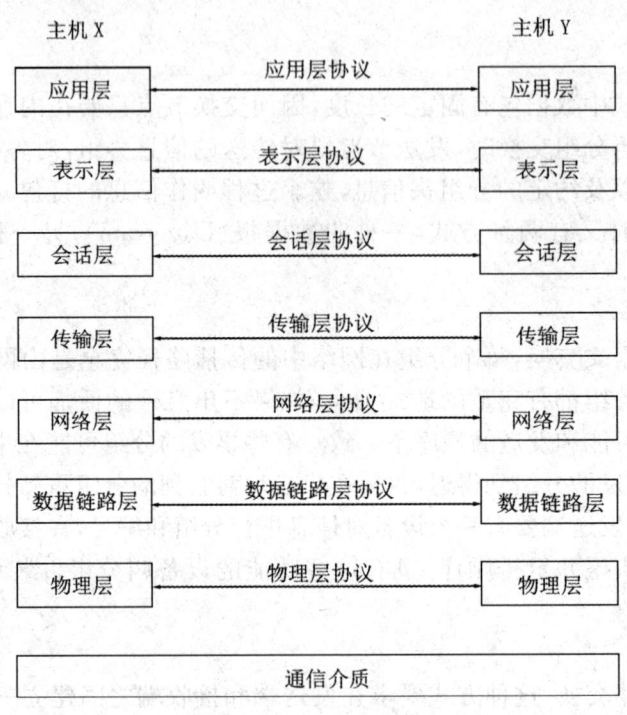

图 3-1　OSI/RM 模型

OSI 参考模型各层的主要功能如下。

(1)物理层:物理层的主要功能是利用物理传输介质为数据链路层提供物理连接,以便透明地传送比特流。

(2)数据链路层:在物理层提供比特流传输服务的基础上,在通信的实体之间建立数据链路连接,传送以"帧"(Frame)为单位的数据,采用差错控制、流量控制方法,使有差错的物理线路变成无差错的数据链路。

(3)网络层:主要功能是要完成网络中主机间"分组"(Packet)的传输,通过路由算法,为分组通过通信子网选择最适当的路径,网络层还要实现阻塞控制与网络互连等功能。

(4)传输层:主要任务是向上一层提供可靠的端到端服务,确保"报文段"(Segment)无差错、有序、不丢失、无重复地传输。它向高层屏蔽了下层数据通信的细节,是计算机通信体系结构中最关键的一层。

(5)会话层:会话层的功能是建立、组织和协调两个互相通信的应用进程之间的交互。会话层不参与具体的数据传输,但它却对数据的传输进行管理。

(6)表示层:主要用于处理在两个通信系统中交换信息的表示方式,它包括数据格式变换、数据加密与解密、数据压缩与解压缩等功能。

(7)应用层:应用层确定进程间通信的性质,以满足用户的需要。应用层不仅要提供应用进程所需要的信息交换和远程操作,而且还要作为应用进程的用户代理来完成一些为进行信息交换所必需的功能,如文件传送访问和管理、虚拟终端、事务处理、远程数据库访问等。

(二)协议

在计算机网络中要做到有条不紊地交换数据,就必须遵守一些事先约定好的规则。这些规则明确规定了所交换的数据的格式以及有关的同步问题。这些为进行网络中的数据交换而建立的规则、标准或约定被称为网络协议。进一步讲,一个网络协议主要由以下三个要素组成。

(1)语法:数据与控制信息的结构或格式。

(2)语义:需要发出何种控制信息、完成何种动作以及做出何种应答。

(3)同步:事件实现顺序的详细说明。

网络协议是一种特殊的软件,是计算机网络实现其功能的最基本机制。网络协议的本质是规则,即各种硬件和软件必须遵循的共同守则。网络协议并不是一套单独的软件,它融合于其他所有的软件系统中,因此可以说,协议在网络中无处不在。网络协议遍及 OSI 通信模型的各个层次,从我们非常熟悉的 TCP/IP、HTTP、FTP 协议,到 OSPF、IGP 等协议,有上千种之多。对于普通用户而言,不需要关心太多的底层通信协议,只需要了解其通信原理即可。在实际管理中,底层通信协议一般会自动工作,不需要人工干预。但是对于第三层以上的协议,就经常需要人工干预了,比如 TCP/IP 协议就需要人工配置才能正常工作。

局域网常用的三种通信协议分别是 TCP/IP 协议、NetBEUI 协议和 IPX/SPX 协议。TCP/IP 协议毫无疑问是这三大协议中最重要的一种,作为互联网的基础协议,没有它就根本不可能上网,任何和互联网有关的操作都离不开 TCP/IP 协议。不过 TCP/IP 协议也是这三大协议中配置起来最麻烦的一个,单机上网还好,若通过局域网访问互联网,就要详细设置 IP 地址、网关、子网掩码、DNS 服务器等参数。

TCP/IP 协议族中包括上百个互为关联的协议,不同功能的协议分布在不同的协议层,几个常用协议如下。

(1)Telnet(Remote Login):提供远程登录功能,一台计算机用户可以登录到远程的另一台计算机上,如同在远程主机上直接操作一样。

(2)FTP(File Transfer Protocol):远程文件传输协议,允许用户将远程主机上的文件拷贝到自己的计算机上。

(3)SMTP(Simple Mail Transfer Protocol):简单邮件传输协议,用于传输电子邮件。

(4)HTTP(Hyper Text Transfer Protocol):超文本传输协议,用于传输超文本标记语言(Hyper Text Markup Language,HTML)写的文件,即网页。

二、IP 地址与域名

(一)IP 地址

Internet 是通过路由器将物理网络连接在一起的虚拟网络,而实际上每台计算机都有一个物理地址(Physical Address),物理网靠此地址来识别其中每一台计算机。在 Internet 中,为解决不同类型的物理地址的统一问题,采用了一种全网通用的地址格式,为全网中的每一台主机分配一个 Internet 地址,这个地址就叫作 IP 地址。IP 地址由网络号和主机号两部分构成。

网络号	主机号

按照网络规模的大小,可以将 IP 地址分为五种类型,其中 A、B、C 是三种主要的类型。除此之外,还有两种次要类型的网络,一种是多目传送的多目地址 D;另一种是扩展备用地址 E。

IP 地址是由 32 位二进制数组成,即 4 个字节,每个字节由 8 位二进制数组成。为了方便记忆采用十进制标记法,即将 4 个字节的二进制数值转换为 4 段十进制数,用小数点将 4 段十进制数字分开。例如有如下一组二进制 IP 地址:

1100101001101010 1011 100011001000

转换成十进制表示法为:　　　202.106.184.200

1. A 类地址

A 类地址的前 8 位为网络地址,后 24 位为主机地址。因为网络地址不能全为 0,所以 A 类地址范围为 1.0.0.0~127.255.255.255。因为主机地址不能全为 0,也不能全为 1,所以每个 A 类网络可容纳 16777214($2^{24}-2$)台主机,因此 A 类地址适合于规模特别大的网络使用。

2. B 类地址

前 16 位为网络地址,后 16 位为主机地址,其地址范围为 128.0.0.0~191.255.255.255。每个 B 类地址可容纳 65534($2^{16}-2$)台主机,因此 B 类地址适合于一般的中等网络使用。

3. C 类地址

前 24 位为网络地址,后 8 位为主机地址,其地址范围为 192.0.0.0~223.255.255.255。每个 C 类地址可容纳 254(2^8-2)台主机,因此 C 类地址适合于小型网络。

另外,D 类地址和 E 类地址的用途比较特殊。D 类地址称为广播地址,供特殊协议向选定的节点发送信息时用,E 类地址保留给将来使用。

在 Internet 中,一台主机可以有一个或多个 IP 地址,但两台或多台主机却不能共用一个 IP 地址。如果有两台主机的 IP 地址相同,则会引起异常现象,无论哪台主机都将无法正常工作。

(二)域名(Domain)

无论是二进制还是十进制 IP 地址,它们都很难记忆,为了解决这个问题,在 Internet 上每台计算机得到一个 IP 地址的同时,也得到了它的"名字",这个名字就是"域名",它是由小数点分割开的几组字符串组成,例如清华大学校园网的 www 服务器的 IP 地址为 166.111.4.100,其域名地址为:

www.tsinghua.edu.cn

首先由国际互联网组织划分出若干的顶级域名,例如 cn(中国)、uk(英国)等地理类域名和美国的各种机构组织,并将各部分域名管理权限交给相应的机构。顶级域名大体可分为两类:机构组织类域名和地理类域名,其含义如表 3-1 所示和表 3-2 所示。

表 3-1 以机构区分的域名

域名	机构含义	域名	机构含义
com	商业机构	net	网络机构
edu	教育机构	int	国际机构
gov	政府机构	org	不符合以上分类机构的机构
mil	军事机构		

表 3-2 地理类域名

区域	国别/地区	区域	国别/地区
gb	英国	es	西班牙
us	美国	nl	荷兰
cn	中国	jp	日本
ru	俄罗斯	no	挪威
au	澳大利亚	at	奥地利
ca	加拿大	nz	新西兰
de	德国	dk	丹麦
il	以色列	fr	法国
ch	瑞士	kr	韩国
sg	新加坡	br	巴西

(三)统一资源定位符

统一资源定位符(URL,Uniform Resource Locator),是专为标识 Internet 网上资源位置而设的一种编址方式,如平时所说的网页地址指的即是 URL,它的位置对应在 IE 浏览器窗口中的地址栏,其格式为:

协议服务类型://用户名:密码@主机地址:端口号/文件路径

URL 由三部分组成,第一部分指出协议服务类型,第二部分指出信息所在的服务器主机域名,第三部分指出包含文件数据所在的精确路径。

URL 中的域名可以唯一地确定 Internet 上的每一台计算机的地址。域名中的主机部分一般与服务类型相一致,如提供 Web 服务的 Web 服务器,其主机名往往是 www;提供 FTP 服务的 FTP 服务器,其主机名往往是 ftp。

用户程序使用不同的 Internet 服务与主机建立连接时,一般要使用某个缺省的 TCP 端口号,也称为逻辑端口号。端口号是一个标记符,标记符与在网络中通信的软件相对应。一台服务器一般只通过一个物理端口与 Internet 相连,但是服务器可以有多个逻辑端口用于进行客户程序的连接。例如,Web 服务器使用端口 80,Telnet 服务器使用端口 23。这样,当远程计算机连接到某个特定端口时,服务器用相应的程序来处理该连接。端口号可以使用缺省标准值,不用输入;有的时候,某些服务可能使用非标准的端口号,则必须在 URL 中指明端口号。例如:

http://www.tsinghua.edu.cn/news/index.html

其中:http 表示该资源类型为超文本信息;

www 表示主机域名;

tsinghua 表示清华大学的主机名;

edu 表示教育部门(第二级域名);
cn 表示中国(第一级域名,顶级);
news 为存放文件的目录;
index.html 为网页文件名。

第五节 网络互联技术与设备

一、网络互联与网络设备

网络互联是指将两个以上的计算机网络,通过一定的方法,用一种或多种网络互联设备相互联结起来,以构成更大的网络系统的联结技术。随着计算机网络的快速发展,网络应用日益增多,网络互联技术也在快速发展。互联在一起的网络要进行通信,需要解决许多问题。网络互联的基本指导思想是:在不修改互联在一起的各网络原有结构和协议的基础上,利用网间互联设备协调和适配各个网络的差异,避免因互联而影响原有各个网络内部的传输功能和传输性能。

从 OSI 层次模型的观点出发,可将网络互联分为物理层、数据链路层、网络层和高层四个层次。与之对应的网络互联设备分别是中继器(Repeater)、交换机(Switch)、路由器(Router)和网关(Getway)。

计算机与计算机或工作站与服务器进行连接时,除了需要使用传输介质外,还需要一些互联设备,这些互联设备主要包括网络适配器、集线器、交换机和路由器。网络互联设备可以把现有的局域网分隔成几个网段,每个网段都可以是一个局域网,还可以将两个独立的局域网连接起来,下面介绍常用的网络互联设备。

(一)网络适配器

网络适配器也就是我们常说的网卡。网卡上有针对特定传输介质数据的收发设备和连接设备。通信节点是不能直接和传输介质打交道的,当通信节点有数据需要传输时,它通过与网卡相连接的内部通信总线把数据传递给网卡,网卡将待发送的数据进行临时缓存,并负责在适当的时候将数据发送到传输介质上。同样,网卡从传输介质上获得发给通信节点的数据时,它也会将数据进行临时的缓存,通过中断信号告诉通信节点有网络数据到来,通信节点会在适当的时候从缓冲区中取走这些网络数据。每块网卡都有一个唯一的地址,通常称为物理地址(MAC 地址),在生产时由厂家输入只读内存(ROM)中。

根据和计算机之间的总线连接类型网卡一般可分为 ISA 接口网卡、PCI 接口网卡、在服务器上使用的 PCI-X 总线接口类型的网卡、笔记本电脑所使用的 PCMCIA 及 USB 接口类型的网卡。除了可以按网卡的总线接口类型划分外,我们还可以按网络接口类型划分网卡。目前常见的接口主要有以太网 RJ-45 接口、细同轴电缆 BNC 接口、粗同轴电缆 AUI 接口、FDDI 接口和 ATM 接口等。按速度网卡可以分为 10Mbps 网卡、100Mbps 以太网卡、10Mbps/100Mbps 自适应网卡、1000Mbps 千兆以太网卡等。

(二)交换设备

以太网中的交换设备主要工作在 OSI 参考模型的第二层,这一层的主要交换设备是网桥和交换机。交换技术能够在MAC层上对帧进行存储转发，将不同类型的局域网连通。

1. 交换机的原理与配置

交换机的主要功能包括物理编址、网络拓扑、错误校验、帧序列以及流控。它可以"学习"MAC地址，并把其存放在内部MAC地址表中，通过在数据帧的始发者和目标接收者之间建立临时的交换路径，使数据帧直接由源地址到达目的地址。

交换机拥有一条背部总线和内部交换矩阵。这个背部总线的带宽很高，交换机的所有端口都挂接在这条背部总线上。当收到数据包后，处理端口会查找内存中的地址对照表以确定目的MAC地址的网卡连接在哪个端口上，随后通过内部交换矩阵，迅速地将该数据包传送到目的端口。若目的MAC地址不存在，则广播到所有的端口，在接收到端口的回应后，交换机会"学习"新的地址，并把它添加入其内部的MAC地址表中。

交换机使用MAC地址表，只允许必要的网络数据通过它，这样可以有效地将网络进行"分段"。通过交换机的这种过滤和转发方法，可以有效地隔离广播风暴，减少错误包的出现。

2. 交换机的分类

从广义上来看，交换机分为两种：广域网交换机和局域网交换机。广域网交换机主要应用于电信领域，提供通信用的基础平台。而局域网交换机则应用于局域网络，用于连接终端设备，如PC机及网络打印机等。从传输介质和传输速度上可分为以太网交换机、快速以太网交换机、千兆以太网交换机、FDDI交换机、ATM交换机和令牌环交换机等。从是否可管理分为桌面非网管型交换机和网管型交换机。根据工作协议层划分，可以分为第二层交换机、第三层交换机和第四层交换机。

3. 交换机与集线器的区别

集线器(Hub)的主要功能是对接收到的信号进行再生整形放大，用以扩大网络的传输距离，同时把所有节点集中在以它为中心的节点上。它工作于OSI参考模型第一层，即物理层。集线器与网卡、网线等传输介质一样，属于局域网中的基础设备，采用CSMA/CD介质访问控制机制。集线器每个接口仅简单地收发比特，收到1就转发1，收到0就转发0，不进行冲突检测。

用集线器组成的网络称为共享式网络，而用交换机组成的网络称为交换式网络；集线器只能在半双工方式下工作，而交换机同时支持半双工和全双工操作。共享式以太网存在的主要问题是所有用户共享带宽，每个用户的实际可用带宽随网络用户数量的增加而减少。这是因为共享式网络的信道在同一时刻只允许一个用户占用，当信道处于忙状态时，其他"争用"信道的、处于检测等待状态的用户也随之增加，致使信号传输时延迟增大且产生冲突的概率也逐渐增大，严重影响网络的性能。

在交换式以太网中，交换机能够提供给每个用户专用的信息通道，除非出现两个源端口同时将信息发送给同一目的端口，否则多个源端口与目的端口之间就可以同时进行通信且不会产生冲突。

(三)路由器

路由器用于连接多个逻辑上分开的网络，逻辑网络代表的是一个单独的网络或者一个子网。当数据从一个子网传输到另一个子网时，可通过路由器的路由功能来完成，因此路由器具有判断网络地址和选择 IP 路径的功能。路由和交换之间的主要区别就是交换发生在 OSI 参考模型的第二层(数据链路层),而路由发生在第三层,即网络层。

路由器主要由处理器、内存、接口、控制端口等物理硬件和电路组成。主要包括 ROM、Flash、RAM、NVRAM、接口等。和普通计算机一样,路由器也需要一个操作系统。ROM 保存着路由器的引导或启动软件。这也是路由器运行的第一个软件,负责让路由器进入正常的工作状态。ROM 通常存放在一个或多个芯片上。RAM 主要存放系统路由表和缓冲,即平常所说的运行配置。NVRAM 的主要作用是保存系统在路由器启动时读入的配置数据,即常说的启动配置或备份配置。当路由器加电启动时,首先寻找和执行的即是该配置,如果该配置存在,路由器启动后,该配置就成了"运行配置",当修改运行配置并执行存储后,运行配置就被复制到 NVRAM 中,当下次路由器加电后,该配置就会被自动调用。所有路由器都有接口(Interface),每个接口都有自己的名字和编号。一个接口的全名由类型标识及数字构成,编号自 0 开始。对于接口固定的路由器或采用模块化接口的路由器,在接口的全名称中,只采用一个数字,并根据它们在路由器的物理顺序进行编号,如 Ethemet0、Serial0 等。

IP 路由就是选择一条数据包传输路径的过程。当 TCP/IP 主机发送 IP 数据包时,便出现了路由,且当到达 IP 路由器还会再次出现路由。对于发送的主机和路由器而言,必须决定向哪里转发数据包。在决定路由时,IP 层查询位于内存中的路由表。

(1)当一个主机试图与另一个主机通信时,IP 首先决定目的主机是本地网还是远程网。

(2)如果目的主机是远程网,IP 将查询路由表来为远程主机或远程网选择一个路由。

(3)若未找到明确的路由,IP 用缺省的网关地址将数据传送给另一个路由器。

(4)在该路由器中,路由表再次为远程主机或网络查询路由,若还未找到路由,该数据包将被发送到该路由器的缺省网关地址。

每发现一条路由,数据包被转送下一级路由器,称为一次"跳步",并最终发送至目的主机。若未发现任何一个路由,源主机将收到一个出错信息。

二、接入网技术

接入网是由业务节点接口和相关用户网络接口之间的一系列传送实体(诸如线路设施和传输设备)组成的为传送电信业务提供所需承载能力的实施系统。

(一)数字用户线(DSL)技术

所谓"数字用户线"技术也就是利用原有电话的铜线用户线作为接入网的技术。它又有多种技术,例如:高比特数字用户线(HDSL)技术,可以在一对或两对铜线上传送速率为 2Mbps 的信息;非对称数字用户线(ADSL)技术,可以在一对铜线上传送下行 1.5~8Mbps 的信息,上行 16~640Kbps 的信息;适应性速率数字用户线(RADSL)技术,在下行低于 8Mbps、上行低于 1Mbps 的范围内,传递可变的传送速率;超高比特率数字用户线(VDSL)技术,下行传送速率可高达 52Mbps、上行速率可达 2Mbps。

(二)光纤接入技术

光纤能传送极宽的频带,早就被认定是接入网的发展方向,但是费用较高,现在多数是用"光纤到大楼"(FTTB)、"光纤到路边"(FTTC)等方式,即多个用户共用的方式,将来逐步发展到"光纤到户"(FTTH)。

目前,利用光纤的传输体制主要有:准同步数字系列(Plesiochronous Digital Hierarchy,PDH)、同步数字系列(Synchronous Digital Hierarchy,SDH)。

光纤和同轴电缆混合方式,即 HFC 方式,其费用比单用光纤低,是目前采用较多的方式。混合光纤/同轴网是一种基于频分复用技术的宽带接入技术,它的主干网使用光纤,采用频分复用方式传输多种信息;分配网则采用树状拓扑和同轴电缆系统,用于传输和分配用户信息。

(三)无线接入技术

无线接入技术具有灵活方便、建设速度快、建设造价低廉等突出的优点,在各种接入技术中具有一些有线接入技术难以相比的优势。例如,在人口密度比较稀少的地区和缺少电信服务的边远地区等,无线接入技术有明显的优势。

三、虚拟专用网

虚拟专用网(Virtual Private Network,VPN)是指在公用网络上建立专用网络,进行加密通信。在虚拟专用网中,任意两个节点之间的连接并没有传统专网所需的端到端的固定物理链路,而是利用公众网的物理链路资源动态组成。

(一)VPN 概念

IETF 组织对基于 IP 的 VPN 解释为:通过专门的隧道加密技术在公共数据网络上仿真一条点到点的专线技术。所谓虚拟,是指用户不再需要拥有实际的长途数据线路,而是使用互联网公众数据网络的长途数据线路;所谓专用网络,是指用户可以为自己制定一个最符合自己需求的网络。VPN 具有成本低,并且易于使用的特点。

隧道技术(Tunneling)是一种通过使用互联网络的基础设施在网络之间传递数据的技术。使用隧道传递的数据(或负载)可以是不同协议的数据帧或包。隧道协议将其他协议的数据帧或包重新封装然后通过隧道发送。新的帧头提供路由信息,以便通过互联网传递被封装的负载数据。

封装(Encapsulation)指的是在某个协议的数据包外面加上特定的包头、包尾等,以标记某种信息。其他协议可以利用这些信息作出相应处理,而不必关心内部的协议和数据内容。隧道技术通常都是采用某一种或几种封装实现的。

验证(Authentication)和授权(Authorization)主要用于对 VPN 连接的安全保护。由于 VPN 需要跨越某种公共介质(通常使用互联网作为其介质),外部人员均具备到接入点的连通性,因此,核查接入者的真实身份和权限就十分必要。AAA 技术广泛应用于验证和授权领域。

加密(Encryption)和解密(Decryption)用于保护 VPN 数据。因为经过的中途介质通常是不受组织控制的,数据很容易被窃取。因此敏感数据使用 VPN 发送之前必须经过加密,到达之后再解密还原。类似 IPSec 和 SSL 这样的技术可以保护数据的安全性。

(二)VPN 的分类

根据不同的划分标准,VPN 可以按几个标准进行分类划分。

1. 按 VPN 的协议分类

VPN 的隧道协议主要有三种:PPTP、L2TP 和 IPSec,其中 PPTP 和 L2TP 协议工作在 OSI 模型的第二层,又称为二层隧道协议;IPSec 是第三层隧道协议。

2. 按 VPN 的应用分类

①Access VPN（远程接入 VPN）：客户端到网关，使用公网作为骨干网在设备之间传输 VPN 数据流量。

②IntranetVPN（内联网 VPN）：网关到网关，通过单位的网络架构连接来自同单位的资源。

③ExtranetVPN（外联网 VPN）：与合作伙伴企业网构成 Extranet，将一个单位与另一个单位的资源进行连接。

(三) VPN 实现方法

VPN 的实现有很多种方法，常用的有以下四种：

(1)VPN 服务器。在大型局域网中，可以通过在网络中心搭建 VPN 服务器的方法实现 VPN。

(2)软件 VPN。可以通过专用的软件实现 VPN。

(3)硬件 VPN。可以通过专用的硬件实现 VPN。

(4)集成 VPN。某些硬件设备，如路由器、防火墙等，都含有 VPN 功能，但是一般拥有 VPN 功能的硬件设备通常都要比没有这一功能的贵。

(四) 常用 VPN 技术

1. IPSec VPN

IPSec VPN 是基于 IPSec 协议的 VPN 技术，由 IPSec 协议提供隧道安全保障。IPSec 是一种由 IETF 设计的端到端的确保基于 IP 通信数据安全性的机制。它为互联网上传输的数据提供了高质量的、可互操作的、基于密码学的安全保证。

互联网协议安全性(IPSec)是一种开放标准的框架结构，通过使用加密的安全服务，在 IP 层为对等体提供数据私密性、数据完整性和数据来源鉴别保护。IPSec 可被用来在 IPSec 对等体间保护一种或多种数据流。IPSec 主要包括以下两个主要协议：认证报头（Authentication Header, AH）和封装安全负载（Encapaulating Security Payload, ESP）。

认证报头（AH）为整个数据包（数据包中携带的 IP 报头和数据）提供身份验证、完整性和防止重发，AH 还签署整个数据包。因为不加密数据，所以不提供机密性。数据可以读取，但是禁止修改。完整性和身份验证通过在 IP 报头和传输协议报头（TCP 或 UDP）之间放置 AH 报头来提供。

封装安全负载（ESP）：除了身份验证、完整性和防止重发外，还提供机密性。除非使用隧道，否则 ESP 通常不签署整个数据包，即通常只保护数据，而不保护 IP 报头。ESP 主要使用 DES 或 3DES 加密算法为数据包提供保密性。

2. SSL VPN

SSL VPN 是以 HTTPS（Secure HTTP，支持 SSL 的 HTTP 协议）为基础的 VPN 技术，工作在传输层和应用层之间。SSL VPN 充分利用了安全套接层（Secure Socket Layer, SSL）协议提供的基于证书的身份认证、数据加密和消息完整性验证机制，可以为应用层之间的通信建立安全连接。SSLVPN 广泛应用于基于 Web 的远程安全接入，为用户远程访问公司内部网络提供了安全保证。

SSL 协议层包含两类子协议：SSL 握手协议和 SSL 记录协议。握手协议负责确定用于客户机和服务器之间的会话加密参数；记录协议用于交换应用数据。它们共同为应用访问连接（主要是 HTTP 连接）提供认证、加密和防篡改功能。SSL 能在 TCP/IP 和应用层间无缝实现互联网协议栈处理，而不对其他协议层产生任何影响。SSL 的这种无缝嵌入功能还可运用类似互联网应用，如 Intmnet 和 Extmnet 接入、应用程序安全访问、无线应用以及 Web 服务。

SSL 安全功能组件包括三部分：认证，在连接两端对服务器或同时对服务器和客户端进行验证；加密，对通信进行加密，只有经过加密的双方才能交换信息并相互识别；完整性检验，进行信息内容检测，防止被篡改。保证通信进程安全的一个关键步骤是对通信双方进行认证，SSL 握手子协议负责这一进程处理：客户端向服务器提交有效证书，服务器采用公共密钥算法对证书信息进行检验，以确认终端用户的合法性。

SSL 主要是使用公开密钥体制和 X.509 数字证书技术保护信息传输的机密性和完整性，它不能保证信息的不可抵赖性，主要适用于点对点之间的信息传输，常用 Web Server 方式。

SSL VPN 的优点如下：

①简单，它不需要配置，可以立即安装、立即生效。

②客户端容易安装，直接利用浏览器中内嵌的 SSL 协议就行。

③兼容性好，传统的 IPSec VPN 对客户端采用的操作系统版本具有很高的要求，不同的终端操作系统需要不同的客户端软件，而 SSL VPN 则没有这样的要求。

3. MPLS VPN

MPLS VPN 是一种基于多协议标记交换（Multiprotocol Label Switching，MPLS）技术的 IPVPN，是在网络路由和交换设备上应用 MPLS 技术，简化核心路由器的路由选择方式，利用传统路由技术的标记交换实现的 IP 虚拟专用网络。MPLS 优势在于将二层交换和三层路由技术结合起来，在解决 VPN、服务分类和流量工程这些 IP 网络的重大问题时具有很优异的表现。因此，MPLS VPN 在解决企业互联、提供各种新业务方面也越来越被运营商看好，成为 IP 网络运营商提供增值业务的重要手段。MPLS VPN 又可分为二层 MPLS VPN（即 MPLS L2 VPN）和三层 MPLS VPN（即 MPLS L3 VPN）。

四、广域网技术

广域网是在传输距离较长的前提下发展的相关技术的集合，用于将大区域范围内的各种计算机设备和通信设备互联在一起，组成一个资源共享的通信网络。其主要特点如下：

(1) 长距离。可以跨越城市，甚至是联通全球的远距离连接。

(2) 高成本。相对于城域网、局域网来说，广域网的架设成本是很昂贵的，不过，它却给世界带来了前所未有的大发展。

(3) 维护困难。相对于局域网维护来说，广域网管理、维护更为困难。

(4) 传输介质多样。可以使用多种介质进行数据传输，如光纤、双绞线、同轴电缆、微波、卫星、电磁波、激光等。

广域网链路有两种：一种是专线连接，另一种是交换连接。专线连接是永久的点到点的服务，常用于为某些重要的公司、学校等提供核心或者骨干连接。

广域网中常用的技术包括 PPP、X.25、帧中继、PSTN、ATM、SONET、MSTP 等。

(1) 端对端协议(PPP)。点对点连接提供了一条单一的，从用户房屋到远程网络的广域网通信线路，且该线路是预先制定的并通过媒体进行传输，如通过电话公司进行传输。点对点连接线路通常是向媒体公司租赁的，因此通常也叫作租用线。媒体公司需要向用户的点对点连接线路分配专用的双绞线和硬件设备。

(2) X.25。X.25 协议支持不同公共网络上的计算机在网络层上利用中间计算机进行通信。由于 X.25 分组交换网络是在早期低速、高出错率的物理链路基础上发展起来的，其特性已不适应目前高速远程连接的要求，因此一般只用于要求传输费用少，而远程传输速率要求又不高的广域网使用环境。

(3) 帧中继(FR)。是一种高速的分组交换数据通信服务，与 X.25 类似。帧中继用于局域网对局域网之间的连接服务，也适合局域网环境中突飞猛进的需求。

(4) 公共交换电话网(PSTN)。模拟拨号服务是基于标准电话线路的电路交换服务，是一种最普遍的传输服务，往往用来作为远程端点的连接。比较典型的应用有远程端点和本地 LAN 之间互连、远程用户拨号上网、专用线路的备份线路。

(5) 异步转移模式(AsynchronousTransfer Mode, ATM)，也有人称为异步传递方式。ATM 的基本特征是信息的传输、复用和交换都是以"信元"为基本单位。它以 53Byte 为单位将数字信息封装成若干个单元。单个的数据包单元并不会与其他相关的数据包单元同时进行处理，在沿着通信线路被多路传输之前它们处于队列中。ATM 网络的带宽可达到 10Gbps。

(6) 同步光纤网络(SONET)。SONET 是一种利用光纤网络进行高速通信的国际标准。SONET 能够建立起光学媒体等级的网络通信。由于 SONET 将光纤传输标准化，所以能够直接和不同国家的不同标准兼容，它已经发展成为连接北美、欧洲和亚洲地区之间广域网的一种最好的选择。在国际上，SONET 就是大家所知道的同步数据层(Synchronous Digital Hierarchy, SDH)。SONET 与 ISPN 以及 ATM 技术具有较好的互操作性，这使它成为远距离连接广域网和局域网的一种较好的选择。

(7) 基于 SDH 的多业务传送平台(Multi-Service Transfer Platform, MSTP)，是指基于 SDH 平台同时实现 TDM、ATM、以太网等业务的接入、处理和传送，提供统一网管的多业务节点。

第六节 网络管理

一、网络管理基础知识

网络管理是指对组成网络的各种硬软件设施的综合管理，以充分发挥这些设施的作用，让网络处于良好的工作状态。

国际标准化组织(ISO)定义了以下五个网络管理功能。

(一) 故障管理

故障管理是对计算机网络中的问题或故障进行定位的过程，它包含发现问题、分析问题、修复问题3个步骤。故障管理最主要的作用是通过给网络管理者提供快速检查问题并启动恢复过程的工具,使网络的可靠性得到增强。

(二)配置管理

配置管理用来定义、识别、初始化、监控网络中的被管对象,改变被管对象的操作特性,报告被管对象状态的变化。配置管理最主要的作用是它可以增强网络管理者对网络配置的控制。这是通过对设备的配置数据提供快速的访问来实现的。在比较复杂的系统中,它可以使管理者能够将正在使用的配置数据与储存在系统中的数据进行比较,并且可以根据需要方便地修改配置。

(三)计费管理

计费管理记录用户使用网络资源的情况并核收费用,同时统计网络的利用率。计费管理主要的作用:网络管理者能测量和报告基于个人或团体用户的计费信息,分配资源并计算用户通过网络传输数据的费用,然后据此数据给用户开具账单。它增加了网络管理者对用户使用网络资源情况的认识,有助于创建一个更具生产力的网络。

(四)性能管理

性能管理以网络性能为准则,保证在使用最少网络资源和具有最小延时的前提下,能提供可靠、连续的通信能力。性能管理的最大作用是它可以帮助网络管理者减少网络中过分拥挤和不可通行的现象,从而为用户提供稳定的服务。

(五)安全管理

安全管理可以保证网络不被非法使用。安全管理可以提供一种方法,通过该方法,可以定期地监视远程访问服务器上的访问点,并记录下来哪个人正在使用该设备。安全管理也可以提供审计跟踪和声音警报方法,以提醒管理者预防潜在的安全性破坏。

二、简单网络管理协议

简单网络管理协议(Simple Network Management Protocol,SNMP)是由互联网工程任务组(IETF)定义的一套网络管理协议,该协议基于简单网关监视协议(Simple Gateway Monitor Protocol,SGMP),与协议系统无关,所以它可以在IP、IPX、AppleTalk以及其他传输协议上使用。

SNMP是一系列协议组和规范,它们提供了一种从网络上的设备中收集网络管理信息,并向网络管理工作站报告问题和错误的手段。利用SNMP,一个管理工作站可以远程管理所有支持这种协议的网络设备,包括监视网络状态、修改网络设备配置、接收网络事件警告等。

一个SNMP系统由4部分构成:网络管理站和被管理的网络设备、管理进程和代理进程、管理信息库MIB、SNMP协议。其中管理进程在网络管理站上运行,代理进程在被管理的网络设备上运行,MIB定义了所有代理进程所包含的、能够被管理进程查询和设置的变量,SNMP协议允许网络管理工作站软件与被管理设备中的代理进程进行通信。这种通信可以包括来自管理工作站的询问报文、来自代理进程的应答报文或者代理进程给管理工作站的自陷报文。

在一些情况下,一个特定的设备上可能因为系统资源的缺乏,或者因为该设备不支持SNMP代理所需要的传输协议,而不能实现一个SNMP代理。在这种情况下,可以使用受托代理,它相当于外部设备。

受托代理并非在被管理的外部设备上运行,而是在另一个支持SNMP代理所需要的传输协议的设备上运行。网络管理站首先与受托代理联系,并且指出受托代理与外部设备的一致性;然后受托代理把它接收到的协议命令翻译成任何一种外部设备所支持的管理协议。在这种情况下,受托代理就被称为应用程序网关。

如果外部设备不支持任何管理协议,那么受托代理必须使用一些被动的方法来监视这个设备。目前大多数网际互联设备类型都支持SNMP可管理设备,所以用户可以方便地使用SNMP进行设备的管理。

在SNMP长期的应用中,逐渐暴露出一些问题。例如,不能有效地传送大块数据,安全性不好等。于是1993年SNMP第2个版本(SNMP v2)问世,1998年1月SNMP第3个版本(SNMP v3)正式形成。

三、网络故障的分析和排除
(一)网络故障分类

按网络故障的性质、网络故障的对象或者引起网络故障的原因等方式来划分,网络故障有不同的分类。

(1)按照网络故障的性质,网络故障可分为物理故障与逻辑故障两种。物理故障也称为硬件故障,是指由硬件设备引起的网络故障;逻辑故障也称为软件故障,是指设备配置错误或者软件错误等引起的网络故障。

(2)按照网络故障出现的对象,网络故障可分为网络服务器故障、线路故障和路由器故障。

网络服务器故障一般包括服务器硬件故障、操作系统故障和服务设置故障。通常主要的原因是操作系统故障。

线路故障是网络中最常见和多发的故障,发生线路故障时应该首先诊断该线路上流量是否还存在,然后用网络故障诊断工具进行分析后再处理。

路由器故障也是网络故障中常见的,由于现在网络中大量采用路由器设备,一旦出现故障就会使网络通信中断。路由器发生故障的现象有时和线路故障相似,因此在诊断时要注意区分处理。检测这种故障,需要利用专门的管理诊断工具,用它收集路由器的路由表、端口流量数据、计费数据、路由器CPU温度、负载及路由器的内存余量等数据。一般可以利用网管系统中的专门进程不断检测路由器的关键参数,并及时给出报警。

(3)按照引起网络故障的原因,网络故障可分为配置故障、连通性网络故障、网络协议故障和安全故障。

配置故障指的是网络系统及相关网络中的客户机配置内容不当引发的网络故障。常见的配置故障现象包括某些计算机无法和其他计算机实现通信;计算机无法访问任何其他设备;只能ping通本机;当局域网连入互联网时,用ping命令检测正常,但无法上网浏览。

连通性网络故障的现象是网络不通。连通性网络故障通常涉及网卡、网线、交换机、路由器等设备和通信介质。其中任何一个设备的损坏都会导致网络连接的中断。设备电源的突然关闭或损坏是造成连通性网络故障的常见原因之一。

网络协议故障是指局域网中使用的网络协议出现故障,网络中的工作站无法登录服务器。网络协议故障通常涉及网卡、网络协议安装、配置与管理等内容。其中任何一项故障,都会导致网络连接的中断。网络协议的配置错误是造成网络协议故障的主要原因之一。

安全故障通常表现为系统感染病毒、存在安全漏洞、黑客入侵等几个方面。当局域网连入互联网时,没有做好安全防护的网络体系很容易出现安全故障。这类故障现象通常表现为网络的交通流量突然变大,服务器的端口十分繁忙,系统负载极大,网络响应明显变慢。

诱发网络故障的原因通常有以下几种可能:物理层中物理设备相互连接失败或者硬件及线路本身的问题;数据链路层的网络设备的接口配置问题;网络层网络协议配置或操作错误;传输层的设备性能或通信拥塞问题;网络应用程序错误。

(二)网络故障检测步骤

1. 重现网络故障

当出现故障时,首先应该重现故障,与此同时应该尽可能全面地收集故障信息,这是获取故障信息的最好办法。在重现故障的过程中还要注重收集以下故障信息:

- 该网络故障的影响及范围。
- 故障的类型。
- 每次操作都会让该网络故障发生的步骤或过程。
- 在多次操作中故障偶然发生的步骤或过程。
- 故障是在特定的操作环境下发生的步骤或过程。

重现故障时,还需要网管人员对网络故障具有比较好的判断能力,并做好适当的准备工作。有些故障在重现时可能会导致网络崩溃,因此在决定进行网络故障重现时要注意这方面的问题。

2. 网络故障分析与定位

重现故障后,可以根据收集的资料对故障现象进行分析。根据网络故障的分析结果确定故障的类型,初步定位故障范围并对故障进行隔离;从故障现象出发,以网络诊断工具为手段获取诊断信息,确定网络故障点,查找问题的根源。

网络故障的基本检查方法包括两种:分层检查和分段检查。采用这样的检查办法可以节约检查时间,快速确定故障位置,有利于对故障的分析和判断。

①分层检查

分层检查具体的分析步骤是按照"物理层→数据链路层→网络层→传输层→应用层"的次序分析问题。

通常有两种逐层排查方式,一种是从底层开始排查,适用于物理网络不够成熟稳定的情况,如组建新的网络、重新调整网络线缆、增加新的网络设备;另一种是从高层开始排查,适用于物理网络相对成熟稳定的情况,如硬件设备没有变动。无论采用哪种方式,最终都能达到目标,只是解决问题的效率有所差别。具体采用哪种方式可根据具体情况来选择。

②分段检查

分段检查包括检查用户端、接入设备、主干交换设备、中继设备等之间的链路连通及相应端口的状态。

链路连通包括物理线路的介质类型、物理线路的连通、物理线路的质量（线路的距离、衰耗、终端设备的电气特性等）、物理线路的最大数据承载能力、收发线路的对应等。

相应端口的状态包括两端设备对应的端口类型的统一、速率的匹配、双工设置、收发时钟的时钟、数据收发的线路接通、数据流控制和拥塞控制等。

分析检查的步骤是按照"数据终端设备→网络接入设备→网络主干设备→网络中继设备→网络主干设备→网络接入设备→数据终端设备"的次序分析问题。

例如，遇到某客户端不能访问 Web 服务的情况，比较好的选择是直接从应用层着手，除非明确知道网络线路有所变动。可以这样排查：首先检查客户端 Web 浏览器是否正确配置，可尝试使用浏览器访问另一个 Web 服务器；如果 Web 浏览器没有问题，可在 Web 服务器上测试 Web 服务器是否正常运行；如果 Web 服务器没有问题，再测试网络的连通性。即使是 Web 服务器问题，从底层开始逐层排查也能最终解决问题，只是花费的时间太多了。如果碰巧是线路问题，从高层开始逐层排查也会浪费时间。

网络故障检测可以使用多种工具：路由器诊断命令、网络管理工具和包括局域网或广域网分析仪在内的其他故障诊断工具。查看路由表是开始查找网络故障的好办法。基于 ICMP 的 ping、trace 命令和路由器、交换机的 dis-play 命令、show 命令、debug 命令均是获取故障诊断有用信息的网络工具。

对故障现象进行分析之后，就可以根据分析结果定位故障的范围，即限定故障的范围是否仅出现在特定的计算机、某一地区的机构或某一时间段。由于一些本质不同的故障其现象却非常相似，因此仅通过表面现象，往往无法非常准确地将故障归类、定位。

一旦确认局域网出现故障，应立即收集所有可用的信息并进行分析。对所有可能导致错误的原因逐一进行测试，将故障的范围缩小到一个网段或节点。在测试时，不能根据一次的结果就断定问题的所在，而不再继续进行测试。因为故障存在的原因可能不止一处，应使用尽可能的方法，并对所有的可能性进行测试，然后做出分析报告，剔除非故障因素，缩小故障发生的范围。另外，在故障的诊断过程中，一定要采用科学的诊断方法，以提高工作效率，尽快排除故障。在定位故障时，应遵循"先硬后软"的原则，即先确定硬件是否有故障，再考虑软件方面。

3. 网络故障的排除

确定网络故障原因后，要采取一定的措施来隔离和排除故障。

如果故障影响整个网段，那么就通过减少可能的故障源来隔离故障。例如，将可能的故障源仅与一个网络中的节点相连，除这两个节点外，断开其他所有网络节点。如果这两个网络节点能正常进行网络通信，可以再增加其他节点。如果这两个节点不能进行通信，就要逐步对物理层的有关部分进行检查。

如果故障能被隔离至一个节点，可以采用更换网卡，重新安装相应的驱动程序，或是用一条新的双绞线与网络相连的方法排除故障。如果网络的连接没有问题，可以检查一下是否只是某一个应用程序有问题，如使用相同的驱动器或文件系统运行其他应用程序，与其他节点比较配置情况，试用该应用程序。如果只是一名用户出现使用问题，检查涉及该节点的网络安全系统，检查是否对网络的安全系统进行了改变以致影响到该用户。

一旦确定了故障源，那么识别故障类型就比较容易了。对于硬件故障来说，最方便的措施就是简单地更换,对损坏部分的维修可以以后再进行。对于软件故障来说,解决办法则是重新安装有问题的软件,删除可能有问题的文件并且确保拥有全部所需的文件。如果问题是单一用户的问题,通常最简单的方法是整个删除该用户,然后从头开始或是重复必要的步骤,使该用户重新获得原来有问题的应用。相比于无目标地进行检查,逻辑有序地执行这些步骤可以更快速地找到问题。

4. 网络安全的检查

在网络故障被排除之后,还应该记录故障并存档,并且再次验证故障是否真正被排除。对于网络安全故障,在排除后还要详细分析产生的原因并对系统进行全面的安全检查,确保系统的安全。

如果能提前为排除网络故障做好准备工作,那么网络故障的排除也就变得比较容易了。对于各种网络环境来说,最为重要的是保证网络维护人员能够获得有关网络当前情况的准确信息。只有利用完整、准确的信息才能够对网络的变动做出明智的决策,才能够尽快、尽可能简单地排除故障。因此,在网络故障的排除过程中,最为关键的是确保当前掌握的信息及资料是最新的。

对于每个已经解决的问题,一定要记录其故障现象以及相应的解决方案。这样,就可以建立一个问题/回答数据库,今后发生类似的情况时,单位里的其他人员也能参考这些案例,从而减少对网络故障进行排除的时间。

四、税务系统广域网管理

税务系统可根据网络运维管理需要设计以下网管功能。

1. 设备管理

通过设备管理集中统一管理税务省级广域网的全部设备资源,包括设备、端口、线路、VLAN、ACL等设备资源。统一管理全网设备的配置文件、软件版本,包括设备的当前软件版本、最新可用于升级的软件版本、最近备份时间、是否自动备份等信息。

2. 拓扑管理

采用拓扑管理展示税务省级广域网物理网络拓扑结构,直观查看广域网设备资源。

3. 故障管理

通过故障管理对税务省级广域网内各类设备和线路进行故障实时监控,使之在出现故障时能够及时告警,进行快速定位。

4. 流量管理

采用流量管理对网络流量和质量(延迟、丢包率)进行分析,包括基于接口、基于业务的总体流量趋势、应用带宽占用趋势、节点(包括源、目的 IP)流量、会话流量、业务系统之间的横向流量报表,以及端到端的业务时延、抖动和丢包等,以便跟踪解决网络流量异常问题。

5. 用户管理

用户管理是通过广域网路由器对用户进行网络准入控制和行为监管,保障用户正当的访问权限,并且可在出现网络流量异常时迅速定位异常流量来源。

6. 报表管理

网管报表要求能够根据税务省级广域网各级管理范围和权限要求,进行相应的报表内容定制,并按各自需要进行周期报表自动邮件发送。

第七节 物联网

一、物联网的概念

物联网是当今网络高频度热词,对于物联网的概念,有多种解释。比较有代表性的有以下几种:

(1)百度定义物联网:通过射频识别、红外感应器、全球定位系统、激光扫描器等信息传感设备,按约定的协议,把任何物品与互联网连接起来,进行信息交换和通信,以实现智能识别、定位、跟踪、监控和管理的一种网络。

(2)维基百科定义物联网:把所有物品通过射频识别等信息传感设备和互联网连接起来,实现智能化识别和管理;物联网就是把感应器装备嵌入各种物体中,然后将"物联网"与现有的互联网连接起来,实现人类社会与物理系统的整合。

(3)国际电信联盟(ITU)定义物联网:By embedding short-range mobile transceivers into a wide array of additional gadgets and everyday items, enabling new forms of communication between people and people, between people and things, and between things themselves.(在日常用品中通过嵌入一个额外的小工具和广泛的短距离的移动收发器,使人与人之间、人与物之间以及物与物之间形成信息沟通的形式。)

From anytime, anyplace connectivity for anyone, we will now have connectivity for anything.(任何时间、任何地点、任何人,我们现在都能够实现相关连接。)

总之,物联网能够实现所有物品通过射频识别等信息传感设备实现在任何时间、任何地点,与任何物体之间的连接,达到智能化识别和管理的目的。其中,身份识别是ITU物联网的核心。

【小知识】

ITU是一个国际组织,主要负责确立国际无线电和电信的管理制度和标准。它的前身是1865年5月17日在巴黎创立的国际电报联盟,是世界上最悠久的国际组织之一。它的主要任务是制定标准,分配无线电资源,制定各个国家之间的国际长途互连方案。它也是联合国的一个专门机构,总部设在瑞士的联合国第二大总部日内瓦。

(4)欧洲智能系统集成技术平台(EOPSS)定义物联网:Things having identities and virtual personalities operating in smart spaces using intelligent interfaces to connect and communicate within social, environmental, and user contexts.(在智慧空间中,具有身份和虚拟人物操作的东西,使用智能接口连接和沟通社会、环境和用户语境。)

除此之外,还有一个广义的物联网概念,也就是实现全社会生态系统的智能化,实现所有物品的智能化识别和管理。我们可以在任何时间、任何地点实现与任何物的连接。

从众多的定义中,我们不难看出物联网本质上具有以下特点:

(1)物联网是物与物相互连接的网络,互联是其重要特征。

物联网中物的概念包括机器、动物、植物以及人,也包括我们日常所接触和所看到的各种物品。所以,物联网本质上与人们常提到的互联网有很大不同,互联网是机器与机器的连接,构建了一个虚拟的世界。而物联网的概念则是真实物与真实物的连接,将物与物按照特定的组网方式进行连接,并实现信息的双向有效传递。

(2)物联网能够让物体自动自发,智慧是其另一个重要特征。

智慧感知是物联网赋予物体的一个全新属性,这将大大拓展人类对于这个世界的感知范围,在不久的将来我们就能够看懂动物、植物以及物品的内心。例如桌上的一个橘子,虽然我们通过肉眼能够识别出它是一个橘子,但是如果不去尝一尝,我们并不知道它是偏甜还是偏酸。未来的物联网将可以帮助我们,通过感知技术的应用,对橘子进行判断并将相关的信息反馈给我们。

(3)物联网大大拓展了人类的沟通范围。

物联网将人类的沟通范围从单一的人与人之间的沟通扩展到了物体与物体、人与物体之间。物联网即实现了这样的人类理想,它被赋予了人类的智慧,借助通信网络,建立起物体与物体之间、物体与人类之间的通信,扩展了人类的沟通范围,实现人类与物体之间的"直接对话"。

(4)物联网可以实现更多智能的应用。

有了物联网,物体具有智慧,可以被感知,并且能够实现与人类之间的沟通,因此可以实现对于物体的智能管理。物联网对物体的智能管理,可以衍生出更多的智能应用。

二、物联网的主要特点

全面感知、可靠传输与智能处理是物联网的三个显著特点。物联网与互联网、通信网相比有所不同,虽然都是能够按照特定的协议建立连接的应用网络,但物联网在应用范围、网络传输以及功能实现等方面都比现有的网络要明显增强,其中最显著的特点是感知范围扩大以及应用的智能化。

(一)全面感知

物联网连接的是物,需要能够感知物,赋予物智能,从而实现对物的感知。以前我们对于物的感知是表象的,现在变成了物与物、人与物之间进行广泛的感知和连接,感知的范围进一步扩展,这是物联网根本性的变革。

要实现对物体的感知,就要利用 RFID、传感器、二维码等技术以便能够随时随地采集物体的静态和动态信息。这样我们就可以对物体进行标识,全面感知所连接对象的状态,对物进行快速分级处理。

现在一些智能终端中已经内置了传感器,例如苹果公司的 iPhone 手机。iPhone 手机通过对旋转时运动的感知,可以自动地改变其显示竖屏还是横屏,以便用户能够以合适的方向和垂直视角看到完整的页面或者数字图片。如图 3-2 所示,物联网的感知层能够全面感知语音、图像、温度、湿度等信息并向上传送。

(二)可靠传输

物联网通过前端感知层收集各类信息,还需要通过可靠的传输网络将感知的各种信息进行实时传输,这种传输具有以下特点:

(1)对感知到的信息进行可靠传输,全面及时而不失真。

(2)信息传递的过程应是双向的,即处理平台不仅能够收到前端传来的信息,并且能够顺畅安全地将相关返回信息传递到前端。

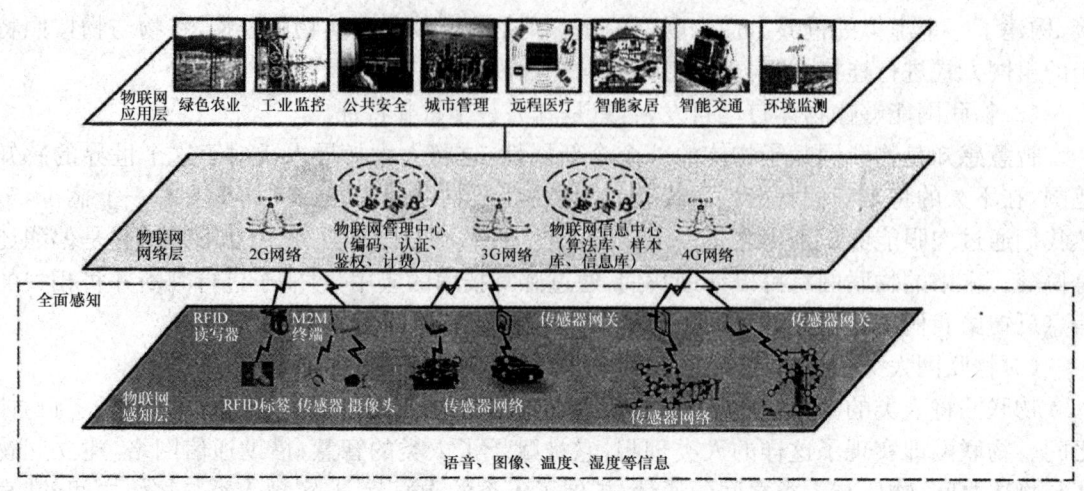

图 3-2 物联网全面感知

(3)信息传输安全、防干扰,防病毒能力、防攻击能力强,具有高可靠的防火墙功能。如图 3-3 所示,物联网的传输层包含大型的传输设备、交换设备,为信息的可靠传输提供稳定安全的链路。

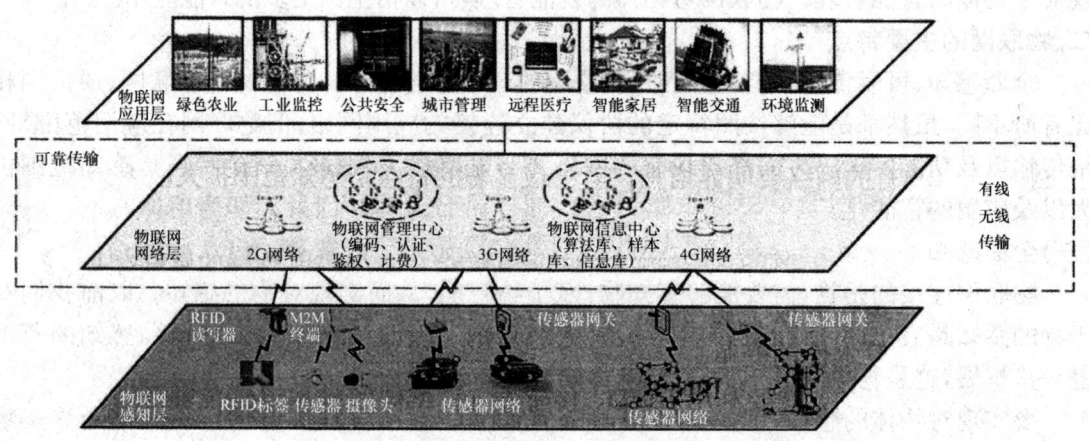

图 3-3 物联网可靠传输

(三)智能处理

对于收集的信息,互联网等网络在这个过程中仍然扮演重要角色,利用计算机技术,结合无线移动通信技术,构成虚拟网络,及时地对海量的数据进行信息控制,完成通信,进行相关处理。真正达到了人与物的沟通、物与物的沟通。在物联网系统中,通过相关指令的下达,使联网的多种物体处于可监控、可管理的状态,这就突破了手工管理的种种不便。应用感知技术让物体能够及时反馈自己所处的状态,从而实现智能化管理。物联网对信息的智能化处理是对信息进行"非接触自动处理",通过各种传感设备可以实现信息远程获取,并不需要去实地采集;对物流信息实行实时监控,通过对流通中的物体内置芯片,系统就能够随时监控物体运行的状态;在智能处理的全过程中,都可实现各环节信息共享。如图 3-4 所示,物联网应用层包含各行业的应用,依据系统服务要求灵活处理。

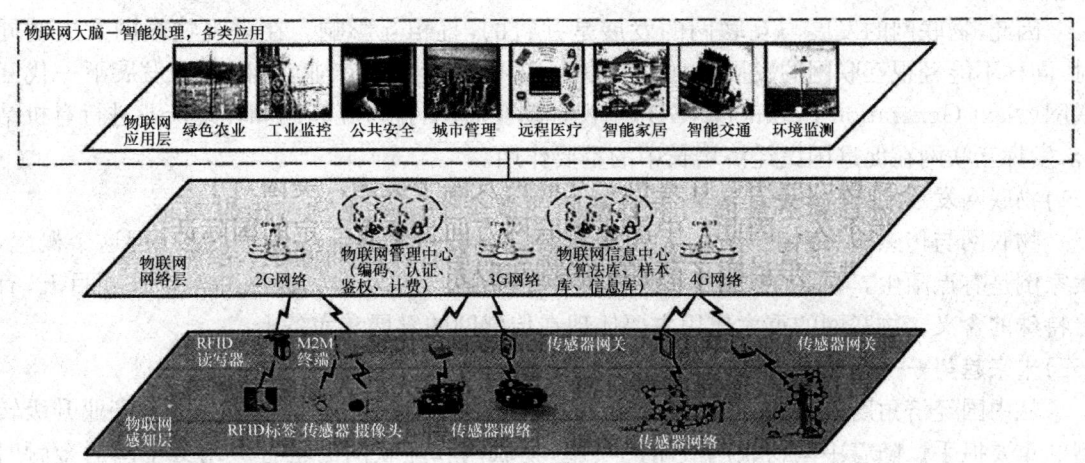

图 3-4 物联网智能处理

三、物联网、互联网、泛在网辨析

美国权威咨询机构 Forrester Research 曾预测,到 2020 年,世界上物物互联的业务,跟人与人通信的业务相比,将达到 30∶1,社会将进入全面的物联网时代。实际上,物联网并不是凭空出现的事物,它的神经末梢是传感器,它的信息通信网络则可以依靠传统的互联网和通信网等,对于海量信息的运算处理则主要依靠云计算、网格计算等计算方式。

物联网与现有的互联网、通信网和未来的泛在网有着十分微妙的关系,下面就物联网和互联网、物联网和泛在网、未来网络的融合分别论述。

(一)物联网的传输通信保障——互联网

物联网在"智慧地球"提出之后,引起了强烈的反响。其实,在这个概念提出之初,很多人就将它与互联网相提并论,甚至有很多人预言,物联网不仅将重现互联网的辉煌,它的成就甚至会超过互联网。不少专家预测,物联网产业将是下一个万亿元级规模的产业,甚至超过互联网 30 倍。然而,对于两者之间的关系和侧重点,有很多说法,下面分别从不同的层面解析两者的关系。

说法一:物联网是应用。中国工程院副院长邬贺铨院士 2009 年 5 月 16 日在广州举行的有关科技讲坛上提出,物联网是未来信息产业的发展方向,也是中国经济新的增长点。相较于互联网的全球性,物联网是行业性的。物联网不是把任何东西都联网,而是把联网有好处而且能联网的东西连起来;物联网不是互联网,而是应用。物联网具备三大特征:联网的每一个物件均可寻址,联网的每一个物件均可通信,联网的每一个物件均可控制。

说法二:《中国经济周刊》指出物联网是互联网的下一站,周刊提到物联网的定义是把所有物品通过 RFID 等信息传感设备与互联网连接起来,实现智能化识别和管理。从这个意义上讲,物联网更像是互联网的延伸和拓展,甚至有"物联网是互联网的一个新的增长点"之说。

如果说互联网是把一个物质给你,提供了多个信息源头,那么,物联网则是把多个物质和多个信息源头给你,提供了一个判断的活信息。互联网教你怎么看信息,物联网教你怎么用信息,更智慧是其特点,把信息的载体扩充到"物"(包括机器、材料等)。所以,物联网的含义更为广泛,它连接的是物与物,而物是非智能的。因此,这就要求物联网必须是智能的、自治的、感知的网络,必须具备协同处理能力。

因此，物联网的发展与互联网的发展是并行的，且相互影响。在重视物联网发展的同时，同样不能轻视互联网的发展。加速互联网应用，培育新兴产业，积极研究发展下一代互联网(Next Generation Internet，NGI)，重视移动互联网，推进互联网和传统产业进行有机结合，发挥互联网在促进国民经济增长中的重要作用。

(二)物联网发展的方向——泛在网

物联网与传感网关系密切，两者可以说互相影响，同等重要。而对于泛在网这个概念，大家倒是有点陌生。在2011年国家科技重大专项中，泛在网和物联网并列排在项目五，有着特殊的含义。物联网的重大作用主要体现在传感网的发展和完备上。

(三)未来趋势——网络融合

从中国经济角度看，物联网已经成为中国经济结构调整的重要落脚点，成为产业升级转型的重要抓手。随着中国物联网战略的实施，物联网和互联网的融合应用为中国后金融时代经济快速复苏提供了前所未有的机会，未来业务的发展和新布局将会在物联网和互联网的融合应用上。随着融合的不断深入，创新的商业模式将出现更多的新机遇、新挑战。在国家大力推动工业化与信息化两化融合的大背景下，物联网将是工业乃至更多行业信息化过程中一个比较现实的突破口。一旦物联网大规模普及，无数的物品需要加装更加小巧智能的传感器，用于动物、植物、机器等物品的传感器与电子标签及配套的接口，装置数量将大大超过目前的手机数量，市场巨大。

未来，网络融合将成为趋势，这不仅对业务的整合、降低成本、提高行业的整体竞争力等方面有很大的益处，而且为未来信息产业的发展做了准备。

简而言之，三网融合是指电信网、广播电视网、互联网三网的融合。首先，它是网络实体的互联互通，深度融合还会涉及技术融合、业务融合、行业融合、终端融合等，最终提供给客户一个个性化、自动化、宽带化的网络。在网络实体融合过程中，无线传输发挥重要作用，无线传输网络互联是实现网络融合的重要手段，因此，无线宽带、无线互联正在成为近期业界发展的新热点。而无线传输网络建设也恰恰成为未来物联网发展的基础之一。

网络融合的概念远不止"三网融合"中提到的三个网络的融合，"三网融合"仅仅是网络融合概念的冰山一角。纵观通信行业近两年的发展，我们看到一些网络运营商已着手与其他网络的融合。例如，中国移动加快物联网与TD的融合发展，并在无锡市建立物联网研究院和物联网数据中心，前者重点开展TD-SCDMA与物联网融合的技术研究、应用开发，后者则用以支撑物联网的相关业务。中国移动将物联网与TD技术相结合，形成两大应用：一是物联网和TD终端的结合，实现物联网和4G、5G的融合发展；二是物联网和TD无线城市的结合，打造"TD物联城市"的新理念，实现泛在网络的最终设想。

1. 互联网进化

在网络融合的道路上，各种网络不断发展演化，从而适应网络大融合的发展趋势。自互联网诞生以来，其发展就以迅雷不及掩耳之势蔓延着，对于它的研究有很多不同的说法，其中一种就是互联网进化论，是由中国科学院虚拟经济与数据科学研究中心客座研究员刘锋提出。此说法将现在热门的物联网考虑进去，认为是互联网进化的一部分。

互联网进化论认为，互联网的发展并不是无序和混乱的，而是有很强的方向性，其最终目标是实现人类大脑的充分联网，这一目标不断引导互联网向前发展。互联网进化的最终结果:第一,实现人类大脑的充分联网;第二,形成一个与人类大脑高度相似的互联网虚拟大脑,如图 3-5 所示。

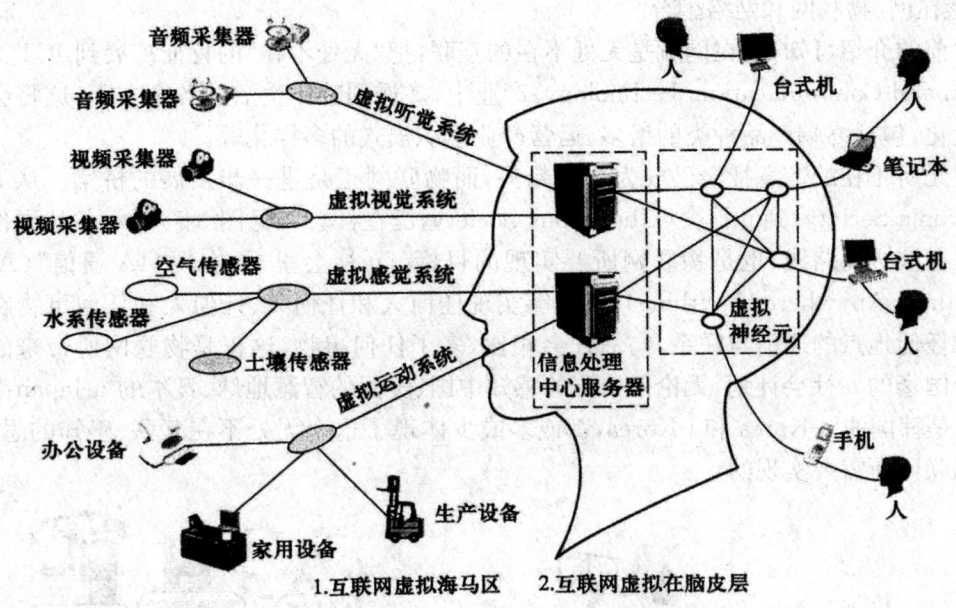

图 3-5　互联网虚拟大脑示意图

实际上,"智慧地球"(见图 3-6)互联网与虚拟大脑的理论十分相似。互联网进化论认为互联网不仅是机器的联网,更是人类大脑的联网,其核心观点是:互联网正在向与人脑结构高度相似的方向进化,将具有神经元、视觉系统、感觉系统、听觉系统、运动系统、记忆系统、大脑皮层、中枢神经、自主神经系统等。而"智慧地球"提出互联地球的人、机器和数据的观点,其核心观点是:物联网和互联网整合起来,实现人类社会与物理系统的整合。

图 3-6　智慧地球

不论是否存在抄袭现象,物联网与互联网之间的密切联系是毋庸置疑的。物联网需要传感器端点采集信息并经由互联网或其他通信网络进行传输、处理(云计算),最终实现用户终端的远程控制。物联网与互联网密不可分,物联网的孕育和发展离不开现有互联网的技术支持,通常作为物联网中枢的云计算就是依托互联网发展起来的,可以说是互联网的中枢神经系统的雏形。

2. 泛在网、物联网和网络融合

由之前的介绍可知,泛在网就是无处不在的互联,把"无处不在"的特征扩展到ICT(Information and Communication Technology)产业中,渗透到工作生活的各个方面,这将会带来许多变化,包括终端产品种类的增多、运营产业组织模式的多样化等。

构建无所不在的信息社会已成为全球趋势,而物联网正是进一步发展的桥梁。从e社会(Electronic Society)到u社会(Ubiquitous Society,泛在社会)(见图3-7)是一条从硬件到软件和服务演进的路线,也是物联网所要实现的目标。u社会里,要实现"4A通信"(Anyone,Anytime,Anywhere,Anything),即能够实现任何人和任何人、任何人和任何事物在任何时候和任何地点的通信与联系,与e社会相比,多了任何事物,这正是物联网所带来的变化。部分国家的u社会计划,无论是中国的感知中国、美国的智慧地球、日本的u-Japan和i-Japan,还是韩国的u-Korea和i-Korea,都或多或少体现了这个无处不在互联、感知的思想,这正是物联网所需要实现的。

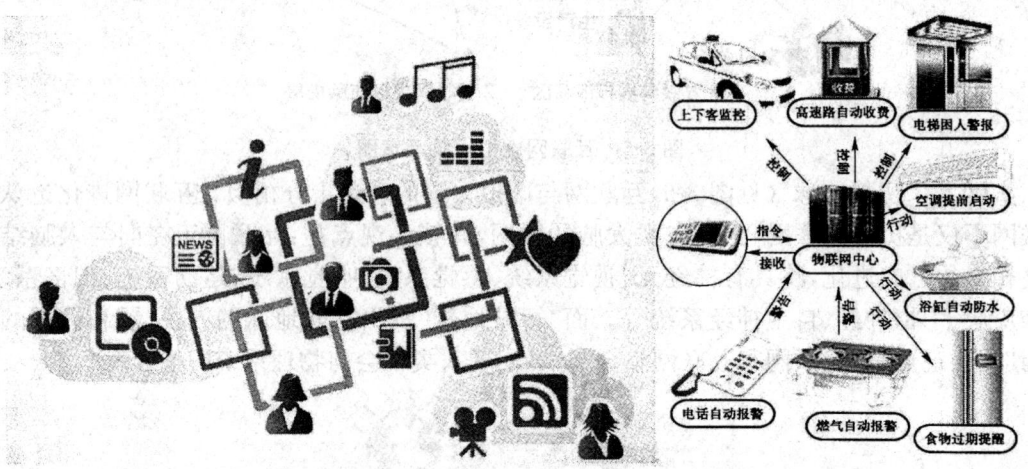

图3-7　e社会——人人互联　u社会——人物大互联

u社会需要一个泛在网,泛在网意味着无处不在的互联,信息的无处不在,这正是物联网所要做的事情。物联网把信息贯穿到生产及生活各个方面,大规模的应用将会有效地促进工业化和信息化的两化融合,成为产业升级、技术进步和经济发展的重要推动力。

以物联网为代表的信息技术发展趋势为从信息化向智能化的过渡,这也是网络从虚拟走向现实、从局域走向泛在的过程。物联网实际上就是信息应用的进一步深化和智能化。从虚拟走向现实指的是从传统的互联网所构建的虚拟世界走向由物联网所构建的物与物、人与人及人与物连接的现实世界。从局域走向泛在指的是打破各行业信息化应用的特定局域网壁垒,实现跨行业、跨平台、跨地域的互联互通。

3. 融合的前景

网络融合将会带来广阔的天空,无论是终端、网络,还是平台,都将会发生深刻的变革,而融合后的市场规模将是单一领域的数倍,同时,网络融合也无可避免地带来了更为激烈的竞争,各自领域的佼佼者在这一融合的领域将面临更为激烈的市场竞争。对物联网来说,大的网络的融合背景也为物联网的发展提供了便利。

随着中国物联网战略的形成,物联网与互联网、移动互联网的融合应用都已经为后金融危机时代的中国经济快速复苏带来前所未有的发展机会。无论是厂商还是运营商,都将未来业务发展的核心布局在物联网与互联网的融合应用上。

物联网具有巨大的经济和社会效益,不仅能服务于全球各行各业的信息共享需求,同时,一些新技术产业作为物联网建设的基础产业,其本身也将创造未来重要的经济增长点。然而,中国的物联网发展存在技术研发不够、区域分布不平衡、整体投资不足、产业化和商业化程度较低等现实问题。

未来几年或几十年,中国物联网将不可避免地加入到网络融合的浪潮中,芯片技术和电子标签应用与研发将提速,产业将由技术驱动转变为应用驱动。未来产业投资出现新的机遇,跨产业链互联将催生新的投资项目,业内领先的企业将成为投资者追捧的主要目标。物联网将不仅与现有的通信传输网络融合,而且与嵌入式系统融合的现象也很突出。云计算、传感器技术等将会给嵌入式系统带来更多机遇,各种嵌入式设备如何无缝、无线地接入现有网络将成为首要解决的问题。产品的互联、系统可堆叠和开放的架构、符合开放标准的接口等都是对嵌入式系统发展的要求。

第八节　区块链

区块链技术的核心是所有当前参与的节点共同维护交易及数据库,它使交易基于密码学原理而不基于信任,使得任何达成一致的双方,能够直接进行支付交易,不需第三方的参与。

从技术上来讲,区块是一种记录交易的数据结构,反映了一笔交易的资金流向。系统中已经达成的交易的区块连接在一起形成了一条主链,所有参与计算的节点都记录了主链或主链的一部分。一个区块包含以下三部分:交易信息、前一个区块形成的哈希散列、随机数。交易信息是区块所承载的任务数据,具体包括交易双方的私钥、交易的数量、电子货币的数字签名等;前一个区块形成的哈希散列用来将区块连接起来,实现过往交易的顺序排列;随机数是交易达成的核心,所有矿工节点竞争计算随机数的答案,最快得到答案的节点生成一个新的区块,并广播到所有节点进行更新,如此完成一笔交易。

一、区块链

区块链(Block Chain)是指通过去中心化和去信任的方式集体维护一个可靠数据库的技术方案。该技术方案主要让参与系统中的任意多个节点,通过一串使用密码学方法相关联产生的数据块(Block),每个数据块中包含了一定时间内的系统全部信息交流数据,并生成数据指纹用于验证其信息的有效性和链接(Chain)下一个数据库块。

通俗一点说,区块链技术就指一种全民参与记账的方式。所有的系统背后都有一个数据库,也就是一个大账本。那么谁来记这个账本就变得很重要。目前就是谁的系统谁来记账,各个银行的账本就是各个银行在记,支付宝的账本就是阿里在记。但现在区块链系统中,系统中的每个人都可以有机会参与记账。在一定时间段内如果有新的交易数据变化,系统中每个人都可以来进行记账,系统会评判这段时间内记账最快最好的人,将其记录的内容写到账本,并将这段时间内账本内容发给系统内所有的其他人进行备份。这样系统中的每个人都了一本完整的账本。因此,这些数据就会变得非常安全。篡改者需要同时修改超过半数的系统节点数据才能真正地篡改数据。这种篡改的代价极高,所以几乎不可能发生。例如,比特币运行已经超过 7 年,全球无数的黑客尝试攻击比特币,但是迄今为止没有出现过交易错误,可以认为比特币区块链被证明是一个安全可靠的系统。

二、区块链创新

人类在活动的过程中需要交流,而交流是以信息为基础的,以前信息流通不够便利,无法满足市场参与者对信息的需求,因此中介、中心随之诞生。这种中心化体系存在高成本、低效率、价值分散、"信息孤岛"以及数据存储不安全的问题。但由于技术和环境因素导致这种体系仍然持续运营多年,直到互联网的出现。第一代互联网的起点是 TCP/IP 协议,就是执行一个网络上所有节点统一格式对等传输信息的开放代码,把全球统一市场所需的自由、平等的基本价值观给程序化、协议化、可执行化。互联网消灭了价值低、成本高的中间链条,去中心化地实现了全球信息传递的低成本高效率。

但是,第一代互联网没有解决信息的信用问题。互联网上能去中心化的活动一定是无须信用背书的活动,需要信用做保证的一定是中心化的、第三方中介机构参与的活动。因此,无法建立全球信用的互联网技术就在前进中遇到了很大的阻碍——人们无法在互联网上通过去中心化的方式参与任何价值交换活动。人们要实现价值交换,还是需要基于信用而存在的第三方中介机构(如银行、清算机构、交易所)。全球中心化信用体系仍然存在运营成本高、效率低、易受攻击破坏等问题。例如各国法币,信用价值不同,清算体系也各不兼容,给全球贸易增加了很大成本。

因此,第二代互联网必须突破的是:怎样去中心化地建立全球信用?让价值传递也低成本高效率进行。我们需要在互联网中创造一种技术,这种技术在无法保证人们互相信任的前提下,还可以从事价值交换的活动,从而做到真正地去中心化、去第三方中介机构,实现从信息互联网到价值互联网的转变。

三、金融行业需要区块链

(一)信任是金融业的基础

为维护信任,金融业的发展催生了大量的高成本、低效率、单点故障的中介机构,包括托管机构、第三方支付平台、公证人、银行、交易所等。区块链技术使用全新的加密认证技术和去中心化共识机制去维护一个完整的、分布式的、不可篡改的账本,让参与者在无须相互认知和建立信任关系的前提下,通过一个统一的账本系统确保资金和信息安全。这对金融机构来说具有重大的意义。所以全球金融巨头纷纷探索区块链应用,这一方面是为了防范被颠覆的风险,另一方面也是"为我所用",提高效率、降低成本,从而巩固、优化并扩大既有势力。

区块链能够降低信任风险。区块链技术具有开源、透明的特性,系统的参与者能够知晓系统的运行规则,验证账本内容和账本构造历史的真实性和完整性,确保交易历史是可靠的、没有被篡改的,相当于提高了系统的可追责性,降低了系统的信任风险。例如,区块链可以规避当前互联网金融 P2P 平台的跑路、欺诈等事件。

(二)区块链能够提高支付、交易、结算效率

在区块链上,交易被确认的过程就是清算、交收和审计的过程。区块链使用分布式核算,所有交易都实时显示在类似全球共享的电子表格平台上,实时清算,效率大大提升。例如,美国证券结算制度为T+3,区块链却能将效率提升到分钟级别,这能让结算风险降低99%,从而有效降低资金成本和系统性风险。

(三)区块链能够降低经营成本

金融机构各个业务系统与后台工作,往往面临长流程多环节。现今无论Visa、Master还是支付宝都是中心化机构运营,货币转移要通过第三方机构,这使得跨境交易、货币汇率、内部核算、时间花费的成本过高,并给资本带来了风险。区块链能够简化、自动化冗长的金融服务流程,减少前台和后台交互,节省大量的人力和物力,这对优化金融机构业务流程、提高金融机构的竞争力具有重要意义。西班牙银行认为,到2022年,区块链技术帮助金融行业降低200亿美元的记账成本。

(四)区块链能够有效预防故障与攻击

传统金融模型以交易所或银行等金融机构为中心,一旦中心出现故障或被攻击,就可能导致整体网络瘫痪,交易暂停。区块链在点对点网络上有许多分布式节点和计算机服务器来支撑,任何一部分出现问题都不会影响整体运作,而且每个节点都保存了区块链数据副本。所以区块链内置业务连续性,有着极高的可靠性、容错性。

(五)区块链能够提升自动化水平

由于所有文件或资产都能够以代码或分类账的形式体现,通过对区块链上的数据处理程序进行设置,智能合约及自动交易就可能在区块链上实现。例如,智能合约可以把一组金融合同条款写入协议,保证合约的自动执行和违约偿付。

(六)区块链能够满足监管和审计要求

区块链上储存的记录具有透明性、可追踪性、不可改变性的特征。任何记录,一旦写入到区块链,都是永久保存且无法篡改的。任何交易双方之间的交易都是可以被追踪和查询的。

除了以上对现有系统和商业模式的积极作用外,区块链还能够驱动新型商业模式的诞生。一方面区块链技术的特点让它能够实现一些在中心化模式下难以实现的商业模式,另一方面区块链通过源代码的开放和协作极大地鼓励了全社会的创新和协作。当然,区块链在金融应用中会存在很多问题和挑战,文中在具体应用中也进行了思考。

区块链技术的工作原理并不难去理解,我们着力于具体的区块链技术的应用研究就可以发现这种区块链技术的工作原理无所不在。

第九节 网络规划与建设

一、网络规划与分层设计

(一)网络系统总体目标与设计原则

网络系统总体目标的确定是网络设计方案的第一步,由于情况不同,网络系统设计的目

标也不同,一般包括功能性、可扩展性、可用性、可靠性、可管理性、安全性与高效率性。

为规范省各级广域网的建设,按照国家有关计算机信息系统及组网规范、税务信息系统相关准则及标准,在规划和建设省各级广域网时,应遵循以下原则。

1. 层次化组网原则

省各级广域网应采用层次化组网结构,在网络层次上原则上分为核心层、汇聚层和接入层。核心层主要承担高速数据交换的任务,同时提供到税务信息系统骨干网和省网的连接;汇聚层的主要任务是把大量来自接入层的访问路径进行汇聚和集中,承担路由聚合和访问控制的任务;接入层的主要任务是完成用户的接入,它直接和用户连接,并提供灵活的用户管理手段。

2. 可靠性组网原则

为保证各项业务应用,网络必须具有高可靠性。在网络设计时应合理设计网络冗余拓扑结构,制定可靠的网络备份策略,保证网络具有故障自愈的能力,在关键节点的设计中,选用高可靠性网络产品,关键部件配置冗余。

3. 实用性和先进性组网原则

应在网络设计中把先进的技术与现有的成熟技术、标准和设备结合起来,充分考虑到电子政务网络应用的需求和未来的发展趋势,尽可能采用先进的网络技术以适应更高的数据、语音、视频(多媒体)的传输需要,使整个系统在相当一段时期内保持技术先进性,以适应未来信息化发展的需要。

4. 灵活性和可扩展性组网原则

网络系统是一个不断发展的系统,网络不仅需要保持对以前技术的兼容性,还必须具有良好的灵活性和可扩展性,具备支持多种应用系统的能力,应能够根据未来业务的增长和变化,平滑地扩充和升级现有的网络覆盖范围、扩大网络容量和提高网络的各层次节点的功能,最大限度地减少对网络架构和现有设备的调整。

5. 易操作性和易管理性组网原则

在网络设计中,必须建立有效的网络管理解决方案。能够实现监控整个网络的运行情况、合理分配网络资源、动态配置网络负载、迅速确定网络故障等。应通过先进的管理策略、管理工具提高网络的运行性能、可靠性,简化网络的维护工作。

(二)网络性能评价

随着计算机网络数量的增长和规模的扩大,网络性能成为十分重要的问题。网络性能评价的参数主要有延迟、吞吐率、资源利用率等。

1. 延迟

延迟也称为传输延迟,描述的是分组从源站开始产生直至最后成功传送到目标站所需的时间。它由以下4个部分组成。

(1)排队延迟。描述从分组产生开始,在发送的队列中等待,直至到达队列最前端所需的时间。

(2)访问延迟。分组虽然到达队列的最前头,但通常并不立即被服务,而是必须等待信道空闲,这段时间即为访问延迟。

(3)发送时间。用来描述发送整个分组所需的时间,它与接口的操作速度和数据速率大小密切相关。

(4)传播延迟。信号在信道上传输,还存在一个传播延迟,这是因为信号从源站传到目的站还要有一定的传播时间。

影响延迟取决于本地系统、网络和远程系统这三部分处理通信数据的元件特性、节点的负载以及网上的通信量。本地和远程系统指源节点和目的节点,主要因素包括CPU的处理能力、缓冲区的大小、I/O处理能力、内存的存取速度和优先调度策略等。在网络上的主要影响因素包括信息传输速率、通信流量大小、转发信息时协议软件复杂程度、介质访问控制方式等。通信流量与用户的负载大小有关,是个动态因素。此外,网络的规模、网络拓扑的复杂性、路由器的容量、传输误差、重传机制和交换系统特性等都对延迟有影响。

2. 吞吐率

吞吐率是度量网络传输数据能力的一个重要参数,是单位时间内网上的总通信量。吞吐率可分为名义吞吐率和实际吞吐率,也可分为总吞吐率和净吞吐率。在物理层上网络频宽称为名义吞吐率,在网络的端到端应用能得到的通信容量称为实际吞吐率。在单位时间内通过网络的数据量称为总吞吐率,在单位时间内通过网络的用户信息称为净吞吐率。影响吞吐率的主要因素有处理通信数据的硬件频宽或容量、处理通信数据的通信软件效率、在源系统和目的系统的负载、网上的通信量等。

3. 资源利用率

资源利用率主要度量资源的忙空比,是评价网络性能价格比的重要参数,可分为总利用率和净利用率两类。净利用率也称为有效利用率,是用户数据处理占总容量的百分比。总利用率是用户数据处理和开销一起占总容量的百分比。

资源利用率主要包括CPU利用率、传输线路利用率、内存利用率、磁盘利用率以及网络利用率等。网络资源利用率高,其性能价格比就高,但网络的资源平均利用率又不能过高。

(三)层次化网络设计

不同规模、功能要求的网络,其网络系统结构也不同,大规模的网络一般是用三层结构,即核心层、汇聚层、接入层。如果网络的规模稍小,也常使用两层结构,有时将接入层与汇聚层合为一层,或是将核心层和汇聚层的功能合并,甚至当节点数量很少时,只采用一层的网络结构。

分层网络伸缩性好,网络扩展更易于规划和实施。采用分层网络设计,可以使安全性得到改善,并且更加易于管理。对接入层交换机可以配置多种端口安全选项,控制哪些设备可以连接到网络;在汇聚层,可以灵活使用更先进的安全策略进行控制,可以应用访问控制策略定义哪些通信协议可以在网络上使用。对于分层网络,每一层执行特定的功能,管理相对来说简单。部署新交换机的配置时可以直接从其他同层设备复制过来,只做少量改动即可。每一层交换机之间的一致性对于快速恢复和简化故障排除都有帮助。

1. 核心层

核心层提供核心节点之间的高速数据转发。核心层应该具有如下几个特性:可靠性、高效性、冗余性、容错性、可管理性、适应性、低延时性等。核心层设备可以考虑采用双机冗余热备份或负载均衡功能,从而进一步提高网络性能和可用性。

2. 汇聚层

汇聚层为核心层和接入层提供连接，主要负责路由聚合，收敛数据流量。汇聚层具有实施策略、安全、工作组接入、虚拟局域网（VLAN）之间的路由、源地址或目的地址过滤等多种功能。在汇聚层中，应该采用支持三层交换技术和 VLAN 的交换机，以达到网络隔离和分段的目的。

3. 接入层

接入层为用户提供网络访问和管理功能。接入层可以选择不支持 VLAN 和三层交换技术的普通交换机。

二、综合布线

综合布线技术是使用模块化、结构化的方法，为不同建筑物或建筑群设计信息传输的通道。综合体现在能够使用语音、图像、数据等各种传输手段和传输设备进行信息传输，也体现在考虑因素的多样性。综合布线一般包含不同系列、不同规格的信息系统组件：传输介质、连接硬件设备、中继传输设备。综合布线需要根据它们的不同用途和具体环境来构建不同的各种子系统，而且要考虑将来扩展的需要。

综合布线系统是指按照标准、统一和简单的结构化方式设计和布置建筑物或建筑群内的各种信息传输系统的通信线路，比如网络系统、电话系统、信息控制系统等。因此，综合布线系统就是一种标准、通用的信息传输系统。

结构化综合布线系统是组建计算机网络的基础工程，该工程设计和工程施工质量的好坏将直接影响日后计算机网络的运行性能。

(一) 常见的综合布线设计标准

常见的综合布线设计标准有《综合布线系统工程设计规范》(GB 50311—2016)，《综合布线系统工程验收规范》(GB/T 50312—2016)。

(二) 综合布线子系统

综合布线六大子系统包括工作区子系统、水平干线子系统、管理子系统、垂直干线子系统、设备间子系统、建筑群子系统。

1. 工作区子系统

一般是将一个相对独立，需要设置终端的区域划分为一个工作区子系统，工作区子系统应从配线水平子系统的信息交换接口插座开始，延伸到终端设备处。它包括计算机设备、连接器、连接电缆、交换机、通信设备等。计算机设备由室内计算机组成。连接器又称为信息插座，是室内引入线与计算机工作站、通信设备、交换机的接口，一般采用 RJ-45 模块作为信息插座。工作区子系统的连接电缆一般采用无屏蔽双绞线或者同轴细缆。双绞线通常使用 8 芯 5 类线，同轴电缆使用 50 欧姆电阻的细缆。

2. 水平干线子系统

水平干线子系统由信息交换接口插座、每一楼层的配线设备和跳线，以及到插座的配线电缆组成。

通常采用双绞线，长度不超过 90 米（加上工作区子系统的 10 米，一共是 100 米）。如超过 90 米，则需采用光纤。走线必须使用线槽或套管，当布线位于天花板顶上时，双绞线应该穿过 PVC 管。

3. 管理子系统

管理子系统用来连接垂直干线子系统和水平干线子系统。管理子系统设置在楼层配线设备的房间内,由交接间的配线设备、输入/输出设备等组成。管理子系统的设备通常由配线架、跳线模块、光电转换模块、光纤耦合器、交换机组成。这些设备统一安装在配线机柜内,便于管理。

4. 垂直干线子系统

垂直干线子系统由传输设备间的配线设备和跳线,以及设备到各楼层的配线设备之间的连接电缆组成。

5. 设备间子系统

设备间子系统是由建筑物的进线设备、安置在建筑物中的中心传输设备,以及安全配线设备等共同组成。设备间应尽量靠近建筑物弱电间的电缆孔、电缆井或管道。

6. 建筑群子系统

建筑群子系统由两个或两个以上建筑物中的语音、数据、视频等系统组成一个建筑群综合布线系统,包括建筑物之间的连接缆线和相应的配线设备等。该系统原则上应使用光缆,也可以使用粗缆、屏蔽双绞线或者细缆,以避免室外的雷击和电磁干扰。室外光缆的铺设采用地埋和架空两种方式。

(三)综合布线的设计、施工与验收

1. 设计

工程设计将对布线全过程产生决定性的影响,故设计者应认真审慎,做好充分的调查研究,收集相关资料(包括建筑物的一些图纸资料、装修的图纸资料、其他工程的资料以及结构化综合布线方面的资料等)并充分考虑到经济方面的许可、具体应用的需求、施工进度的要求等各个方面。

2. 施工

一般施工阶段直接牵涉很多方面的因素,因此协调工作特别重要,同时施工现场的指挥人员必须要有较高的素质。临场的决断能力往往取决于对设计的理解以及对布线技术规范的掌握。

3. 验收

综合布线施工的验收主要分以下几部分:环境检查、器材及测试仪表工具检查、设备安装检验、工程电气测试、消防安全检查、工程验收文档。综合布线系统工程的竣工技术资料应包括以下内容:

①安装工程量。

②工程说明。

③设备、器材明细表。

④竣工图纸为施工中更改后的施工设计图。

⑤测试记录(宜采用中文表示)。

⑥工程变更、检查记录及施工过程中需更改设计或采取相关措施,由建设、设计、施工等单位之间协商。

⑦随工验收记录。

⑧隐蔽工程签证。
⑨工程决算。

竣工技术文件要保证质量，做到外观整洁、内容齐全、数据准确。综合布线系统工程应按国家规范文件所列项目、内容进行检验。

三、税务系统省级广域网设计

随着税务系统信息化建设的不断发展，税务系统网络已建立了覆盖全国各级税务机关的广域网，形成了以核心征管、行政办公、视频会议、容灾备份等各类信息化业务等为基础的网络承载平台。

目前税收信息化进入国家税务总局和省局两级大集中建设的快速发展阶段，为满足大集中处理要求，省局到地市、区县、分局（所）四级的省广域网要能够支持集中网络管理，支撑总局、省局（国税、地税）两级应用集中架构，实现高效、安全、稳定、可扩展。

(一) 省级广域网建设目标

1. 网络业务承载

省级、地市级、区县级广域网应采用双线路冗余结构，需要在保证关键业务传输质量的基础上尽可能充分地利用广域双线路带宽资源，实现高效率、高可靠的数据流传输。推荐对特定关键业务（如核心征管、视频等）进行分流，指定业务分别在不同的线路上传输，业务流实现分别承载、重点保障；采用等价路由的方式对普通业务进行负载分担，业务数据流在两条广域线路上同时承载，实现线路均衡；同时使广域网两条线路互为备份，实现故障自愈，保障业务的可靠性和持续性。

2. 路由实现

省各级网络的路由设计需按照网络层次划分路由网络，根据各省实际情况，可选择划分为一个自治系统（AS），或由多个 AS 构建，需采用适当的区域内路由协议和区域间路由协议。区域划分需考虑路由信息安全因素和对路由交换的限制管理。IGP 路由协议需支持 OSPF、静态路由等协议，广域骨干网路由协议应支持 OSPF＋BGP4 路由协议（或者是静态路由）等协议。

3. QoS 技术

采用 QoS 技术，支持 IP QoS 机制，支持基于 MPLS/BGP 实现 QoS 控制，为 VPN 用户实现端到端的 QoS 服务。支持在边缘网络中定义 IP QoS 级别，对接入层业务进行细分和区分服务，并继承到 MPLS 域中，实现端到端的 QoS，提供基于业务的时延、抖动等的保障。

4. 网络可用性

支持多种方式保证网络可用性，关键节点设备冗余备份，关键线路冗余备份，采用高可靠性技术，如 VRRP、HSRP、堆叠、线路捆绑、BFD、FRR 等，保障网络的持续可用和故障恢复时间。

5. 安全性

在系统设计中，既要考虑信息资源的充分共享，还要注意信息的保护和隔离，因此系统应分别针对不同的应用和不同的网络通信环境，采取不同的措施，包括系统安全机制、网段的划分、用户准入控制、网络边界安全等。

6. IP v6 技术

考虑到 IP v6 的发展趋势，应具备基于硬件支持 IP v6 的能力，支持丰富的 IP v4 向 IP

v6 的各种过渡技术,支持通过 IP v6 技术构建 MPLS VPN 网络。

7. MPLS VPN 技术

采用 MPLS/BGP VPN 作为实现基本 MPLS VPN 业务的技术路线,支持 MPLS L2 和 L3 VPN,提供 MPLS L2 VPN 的支持能力,包括支持 VPLS(多点的 MPLS L2 VPN)能力。同样在考虑部署 MPLS L2 VPN 的时候也必须支持跨自治域 AS 的能力。

8. 网络管理

税务信息化系统是跨区域的大型的分布式网络应用系统,因此必须有完善的系统监控管理解决方案。为便于税务信息化网络系统的统一运维与分级、分权管理,各省广域网应采用标准、开放的网络管理系统,提供网络集中监视、故障管理、性能管理等功能。

(二)省级广域网拓扑结构

税务系统省级广域网应采用树状结构。

1. 采用重要节点双冗余结构

省—市—区(县)局网络节点应配置双核心网络设备,采用双线路互为备份的方式,双节点互为备份,避免单故障点,确保系统级的高可靠性。

2. 采用分层分级结构

省—市—区(县)局作为本级汇集节点,分别接入上级节点路由器,并汇集下级节点路由器,进行省国税各级网络路由汇聚和交互,执行管理、访问、安全等控制策略,实现对省网的分层、分级拓扑和策略管理与维护。

3. 采用线路分担结构

由于省内广域线路带宽资源有限,主、备线路应实现不同类型业务分流,充分利用网络线路,增强整体网络系统承载能力,为税务系统网络应用提供更好的适应性、扩展性和可靠性。

(三)线路技术

税务网络系统的省各级广域网的线路连接主要可采用 SDH、MSTP、WDM、光纤直连等线路技术。

省级广域网核心节点与骨干接入节点间可以通过城域 WDM 连接,或通过路由器设备的 GE 端口经光纤直连。

省各级广域网原则上须通过 SDH、MSTP 实现连接,也可通过 WDM、光纤直连连接。

具体线路技术的选择应根据业务量要求以及城域传送网的资源情况、光纤线路资源情况等确定。

对于偏远区县级及税所级广域网可根据业务需求、资源情况综合采用各种有线、无线接入方式。

★ 习题精练

一、单项选择题

1. 正确的电子邮件地址为( )。

A. 用户名+计算机名+机构名+最高域名

B. 计算机名＋@机构名＋用户名

C. 计算机名＋@用户名＋最高域名＋机构名

D. 用户名＋@计算机名＋机构名＋最高域名

2. 在 WWW 上每一个信息资源都有统一的且在网上唯一的地址，该地址叫作（　　）。

　　A. HTTP　　　　　　B. FTP　　　　　　C. Telnet　　　　　　D. URL

3. 下列有关计算机网络叙述错误的是（　　）。

　　A. 利用 Internet 可以使用远程的超级计算中心的计算机资源

　　B. 计算机网络是在通信协议控制下实现的计算机互联

　　C. 建立计算机网络的最主要目的是实现资源共享

　　D. 以接入的计算机多少可以将网络划分为广域网、城域网和局域网

4. Internet 上各种网络和各种不同类型的计算机互相通信的基础是（　　）协议。

　　A. HTTP　　　　　　B. IPX　　　　　　C. X.25　　　　　　D. TCP/IP

5. LAN 通常是指（　　）。

　　A. 广域网　　　　　B. 局域网　　　　　C. 资源子网　　　　　D. 城域网

6. 默认的 HTTP（超文本传输协议）端口是（　　）。

　　A. 21　　　　　　　B. 23　　　　　　　C. 80　　　　　　　D. 8080

7. 计算机网络可以被理解为（　　）。

　　A. 执行计算机数据处理的软件模块

　　B. 由自治的计算机互联起来的集合体

　　C. 多个处理器通过共享内存实现的紧耦合系统

　　D. 用于共同完成一项任务的分布式系统

8. 下列不属于计算机网络功能的是（　　）。

　　A. 提高系统可靠性　　　　　　　　　B. 提高工作效率

　　C. 分散数据的综合处理　　　　　　　D. 使各计算机相对独立

9. 计算机网络的资源主要是指（　　）。

　　A. 服务器、路由器、通信线路与用户计算机

　　B. 计算机操作系统、数据库与应用软件

　　C. 计算机硬件、软件与数据

　　D. Web 服务器、数据库服务器与文件服务器

10. 下列设备属于资源子网的是（　　）。

　　A. 计算机软件　　　B. 网桥　　　　　　C. 交换机　　　　　　D. 路由器

11. 下列说法中正确的是（　　）。

　　A. 在较小范围内布置的一定是局域网，而在较大范围内布置的一定是广域网

　　B. 城域网是连接广域网而覆盖园区的网络

　　C. 城域网是为淘汰局域网和广域网而提出的一种新技术

　　D. 局域网是基于广播技术发展起来的网络，广域网是基于交换技术发展起来的网络

12. 现在大量的计算机是通过诸如以太网这样的局域网联入广域网的，而局域网与广域网互联是通过（　　）实现的。

A. 路由器　　　　　　B. 资源子网　　　　　C. 桥接器　　　　　　D. 中继器

13. （　　）不是对网络模型进行分层的目标。
　　A. 提供标准语言　　　　　　　　　　B. 定义功能执行的方法
　　C. 定义标准界面　　　　　　　　　　D. 增加功能之间的独立性

14. 将用户数据分成一个个数据块传输的优点不包括（　　）。
　　A. 减少延迟时间
　　B. 提高错误控制效率
　　C. 使多个应用更公平地使用共享通信介质
　　D. 有效数据在协议数据单元 PDU 中所占比例更大

15. （　　）是计算机网络中 OSI 参考模型的 3 个主要概念。
　　A. 服务、接口、协议　　　　　　　　B. 结构、模型、交换
　　C. 子网、层次、端口　　　　　　　　D. 广域网、城域网、局域网

16. 下列能够最好地描述 OSI 的数据链路层功能的是（　　）。
　　A. 提供用户和网络的接口　　　　　　B. 处理信号通过介质的传输
　　C. 控制报文通过网络的路由选择　　　D. 保证数据正确的顺序和完整性

17. 在 OSI 参考模型中，下列功能需由应用层的相邻层实现的是（　　）。
　　A. 对话管理　　　　　　　　　　　　B. 数据格式转换
　　C. 路由选择　　　　　　　　　　　　D. 可靠数据传输

18. TCP/IP 参考模型的网络层提供的是（　　）。
　　A. 无连接不可靠的数据报服务　　　　B. 无连接可靠的数据报服务
　　C. 有连接不可靠的虚电路服务　　　　D. 有连接可靠的虚电路服务

19. （　　）被用于计算机内部的数据传输。
　　A. 串行传输　　　　　B. 并行传输　　　　　C. 同步传输　　　　　D. 异步传输

20. 利用模拟通信信道传输数字信号的方法称为（　　）。
　　A. 同步传输　　　　　B. 异步传输　　　　　C. 基带传输　　　　　D. 频带传输

二、多项选择题

1. OSPF 骨干区域可以包含的路由器有（　　）。
　　A. IR　　　　　　　　B. ABR　　　　　　　C. ASBR　　　　　　　D. DR

2. 下列关于 SNMP 的描述，正确的有（　　）。
　　A. 目标是保证管理信息在任意两点中传送，便于网络管理员在网络上的任何节点检索信息，进行修改，寻找故障
　　B. 采用轮询机制，提供最基本的功能集
　　C. 易于扩展，可自定义 MIB 或 SMI
　　D. 要求可靠的传输层协议 TCP

3. Internet 网络层的协议分别为（　　）。
　　A. IP，ICMP　　　　　B. TCP，ARP　　　　　C. UDP，RARP　　　　D. ARP，RARP

4. 下列为广域网协议的有（　　）。
　　A. PPP　　　　　　　B. X.25　　　　　　　C. SLIP　　　　　　　D. EthernetⅡ

5. 按照网络覆盖范围的大小可将网络分为（　　）。
   A. 局域网　　　　　　B. 卫星网　　　　　　C. 广域网　　　　　　D. 城域网
6. 下列关于 IP v4 地址的描述中，正确的有（　　）。
   A. IP 地址的总长度为 32 位
   B. 每一个 IP 地址都由网络地址和主机地址组成
   C. D 类地址属于组播地址
   D. 一个 C 类地址拥有 8 位主机地址，可给 256 台主机分配地址
7. 下面关于 ICMP 协议的描述中，不正确的有（　　）。
   A. ICMP 协议根据 MAC 地址查找对应的 IP 地址
   B. ICMP 协议把公网的 IP 地址转换为私网的 IP 地址
   C. ICMP 协议根据网络通信的情况把控制报文发送给发送方主机
   D. ICMP 协议集中管理网络中的 IP 地址分配
8. 关于 TCP 和 UDP，下列说法正确的有（　　）。
   A. TCP 和 UDP 的端口是相互独立的
   B. TCP 和 UDP 的端口是完全相同的，没有本质区别
   C. 在利用 TCP 发送数据前，需要与对方建立一条 TCP 连接
   D. 在利用 UDP 发送数据时，不需要与对方建立连接
9. 在以下网络协议中，属于网络层协议的有（　　）。
   A. RARP　　　　　　B. ARP　　　　　　C. IP　　　　　　D. SMTP
10. 局域网的网络设备通常有（　　）。
    A. 交换机　　　　　　B. 路由器　　　　　　C. 网桥　　　　　　D. HUB
11. 计算机网络由（　　）组成。
    A. 数据传输介质　　　　B. 资源子网　　　　C. 通信子网　　　　D. 计算机
12. 交换机和集线器在外形上非常相似，集线器所具备的特点有（　　）。
    A. 每个端口都能独享带宽　　　　　　B. 仅提供对网络设备连接的功能
    C. 工作于网络层　　　　　　　　　　D. 所有的端口分享固有的带宽
13. 局域网的拓扑结构主要包括（　　）。
    A. 总线形　　　　　　B. 星形　　　　　　C. 圆形　　　　　　D. 环形
14. 常用来测试电脑网络是否正常的命令有（　　）。
    A. ping　　　　　　B. ipconfig　　　　　　C. tracert　　　　　　D. desktop
15. 在一般情况下，下列关于局域网与广域网说法不正确的有（　　）。
    A. 局域网比广域网地理覆盖范围大
    B. 广域网比局域网速度要快得多
    C. 广域网比局域网计算机数目多
    D. 局域网不能运行 TCP/IP 协议
16. 解决 IP 地址资源紧缺问题的办法有（　　）。
    A. 使用网页服务器　　　　　　　　B. 升级到 IP v6
    C. 多台计算同时共用一个 IP 地址上网　　D. 使用地址转换

17. 关于计算机网络的分类,以下说法正确的有(   )。
    A. 按网络拓扑结构划分,有总线型、环型、星型和树型等
    B. 按网络覆盖范围和计算机间的连接距离划分,有局域网、城域网、广域网
    C. 按传送数据所用的结构和技术划分,有资源子网、通信子网
    D. 按通信传输介质划分,有低速网、中速网、高速网
18. 组成计算机网络的资源子网的设备是(   )。
    A. 联网外设　　　　B. 终端控制器　　　　C. 网络交换机　　　　D. 终端
    E. 计算机系统
19. 以太网交换机的帧转发方式有(   )。
    A. 数元交换　　　　B. 信元交换　　　　C. 直接交换　　　　D. 存储转发交换
20. TCP/IP 的层次包括(   )。
    A. 应用层　　　　B. 运输层　　　　C. 互连层　　　　D. 主机—网络层
    E. 物理层

三、判断题

1. 使用 FTP 协议传送的文件称为 FTP 文件,提供文件传输的服务器称为 FTP 服务器。(   )
2. 按通信传输的介质,计算机网络分为局域网和广域网。(   )
3. 在搜索时,关键词处输入用空格或者加号分隔开的多个关键词,这些关键词之间是"或"的关系。(   )
4. 某人的电子邮件到达时,若他的计算机没有开机,则邮件存放在服务商的 E-mail 服务器。(   )
5. cn 表示中国的一级域名。(   )
6. 在计算机网络中,英文缩写 WAN 的中文名是广域网。(   )
7. 用户可以将正在浏览的网页内容以文件的形式存储起来供以后查阅,也可以将网页保存为文件。(   )
8. WWW 是 Internet 上的一个协议。(   )
9. 在 STP 协议中,当端口在一定时间内没有收到新的配置 BPDU,则其先前收到的配置 BPDU 就会超时,从而可以检测到链路发生故障。(   )
10. 在线路交换、数据报与虚电路方式中,都需要经过线路建立、数据传输与电路拆除 3 个过程。(   )
11. 逻辑结构属于总线型的局域网,在物理结构上可以被看作星形的,最典型的是以太网。(   )
12. 虚电路的名词解释为:同一报文中的所有分组通过预先在通信子网中建立的传输路径传输的方法。(   )
13. 交换式局域网是通过交换机多端口之间并发链接实现多节点间数据并发传输的局域网。(   )
14. 如果多台计算机之间存在着明确的主/从关系,其中一台中心控制计算机可以控制其他连接计算机的开启与关闭,那么这样的多台计算机就构成了一个计算机网络。(   )

15. 云计算的发展,是以虚拟化技术为基础的。(　　)
16. 在现有网络中,对流量的控制和转发都依赖于网络设备实现。(　　)
17. Internet 使用最广泛的网络协议是 TCP/IP,它的主要设计目标是互联互通,而不是安全,该协议中已有许多人所共知的安全漏洞和隐患。(　　)
18. 网络中通常使用电路交换、报文交换和分组交换技术。(　　)
19. LAN 和 WAN 的主要区别是通信距离和传输速率。(　　)
20. 双绞线不仅可以传输数字信号,而且也可以传输模拟信号。(　　)

四、简答题

1. 协议与服务有何区别?有何联系?
2. 计算机网络与分布式计算机系统的主要区别是什么?
3. 因特网使用的 IP 协议是无连接的,因此其传输是不可靠的。这样容易使人们感到因特网很不可靠。那么为什么当初不把因特网的传输设计成为可靠的?
4. 端到端通信和点到点通信有什么区别?
5. 如何理解传输时延、发送时延和传播时延?
6. 试比较分组交换与报文交换,并说明分组交换优越的原因。
7. 试简述路由器的路由功能和转发功能。
8. 为什么要使用 UDP?让用户进程直接发送原始的 IP 分组不就足够了吗?
9. 一台具有单个 DNS 名称的机器可以有多个 IP 地址吗?为什么?
10. 主机 A 想下载文件 ftp://ftp.abc.edu.cn/file,大致描述下载过程中主机和服务器的交互过程。

五、综合案例题

1. 设目的地址为 201.230.34.56,子网掩码为 255.255.240.0,试求出子网地址。
2. 现有一公司需要创建内部网络,该公司包括工程技术部、市场部、财务部和办公室 4 个部门,每个部门有 20~30 台计算机。试问:
   (1) 若要将几个部门从网络上进行分开,如果分配该公司使用的地址为一个 C 类地址,网络地址为 192.168.161.0,那么,如何划分网络才可以将四个部门分开?
   (2) 确定各部门的网络地址和子网掩码,并写出分配给每个部门网络中的主机 IP 地址范围。
3. 某个网络地址块 192.168.75.0 中有 5 台主机 A、B、C、D 和 E,主机 A 的 IP 地址为 192.168.75.18,主机 B 的 IP 地址为 192.168.75.146,主机 C 的 IP 地址为 192.168.75.158,主机 D 的 IP 地址为 192.168.75.161,主机 E 的 IP 地址为 192.168.75.173,共同的子网掩码是 255.255.255.240。请回答:
   (1) 5 台主机 A、B、C、D、E 分属几个网段?哪些主机位于同一网段?主机 D 的网络地址为多少?
   (2) 若要加入第 6 台主机 F,使它能与主机 A 属于同一网段,其 IP 地址范围是多少?
   (3) 若在网络中另加入一台主机,其 IP 地址设为 192.168.75.164,它的广播地址是多少?哪些主机能够收到?

★ 答案及解析

一、单项选择题

1. 【答案】D
   【解析】电子邮件地址为用户名＋@计算机名＋机构名＋最高域名。

2. 【答案】D
   【解析】URL：统一资源定位符(Uniform Resource Locator，URL)是对可以从互联网上得到的资源的位置和访问方法的一种简洁的表示，是互联网上标准资源的地址。互联网上的每个文件都有一个唯一的URL，它包含的信息指出文件的位置以及浏览器应该怎么处理它。

3. 【答案】D
   【解析】计算机网络按照距离划分为广域网、城域网和局域网。

4. 【答案】D
   【解析】Internet上各种网络和各种不同类型的计算机互相通信的基础是TCP/IP协议。

5. 【答案】B
   【解析】LAN：局域网(Local Area Network)是在一个局部的地理范围内(如一个学校、工厂和机关内)，将各种计算机、外部设备和数据库等互相联结起来组成的计算机通信网，简称LAN。

6. 【答案】C
   【解析】超文本传输协议的端口是80。

7. 【答案】B
   【解析】计算机网络是由自治计算机互联起来的集合体，这里包含着三个关键点：自治计算机、互联和集合体。自治计算机是指由软件和硬件两部分组成，能完整地实现计算机的各种功能；互联是指计算机之间能实现相互通信；集合体是指所有使用通信线路及互联设备连接起来的自治计算机集合。而选项C和D分别指多机系统和分布式系统。

8. 【答案】D
   【解析】计算机网络的三大主要功能是数据通信、资源共享以及分布式处理。计算机网络使各计算之间的联系更加紧密而不是相对独立。

9. 【答案】C
   【解析】选项A和D都属于硬件，选项B属于软件。只有选项C最全面。网络资源包括硬件资源、软件资源和数据资源。

10. 【答案】A
    【解析】通信子网对应于OSI参考模型的下三层，包括物理层、数据链路层和网络层。通过通信子网互联在一起的计算机负责运行对信息进行处理的应用程序，它们是网络中信息流动的源和宿，网络用户提供可共享的硬件、软件和信息资源，构成资源子网。网桥、交换机、路由器都属于通信子网中的硬件设备。

11. 【答案】D

【解析】区别局域网与广域网的关键在于所采用的协议,而非覆盖范围。而且局域网技术的进步使其覆盖的范围越来越大,达到几千米的范围。城域网可以看作为了满足一定的区域需求,而将多个局域网互联的局域网,因此它仍属于以太网的范畴。最初的局域网采用广播技术,这种技术一直被沿用,而广域网最初使用的是交换技术,也一直被沿用。

12. 【答案】A

【解析】中继器和桥接器通常是指用于局域网的物理层和链路层的联网设备。目前局域网接入广域网主要是通过称为路由器的互联设备来实现的。

13. 【答案】B

【解析】分层是属于计算机网络的体系结构的范畴,选项A、C和D均是网络模型分层的目的,而分层的目的不包括定义功能执行的具体方法。

14. 【答案】D

【解析】将用户数据分成一个个数据块传输,由于每块均需加入控制信息,故实际上使有效数据在PDU中所占的比例更小。其他各项均为其优点。

15. 【答案】A

【解析】计算机网络要做到有条不紊地交换数据,就必须遵守一些实现约定的原则,这些原则就是协议。在协议的控制下,两个对等实体之间的通信使得本层能够向上一层提供服务,要实现本层协议,还需要使用下一层提供的服务,而提供服务就是交换信息,而要交换信息就需要通过接口去交换信息,所以说服务、接口、协议是OSI参考模型的3个主要概念。

16. 【答案】D

【解析】数据链路层的功能有链路连接的建立、拆除、分离;帧界定和帧同步;差错检测等。A是应用层的功能,B是物理层的功能,C是网络层的功能,D才是数据链路层的功能。

17. 【答案】B

【解析】在OSI参考模型中,应用层的相邻层是表示层,它是OSI七层协议的第六层。表示层的功能是表示出用户看得懂的数据格式,实现与数据表示有关的功能。主要完成数据字符集的转换、数据格式化和文本压缩、数据加密和解密等工作。

18. 【答案】A

【解析】TCP/IP的网络层向上只提供简单灵活的、无连接的、尽最大努力交付的数据报服务。考察IP首部,如果是面向连接的,则应有用于建立连接的字段,但是没有;如果提供可靠的服务,则至少应有序号和校验和两个字段,但是IP分组头中也没有。通常有连接、可靠的应用是由运输层的TCP实现的。

19. 【答案】B

【解析】并行传输的特点:距离短、速度快。串行传输的特点:距离长、速度慢。所以在计算机内部(距离短)传输应选择并行传输。而同步、异步传输是通信方式,不是传输方式。

20. 【答案】D

【解析】将基带信号直接传送到通信线路(数字信道)上的传输方式称为基带传输,将基带信号经过调制后送到通信线路(模拟信道)上的方式称为频带传输。

二、多项选择题

1. 【答案】ABC

   【解析】选项 A 是域内路由器；选项 B 是区域边界路由器；选项 C 是自治域边界路由器；选项 D 不是指路由器。

2. 【答案】ABC

   【解析】SNMP 使用 UDP（用户数据报协议）作为第四层协议（传输协议），进行无连接操作。SNMP 消息报文包含两个部分：SNMP 报头和协议数据单元 PDU。故选项 D 错误。

3. 【答案】AD

   【解析】位于网络层的协议有 IP、ICMP、ARP、RARP。TCP 和 UDP 协议属于传输层协议。

4. 【答案】ABC

   【解析】广域网协议指 Internet 上负责路由器与路由器之间连接的数据链路层协议。常见的广域网协议如下：PPP、HDLC、frame-relay、X.25、SLIP。

5. 【答案】ACD

   【解析】计算机网络按照覆盖范围分为局域网、城域网、广域网。

6. 【答案】ABC

   【解析】C 类地址最高 3 位被置为二进制 110，允许大约 200 万个网络。

7. 【答案】ABD

   【解析】Internet 控制信息协议（Internet Control Message Protocol，ICMP）允许主机或路由器报告差错情况和提供有关异常情况的报告。

8. 【答案】ACD

   【解析】TCP/IP 传输层的 TCP 和 UDP 两个协议是两个完全独立的软件模块，因此各自的端口号也相互独立。

9. 【答案】ABC

   【解析】SMTP 属于应用层协议。

10. 【答案】ABCD

    【解析】局域网的网络设备通常包括交换机、路由器、网桥、HUB 等。

11. 【答案】BC

    【解析】计算机网络按逻辑功能分为通信子网与资源子网。

12. 【答案】BD

    【解析】集线器（Hub）的主要功能是对接收到的信号进行再生整形放大，用以扩大网络的传输距离，同时把所有节点集中在以它为中心的节点上。它工作于 OSI 参考模型第一层，即物理层。集线器与网卡、网线等传输介质一样，属于局域网中的基础设备，采用 CSMA/CD 介质访问控制机制。用集线器组成的网络称为共享式网络，共享式以太网存在的主要问题是所有用户共享带宽，每个用户的实际可用带宽随网络用户数量的增加而减少。

13. 【答案】ABD

    【解析】按照网络拓扑结构，可分为总线形网络、星形网络、环形网络等。

14.【答案】ABC

【解析】常用来测试电脑网络是否正常的命令有 ping、ipconfig、tracert。

15.【答案】ABD

【解析】一般情况下广域网比局域网地理覆盖范围大,局域网比广域网速度快,局域网能运行 TCP/IP 协议。

16.【答案】BCD

【解析】升级到 IPv6、多台计算同时共用一个 IP 地址上网、使用地址转换均可解决 IP 地址资源紧缺问题。使用网页服务器不能解决该问题。

17.【答案】AB

【解析】计算机网络按逻辑功能分为通信子网与资源子网。按通信介质,可分为有线网和无线网。

18.【答案】ABDE

【解析】资源子网主要负责全网的信息处理数据处理业务,向网络用户提供各种网络资源和网络服务。为网络用户提供网络服务和资源共享功能等。它主要包括网络中所有的主计算机、I/O 设备和终端,各种网络协议、网络软件和数据库等。

19.【答案】CD

【解析】交换机的三种帧转发方式,直通方式的以太网交换机可以理解为在各端口间是纵横交叉的线路矩阵电话交换机;存储转发方式是计算机网络领域应用最为广泛的方式,它把输入端口的数据包检查,在对错误包处理后才取出数据包的目的地址,通过查找表转换成输出端口送出包;碎片隔离方式,则是介于前两者之间的一种解决方案。

20.【答案】ABCD

【解析】从协议分层模型方面来讲,TCP/IP 由四个层次组成:网络接口层、网络层、传输层、应用层。TCP/IP 协议并不完全符合 OSI 的七层参考模型。

三、判断题

1.【答案】√

【解析】使用 FTP 协议传送的文件称为 FTP 文件,提供文件传输的服务器称为 FTP 服务器。

2.【答案】×

【解析】按通信传输的距离,计算机网络分为局域网和广域网。

3.【答案】×

【解析】在搜索时,关键词处输入用空格或者加号分隔开的多个关键词,这些关键词之间是"与"的关系。

4.【答案】√

【解析】电子邮件到达时,若计算机没有开机,则邮件存放在服务商的 E-mail 服务器。

5.【答案】√

【解析】cn 表示中国的一级域名。

6.【答案】√

【解析】在计算机网络中,英文缩写 WAN 的中文名是广域网。

上篇 应试指导

7.【答案】√

【解析】用户可以将正在浏览的网页内容以文件的形式存储起来供以后查阅,也可以将网页保存为文件。

8.【答案】√

【解析】WWW 是 Internet 上的一个协议。

9.【答案】√

【解析】在 STP 协议中,当端口在一定时间内没有收到新的配置 BPDU,则其先前收到的配置 BPDU 就会超时,从而可以检测到链路发生故障。

10.【答案】×

【解析】在数据报方式中,分组传输时不需要预先在源主机与目的主机之间建立"线路连接"。

11.【答案】√

【解析】尽管物理星形拓扑的实施费用高于物理总线拓扑,然而星形拓扑的优势却使其物超所值。每台设备通过各自的线缆连接到中心设备,因此某根电缆出现问题时只会影响到相关的一台设备,而网络的其他组件依然可正常运行。该优点极其重要,这也正是所有新设计的以太网都采用物理星形拓扑的原因。

12.【答案】√

【解析】虚电路是分组交换的两种传输方式中的一种。在通信和网络中,虚电路是由分组交换通信所提供的面向连接的通信服务。在两个节点或应用进程之间建立起一个逻辑上的连接或虚电路后,就可以在两个节点之间依次发送每一个分组,接收端收到分组的顺序必然与发送端的发送顺序一致,因此接收端无须负责在接收分组后重新进行排序。虚电路协议向高层协议隐藏了将数据分割成段、包或帧的过程。

13.【答案】√

【解析】交换式局域网是通过交换机多端口之间并发链接实现多节点间数据并发传输的局域网。

14.【答案】×

【解析】计算机网络是利用通信线路将地理上分散的、具有独立功能的计算机系统和通信设备按不同的形式连接起来,以功能完善的网络软件及协议实现资源共享和信息传递的系统。

15.【答案】√

【解析】云计算的核心是资源的网络化共享、应用,对应用者来讲实际上就是一种资源映射,透明的资源映射就是虚拟技术。

16.【答案】√

【解析】传统的网络,设备的流量的控制和转发就是交换机本身。

17.【答案】√

【解析】例如,链路层存在的安全漏洞如下:在以太网中,信道是共享的,任何主机发送的每一个以太网帧都会到达别的与该主机处于同一网段的所有主机的以太网接口,一般地,CSMA/CD 协议使以太网接口在检测到数据帧不属于自己时,就把它忽略,不会把它

81

发送到上层协议(如 ARP 层、RARP 层或 IP 层)。如果我们对其稍作设置或修改,就可以使一个以太网接口接收不属于它的数据帧。例如,有的实现可以使用杂错接点,即能接收所有数据帧的机器节点。网络层安全漏洞如下:几乎所有的基于 TCP/IP 的机器都会对 ICMP echo 请求进行响应。所以如果一个敌意主机同时运行很多个 ping 命令向一个服务器发送超过其处理能力的 ICMP echo 请求时,就可以淹没该服务器使其拒绝其他的服务。另外,ping 命令可以在得到允许的网络中建立秘密通道从而可以在被攻击系统中开后门进行方便的攻击,如收集目标上的信息并进行秘密通信等。

18.【答案】√

【解析】网络中通常使用电路交换、报文交换和分组交换技术。

19.【答案】√

【解析】LAN 和 WAN 的主要区别是通信距离和传输速率。

20.【答案】√

【解析】双绞线不仅可以传输数字信号,而且也可以传输模拟信号。

四、简答题

1.【答案】

协议是控制两个对等实体进行通信的规则的集合。在协议的控制下,两个对等实体间的通信使得本层能够向上一层提供服务,而要实现本层协议,还需要使用下一层提供的服务。

协议和服务的概念的区分:

(1)协议的实现保证了能够向上一层提供服务。本层的服务用户只能看见服务而无法看见下面的协议,即下面的协议对上面的服务用户是透明的。

(2)协议是"水平的",即协议是控制两个对等实体进行通信的规则。但服务是"垂直的",即服务是由下层通过层间接口向上层提供的。

2.【答案】

分布式系统最主要的特点是整个系统中的各个计算机对用户都是透明的。用户通过输入命令就可以运行程序,但用户并不知道是哪一台计算机在为它运行程序。是操作系统为用户选择一台最合适的计算机来运行其程序,并将运行的结果传送到合适的地方。

计算机网络则不同,用户必须先在欲运行程序的计算机上进行登录,然后按照计算机的地址,将程序通过计算机网络传送到该计算机上去运行。最后,根据用户的命令将结果传送到指定的计算机。二者的区别主要是软件的不同。

3.【答案】

传统电信网的主要用途是电话通信,并且普通的电话机没有智能,因此电信公司就必须花费巨大的代价把电信网设计得非常好,以保证用户的通信质量。

数据的传送显然必须是非常可靠的。当初在设计 ARPAnet 时有一个很重要的讨论内容就是:"谁应当负责数据传输的可靠性?"一种意见是主张应当像电信网那样,由通信网络负责数据传输的可靠性(因为电信网的发展历史及其技术水平已经证明了人们可以将网络设计得相当可靠)。但另一种意见则坚决主张由用户的主机负责数据传输的可靠性,其理由是:这样可以使计算机网络便宜、灵活。

计算机网络的先驱们认为,计算机网络和电信网的一个重大区别就是终端设备的性能差别很大。于是,他们采用了"端到端的可靠传输"策略,即在运输层使用面向连接的TCP协议。这样既可以使网络部分价格便宜且灵活可靠,又能够保证端到端的可靠传输。

4.【答案】

从本质上说,由物理层、数据链路层和网络层组成的通信子网为网络环境中的主机提供点到点的服务,而传输层为网络中的主机提供端到端的通信。

直接相连的节点之间的通信叫点到点通信。它只提供一台机器到另一台机器之间的通信,不会涉及程序或进程的概念。同时点到点通信并不能保证数据传输的可靠性,也不能说明源主机与目的主机之间是哪两个进程在通信,这些工作都是由传输层来完成的。

端到端通信建立在点到点通信的基础上,它是由一段段的点到点通信信道构成的,是比点到点通信更高一级的通信方式,以完成应用程序(进程)之间的通信。"端"是指用户程序的端口,端口号标识了应用层中不同的进程。

5.【答案】

传输时延(Transmission Delay)又叫发送时延,是主机或路由器发送数据帧所需要的时间,也就是从数据帧的第 1 个比特算起,到该数据帧的最后 1 个比特发送完毕所需要的时间。计算公式是:

$$发送时延=数据帧长度/信道带宽$$

传播时延是电磁波在信道中传播一定的距离所花费的时间。计算公式是:

$$传播时延=信道长度/电磁波在信道上的传播速率$$

6.【答案】

报文交换与分组交换的原理都是将用户数据加上源地址、目的地址、长度、校验码等辅助信息封装成 PDU,发给下个节点。下个节点收到后先暂存报文,待输出线路空闲时再转发给下个节点,重复该过程直到到达目的节点。每个 PDU 可单独选择到达目的节点的路径。

不同之处在于:分组交换所生成的 PDU 的长度较短且是固定的,而报文交换的 PDU 的长度不是固定的。正是这一差别,使得分组交换具有独特的优点:①缓冲区易于管理;②分组的平均延迟更小,网络中占用的平均缓冲区更少;③更易标准化;④更适合应用。所以现在的主流网络基本上都可以看作分组交换网络。

7.【答案】

转发即当一个分组到达时所采取的动作,在路由器中每个分组到达时对它进行处理,它在路由器中查找分组所对应的输出线路。通过查得的结果,将分组发送到正确的线路上。

路由算法是网络层软件的一部分,它负责确定一个进来的分组应该被传送到哪一条输出线路上。路由算法负责填充和更新路由表,转发功能则根据路由表的内容来确定当每个分组到来的时候应该采取什么动作(如从哪个端口转发出去)。

8.【答案】

仅仅使用 IP 分组还不够。IP 分组包含 IP 地址,该地址指定一个目的机器。一旦这样的分组到达了目的机器,网络控制程序如何知道该把它交给哪个进程呢?UDP 分组包含一个目的端口,这一信息是必需的,因为有了它,分组才能被投递给正确的进程。此外,UDP可以对数据报做包括数据段在内的差错检测,而 IP 只对其头部做差错检测。

9.【答案】
可以。IP 地址由网络号和主机号两个部分构成。如果一台机器有两个以太网卡,它可以同时连到两个不同的网络上(网络号必须不能相同,否则会发生冲突);如果是这样的话,那么它需要两个 IP 地址。

10.【答案】
大致过程如下:
(1)建立一个 TCP 连接到服务器 ftp. abc. edu. cn 的 21 号端口,然后发送登录账号和密码。
(2)服务器返回登录成功信息后,主机 A 打开一个随机端口,并将该端口号发送给服务器。
(3)主机 A 发送读取文件命令,内容为 get file,服务器使用 20 号端口建立一个 TCP 连接到主机 A 的随机打开的端口。
(4)服务器把文件内容通过第二个连接发送给主机 A,传输完毕连接关闭。

五、综合案例题

1.【答案】
通过将目的地址和子网掩码换算成二进制,并进行逐位"与"就可得到子网地址。但是通常在目的地址中,子网掩码为 255 的所对应部分在子网地址中不变,子网掩码为 0 的所对应部分在子网地址中为 0,其他部分按二进制逐位"与"求得(也可直接截取)。本题中,子网掩码的前两个部分为 255.255,那么子网地址前两个部分为 201.230;子网掩码最后一个部分为 0,那么子网地址的最后一个部分为 0;子网地址第 3 个部分为 240,那么进行换算 $240 = 11110000_2$,$34 = 00100010_2$,逐位相"与"得 $00100000_2 = 32$。故子网地址为 201.230.32.0。

2.【答案】
(1)可以采用划分子网的方法对该公司的网络进行划分。由于该公司包括 4 个部门,共需要划分为 4 个子网。
(2)已知网络地址 192.168.161.0 是一个 C 类地址,所需子网数为 4 个,每个子网的主机数为 20~30 台。由于子网号和主机号不允许是全 0 或全 1,因此,子网号的比特数为 3,即最多有 $2^3 - 2 = 6$ 个可分配的子网,主机号的比特数为 5,即每个子网最多有 $2^5 - 2 = 30$ 个可分配的 IP 地址。

四个部门的子网掩码均为 255.255.255.224,各部门网络地址与部门主机 IP 地址范围可分配如下:

部门	部门网络地址	主机 IP 地址范围
工程技术部	192.168.161.32	192.168.161.33~192.168.161.62
市场部	192.168.161.64	192.168.161.65~192.168.161.94
财务部	192.168.161.96	192.168.161.97~192.168.161.126
办公室	192.168.161.128	192.168.161.129~192.168.161.158

3.【答案】

(1)共同的子网掩码为 255.255.255.240,表示前 28 位为网络号,同一网段内的 IP 地址具有相同的网络号。主机 A 的网络号为 192.168.75.16;主机 B 的网络号为 192.168.75.144;主机 C 的网络号为 192.168.75.144;主机 D 的网络号为 192.168.75.160;主机 E 的网络号为 192.168.75.160。故 5 台主机 A、B、C、D、E 分属 3 个网段,主机 B 和 C 在一个网段,主机 D 和 E 在一个网段,主机 A 在一个网段。主机 D 的网络号为 192.168.75.160。

(2)主机 F 与主机 A 在同一个网段,所以主机 F 所在的网段为 192.168.75.16,第 4 个字节 16 的二进制表示为 0001 0000,最后边的 4 位为主机位,去掉全 0 和全 1,则其 IP 地址范围为 192.168.75.17~192.168.75.30,并且不能为 192.168.75.18。

(3)由于 164 的二进制为 1010 0100,将最右边的 4 位全置为 1,即 1010 1111,则广播地址为 192.168.75.175。主机 D 和主机 E 可以收到。

第四章 网络安全

★ 知识要点归纳

第一节 网络安全基础

一、网络安全定义

网络安全是指信息网络的硬件、软件及其系统中的数据受到保护,不因偶然的或者恶意的原因而遭到破坏、更改、泄露,系统连续可靠正常地运行,信息服务不中断。

网络安全是一门涉及计算机科学、网络技术、通信技术、密码技术、网络安全技术、应用数学、数论、信息论等多种学科的综合性学科。

从广义来说,凡是涉及信息的保密性、完整性、可用性等的相关技术和理论都是网络安全的研究领域。

网络安全本身包括的范围很广,大到国家军事政治等机密安全,小如防止商业机密泄露、防范青少年对不良信息的浏览以及个人信息的泄露等。网络环境下的网络安全体系是保证网络安全的关键,包括计算机安全操作系统、各种安全协议、安全机制(数字签名、信息认证、数据加密等),其中任何一个安全漏洞都会威胁全局安全。

二、信息系统面临的威胁

信息系统的安全威胁是永远存在的,主要涉及五个方面的安全风险。

(一)物理层安全风险

信息系统物理层安全风险主要包括以下方面:

(1)地震、水灾、火灾等环境事故造成的设备损坏。

(2)电源故障造成设备断电,导致操作系统引导失败或数据库信息丢失。

(3)设备被盗、被毁造成数据丢失或信息泄露。

(4)电磁辐射可能造成的数据信息被窃取或偷阅。

(5)监控和报警系统的缺乏或者管理不善可能造成的原本可以防止的事故。

(二)网络层安全风险

1. 数据传输风险

数据在传输过程中,线路搭载、链路窃听可能造成数据被截获、窃听、篡改和破坏,数据的机密性、完整性无法保证。

2. 网络边界风险

如果在网络边界上没有强有力的控制,外部的黑客就可以随意出入企业内部及各个分支机构的网络系统,从而获取各种数据和信息,泄露问题就无法避免。

3. 网络服务风险

一些信息平台运行 Web 服务、数据库服务等,如不加防范,各种网络攻击可能对业务系统造成干扰、破坏,如最常见的拒绝服务攻击,DoS、DDoS。

(三)操作系统层安全风险

系统安全通常指操作系统的安全,操作系统的安装一般以计算机能够正常工作为目标,在通常的参数、服务配置中,以及缺省开放的端口中,存在很大安全隐患和风险。

而操作系统在设计和实现方面本身存在一定的安全隐患,无论是 Windows 还是 UNIX 操作系统,都不能排除开发商留有后门(Back-door)。

系统层的安全风险还包括数据库系统以及相关商用产品的安全漏洞。

病毒也是系统安全的主要威胁,病毒大多利用了操作系统本身的漏洞,通过网络迅速传播。

(四)应用层安全风险

1. 业务服务安全风险

在信息系统上运行着用于业务数据交互和信息服务的重要应用服务,如果不加以安全保护,不可避免地会存在来自网络的威胁、黑客的入侵、病毒的破坏以及数据的泄密等风险。

2. 数据库服务器安全风险

信息系统通常需要数据库服务器提供业务服务,数据库服务器的安全风险包括:

(1)非授权用户的访问或通过口令猜测获得系统管理员权限。

(2)数据库服务器本身存在漏洞容易受到攻击。

(3)数据库由于意外而导致停止服务或者数据损坏等。

3. 信息系统访问控制风险

对于信息系统来说,在没有任何访问控制的情况下,非法用户的非法访问可能给信息系统造成严重的干扰和破坏。因此,要采取一定的访问控制手段,防范来自非法用户的攻击,严格控制合法用户访问合法资源以防范如下风险:

(1)非法用户非法访问。

(2)合法用户非授权访问。

(3)假冒合法用户非法访问。

(五)管理层安全风险

管理层安全是网络安全得到保证的重要组成部分,是防止来自内部网络入侵必需的部分。责权不明、管理混乱、安全管理制度不健全及缺乏可操作性等都可能引起管理安全的风险。

第二节 安全管理

所谓管理是对组织的资源进行有效整合及利用,以达到组织既定目标的活动。网络安全管理通过对组织的网络安全资源进行有效的整合,针对特定的安全对象,按照确认的安全管理原则,遵循规定的安全管理程序,运用恰当的安全管理方法,以达到保障组织信息资源安全,维持组织正常活动的目的。

一、网络安全法律法规

安全管理的策略首先是要遵循国家法律和政府的政策法规,要建立在法律、政策法规的基础之上。与欧美国家相比,我国的信息化进程起步较晚,关于信息化的立法工作,特别是关于网络安全方面的立法工作尚处于起步阶段。到目前为止,还未形成一个完备的、适用的法律体系,但是就网络安全的若干重要方面已经初步建立了相应的法律规范或政策法规规范,关于信息系统安全的法律体系也正在健全之中。我国相关信息系统安全的主要法律法规列举如下:

《中华人民共和国计算机信息系统安全保护条例》(1994年2月18日国务院令第147号发布并实施);

《全国人民代表大会常务委员会关于维护互联网安全的决定》(2000年12月28日第九届全国人民代表大会常务委员会第十九次会议通过);

《中华人民共和国计算机信息网络国际联网管理暂行规定》(修正)(1996年2月1日国务院令第195条发布,并根据1997年5月20日《国务院关于修改中华人民共和国计算机信息网络国际联网管理暂行规定的决定》修正);

《中华人民共和国计算机信息网络国际联网管理暂行规定实施办法》(1997年12月8日国务院信息化工作领导小组审定,1997年12月13日经国务院领导批准,1998年3月6日国务院信息办发布);

《计算机信息网络国际联网安全保护管理办法》(1997年12月11日国务院批准,公安部于1997年12月16日公安部令第33号发布,于1997年12月30日实施);

《互联网信息服务管理办法》(2000年9月20日国务院第31次常务会议通过,2000年9月25日公布实施);

《商用密码管理条例》(中华人民共和国国务院令第273号,1999年10月7日发布并实施);

《计算机信息系统安全保护等级划分准则》(GB 17859-1999);

《计算机信息系统安全专用产品分类原则》(公安部1997年4月21日发布,1997年7月1日实施);

《计算机信息系统安全专用产品检测和销售许可证管理办法》(公安部1997年12月12日颁布实施);

《计算机信息系统国际联网保密管理规定》(国家保密局发布2000年1月1日实施);

《计算机病毒防治管理办法》(公安部2000年4月26日发布实施);

《中华人民共和国电子签名法》(2004年8月28日第十届全国人民代表大会常务委员会第十一次会议通过,自2005年4月1日起实施,2015年4月24日第十二届全国人民代表大会常务委员会第十四次会议修正);

《互联网安全保护技术措施规定》(2005年12月13日中华人民共和国公安部令第82号发布,2006年3月1日实施);

《网络安全等级保护管理办法》(公安部、国家保密局、国家密码管理局、国务院信息化工作办公室四部委(公通字〔2007〕43号)2007年6月22日颁布实施);

《中华人民共和国网络安全法》(2016年11月7日第十二届全国人民代表大会常务委员会第二十四次会议通过,2017年6月1日实施)。

二、税务系统网络安全管理

(一)等级保护

网络安全等级保护是指国家通过制定统一的网络安全等级保护管理规范和技术标准,组织公民、法人和其他组织对信息系统分等级实行安全保护,对等级保护工作的实施进行监督、管理。

网络安全等级保护制度是国家在国民经济和社会信息化的发展过程中,为提高网络安全保障能力和水平,维护国家安全、社会稳定和公共利益,保障和促进信息化建设健康发展而制定的一项基本制度。

1994年国务院颁布的《中华人民共和国计算机信息系统安全保护条例》规定,计算机信息系统实行安全等级保护,安全等级的划分标准和安全等级保护的具体办法,由公安部会同有关部门制定。1999年9月13日国家发布《计算机信息系统安全保护等级划分准则》。国家关于加强网络安全保障工作指导的意见也指出,要重点保护基础信息网络和关系国家安全、经济命脉、社会稳定等方面的重要信息系统,抓紧建立网络安全等级保护制度,制定网络安全等级保护的管理办法和技术指南。2007年6月,公安部、国家保密局、国家密码管理局、国务院信息化工作办公室制定了《网络安全等级保护管理办法》,明确了网络安全等级保护的具体要求。

1. 等级定义

我国的信息系统的安全保护等级分为五级。

第一级为自主保护级。由用户来决定如何对资源进行保护,以及采用何种方式进行保护。

该级别适用于一般的信息系统,其受到破坏后,会对公民、法人和其他组织的合法权益产生损害,但不损害国家安全、社会秩序和公共利益。

第二级为指导保护级。该级的安全保护机制支持用户具有更强的自主保护能力。特别是具有访问审计能力,即它能创建、维护受保护对象的访问审计跟踪记录,记录与系统安全相关事件发生的日期、时间、用户和事件类型等信息,所有和安全相关的操作都能够被记录下来,以便当系统发生安全问题时,可以根据审计记录分析追查事故责任人。

该级别适用于一般的信息系统,若其受到破坏,会对社会秩序和公共利益造成轻微损害,但不损害国家安全。

第三级为监督保护级。它具有第二级系统审计保护级的所有功能,并对访问者及其访问对象实施强制访问控制。通过对访问者和访问对象指定不同安全标记,限制访问者的权限。

该级别适用于涉及国家安全、社会秩序和公共利益的重要信息系统,若其受到破坏,会对国家安全、社会秩序和公共利益造成损害。

第四级为强制保护级。它将前三级的安全保护能力扩展到所有访问者和访问对象,支持形式化的安全保护策略。其本身构造也是结构化的,以使之具有相当的抗渗透能力。该级的安全保护机制能够使信息系统实施一种系统化的安全保护。

该级别适用于涉及国家安全、社会秩序和公共利益的重要信息系统,若其受到破坏,会对国家安全、社会秩序和公共利益造成严重损害。

第五级为专控保护级。它具备第四级的所有功能,还具有仲裁访问者能否访问某些对象的能力。因此,该级的安全保护机制不能被攻击、被篡改,具有极强的抗渗透能力。

该级别适用于涉及国家安全、社会秩序和公共利益的重要信息系统的核心子系统,若其受到破坏,会对国家安全、社会秩序和公共利益造成特别严重的损害。

信息系统运营、使用单位及个人应依据《网络安全等级保护管理办法》和相关技术标准对信息系统进行保护,国家有关网络安全职能部门对其网络安全等级保护工作进行监督管理。

第一级信息系统运营、使用单位或者个人可以依据国家管理规范和技术标准进行保护。

第二级信息系统运营、使用单位应当依据国家管理规范和技术标准进行保护。必要时,国家有关网络安全职能部门可以对其网络安全等级保护工作进行指导。

第三级信息系统运营、使用单位应当依据国家管理规范和技术标准进行保护。国家有关网络安全职能部门对其网络安全等级保护工作进行监督、检查。

第四级信息系统运营、使用单位应当依据国家管理规范和技术标准进行保护。国家有关网络安全职能部门对其网络安全等级保护工作进行强制监督、检查。

第五级信息系统运营、使用单位应当依据国家管理规范和技术标准进行保护,国家指定的专门部门或者专门机构对其网络安全等级保护工作进行专门监督、检查。

2. 等级定级

(1)明确定级工作的流程。包括确定定级对象,确定业务系统受到破坏时所侵害的客体,确定业务系统受到破坏时对客体的侵害程度,确定业务系统的安全保护等级。

(2)确定定级对象。作为定级对象应具有唯一的安全责任单位,具有信息系统的基本要素,承载单一或相对独立的业务。

(3)确定受侵害的客体。确认定级对象受到破坏时会对哪些客体造成侵害,这些客体包括国家安全、社会秩序、公众利益以及公民、法人和其他组织的合法权益。

(4)确定对客体的侵害程度。根据定级对象受到破坏时对客体造成的侵害程度,分为一般损害、严重损害和特别严重损害,参考因素包括造成政治影响、社会不良影响、社会稳定、导致财产损失以及系统业务能力下降等方面。

(5)确定业务系统的安全保护等级。以第(2)步为基础,综合分析并采用第(3)步和第(4)步得到的结果,判断出业务系统的安全保护等级。

(6)评审与审批。在初步确定业务系统安全保护等级后,可聘请专家进行评审,所确定的网络安全保护等级应报上级主管部门审批同意。

(7)形成定级报告。包括本级税务信息系统状况的描述,本级税务信息系统安全保护等级的确定。

(8)备案。不同的业务系统应向不同级别公安机关进行备案。

(二)网络安全应急响应

1. 税务系统应急预案体系

网络与网络安全事件应急工作中很重要的一个任务是应急预案的编制工作,税务系统网络与网络安全应急预案分为三大类:

(1)应急响应工作总体预案。由国家税务总局组织编制《税务系统网络与网络安全应急响应总体预案》,整个税务系统网络与网络安全重大事件的保障工作按照总体预案开展工作。

(2)应急工作综合预案。税务系统各省级国税、地税单位依据《税务系统网络与网络安全应急响应总体预案》编制各省级单位的应急工作综合预案,各省级税务机构在发生网络与网络安全事件时依据综合预案开展本省应急工作。

(3)专项应急预案。针对各类网络与网络安全事件进行专门应急人员、流程、技术与保障措施的设计,国家税务总局和各省级税务机构分别编写各级专项应急预案,专项应急预案依据规划的安排开展编制工作,专项应急预案的编制应依据总局专项预案模板,为统一编制工作国家税务总局同时发布了《税务系统网络与网络安全专项应急预案编写规范》。

2. 专项预案分类

依据网络与网络安全事件影响的对象、事件本身性质和响应单位(事件发现、事件处置、事件责任单位)不同划分为四类:基础环境类、业务系统类、安全事件类和其他类(见表4-1)。

3. 专项预案编制部门

专项预案的编制工作由国家税务总局网络与网络安全应急办公室总体规划部署,各级应急办公室组织发起;各省业务系统的专项应急预案由省局网络与网络安全应急办公室审核批准后发布实施,并在国家税务总局网络与网络安全应急办公室备案。

表4-1 专项预案分类

类别	描述	典型示例
基础环境类	具有通用性的面向机房、场地、硬件、设备、通信等的物理方面的安全保障预案	《机房电力中断专项应急预案》《广域网通信中断专项应急预案》《机房灾害专项应急预案》
业务系统类	面向业务保障的应急预案,以业务类别划分,可依据等级保护进行定级,并指导重点业务系统应急响应	《综合征收管理系统专项应急预案》《网上申报系统专项应急预案》《增值税新管理系统专项应急预案》
安全事件类	某一类安全事件可能影响所有或大多数业务系统,造成较大损害,依据不同安全事件编写应对该事件的专项预案	《网络攻击事件专项应急预案》《计算机病毒传播事件专项应急预案》《信息泄露事件专项应急预案》
其他类	各单位针对特殊情况可以制订专门的应急预案,将此类特殊情况应急预案归为其他类专项应急预案	《其他特殊情况专项应急预案》

国家税务总局组织专项预案技术委员会,由业务系统开发厂商、设备厂商、内部与外部安全专家共同组成,技术委员会协助各类专项预案的编制工作,对专项预案中的安全技术提供咨询与编写建议。

专项预案编制组由各级应急保障组的人员组成,编制组负责按照总体规划完成专项预案规划中预案的编制与修订工作。

4. 应急演练机构组织与职责

各级税务机关的应急响应工作由本级网络与网络安全应急工作办公室(以下简称应急办)负责组织、协调和检查,各专项保障组负责具体实施。应急工作专项保障组包括行政办公保障组、业务综合保障组、技术保障组和基础设施与后勤保障组。

应急演练机构由应急演练工作领导小组、应急演练总指挥、应急演练策划组、应急演练执行组、应急演练专家顾问组组成。其中,应急响应工作组的成员应重点分配在应急演练执行组中。

5. 应急演练具体内容

(1)演练形式

税务系统开展网络与网络安全演练可以采取不同的方式进行,应急演练方式分为以下几种:按组织形式划分,应急演练可分为模拟演练和实战演练;按内容划分,应急演练可分为单项演练和综合演练;按目的与作用划分,应急演练可分为检验性演练、示范性演练和研究性演练。

(2)演练内容

应急响应预案是应急演练方案的设计蓝本,因此,应急演练的内容设置应基于应急响应预案。为了提高应急演练的效率,可将两个或多个相关的应急响应预案设计在一个应急演练方案中。

应急演练内容设置应遵循的原则:

- 依据应急响应预案设置应急演练内容,使预案中规定的内容得到较全面的测试。
- 保证演练参与人员的广泛性,使应急响应人员的能力得到全面提高。
- 演练内容的设置应尽量减少或避开对生产系统和现实工作的影响。
- 演练内容的设置应尽可能地避免可能导致意外情况的发生。
- 演练内容的设置应使演练成果便于推广。

(3)演练场景

选择网络与网络安全事件应急演练场景时可参照的常见事件,包括机房灾害、硬件故障、软件故障、应用故障、通信中断、安全事件等,具体内容见表4-2。

表 4-2 事件分类

事件分类(应急演练场景)					
类型		包含的事件			
基础环境类	机房灾害	电力中断	空调中断	UPS故障	漏水
	硬件故障	主机	存储	网络	
	软件故障	数据库	中间件	操作系统	
	通信中断	局域网	广域网	互联网	
业务系统类	税务系统故障	综合征管业务	网上报税业务		
安全事件类	安全事件	蠕虫(恶意代码)	病毒	木马	DDoS	入侵
		信息泄露	网络攻击		

第三节 安全技术

一、病毒防治

(一)计算机病毒的概念与特点

1. 定义

1994年2月18日,我国正式颁布实施了《中华人民共和国计算机信息系统安全保护条例》。在该条例第28条中明确指出,计算机病毒,是指编制或者在计算机程序中插入的破坏计算机功能或者毁坏数据,影响计算机使用,并能自我复制的一组计算机指令或者程序代码。

计算机病毒产生的原因大致有三种情况:软件保护、恶作剧和破坏目的。

2. 计算机病毒的特点

(1)破坏性。任何病毒只要侵入系统,都会对系统及应用程序产生不同程度的影响。轻者会降低计算机工作效率,占用系统资源;重者可导致系统崩溃。

(2)传染性。传染性是计算机病毒的最本质特征,病毒一旦进入计算机,就会以极快的速度进行繁殖并利用一切机会传染其他"健康"的软件。

(3)隐蔽性。计算机病毒一般是具有很高编程技巧、短小精悍的程序。通常附在正常程序中或磁盘较隐蔽的地方,也有个别的以隐含文件形式出现。

(4)潜伏性。大部分的病毒感染系统之后一般不会马上发作,它可长期隐藏在系统中,只在满足其特定条件时才启动其表现(破坏)模块。只有这样它才可以进行广泛传播。

(二)计算机病毒的构成与传播

理解和掌握计算机病毒的组成结构、传播途径、工作原理与运行机制等相关知识有助于更好地研究和防范计算机病毒。

计算机病毒种类很多,但其结构都由三个部分构成,即引导模块、传播模块和表现模块。

计算机病毒的基本特性是感染性、潜伏性、可触发性、破坏性。感染性使病毒传播;破坏性体现其杀伤力;可触发性兼顾杀伤力和潜伏性,并可控制病毒感染和破坏的频度:严格的触发条件,使病毒潜伏性好,但不易传播,杀伤力低。而宽松的触发条件可使病毒频繁感染与破坏,易暴露从而引起用户处理,杀伤力也不大。病毒在传播和发作前常要判断某些特定条件,满足则传播或发作,否则不传播或只传播不发作。

(三)计算机病毒的检测与防范

对系统进行检测,可以及时掌握系统是否感染病毒,以及被感染的情况,以便于及时对症处理。检测病毒的方法有特征代码法、校验和法、行为监测法、软件模拟法。

计算机系统意外中毒,需要及时采取措施,常用的处理方法是清除病毒。对一般常见的计算机病毒,通常利用杀毒软件即可清除,若单个可执行文件的病毒不能被清除,可将其删除,然后重新安装。若多数系统文件和应用程序被破坏,且中毒较重,则最好删除后重新安装。如果感染的是关键数据文件,或受破坏较重,可请专业人员进行清除和数据恢复。修复前应备份重要的数据文件,不能在被感染破坏的系统内备份,也不应与平时的常规备份混在一起,大部分杀毒软件杀毒前基本都可保存重要数据和被感染的文件,以便在误杀或出现意外时进行恢复。

为了确保系统和业务的正常安全运行,必须制定和完善切合实际的防范体系和防范制度,并认真进行管理和运作。对于重要部门,应做到专机专用。对于具体用户,一定要遵守以下规则和习惯:配备杀毒软件并及时升级;留意有关的安全信息,及时获取并打好系统补丁;至少保证经常备份文件并杀毒;对于一切外来的文件和存储介质都应先查毒后使用;一旦遭到大规模的病毒攻击应立即采取隔离措施,并向有关部门报告,之后采取措施清除病毒;不点击不明网站及链接;不使用盗版光盘;不下载不明文件和游戏等。

(四)病毒和防病毒技术的发展趋势

1. 计算机病毒的发展趋势

计算机病毒技术发展变化很快,造成的影响越来越广泛,从最早的单片机到现在的联网手机,并朝着网络化、智能化和目的化方向发展。一些新病毒更加隐蔽,针对查毒软件设计的多形态病毒使查毒更困难。

2. 病毒防范技术的发展趋势

传统防病毒技术依赖基于病毒特征码和特征库的病毒侦测率,首先在计算机程序中找特征码,然后与病毒库比对。当防病毒工具面对许多新病毒时,扫描一次需要很多内存空间和时间。病毒防范技术的发展趋势主要表现在以下几方面。

(1)实时监测技术。为计算机构筑起一道动态、实时的防病毒防线,通过修改操作系统,使其具备防病毒功能,将病毒拒于系统之外。实时监测系统中的病毒活动、系统状况,以及互联网、电子邮件上和存储介质的病毒传播,将病毒阻止在操作系统之外。由于采用了与操作系统的底层无缝连接技术,实时监测占用的系统资源极小,对计算机性能的影响也很小。

(2)自动解压缩技术。现在互联网、光盘及Windows操作系统中涉及的文件基本是以压缩状态存放的,以节省传输时间和存放空间,但各类压缩文件却成为计算机病毒传播的"温床",现有技术只能查、不能消除,但自动解压缩技术可避免这个问题。

(3)跨平台防病毒技术。病毒活跃的平台基本是各流行操作系统,为使防病毒软件与系统的底层无缝连接、可靠地实时检测和清除病毒,应在不同平台上使用跨平台防病毒软件。

(4)云端杀毒。云计算防病毒技术不再需要客户端保留病毒库软件,所有的特征信息都将存放于互联网中。任一终端用户连接到互联网后,将与云端的服务器保持实时联络,当其发现异常行为或病毒等风险后可自动提交到云端的服务器群组中,由云计算技术进行集中分析和处理。将病毒特征库放置于"云"中,不仅可节省因病毒不断泛滥造成的软硬件资源开支,而且还能获得更加高效的病毒防范能力。云计算技术可生成一份对风险的处理意见,同时对客户端进行统一分发,客户端可以自动进行阻断拦截及查杀等操作。

二、网络安全常用技术

这里介绍的网络安全常用技术包括防火墙技术、入侵检测技术、漏洞扫描技术、日志审计技术、内外网隔离技术、灾难备份和恢复技术等。

(一)防火墙技术

防火墙是一种用来加强网络之间访问控制、防止外部网络用户以非法手段通过外部网络进入内部网络访问内部网络资源、保护内部网络操作环境的特殊网络互联设备。防火墙对两个或多个网络之间传输的数据包和链接方式按照一定的安全策略进行检查,以决定网络之间的通信是否被允许,并监视网络运行状态。防火墙实际上是一个独立的进程或一组紧密联系的进程,运行于路由器、网关或服务器上以控制经过防火墙的网络应用服务的通信流量。其中被保护的网络称为内部网络(或私有网络),另一方则称为外部网络(或公用网络)。

1. 防火墙的作用

防火墙能有效地控制内部网络与外部网络之间的访问及数据传送,从而达到保护内部网络的信息不受外部非授权用户的访问,并过滤不良信息的目的。防火墙系统应具备三个条件:内部和外部之间的所有网络数据流必须经过防火墙,否则就失去了防火墙的主要意义;只有符合安全策略的数据流才能通过防火墙,这也是防火墙的主要功能——审计和过滤数据;防火墙自身应对渗透免疫,如果防火墙自身都不安全,就无法保护内部网络的安全。

2. 防火墙技术原理

防火墙技术主要有包过滤技术、代理技术、VPN 技术、状态检查技术、网络地址转换技术、内容检查技术以及其他技术,这里主要介绍前四种技术。

(1) 包过滤技术

包过滤型防火墙放在网络中的适当位置,其对数据包实施有选择的通过。选择依据即为系统内设置的过滤规则(通常称为访问控制列表),只有满足过滤规则的数据包才能被转发到相应的网络接口,其余数据包则被丢弃。

包过滤型防火墙一般的检查包括 IP 源地址、IP 目的地址、协议类型(TCP 包、UDP 包和 ICMP 包)、TCP 或 UDP 的源端口、TCP 或 UDP 的目的端口、ICMP 消息类型、TCP 报头的 ACK 位。

包过滤型防火墙包括按地址过滤和按服务过滤。按地址过滤即通过包过滤路由器检查包头的信息,并与过滤规则进行匹配,决定是否转发该数据包;按服务过滤即根据安全策略决定是允许或者拒绝某一种服务,例如,禁止外部主机访问内部的 E-mail 服务器、TCP 端口 25。

对用户来说,包过滤型防火墙技术优点有帮助保护整个网络,减少暴露的风险;对用户完全透明,不需要对客户端作任何改动,也不需要对用户作任何培训;很多路由器可以作数据包过滤,因此不需要专门添加设备。

包过滤型防火墙最明显的缺陷是即使是对于最基本的网络服务和协议,它也不能提供足够的安全保护,包过滤型防火墙是不够安全的,因为它不能提供防火墙所必需的防护能力。它的缺点主要表现在:包过滤型防火墙规则难于配置,一旦配置,数据包过滤规则也难以检验;包过滤型防火墙仅可以访问包头中的有限信息;包过滤型防火墙是无状态的,因为包过滤型防火墙不能保持与传输相关的状态信息或与应用相关的状态信息。

(2) 代理技术

代理技术又称为应用层网关技术。代理技术与包过滤技术完全不同,包过滤技术是在网络层拦截所有的信息流,代理技术是针对每一个特定应用都有一个程序。代理技术企图在应用层实现防火墙的功能。代理技术能提供部分与传输有关的状态,能完全提供与应用相关的状态和部分传输方面的信息,代理技术也能处理和管理信息。

代理技术的特点有：网关理解应用协议，可以实施更细粒度的访问控制；对每一类应用，都需要一个专门的代理；灵活性不够。

(3)状态检测技术

状态检测技术是近几年防火墙才应用的新技术。传统的包过滤技术防火墙只是通过检测 IP 包头的相关信息来决定数据流是通过还是拒绝，基于状态检测技术的防火墙不仅对数据包进行检测，还对控制通信的基本状态信息(包括通信信息、通信状态、应用状态和操作信息)进行检测。该技术通过状态检测虚拟机维护一个动态的状态表，记录所有的连接通信信息、通信状态，以完成对数据包的检测和过滤。

状态检测技术采用的是一种基于连接的状态检测机制，将属于同一连接的所有包作为一个整体的数据流看待，构成连接状态表，通过规则表与状态表的共同配合，对表中的各个连接状态因素加以识别。因此，与传统包过滤防火墙的静态过滤规则表相比，它具有更好的灵活性和安全性。将状态检测型防火墙与应用层网关相比，由于状态检测引擎了解应用层的情况，因此状态检测型防火墙所具有的安全保护水平与应用层网关基本相同，且状态检测型防火墙更加灵活，比应用层网关具有更好的扩展能力。

(4)网络地址转换技术

网络地址转换(Network Address Translation，NAT)最初的设计目的是增加私有组织的可用地址空间和解决将现有的私有 TCP/IP 网络连接到互联网上的 IP 地址编号问题。

私有 IP 地址只能作为内部网络号，不能在互联网主干网上使用。NAT 技术通过地址映射保证了使用私有 IP 地址的内部主机或网络能够连接到公用网络。NAT 网关被安放在网络末端区域(内部网络和外部网络之间的边界点上)，并且在把数据包发送到外部网络之前，将数据包的源地址转换为全球唯一的 IP 地址。

NAT 技术并非为防火墙而设计，它在解决 IP 地址短缺的同时提供了如下功能：内部主机地址隐藏；网络负载均衡；网络地址交叠。正是由于 NAT 技术提供了内部主机地址隐藏的技术，故其成为防火墙实现中经常采用的核心技术之一。

NAT 技术的地址对应方式主要有以下三种：

M-1。多个内部网地址转换到 1 个 IP 地址。

1-1。简单的地址转换。

M-N。多个内部网地址转换到 N 个 IP 地址池。

NAT 技术的地址转换方式主要有：静态转换，一个指定的内部主机有一个不变的固定的转换表，一般静态转换将内部地址转换成防火墙的外网接口地址；动态转换，为了隐藏内部主机的身份或扩展内部网络的地址空间，一个大的互联网客户群共享一个或一组小的互联网 IP 地址；负载平衡转换，一个 IP 地址和端口被转换为多个同等配置的服务器，当请求到达时，防火墙将按照一个算法来平衡所有连接到内部的服务器，这样向一个合法 IP 地址发送请求，实际上是有多台服务器在提供服务；网络冗余转换，多个互联网连接被附加在一个 NAT 技术防火墙上，而这个防火墙根据负载和可用性对这些连接进行选择和使用。

(二)入侵检测技术

入侵检测技术作为一种积极主动的安全防护手段，在保护计算机网络和网络安全方面发挥着重要的作用。入侵检测是监测计算机网络和系统以发现违反安全策略事件的过程。

入侵检测系统（Intrusion Detection System，IDS）工作在计算机网络系统中的关键节点上，通过实时收集和分析计算机网络或系统中的信息，来检查是否出现违反安全策略的行为和遭到袭击的迹象，进而达到防止攻击、预防攻击的目的。

1. 概述

入侵检测系统通过对网络中的数据包或主机的日志等信息进行提取、分析，发现入侵和攻击行为，并对入侵或攻击作出响应。入侵检测系统在识别入侵和攻击时具有一定的智能，这主要体现在入侵特征的提取和汇总、响应的合并与融合、在检测到入侵后能够主动采取响应措施等方面，入侵检测系统是一种主动防御技术。

入侵检测系统由三部分组成：提供事件记录流的信息源，即对信息的收集和预处理；入侵分析引擎；基于分析引擎的结果产生反应的响应部件。

信息源是入侵检测的首要元素，它可以看作一个事件产生器。事件来自审计记录、网络数据包、应用程序数据或者防火墙、认证服务器等应用子系统。IDS可以有多种不同类型的引擎，用于判断信息源，检查数据有没有被攻击、有没有违反安全策略。当分析过程产生一个可反应的结果时，响应部件就作出反应，包括将分析结果记录到日志文件，对入侵者采取行动。根据入侵的严重程度，其反应行动可以不一样，一种方法是通过预定义严重级别来激发警报。对于级别低的，仅仅在控制台显示一条信息，而对于级别高的，可直接给管理员发送含有警报标志的E-mail，或者立即采取行动阻止入侵。一般来说，IDS能够完成下列活动：

- 监控、分析用户和系统的活动；
- 发现入侵企图或异常现象；
- 审计系统的配置和弱点；
- 评估关键系统和数据文件的完整性；
- 对异常活动进行统计分析；
- 识别攻击的活动模式；
- 实时报警和主动响应。

2. IDS类型

根据不同的分类标准，IDS可分为不同的类别。按照信息源划分IDS是目前最通用的划分方法，IDS主要分为两类，即基于网络的IDS和基于主机的IDS。

（1）基于网络的IDS

基于网络的IDS使用原始的网络数据包作为数据源，主要用于实时监控网络关键路径的信息。它侦听网络上的所有分组来采集数据，分析可疑现象。基于网络的IDS使用原始网络包作为数据源，通常将主机的网卡设成混乱模式，实时监视并分析通过网络的所有通信业务。当然也可能采用其他特殊硬件获得原始网络包。它的攻击识别模块通常使用四种常用技术来识别攻击标志：模式、表达式或字节匹配；频率或穿越阈值；次要事件的相关性；统计学意义上的非常规现象检测。

一旦检测到攻击行为，IDS的响应模块就会对攻击采取相应的反应。基于网络的IDS有许多仅靠基于主机的入侵检测法无法提供的功能。实际上，许多客户在最初使用IDS时都配置了基于网络的入侵检测。

基于网络的 IDS 主要优点:实施成本低、隐蔽性好、监测速度快、视野更宽、操作系统无关性、攻击者不易转移证据。

基于网络的 IDS 主要缺点:只能监视本网段的活动,精确度不高;在交换网络环境下无能为力;对加密数据无能为力;防入侵欺骗的能力也比较差;难以定位入侵者。

(2)基于主机的 IDS

基于主机的 IDS 通过监视与分析主机的审计记录和日志文件来检测入侵。

当日志中包含发生在系统上的不寻常和不期望活动的证据时,这些证据可以指出有人正在入侵或已成功入侵了系统。通过查看日志文件,能够发现成功的入侵或入侵企图,并很快地启动相应的应急响应程序。当然也可以通过其他手段从所在的主机上收集信息进行分析。

基于主机的 IDS 主要用于保护运行关键应用的服务器。

基于主机的 IDS 可监测系统、事件和 Windows 下的安全记录及 UNIX 环境下的系统记录,从中发现可疑行为。当有文件发生变化时,IDS 会将新的记录条目与攻击标记相比较,看它们是否匹配。如果匹配,系统就会向管理员报警并向别的目标报告,以采取措施。对关键系统文件和可执行文件的入侵检测的一个常用方法,是通过定期检查校验和来进行的,以便发现意外的变化。此外,许多 IDS 还监听主机端口的活动,并在特定端口被访问时向管理员报警。

基于主机的 IDS 分析,其信息来自单个的计算机系统,这使它能够相对可靠,能精确地分析入侵活动,能精确地决定哪一个进程和用户参与了对操作系统的一次攻击。尽管基于主机的 IDS 不如基于网络的 IDS 快捷,但它确实具有基于网络的 IDS 无法比拟的优点。

基于主机的 IDS 的主要优点:能够检测到基于网络的 IDS 检测不到的攻击;安装、配置灵活;监控粒度更细;监视特定的系统活动;适用于交换及加密环境;不要求额外的硬件。

基于主机的 IDS 的主要缺点:占用主机的资源,在服务器上产生额外的负载;缺乏平台支持,可移植性差,应用范围受到严重限制。

(三)灾难备份与恢复技术

一般来说,灾难指能够对社会造成影响的突然的灾害,其产生原因既可能来自人类自身,也可能来自自然。人为的因素包括恶意破坏、操作失误、疏忽大意等;自然因素包括台风或地震等。这些因素都有可能导致信息系统严重故障甚至瘫痪,有的影响是暂时的,有的却是长期的。灾难管理技术就是为了减缓这些影响而产生的。

在信息技术中,灾难对所有企业信息系统来说都是一个不可回避的安全问题。为了使组织保持竞争力,所有通信系统都必须保持 24 小时持续工作。当灾害来临时,如果系统不能承受这些影响而导致崩溃,那也就意味着该系统在商业方面的失败。特别是在"9·11"事件以后,很多公司与企业都认识到了灾难管理的重要性。

目前灾难管理的重点主要在于灾难预防、灾难响应与灾难恢复。本节将灾难管理当作信息系统主要的安全问题,并讨论了灾难处理的方式、工具与实践。

灾难分为自然因素与人为因素两种,其中自然因素主要包括台风、龙卷风、洪灾、冰雪天气、泥石流、干旱、地震、地磁风暴、雪灾、火灾等;而人为因素主要包括暴力袭击、蓄意破坏、盗窃、病毒、蠕虫、恶意代码、战争、纵火、网络犯罪等。

★ 习题精练

一、单项选择题

1. 防火墙用于将 Internet 和内部网络隔离,(   )。
   A. 是防止 Internet 火灾的硬件设施
   B. 是网络安全和信息安全的软件和硬件设施
   C. 是保护线路不受破坏的软件和硬件设施
   D. 是起抗电磁干扰作用的硬件设施

2. 计算机病毒会造成计算机(   )的损坏。
   A. 硬件、软件和数据
   B. 硬件和软件
   C. 软件和数据
   D. 硬件和数据

3. 关于计算机病毒,正确的说法是(   )。
   A. 计算机病毒可以烧毁计算机的电子元件
   B. 计算机病毒是一种传染力极强的生物细菌
   C. 计算机病毒是一种人为特制的具有破坏性的程序
   D. 计算机病毒一旦产生,便无法清除

4. 病毒程序按其侵害对象不同分为(   )。
   A. 外壳型、入侵型、原码型和良性型
   B. 原码型、外壳型、复合型和网络病毒
   C. 引导型、文件型、复合型和网络病毒
   D. 良性型、恶性型、原码型和外壳型

5. 复合型病毒是(   )。
   A. 既感染引导扇区,又感染 Word 文件
   B. 既感染可执行文件,又感染 Word 文件
   C. 只感染可执行文件
   D. 既感染引导扇区,又感染可执行文件

6. PKI 管理对象不包括(   )。
   A. ID 和口令
   B. 证书
   C. 密钥
   D. 证书撤销

7. 一般而言,Internet 防火墙建立在一个网络的(   )。
   A. 内部子网之间传送信息的中枢
   B. 每个子网的内部
   C. 内部网络与外部网络的交叉点
   D. 部分内部网络与外部网络的结合处

8. VPN 的加密手段为(   )。
   A. 具有加密功能的防火墙
   B. 具有加密功能的路由器
   C. VPN 内的各台主机对各自的信息进行相应的加密
   D. 单独的加密设备

9. 安全保障阶段中将信息安全体系归结为四个主要环节,下列(   )是正确的。
   A. 策略、保护、响应、恢复
   B. 加密、认证、保护、检测

C. 策略、网络攻防、密码学、备份　　　　D. 保护、检测、响应、恢复

10. 为了数据传输时不发生数据截获和信息泄密，采取了加密机制。这种做法体现了信息安全的（　　）属性。
　　A. 保密　　　　B. 完整　　　　C. 可靠　　　　D. 可用

11. 下列能够有效地防御未知的新病毒对信息系统造成破坏的安全措施是（　　）。
　　A. 防火墙隔离　　　　　　　　　B. 安装安全补丁程序
　　C. 专用病毒查杀工具　　　　　　D. 部署网络入侵检测系统

12. （　　）最好地描述了数字证书。
　　A. 等同于在网络上证明个人和公司身份的身份证
　　B. 浏览器的一个标准特性，它使黑客不能得知用户的身份
　　C. 网站要求用户使用用户名和密码登录的安全机制
　　D. 伴随在线交易证明购买的收据

13. 安全扫描可以（　　）。
　　A. 弥补由于认证机制薄弱带来的问题
　　B. 弥补由于协议本身而产生的问题
　　C. 弥补防火墙对内网安全威胁检测不足的问题
　　D. 扫描检测所有的数据包攻击，分析所有的数据流

14. 下面不是保护数据库安全涉及的任务是（　　）。
　　A. 确保数据不能被未经过授权的用户执行存取操作
　　B. 防止未经过授权的人员删除和修改数据
　　C. 向数据库系统开发商索要源代码，做代码级检查
　　D. 监视对数据的访问和更改等使用情况

15. （　　）不属于入侵检测系统的功能。
　　A. 监视网络上的通信数据流　　　　B. 捕捉可疑的网络活动
　　C. 提供安全审计报告　　　　　　　D. 过滤非法的数据包

16. 关于 CA 和数字证书的关系，以下说法不正确的是（　　）。
　　A. 数字证书是保证双方之间的通信安全的电子信任关系，它由 CA 签发
　　B. 数字证书一般依靠 CA 中心的对称密钥机制来实现
　　C. 在电子交易中，数字证书可以用于表明参与方的身份
　　D. 数字证书能以一种不能被假冒的方式证明证书持有人身份

17. （　　）不是 CA 认证中心的组成部分。
　　A. 证书生成客户端　　　　　　　　B. 注册服务器
　　C. 证书申请受理和审核机构　　　　D. 认证中心服务器

18. 企事业单位的网络环境中应用安全审计系统的目的是（　　）。
　　A. 保障企业内部信息数据的完整性
　　B. 保障企业业务系统不受外部威胁攻击
　　C. 保障网络环境不存在安全漏洞，感染病毒
　　D. 保障业务系统和网络信息数据不受来自用户的破坏、泄密、窃取

19. 可以通过（　　）安全产品划分网络结构，管理和控制内部和外部通信。
    A. 防火墙　　　　　　B. CA 中心　　　　　C. 加密机　　　　　D. 防病毒产品
20. 数据保密性指的是（　　）。
    A. 保护网络中各系统之间交换的数据，防止因数据被截获而造成泄密
    B. 提供连接实体身份的鉴别
    C. 防止非法实体对用户的主动攻击，保证数据接收方收到的信息与发送方发送的信息完全一致
    D. 确保数据是由合法实体发出的

二、多项选择题

1. 内容过滤技术的应用领域包括（　　）。
    A. 防病毒　　　　　　　　　　　　　B. 网页防篡改
    C. 防火墙　　　　　　　　　　　　　D. 入侵检测
    E. 反垃圾邮件
2. 网络防火墙的作用是（　　）。
    A. 防止内部信息外泄
    B. 防止系统感染病毒与非法访问
    C. 防止黑客访问
    D. 建立内部信息和功能与外部信息和功能之间的屏障
3. 在 ISO/IEC 17799 标准中，信息安全特指保护（　　）。
    A. 信息的保密性　　　　　　　　　　B. 信息的完整性
    C. 信息的流动性　　　　　　　　　　D. 信息的可用性
4. SSL 主要提供三方面的服务，即（　　）。
    A. 数字签名　　　　　　　　　　　　B. 认证用户和服务器
    C. 网络传输　　　　　　　　　　　　D. 加密数据以隐藏被传送的数据
    E. 维护数据的完整性
5. 根据采用的技术，入侵检测系统有以下分类：（　　）。
    A. 正常检测　　　　B. 异常检测　　　　C. 特征检测　　　　D. 固定检测
    E. 重点检测
6. 根据 ISO 定义，信息安全的保护对象是信息资产，典型的信息资产包括（　　）。
    A. 硬件　　　　　　B. 软件　　　　　　C. 人员　　　　　　D. 数据
    E. 环境
7. 根据 ISO 定义，信息安全的目标就是保证信息资产的三个基本安全属性，包括（　　）。
    A. 不可否认性　　　B. 保密性　　　　　C. 完整性　　　　　D. 可用性
    E. 可靠性
8. 信息安全策略必须具备（　　）属性。
    A. 确定性　　　　　B. 正确性　　　　　C. 全面性　　　　　D. 细致性
    E. 有效性
9. 涉密安全管理包括（　　）。

A. 涉密设备管理 B. 涉密信息管理
C. 涉密人员管理 D. 涉密场所管理

10. 下列邮件为垃圾邮件的有（　　）。
 A. 收件人无法拒收的电子邮件
 B. 收件人事先预订的广告、电子刊物等具有宣传性质的电子邮件
 C. 含有病毒、色情、反动等不良信息或有害信息的电子邮件
 D. 隐藏发件人身份、地址、标题等信息的电子邮件
 E. 含有虚假的信息源、发件人、路由等信息的电子邮件

11. 所有进入网络和信息系统工作的人员，必须签订保密协议，具体签订保密协议的人员范围包括（　　）。
 A. 网络使用者 B. 正式雇员 C. 离职雇员 D. 第三方人员

12. 互联单位、接入单位及使用计算机信息网络国际联网的法人和其他组织应当履行下列安全保护职责（　　）。
 A. 负责本网络的安全保护管理工作，建立健全落实安全保护管理制度
 B. 负责对本网络用户的安全教育和培训
 C. 对委托发布信息的单位和个人进行登记，并对所提供的信息内容进行审核
 D. 发现计算机案件应当保留有关原始记录，并在24小时内向当地公安机关报告

13. 通过哪些命令可以给予和取消用户或者角色系统权限（　　）。
 A. Update B. Delete C. Grant D. Revoke

14. 木马可以实现哪些功能（　　）。
 A. 文件上传下载 B. 执行程序 C. 键盘记录 D. 屏幕监视

15. SQL SERVER的身份验证有哪些方式（　　）。
 A. Windows集成验证方式 B. 混合验证方式
 C. 加密验证方式 D. 命名管道验证方式

16. 应从哪几方面审计Windows系统是否存在后门（　　）。
 A. 查看服务信息 B. 查看驱动信息
 C. 查看注册表键值 D. 查看系统日志

17. 系统日志检测，一般可以检测出的问题包括（　　）。
 A. 未授权的访问和异常登录 B. 隐藏账号信息
 C. 未授权的非法程序或服务 D. Web的异常访问情况

18. 下列关于网络信息安全的说法，正确的有（　　）。
 A. 网络运营者应当对其收集的用户信息严格保密
 B. 网络运营者应当妥善管理用户信息，无须建立用户信息保护制度
 C. 网络运营者不得泄露、篡改、毁损其收集的个人信息
 D. 在经过处理无法识别特定个人且不能复原的情况下，未经被收集者同意，网络运营者不得向他人提供个人信息

19. 网络运营者应当采取技术措施和其他必要措施，确保其收集的个人信息安全，防止信息泄露、毁损、丢失。在发生或者可能发生个人信息泄露、毁损、丢失的情况时，应当立即采

取补救措施,按照规定及时告知用户并向有关主管部门报告。网络安全事件应急预案应当按照事件发生后的（　　）等因素对网络安全事件进行分级。
　　A. 危害程度　　　B. 影响范围　　　C. 事件等级　　　D. 关注程度
20. 网络运营者应当制定网络安全事件应急预案,及时处置（　　）等安全风险;在发生危害网络安全的事件时,立即启动应急预案,采取相应的补救措施,并按照规定向有关主管部门报告。
　　A. 网络漏洞　　　B. 计算机病毒　　　C. 网络攻击　　　D. 网络侵入
　　E. 系统漏洞

三、判断题

1. 所有的漏洞都是可以通过打补丁来弥补的。（　　）
2. 计算机病毒可能在用户打开.txt文件时被启动。（　　）
3. 利用互联网传播已经成为计算机病毒传播的一个发展趋势。（　　）
4. 由于网络钓鱼通常利用垃圾邮件进行传播,因此,各种反垃圾邮件的技术也都可以用来反网络钓鱼。（　　）
5. 在来自可信站点的电子邮件中输入个人或财务信息是安全的。（　　）
6. 可以采用内容过滤技术来过滤垃圾邮件。（　　）
7. 随着应用环境的复杂化和传统安全技术的成熟,整合各种安全模块成为信息安全领域的一个发展趋势。（　　）
8. 口令认证机制的安全性弱点,可以使得攻击者破解合法用户账户信息,进而非法获得系统和资源访问权限。（　　）
9. 一个完整的信息安全保障体系,应当包括安全策略(Policy)、保护(Protection)、检测(Detection)、响应(Reaction)、恢复(Restoration)五个主要环节。（　　）
10. 信息安全的层次化特点决定了应用系统的安全不仅取决于应用层安全机制,同样依赖于底层的物理、网络和系统等层面的安全状况。（　　）
11. 实现信息安全的途径要借助两方面的控制措施:技术措施和管理措施,从这里就能看出技术和管理并重的基本思想,重技术轻管理,或者重管理轻技术,都是不科学,并且有局限性的错误观点。（　　）
12. 脆弱性分析技术,也被通俗地称为漏洞扫描技术。该技术是检测远程或本地系统安全脆弱性的一种安全技术。（　　）
13. 信息网络的物理安全要从环境安全和设备安全两个角度来考虑。（　　）
14. 有很高使用价值或很高机密程度的重要数据应采用加密等方法进行保护。（　　）
15. 每个UNIX/Linux系统中都只有一个特权用户,就是root账号。（　　）
16. 防火墙安全策略一旦设定,就不能再做任何改变。（　　）
17. 只要使用了防火墙,企业的网络安全就有了绝对的保障。（　　）
18. 防火墙规则集应该尽可能的简单,规则集越简单,错误配置的可能性就越小,系统就越安全。（　　）
19. 如果采用正确的用户名和口令成功登录网站,则证明这个网站不是仿冒的。（　　）
20. 网络边界保护中主要采用防火墙系统,为了保证其有效发挥作用,应当避免在内网和外

网之间存在不经过防火墙控制的其他通信连接。（　　）

四、简答题

1. 计算机病毒有哪些征兆？可采取哪些预防措施？
2. 描述 DDoS 攻击的实现方法。
3. 计算机病毒的特征是什么？
4. 简述堡垒主机（Bastion Host）的作用。
5. 请简述计算机病毒的特点。
6. 网络安全主要有哪些关键技术？
7. 网页篡改事件的处置原则为降低事件影响、清除恶意代码、保障服务稳定、修复系统漏洞、保留事件证据，主要由网站运维开发人员进行事件处置，同时，各业务部门需做好向纳税人进行解释说明的准备。作为某省（市）税务网站系统的负责人，请对网站系统网页篡改事件应急演练场景进行模拟设计。
8. 某单位工作人员私自卸载内网计算机上安装的安全防护软件，请分析这样做的隐患。
9. 阐述数据包过滤防火墙的工作原理。
10. 请结合税务工作实际，谈谈"金税三期"网络安全管理中，网络攻击和防御分别包括哪些内容。
11. 某税务局的门户网站经常受到来自不同地区的拒绝服务攻击，请问应如何防范？
12. 税务系统"金税三期"网络安全可以分成哪几层，每层有什么特点？
13. 某税务局的门户网站经常受到来自不同地区的拒绝服务攻击，请你简述一下什么是 DDoS。
14. 简述拒绝服务攻击的种类和原理。
15. 简述保护计算机信息安全需要从哪些方面采取措施？
16. 某单位工作人员将移动存储介质在涉密计算机和非涉密计算机间交叉使用，请分析这样做的隐患及防范对策。
17. 请阐述当前计算机病毒的传播途径有几种，分别是什么。

★ 答案及解析

一、单项选择题

1. 【答案】B

   【解析】防火墙用于将 Internet 和内部网络隔离，是网络安全和信息安全的软件和硬件设施。

2. 【答案】A

   【解析】计算机病毒会造成计算机硬件、软件和数据的损坏。

3. 【答案】C

   【解析】计算机病毒是一种人为特制的具有破坏性的程序。

4. 【答案】C

【解析】病毒程序按其侵害对象不同分为引导型、文件型、复合型和网络病毒。

5.【答案】D

【解析】复合型病毒既感染引导扇区，又感染可执行文件。

6.【答案】A

【解析】PKI管理对象不包括ID和口令。

7.【答案】C

【解析】Internet防火墙建立在一个网络的内部网络与外部网络的交叉点。

8.【答案】C

【解析】VPN的加密手段为VPN内的各台主机对各自的信息进行相应的加密。

9.【答案】D

【解析】安全保障阶段中将信息安全体系归结为保护、检测、响应、恢复。

10.【答案】A

【解析】为了数据传输时不发生数据截获和信息泄密，采取了加密机制。这种做法体现了信息安全的保密性。

11.【答案】A

【解析】防火墙隔离能够有效地防御未知的新病毒对信息系统造成破坏。

12.【答案】A

【解析】数字证书等同于在网络上证明个人和公司身份的身份证。

13.【答案】C

【解析】安全扫描可以弥补防火墙对内网安全威胁检测不足的问题。

14.【答案】C

【解析】保护数据库安全涉及的任务是：确保数据不能被未经过授权的用户执行存取操作；防止未经过授权的人员删除和修改数据；监视对数据的访问和更改等使用情况。

15.【答案】D

【解析】过滤非法的数据包不属于入侵检测系统的功能。

16.【答案】B

【解析】数字证书一般依靠CA中心的非对称密钥机制来实现。

17.【答案】A

【解析】CA认证中心的组成包括：注册服务器；证书申请受理和审核机构；认证中心服务器。

18.【答案】D

【解析】企事业单位的网络环境中应用安全审计系统的目的是：保障业务系统和网络信息数据不受来自用户的破坏、泄密、窃取。

19.【答案】A

【解析】通过防火墙划分网络结构，管理和控制内部和外部通信。

20.【答案】C

【解析】数据保密性：防止非法实体对用户的主动攻击，保证数据接收方收到的信息与发送方发送的信息完全一致。

二、多项选择题

1. 【答案】ACDE

    【解析】内容过滤不包括网页防篡改。

2. 【答案】ACD

    【解析】网络防火墙的作用包括：防止内部信息外泄、防止黑客访问、建立内部信息和功能与外部信息和功能之间的屏障。

3. 【答案】ABD

    【解析】信息安全特指保护：信息的保密性、信息的完整性、信息的可用性。

4. 【答案】BDE

    【解析】SSL 主要提供的服务有：认证用户和服务器、加密数据以隐藏被传送的数据、维护数据的完整性。

5. 【答案】BC

    【解析】入侵检测分为异常检测和特征检测。

6. 【答案】ABD

    【解析】信息资产包括：硬件、软件、数据。

7. 【答案】BCD

    【解析】信息安全的属性包括：保密性、完整性、可用性。

8. 【答案】ACE

    【解析】信息安全策略的特点是：确定性、全面性、有效性。

9. 【答案】BCD

    【解析】涉密安全管理包括：涉密信息管理、涉密人员管理、涉密场所管理。

10. 【答案】ACDE

    【解析】收件人事先预订的广告、电子刊物等具有宣传性质的电子邮件属于正常邮件。

11. 【答案】BCD

    【解析】除了一般网络使用者，其他人员进入网络和信息系统工作，必须签订保密协议。

12. 【答案】ABCD

    【解析】互联单位、接入单位及使用计算机信息网络国际联网的法人和其他组织应当履行的安全保护职责有：负责本网络的安全保护管理工作，建立健全落实安全保护管理制度；负责对本网络用户的安全教育和培训；对委托发布信息的单位和个人进行登记，并对所提供的信息内容进行审核；发现计算机案件应当保留有关原始记录，并在 24 小时内向当地公安机关报告。

13. 【答案】CD

    【解析】Grant(授权)，Revoke(收回授权)。

14. 【答案】ABCD

    【解析】木马具有的功能有：文件上传下载、执行程序、键盘记录、屏幕监视。

15. 【答案】AB

    【解析】SQL SERVER 的身份验证方法有 Windows 集成验证方式、混合验证方式。

16. 【答案】ABCD

【解析】检测Windows系统是否存在后门的方法有查看服务信息、查看驱动信息、查看注册表键值、查看系统日志。

17.【答案】ACD

【解析】系统日志检测,一般可以检测出的问题有未授权的访问和异常登录、未授权的非法程序或服务、Web的异常访问情况。

18.【答案】AC

【解析】《中华人民共和国网络安全法》第四十条规定:网络运营者应当对其收集的用户信息严格保密,并建立健全用户信息保护制度。第四十二条规定:网络运营者不得泄露、篡改、毁损其收集的个人信息;未经被收集者同意,不得向他人提供个人信息。但是,经过处理无法识别特定个人且不能复原的除外。

19.【答案】AB

【解析】《中华人民共和国网络安全法》第五十三条规定:"国家网信部门协调有关部门建立健全网络安全风险评估和应急工作机制,制定网络安全事件应急预案,并定期组织演练。负责关键信息基础设施安全保护工作的部门应当制定本行业、本领域的网络安全事件应急预案,并定期组织演练。网络安全事件应急预案应当按照事件发生后的危害程度、影响范围等因素对网络安全事件进行分级,并规定相应的应急处置措施。"

20.【答案】BCDE

【解析】《中华人民共和国网络安全法》第二十五条规定:"网络运营者应当制定网络安全事件应急预案,及时处置系统漏洞、计算机病毒、网络攻击、网络侵入等安全风险;在发生危害网络安全的事件时,立即启动应急预案,采取相应的补救措施,并按照规定向有关主管部门报告。"

三、判断题

1.【答案】×

【解析】不是所有的漏洞都是可以通过打补丁来弥补的。

2.【答案】√

【解析】计算机病毒可能在用户打开.txt文件时被启动。

3.【答案】√

【解析】利用互联网传播已经成为计算机病毒传播的一个发展趋势。

4.【答案】√

【解析】由于网络钓鱼通常利用垃圾邮件进行传播,因此,各种反垃圾邮件的技术也都可以用来反网络钓鱼。

5.【答案】×

【解析】最好不要在电子邮件中输入个人或财务信息。

6.【答案】√

【解析】可以采用内容过滤技术来过滤垃圾邮件。

7.【答案】√

【解析】随着应用环境的复杂化和传统安全技术的成熟,整合各种安全模块成为信息安全领域的一个发展趋势。

8.【答案】√

【解析】口令认证机制的安全性弱点,可以使得攻击者破解合法用户账户信息,进而非法获得系统和资源访问权限。

9.【答案】√

【解析】完整的信息安全保障体系,应当包括安全策略(Policy)、保护(Protection)、检测(Detection)、响应(Reaction)、恢复(Restoration)五个主要环节。

10.【答案】√

【解析】信息安全的层次化特点决定了应用系统的安全不仅取决于应用层安全机制,同样依赖于底层的物理、网络和系统等层面的安全状况。

11.【答案】√

【解析】实现信息安全的途径要借助两方面的控制措施:技术措施和管理措施,从这里就能看出技术和管理并重的基本思想,重技术轻管理,或者重管理轻技术,都是不科学,并且有局限性的错误观点。

12.【答案】√

【解析】脆弱性分析技术,也被通俗地称为漏洞扫描技术。该技术是检测远程或本地系统安全脆弱性的一种安全技术。

13.【答案】√

【解析】信息网络的物理安全要从环境安全和设备安全两个角度来考虑。

14.【答案】√

【解析】有很高使用价值或很高机密程度的重要数据应采用加密等方法进行保护。

15.【答案】√

【解析】UNIX/Linux 系统中都只有一个特权用户,就是 root 账号。

16.【答案】×

【解析】防火墙安全策略设定后,可以改变。

17.【答案】×

【解析】即使使用了防火墙,企业的网络安全可能还存在其他安全隐患。

18.【答案】√

【解析】防火墙规则集应该尽可能的简单,规则集越简单,错误配置的可能性就越小,系统就越安全。

19.【答案】×

【解析】即使采用正确的用户名和口令成功登录网站,也不一定能证明这个网站不是仿冒的。

20.【答案】√

【解析】网络边界保护中主要采用防火墙系统,为了保证其有效发挥作用,应当避免在内网和外网之间存在不经过防火墙控制的其他通信连接。

四、简答题

1.【答案】

(1)计算机病毒的征兆有:①计算机经常不能启动,运行速度很慢,或无故自行热启动。②文件的长度变长,日期被修改。③经常屏幕无故变花,显示错误。④打印机经常不能打印,或打印乱码。⑤喇叭无故奏乐或鸣叫。⑥光驱读盘经常出现错误,或在有盘时显示无盘。

(2)可采取下列方法预防计算机病毒:①应保证使用无病毒的操作系统盘启动系统。②增强软件保护意识,不使用非法复制和来历不明的软盘。③对外来磁盘必须先检测病毒,确信无病毒后再使用。④对系统盘和含有重要数据的软盘进行写保护,并做好备份盘。⑤不打开来历不明的电子邮件。⑥安装杀毒软件,经常更新病毒库,并启用病毒监控功能。

2.【答案】
DDoS攻击是利用一批受控制的主机向一台主机发起攻击,其攻击的强度和造成的威胁要比DoS攻击严重得多,当然其破坏性也要强得多。在整个DDoS攻击过程中,共由四部分组成:攻击者、主控端、代理服务器和被攻击者,其中每一个组成在攻击中扮演的角色不同。

(1)攻击者。攻击者是指在整个DDoS攻击中的主控台,它负责向主控端发送攻击命令。与DoS攻击略有不同,DDoS攻击中的攻击者对计算机的配置和网络带宽的要求并不高,只要能够向主控端正常发送攻击命令即可。

(2)主控端。主控端是攻击者非法侵入并控制的一些主机,通过这些主机再分别控制大量的代理服务器。攻击者首先需要入侵主控端,在获得对主控端的写入权限后,在主控端主机上安装特定的程序,该程序能够接收攻击者发来的特殊指令,并且可以把这些命令发送到代理服务器上。

(3)代理服务器。代理服务器同样也是攻击者侵入并控制的一批主机,攻击者需要在入侵这些主机并获得对这些主机的写入权限后,在上面安装并运行攻击器程序,接收和运行主控端发来的命令。代理服务器是攻击的直接执行者,真正向被攻击主机发送攻击。

(4)被攻击者。是DDoS攻击的直接受害者,目前多为一些大型企业的网站或数据库系统。

3.【答案】
(1)传染性:病毒通过各种渠道从已被感染的计算机扩散到未被感染的计算机。

(2)隐蔽性:病毒一般是具有很高的编程技巧的、短小精悍的一段代码,隐蔽在合法程序当中。很难与正常程序区别开来。

(3)潜伏性:病毒进入系统后一般不会马上发作,可以在一段时间内隐藏起来,默默地进行传染扩散而不被发现。一旦触发条件满足就发作。

(4)多态性:病毒试图在每次感染时改变形态,使对它的检测变得困难。病毒代码的主要部分相同,但表达方式发生了变化。

(5)破坏性:病毒一旦被触发就会发作而产生破坏作用。比如,毁坏数据或降低系统性能,甚至破坏硬件。

4.【答案】
堡垒主机的硬件是一台普通的主机(其操作系统要求可靠性好、可配置性好),它使用软件配置应用网关程序,从而具有强大而完备的功能。它是内部网络和Internet之间的通信桥梁,它中继(不允许转发)所有的网络通信服务,并具有认证、访问控制、日志记录、审计监控等功能。它作为内部网络上外界唯一可以访问的点,在整个防火墙系统中起着重要的作用,是整个系统的关键点。

5.【答案】

破坏性:任何病毒只要侵入系统,都会对系统及应用程序产生不同程度的影响。轻者会降低计算机工作效率,占用系统资源,重者可导致系统崩溃。

传染性:传染性是计算机病毒的最本质特征,一旦进入计算机,就会以极快的速度进行繁殖并利用一切机会传染其他"健康"的软件。

隐蔽性:计算机病毒一般是具有很高编程技巧、短小精悍的程序。通常附在正常程序中或磁盘较隐蔽的地方,也有个别的以隐含文件形式出现。

潜伏性:大部分的病毒感染系统之后一般不会马上发作,它可长期隐藏在系统中,只有在满足其特定条件时才启动其表现(破坏)模块。只有这样它才可进行广泛的传播。

6.【答案】

网络安全的关键技术主要有主机安全技术、身份认证技术、访问控制技术、密码技术、防火墙技术。

7.【答案】

监控系统发现网站页面被篡改或人工发现或上级通报,确认篡改事件严重程度并上报,网上报税系统脱机运行,切断省税务网站系统与网上报税系统间的网络连接,被篡改页面恢复,网站系统加固,报应急处置结果,恢复网上报税系统与网站的连接,继续网站页面监控,形成事件结果报告上报总局。

8.【答案】

内网计算机上安装的安全防护软件为计算机提供安全保障,一旦卸载容易造成病毒和"木马"程序的感染,对计算机造成破坏,有可能造成整个内网系统大范围的病毒传播和感染,甚至网络瘫痪。一旦被植入"木马"窃密程序,即存在泄密隐患。

9.【答案】

数据包过滤技术是在网络层对数据包进行选择,选择的依据是系统内部设置的过滤逻辑,即访问控制表通过检查数据流中每个数据包的源地址、目的地址、端口号、协议等来确定是否允许该数据包通过。

10.【答案】

"金税三期"网络安全管理中攻击技术主要包括以下几个方面:

(1)网络监听:自己不主动去攻击别人,而是在计算机上设置一个程序去监听目标计算机与其他计算机通信的数据。

(2)网络扫描:利用程序去扫描目标计算机开放的端口等,目的是发现漏洞,为入侵该计算机做准备。

(3)网络入侵:当探测发现对方存在漏洞后,入侵到目标计算机获取信息。

(4)网络后门:成功入侵目标计算机后,为了实现对"战利品"的长期控制,在目标计算机中种植木马等后门。

(5)网络隐身:入侵完毕退出目标计算机后,将自己入侵的痕迹清除,从而防止被对方管理员发现。

防御技术主要包括以下几个方面：
(1)安全操作系统和操作系统的安全配置:操作系统是网络安全的关键。
(2)加密技术:为了防止被监听和数据被盗取,将所有的数据进行加密。
(3)防火墙技术:利用防火墙,对传输的数据进行限制,从而防止被入侵。
(4)入侵检测:如果网络防线最终被攻破,需要及时发出被入侵的警报。
(5)网络安全协议:保证传输的数据不被截获和监听。

11.【答案】
(1)及时地给系统打补丁,设置正确的安全策略。
(2)定期检查系统安全:检查是否被安装了DDoS攻击程序,是否存在后门等。
(3)建立资源分配模型,设置阈值,统计敏感资源的使用情况。
(4)优化路由器配置:①配置路由器的外网卡,丢弃那些来自外部网而源IP地址具有内部网络地址的包;②配置路由器的内网卡,丢弃那些即将发到外部网而源IP地址不具有内部网络地址的包;③设置TCP拦截;④限制TCP连接超时阈值;⑤禁止IP广播包流入内部网络;⑥禁止外出的ICMP不可达消息。
(5)由于攻击者掩盖行踪的手段不断加强,很难在系统级的日志文件中寻找到蛛丝马迹。因此,第三方的日志分析系统能够帮助管理员更容易地保留线索,顺藤摸瓜,将肇事者绳之以法。
(6)使用DNS来跟踪匿名攻击。
(7)对于重要的Web服务器,为一个域名建立多个镜像主机。

12.【答案】
从层次体系上,可以将网络安全分成4个层次上的安全:物理安全,逻辑安全,操作系统安全和联网安全。物理安全主要包括5个方面:防盗、防火、防静电、防雷击和防电磁泄漏。逻辑安全需要用口令、文件许可等方法来实现。操作系统安全要求操作系统必须能区分用户,以便防止相互干扰。操作系统不允许一个用户修改由另一个账户产生的数据。联网安全通过访问控制服务和通信安全服务两方面的安全服务来达到。①访问控制服务:用来保护计算机和联网资源不被非授权使用。②通信安全服务:用来认证数据机要性与完整性,以及各通信的可信赖性。

13.【答案】
分布式拒绝服务攻击的特点是先使用一些典型的黑客入侵手段控制一些高带宽的服务器,然后在这些服务器上安装攻击进程,集数十台、数百台甚至上千台机器的力量对单一攻击目标实施攻击。在悬殊的带宽力量对比下,被攻击的主机会很快因不胜重负而瘫痪。分布式拒绝服务攻击技术发展十分迅速,由于其隐蔽性和分布性很难被识别和防御。

14.【答案】
拒绝服务攻击主要是计算机网络带宽攻击和连通性攻击。通过耗用有限计算机资源,使目标主机无法提供正常网络服务。

15.【答案】
主机安全技术、身份认证技术、访问控制技术、密码技术、防火墙技术、安全审计技术、安全管理技术。

16.【答案】

隐患分析：移动存储介质在非涉密计算机上使用时，有可能被植入"木马"窃密程序。当这个移动存储介质又在涉密计算机上使用时，"木马"窃密程序会自动复制到涉密计算机中，并将涉密计算机中的涉密信息打包存储到移动存储介质上。当移动存储介质再次接入连接互联网的计算机上时，涉密信息就会被自动发往特定主机上，造成泄密。

防范对策：涉密移动存储介质不得在非涉密计算机上使用；非涉密移动存储介质及手机、数码相机、MP3等具有存储功能的电子产品不得在涉密计算机上使用。

17.【答案】

计算机病毒主要传播途径有以下四种：

(1)通过软盘等存储介质传播；

(2)通过游戏软件传播；

(3)通过网络传播；

(4)通过计算机硬件传播。

第五章 数据管理与应用

★ 知识要点归纳

第一节 数据库技术

在企业和政府的信息化进程中,数据库技术是信息系统的核心和基础。无论是简单的单机事务处理系统,还是复杂大规模的联机事务处理系统,或者辅助决策支持系统、电子商务等,几乎所有的应用领域都采用数据库作为信息资源的存储和处理方式。因此,数据库技术的发展和应用已成为信息化建设的一个关键环节。

一、基本概念

(一)数据和信息

现实世界里我们通常将数据和信息混为一谈,没有刻意区分。但在数据库理论中数据和信息却是既有区别又有联系的两个概念。

数据(Data)。数据也称为资料,是用来描述客观事物的、可以鉴别的符号。谈到数据,人们头脑中最直接的反应往往就是数字,例如,考试的分数、本月的奖金等。其实日常工作生活中数据的表现形式有很多,如数字、文字、图形、图像、声音等都具备数据的特点。单纯的数据仅仅是客观事物的一种描述,不会对事物提供判断、解释。

信息(Information)。信息是反映客观事物特征的可通信的知识。相对于数据来说,信息是数据处理以后赋予一定语意的产物,它能对行为主体产生影响。

总的来说,数据是信息的符号表示,而信息是具有特定释义和意义的数据。

(二)数据库

企业用仓库来存放原材料或产品,以保证生产经营的正常进行;同时,企业的生产经营还会产生大量的数据,传统的手工操作是通过纸质文档来保存这些数据。随着科学技术的发展,人们可以获得和使用的数据量急剧增长。为了更好地保存和使用这些数据,人们开始借助计算机手段,于是产生了数据库(DataBase,DB)技术。

所谓数据库,简单的理解就是存放数据的仓库,其本质是长期存储在计算机内部的、有组织、可共享的数据集合。数据库以一定的数学模型来组织、描述数据,不仅支持数据存取,更强调数据存取的完备、准确和高效。因此数据库的数据独立性高、冗余度低、共享性好。

(三) 数据库管理系统

数据库管理系统(DataBase Management System,DBMS)是位于用户和操作系统之间的一层数据管理软件,用于建立、使用和维护数据库。它对数据库进行统一的管理和控制,以保证数据库的安全性和完整性。用户通过 DBMS 访问数据库中的数据,数据库管理员也通过 DBMS 进行数据库的维护工作。它提供多种功能,可使多个应用程序和用户用不同的方法在相同或不同时刻去增加、修改、删除和查询数据库中数据。它使用户能方便地定义和操纵数据,维护数据的安全性和完整性,以及进行多用户下的并发控制和恢复数据库。

我们常说的 Oracle、SQLServer、Access 等数据库,其实准确地说就是数据库管理系统。一般来说,DBMS 应该具备如下的一些功能:

(1)提供数据定义语言(Data Definition Language,DDL),进行数据库的定义和建立。

(2)提供数据操作语言(DalaManipulation Language,DML),进行数据处理工作。

(3)维护数据库的运行,提供完整性、安全性和并发性方面的控制能力。

(四) 数据库系统

数据库系统(Data Base System,DBS)是指基于数据库的计算机系统,一般由数据库及其管理系统、应用系统及其开发工具、计算机硬件平台、数据库管理员和用户等几个部分构成。通常情况下把数据库系统简称为数据库。

二、数据库的体系结构

数据库系统为了保证数据的逻辑独立性和物理独立性,在体系上采用三级模式和两种映射结构。数据库系统从内到外分为三个层次,分别称为内模式、模式和外模式。两种映射是外模式/模式映射和模式/内模式映射。

(一) 三级模式

1. 模式(Schema)

模式也称概念模式,是数据库中全体数据的逻辑结构和特征的描述,是所有用户的公共数据视图。它是数据库系统模式结构的中间层,既不涉及数据的物理存储细节和硬件环境,也与具体的应用程序及其所使用的开发工具无关。

一个数据库只有一个模式。数据库模式以某一种数据模型为基础,综合考虑所有用户的需求,并将这些需求有机地结合成一个逻辑整体。DBMS 提供描述语言(模式 DDL)来严格定义模式,定义模式时不仅要定义数据的逻辑结构(数据记录由哪些数据项构成,数据项的名字、类型、取值范围等),而且要定义数据之间的联系,定义与数据有关的安全性、完整性要求。

2. 外模式

外模式也称子模式或用户模式,它是数据库用户(包括应用程序员和最终用户)能够看见和使用的局部数据的逻辑结构和特征的描述,是数据库用户的数据视图,是与某一应用有关的数据的逻辑表示。外模式通常是模式的子集,一个数据库可以有多个外模式。由于它是各个用户的数据视图,当不同的用户在应用需求、看待数据的方式、对数据保密的要求等方面存在差异时,其外模式描述便不同。即使是模式中同一数据,其在外模式中的结构、类型、长度、保密级别等都可以不同。另外,同一外模式也可以为某一用户的多个应用系统所使用,但一个应用程序只能使用一个外模式。

外模式是保证数据库安全性的一个重要措施。每个用户只能看见和访问其对应的外模式中的数据,数据库中的其余数据是不可见的。DBMS通过提供子模式描述语言(子模式DDL)来严格地定义子模式。

3. 内模式

内模式也称存储模式,一个数据库只有一个内模式。它是数据物理结构和存储方式的描述,是数据在数据库内部的表示方式。

例如,记录的存储方式是顺序存储、按照 B 树结构存储还是按 Hash 方法存储;索引按照什么方式组织;数据是否压缩存储;是否加密存储记录等。DBMS通过提供内模式描述语言(内模式 DDL,或者存储模式 DDL)来严格地定义内模式。

(二)两种映射

三级模式间存在两种映射:一种映射是外模式/模式映射,这种映射把用户数据库与概念数据库联系起来;另一种映射是模式/内模式映射,这种映射把概念数据库与物理数据库联系起来。数据库的三级模式和两种映射保证了数据库的数据独立性,数据库独立性包括逻辑数据独立性和物理数据独立性。

1. 外模式/模式映射

外模式/模式映射实现了外模式到概念模式之间的相互转换。用户应用程序根据外模式进行数据操作,通过外模式/模式映射定义和建立某个外模式与模式之间的对应关系,将外模式与模式联系起来。当模式发生改变时,只要改变其映射,就可以使外模式保持不变,对应的应用程序也保持不变,可保证数据与程序的逻辑独立性。

2. 模式/内模式映射

模式/内模式映射可实现概念模式到内模式之间的相互转换。通过模式/内模式映射定义建立数据的逻辑结构(模式)与存储结构(内模式)间的对应关系。当数据的存储结构发生变化时,只需改变模式/内模式映射就能保持模式不变,因此应用程序也可以保持不变,保证了数据与程序的物理独立性。

第二节 结构化查询语言

一、数据模型

数据模型(Data Model)是现实世界数据特征的抽象。也就是说,数据模型是用来描述数据、组织数据和对数据进行操作的。

现有的数据库系统均是基于某种数据模型的。数据模型是数据库系统的核心和基础,因此,了解数据模型的基本概念是学习数据库的基础。

二、三类数据模型

如同在建筑设计和施工的不同阶段需要不同的图纸一样,在开发实施数据库应用系统时也需要使用不同的数据模型：概念模型、逻辑模型和物理模型。

(一)概念数据模型

概念数据模型是面向数据库用户的现实世界的数据模型，主要用来描述世界的概念化结构，它使数据库的设计人员在设计的初始阶段摆脱计算机系统及数据库管理系统的具体技术问题，集中精力分析数据以及数据之间的联系等，与具体的数据库管理系统无关。概念数据模型必须换成逻辑数据模型，才能在数据库管理系统中实现。

(二)逻辑数据模型

逻辑数据模型是用户在数据库中看到的数据模型，是具体的数据库管理系统所支持的数据模型，主要有网状数据模型、层次数据模型和关系数据模型三种类型。此模型既要面向用户，又要面向系统，主要用于数据库管理系统的实现。在数据库中用数据模型来抽象、表示和处理现实世界中的数据和信息，主要是研究数据的逻辑结构。

(三)物理数据模型

物理数据模型是描述数据在存储介质上的组织结构的数据模型，它不但与具体的数据库管理系统有关，而且与操作系统和硬件有关。每一种逻辑数据模型在实现时都有与其相对应的物理数据模型。数据库管理系统为了保证其独立性与可移植性，将大部分物理数据模型的实现工作交由系统自动完成，而设计者只设计索引、聚集等特殊结构。

三、数据模型的组成要素

一般地讲，数据模型是严格定义的一组概念的集合。这些概念精确地描述了系统的静态特性、动态特性和完整性约束条件。因此数据模型通常由数据结构、数据操作和完整性约束三部分组成。

(一)数据结构

数据结构描述数据库的组成对象以及对象之间的联系。数据结构描述的内容包括两类：一类是与对象的类型、内容、性质有关的，例如，网状模型中的数据项、记录，关系模型中的域、属性、关系等；另一类是与数据之间联系有关的对象，例如，网状模型中的系型（Set Type）。

数据结构是刻画数据模型性质最重要的方面。因此在数据库系统中，人们通常按照其数据结构的类型来命名数据模型。例如，将层次结构、网状结构和关系结构的数据模型分别命名为层次模型、网状模型和关系模型。

总之，数据结构是所研究的对象类型的集合，是对系统静态特性的描述。

(二)数据操作

数据操作是指对数据库中各种对象（型）的实例（值）允许执行的操作集合，包括操作及有关的操作规则。数据库主要有查询和更新（包括插入、删除、修改）两大类操作。数据模型必须定义这些操作的确切含义、操作符号、操作规则（如优先级）以及实现操作的语言。

总之，数据操作是对系统动态特性的描述。

(三)数据的完整性约束条件

数据的完整性约束条件是一组完整性规则的集合。完整性规则是给定的数据模型中数据及其联系所具有的制约和依存规则，用以限定符合数据模型的数据库状态以及状态的变化，以保证数据的正确、有效、相容。

数据模型应该反映和规定模型须遵守的基本的和通用的完整性约束条件。例如，在关系模型中，任何关系必须满足实体完整性和参照完整性两个条件。

此外，数据模型还应该提供定义完整性约束条件的机制，以反映具体应用所涉及的数据必须遵守的特定的语义约束条件。例如，在学校的数据库中可规定大学生累计成绩不得有三门以上不及格等。

四、结构化查询语言

结构化查询语言（Structured Query Language，SQL）是一种用来与关系数据库管理系统通信的标准计算机语言。其功能包括数据查询、数据操纵、数据定义和数据控制四个方面，是一个通用的、功能极强的关系数据库语言。目前已成为关系数据库的标准语言。

（一）SQL 概述

1. SQL 的发展

SQL 语言是由 Boyce 和 Chamberlin 在 1974 年提出的，是 1975—1979 年在 IBM 公司研制的关系数据库管理系统原型系统 System R 中实现的。这种语言由于其功能丰富，语言简洁，使用方法灵活，方便易学，受到用户及计算机工业界的欢迎，被众多计算机公司和软件公司采用。经各公司的不断修改、扩充和完善，SQL 语言最终发展成为关系数据库的标准语言。

1986 年美国国家标准局（ANSI）公布了 SQL86 标准，1987 年国际标准化组织（ISO）通过了这一标准，并将其作为关系数据库的标准语言。此后经过不断完善和发展，1989 年 ISO 第二次公布了 SQL 标准（SQL89 标准），目前新的 SQL 标准是 1992 年制定的 SQL92 国际标准，在 1993 年获得通过，简称 SQL2。在 SQL2 基础上增加了许多新特征，产生了 SQL3 标准。

自 SQL 成为国际标准语言以后，各个数据库厂家纷纷推出各自支持的 SQL 软件或与 SQL 的接口软件。大多数数据库均用 SQL 作为共同的数据存取语言和标准接口，这使不同数据库系统之间的互操作有了共同的基础；同时各厂家又在 SQL 标准的基础上进行扩充，形成自己的语言。例如，微软公司推出的 SQL Server，扩充 SQL 标准后称为 Transact-SQL，简称 T-SQL。

2. SQL 语言的特点

SQL 语言从功能上可以分为四个部分：数据查询（Data Query）、数据操纵（Data Manipulation）、数据定义（Data Definition）和数据控制（Data Control）。

SQL 语言风格统一，充分体现了关系数据语言的特点和优点。SQL 语言具有以下六个特点：

（1）综合统一

SQL 语言集数据定义语言（Data Definition Language，DDL）、数据操纵语言（Data Manipulation Language，DML）、数据控制语言（Data Control Language，DCL）的功能于一体，语言风格统一，可以独立完成数据库生命周期中的全部活动。

（2）高度非过程化

SQL 是一种第四代语言（4GL），用户只需提出"做什么"，无须具体指明"怎么做"，因此用户无须了解存取路径，存取路径的选择以及 SQL 语句的操作过程由系统自动完成。这不但大大减轻了用户负担,而且有利于提高数据独立性。

(3)统一的语法结构

SQL语言既是自含式语言,又是嵌入式语言。在两种不同的使用方式下,SQL语言的语法结构基本上是一致的。作为自含式语言,它能够独立地用于联机交互的使用方式,用户可以在终端键盘上直接键入 SQL 命令对数据库进行操作。作为嵌入式语言,SQL 语句能够嵌入高级语言(如 PowerBuilder、VC、VB、Delphi、Java、C)程序中,供程序员设计程序时使用。

(4)语言简捷,易学易用

SQL 语言功能极强,但由于设计巧妙,语言十分简洁。其核心动词只有九个:

- 数据查询:SELECT;
- 数据定义:CREATE、DROP、ALTER;
- 数据操纵:INSERT、UPDATE、DELETE;
- 数据控制:GRANT、REVOKE。

3. SQL 支持三级模式结构

SQL 语言支持关系数据库三级模式结构。其中,外模式对应视图和部分表,模式对应表,内模式对应存储文件。

(二)SQL 定义

SQL 数据定义功能包括四部分:定义数据库、定义基本表、定义基本视图、定义索引。其中数据库、基本表的定义可以包括创建、修改和删除三个方面;视图和索引的定义包括创建和删除两个方面,用户如果想修改这些对象,只能先将它们删除,再重建。

本节中以教务管理数据库 JWGL 为例讲解 SQL 语言的具体应用,该数据库包含三个表:

"学生"表 Student 由学号(Sno)、姓名(Sname)、性别(Ssex)、年龄(Sage)、所在系(Sdept)五个属性组成。

可记为:Student(Sno,Sname,Ssex,Sage,Sdept),其中 Sno 为主码。

"课程"表 Course 由课程号(Cno)、课程名(Cname)、选修课号(Cpno)、学分(Ccredit)四个属性组成。

可记为:Course(Cno,Cname,Cpno,Ccredit),其中 Cno 为主码。

"学生选课"表 SC 由学号(Sno)、课程号(Cno)、成绩(Grade)三个属性组成。

可记为:SC(Sno,Cno,Grade),其中(Sno,Cno)为主码。

示例数据见表 5-1。

表 5-1　示例表

Student

Sno	Sname	Ssex	Sage	Sdept
20100901	李天生	男	25	CS
20100902	张玉生	女	24	CS
20100903	赵明	男	25	IS
20100904	杨有意	男	25	MA

Course

Cno	Cname	Cpno	Ccredit
101	数据库	105	4
102	高等数学		2
103	信息系统	101	4
104	操作系统	106	3

SC

Sno	Cno	Grade
20100901	101	88
20100901	103	95
20100902	101	82
20100902	103	85

1. SQL 提供的基本数据类型

(1)数值型

INTEGER 长整数(也可写成 INT)

SMALLINT 短整数

REAL 取决于机器精度的浮点数

DOUBLE PRECISION 取决于机器精度的双精度浮点数 FLOAT(n)浮点数,精度至少为 n 位数字

NUMERIC(P,d) 定点数,由 P 位数字(不包括符号、小数点)组成,小数点后面有 d 位数字(也可写成 DECIMAL(P,d)或 DEC(P,d))

(2)字符串型

CHAR(n) 长度为 n 的定长字符串

VARCHAR(n) 具有最大长度为 n 的变长字符串

(3)位串型

BIT(n) 长度为 n 的二进制位串

BIT VARYING(n) 最大长度为 n 的变长二进制位串

(4)时间型

DATE 日期,包含年、月、日,形式为 YYYY-MM-DD

TIME 时间,包含一日的时、分、秒,形式为 HH:MM:SS

要注意,不同的关系数据库管理系统(Relational Database Management System,RDBMS)中支持的数据类型不完全相同。

2. 定义基本表

定义基本表就是创建基本表的结构。SQL 语言使用 CREATE TABLE 语句定义基本表结构,其一般格式为:

CREATE TABLE<表名>(<列名><数据类型>[列级完整性约束条件]

[,<列名><数据类型>[列级完整性约束条件]…]
[,<表级完整性约束条件>]);
注:一般语法格式中出现的一些符号意义为:
< >表示里面的内容在该语句中是必选的,真正书写语句时必须去掉。
[ ]表示里面的内容是可以选择的,真正书写语句时必须去掉。
|表示前后内容地位是相同的,一般在一个语句中只能选择其中之一。
{ }表示里面的内容是一个整体,真正书写语句时必须去掉。
表示语法中里面内容是个整体,真正书写语句时必须带上。
,表示语法中前后部分是并列的关系,真正书写语句时必须带上。
;表示语句的结束,真正书写语句时一般情况下可以省略,有些时候必须带上。
…表示省略,省略内容跟该符号前面内容格式一致,真正书写语句时必须去掉。

建表的同时通常还可以定义与该表有关的完整性约束条件,这些完整性约束条件被存入系统的数据字典中,当用户操作表中数据时由 RDBMS 自动检查该操作是否违背这些完整性约束条件。如果完整性约束条件涉及该表的多个属性列,则必须定义在表级上,否则既可以定义在列级也可以定义在表级。例:建立一个学生表 Student。

CREATE TABLE Student。
(Sno CHAR(9)PRIMARY KEY,/*列级完整性约束条件,Sno 是主码*/
Sname CHAR(20)UNIQUE,/*Sname 取唯一值*/
Ssex CHAR(1),
Sage SMALLINT,
Sdept CHAR(20)
);

例:建立学生选课表 SC
CREATE TABLE SC (Sno CHAR(9),
Cno CHAR(4),
Grade SMALLINT,
PRIMARY KEY(Sno,Cno),
/*主码由两个属性构成,必须作为表级完整性进行定义*/
FOREIGN KEY(Sno)REFERENCES S(Sno),
/*表级完整性约束条件,Sno 是外码,被参照表是 S*/
FOREIGN KEY(Cno)REFERENCES C(Cno)
/*表级完整性约束条件,Cno 是外码,被参照表是 C*/
);

3. 修改基本表

在建立或导入一个数据表之后,用户可能需要修改表的设计,这时就可以使用 ALTER TABLE 语句。但是需注意,改变现存的表结构可能会导致用户丢失一些数据。例如,改变一个域的数据类型将导致数据丢失或舍入错误,这取决于用户现在使用的数据类型。改变数据表也可能会破坏用户的应用程序中所涉及的改变的域的部分。所以用户在修改现有表

的结构之前一定要格外小心。其一般格式为:
ALTER TABLE<表名>
[ADD<新列名><数据类型>[列级完整性约束]]
[DROP<完整性约束名>]
[MODIFY<列名><数据类型>];
基本表的修改有三种情况:
- 使用 ADD 子句增加新列。
- 使用 MODIFY 子句修改列的原定义。
- 使用 DROP 子句删除指定的完整性约束条件。

例:在 Student 表增加"入学时间"列,其数据类型为日期型。
ALTER TABLE Student ADD S_Entrance DATE ;
不论基本表中原来是否已有数据,新增加的列一律为空值。

4. 删除基本表

当某个基本表示需要时,可使用 DROP TABLE 语句进行删除,其一般格式为:
DROP TABLE<表名>;
例:删除 Student 表。
DROP TABLE Student;

第三节 Oracle 数据库

一、Oracle 数据库体系结构

Oracle 是甲骨文公司的一款关系数据库管理系统。是一个在数据库领域处于领先地位的产品。Oracle 数据库系统是目前世界上流行的关系数据库管理系统,是一种高效率、高可靠性、适应高吞吐量的数据库解决方案,在税务系统广泛使用。

OraclellG 是 Oracle 公司在 2007 年推出的关系数据库管理系统,新增了大型对象存储、透明加密、内存自动管理等 400 多项新功能和特性,并先后发布了两个版本。Oracle 11G 相对于前代产品提高了用户服务水平,减少了停机时间,能更有效地利用资源,并增强了处理业务的能力及安全性。

(一)概述

Oracle 数据库系统是一个复杂的软件系统。所谓 Oracle 体系结构,是指 Oracle 数据库管理系统的组成部分和这些组成部分之间的相互关系。其通常由两个主要部分组成,分别是数据库管理系统(DBMS)和数据库文件(Da-tabase File)。其中 DBMS 由一组 Oracle 后台进程和一些服务器分配的内存空间组成;数据库文件则是一系列物理文件的集合。图 4-11 所示为 Oracle 数据库体系结构总体图。

Oracle 数据库体系结构描述了 Oracle 的整个工作运行机制,包括数据在数据库中的组织关系与管理方案,以及进程的协作关系。这种结构又可以称为"例程结构",在数据库启动以后,Oracle 首先要在内存中分配出一个区域,通过这个结构生成一个实例(Instance),这个

实例会根据管理策略加载、启动数据库，然后该实例根据数据库操作要求，通过进程来访问与控制各种物理存储结构。

Oracle 数据库系统＝实例＋数据库

其中数据库用来存储真实的数据库数据，并以物理文件的形式存在；实例则有自己的生命周期，可以启动、运行、关闭，通过内存中的一个动态生命周期来显现自身的存在。一个数据库服务器上可以有多个数据库，如果要使用这些数据库，须创建多个实例，这些实例都有一个独立的符号 SID 以示区分。用户连接数据库，并且对数据库进行操作的时候，事实上是连接到实例，并通过实例来完成数据库操作，所以实例是用户与数据库之间的中间层。

数据库最重要的功能是存储数据，可以把数据库当作数据存储的容器。数据库的存储结构可以分为逻辑存储结构和物理存储结构。其中物理存储结构存储实际的物理数据，并以物理文件的形式存储在硬盘上，依赖于所处的操作系统平台。而逻辑存储结构描述数据库管理系统对数据的组织与管理方式，与操作系统无关，逻辑存储结构往往更加接近于用户的真实思想，方便用户理解。

(二)实例

Oracle 实例(Instance)是访问 Oracle 数据库所需的一部分计算机内存和辅助处理后台进程。内存结构由系统全局区(System Global Area, SGA)、程序全局区(Process Global Area, PGA)、用户全局区(User Global Area, UGA)组成，这些内存区域是实例运行的重要基础。其中 UGA 如果使用共享服务器，将会从 SGA 中分配，如果使用专用服务器的话，就从 PGA 中分配。在 Oracle 实时应用集群(RAC)中，会同时有多个实例使用同一个数据库，这些实例会位于不同服务器并保持相互连接。

1. 系统全局区

系统全局区由一组所有用户共享的内存结构组成，里面存储了 Oracle 数据库实例的数据和控制信息。如果有多个用户同时连接到数据库，他们会共享这一区域，因此 SGA 也称为共享全局区(Shared Global Area)。当数据库实例启动时，SGA 的内存自动被分配；当数据库实例关闭时，SGA 内存被回收。SGA 是占用内存最大的一个区域，同时也是影响数据库性能的重要因素。SGA 主要包括以下几部分。

(1)共享池

共享池保存了进程最近执行过的 SQL 语句、PI7SQL 过程与包、锁、数据字典信息以及其他信息，是对 SQL 语句和 PL/SQL 程序进行语法分析、编译、执行的内存区，通过对最近已经运行过的信息进行保存，避免重复传输数据，从而提升 SQL 的执行速度。这个内存区域主要由数据字典缓存和库缓存组成。

数据字典缓存：存储了最近经常使用的数据字典信息，如数据库用户的账户、数据库结构、表的定义、列的定义等信息。这个缓存在 Oracle 使用过程中经常被访问，用于解析 SQL 语句并判断操作对象的基本内容，或者判断权限是否存在。每次用户进程访问 Oracle 数据时，先从这个区域中寻找数据，如果这个区域中不存在用户想要的内容，则从数据文件中把相关内容导入到此内存区域中，并重新访问。其与数据缓存区最大的区别在于这里的数据是一个类似数据库的结构，保存的是一条条数据记录，而不是其他缓存区中保存的数据块。

库缓存:保存最近使用过的 SQL 语句、PL/SQL 过程和包等内容。这些内容是每次访问 Oracle 时进行的一些操作,这些操作在执行时需要进行对象的确认、操作优化、语法解析、权限控制等工作,每次运行都需要占用很大的系统资源,所以需要对这种工作进行优化来提高效率。因此,设计了库缓存来存储相应的解析成果,这样每次 Oracle 执行时会先在库缓存中寻找最近使用过的执行语句,如果有,就利用库缓存中的解析结果和执行计划来执行;如果没有,再重新解析语句并存入库缓存。

(2)数据缓存区

通过将最近使用过的数据存储在特定内存区域中,可避免从物理文件中重复读取常用的数据。数据缓存区保存的是数据文件中最近或者经常使用的数据块,在 Oracle 读取相应的数据时,先从硬盘读取数据文件,并将数据放入数据缓存区中,然后再在内存中对数据进行处理。如果读取的数据已经在缓存中,则直接访问缓存中的数据,这些缓存中的数据也需要定期成批输入到硬盘中并保持同步。这种缓冲机制保证了更好的数据访问性能。

(3)结果缓存

结果缓存存储的是查询以后的结果,查询是 Oracle 使用非常频繁的操作,为了保证查询的性能,可以将查询的结果保存在缓存中,等下一次进行查询时,可以直接从缓存中获取数据,而无须重新进行查询,对于频繁发生的操作可以起到很好的优化作用。

(4)大型池

大型池是对那些需要较大的内存、较频繁输入输出的操作提供的相对独立的内存空间。大型池的设定是为了保证共享池高效率地工作,因为某个操作如果有较大的内存需求,会影响共享池对其他数据块或者库语句的保存,进而导致性能下降。所以对特殊的、需求较大的操作单独设置大型池是必要的。需要大型池的操作主要包括数据库的备份与恢复工作、Oracle 的批量操作等。

(5)Java 池

Java 池是为了满足在 Oracle 中内嵌 Java 存储过程或其他 Java 程序运行时而需要的内存。包括对 Java 语言支持的语法分析表、执行方案、虚拟机数据,以及 java 代码等内容。

(6)重做日志缓存区

重做日志缓存区是为了在存储重做日志文件的过程中提高存储效率而设计的缓存区域,其保存最近使用过的重做日志记录。

在 Oracle 进行数据的增、删、改、查等操作时,Oracle 都会为这些操作生成重做记录,并存储在重做日志文件中。这个存储过程比较消耗性能,所以需要建立一个缓存区用来存储重做记录,而不是直接存储到重做日志文件。

只有当缓存区触发设定的条件时,如达到一定的时间点或者存储的重做记录达到一定数量,才能进行存储到数据文件的操作,这个工作由 LGWR 完成。

(7)流池

流池提供专门的流复制功能,这个部分可以使用内存块,也可以使用 SGA 的可变区域。如果在配置数据库时没有特别指定该区域,那么 Oracle 会自动建立,从而完成流复制的功能。这个自动建立过程需要确认 SGA_TARGET 参数,如果有这个参数,Oracle 会从系统全局区中分配内存给流池,如果没有则会从数据缓存区划分一部分内存给流池。

上面几部分内存加起来,就是 SGA 内存的总和。其中比较重要的是共享池和数据缓存区,它们对 Oracle 系统的性能影响最大。

通过下面的命令来查看 SGA:

show parameter sga;

2. 程序全局区

程序全局区是 Oracle 为服务进程分配的专门用于当前用户会话的内存区。这个内存区是非共享的,是用来保存特定服务进程的数据和控制信息的内存结构,只有这个特定的服务进程才能访问它自己的 PGA 内存区。所有服务进程的 PGA 内存区的总和就是实例的 PGA 内存区的大小。

当用户进程连接到数据库实例时,会通过一个服务器进程来进行用户进程与数据库实例之间的通信,这个服务器进程会建立一个程序全局区。程序全局区是专门分配给当前用户进行会话服务的内存区,这个区域是服务器进程独享的区域,这是跟 SGA 的最大区别。当用户进程的会话结束时,Oracle 会自动释放 PGA 所占有的内存区。

根据存放信息的类型不同,PGA 区可以分为几个部分:排序区、会话区和堆栈区。

3. 用户全局区

用户全局区,它与特定的会话相关联。

对于专用服务器连接模式,UGA 在 PGA 中分配;对于共享服务器连接模式,UGA 在 SGA 的大型池中分配。

(三) Oracle 数据库逻辑存储结构

逻辑存储结构是 Oracle 数据库逻辑角度上的存储结构。主要描述 Oracle 数据库的内部存储结构,即从技术概念上描述在 Oracle 数据库中如何组织、管理数据。因此在操作系统中无法找到逻辑结构,但通过查询 Oracle 数据库的数据字典可以找到逻辑结构的描述。

逻辑存储结构包括表空间、段、区、数据块。其中一个表空间可以包含多个段,一个段可以包含多个区,一个区包含多个块,最后多个表空间可以组成数据库。

另外,一个区只能处于一个数据文件中,一个段中的各个区可以分处在多个数据库文件中。

1. 表空间

表空间是数据库的基本逻辑存储结构,即一系列数据文件的集合。每个数据库至少应该有一个表空间,而一个表空间只能属于一个数据库,每一个表空间在磁盘上的存储可以是一个或者多个数据文件。

表空间是最大的逻辑存储单元,所有的方案定义与数据都会存储在表空间中,其中非常重要的一个表空间是 SYSTEM 表空间,用来存储方案对象的定义,而数据可以根据用户的指定存储到对应的表空间中,一个用户的不同方案对象的数据也可以存储在不同的表空间中。

安装一个 Oracle 数据库管理系统时,自动创建的数据库中包含的表空间见表 5-2。

表 5-2　自动创建的表空间

分类	表空间	描述
系统表空间	SYSTEM	系统表空间,存储数据字典、PL/SQL 程序的源代码和解析代码、数据库对象(视图、序列等)的定义。虽然系统表空间中可以存放用户数据,但考虑到 Oracle 系统的效率和方便管理,在系统表空间中不应该存放任何用户数据。它是用户的默认表空间,用户在创建对象的时候,如果没有指定表空间,则保存在 SYSTEM 表空间中
	SYSAUX	称为辅助系统表空间,用于减少系统表空间的负荷,提高系统作业效率。该表空间由 Oracle 系统自动维护,一般不用于存储用户数据
非系统表空间	TEMP	临时表空间,用于存储临时数据,如存储数据库进行排序运算、管理索引等操作时产生的临时数据,当运算完成之后系统会自动清理这些临时数据。用户不可以在临时表空间中创建任何数据库对象
	UNDOTBS1	撤销表空间,用于存放数据库中跟重做有关的数据与其他信息
	USERS	用户表空间或永久表空间,用于存放永久性用户的数据以及私有信息,一般系统用户使用 SYSTEM 表空间,而非系统用户使用 USERS 表空间

2. 段

段用来存储表空间中某一种特定的具有独立存储结构的对象的所有数据,它由一个或者多个区组成。当创建表、索引等为对象时,Oracle 会为这些对象分配段以作为存储空间。根据段中所存储数据的特征和用途的不同,可以将段分为几种类型,见表 5-3。

表 5-3　Oracle11G 的段类型

段类型	名称	段类型	名称
Index partition	索引分区段	Deferred rollback	延迟回退段
Table partition	表分区段	Undo	撤销段(还原段)
Table	表段(数据段)	Temporary	临时段
Cluster	簇段	Cache	高速缓存段
Index	索引段	Lob	二进制大对象段
Rollback	回退段	Lobindex	二进制大对象索引段

段会随着数据的增加而逐渐增大。而一个段会由多个区组成,每次增加段是通过增加区的个数实现,区是数据块的整数倍。

(1)数据段。用于存储表中的所有数据。当用户创建表时,该用户的默认表空间中会为该表分配一个名字和表名相同的数据段,用于存储该表的所用数据。

(2)索引段。用来存储索引的所有数据,当用户用 CREATEINDEX 语句创建索引,或者通过约束的定义(如主键)自动生成时,生成的每一个索引会有一个同名的索引段,以存储该索引的数据。

(3)临时段。用于存储数据排序操作所产生的临时数据。当用户使用 ORDER BY 语句进行排序或汇总时,在该用户的临时表空间中自动创建一个临时段;排序结束,临时段自动消除。

(4)撤销段。用于存储用户数据被修改之前的值,以使在满足特定条件时可以对数据的修改回退。每个数据库都至少拥有一个撤销段。

(5)索引分区段。为分区表创建分区索引时会生成一个索引分区段对应每一个分区索引。

(6)表分区段。用来存储分区表中的数据,在用户创建分区表的时候,会在默认表空间中为该表的每个分区分配一个表分区段。

(7)二进制大对象段。用于存储 LOB 数据类型列中的数据,如文档、图像、视频、特殊对象等数据。如果对于 LOB 列来说数据长度大于 4 000Byte,则数据会被存放到二进制大对象段中。

3. 区

区是由物理上连续存放的数据块构成的。区是 Oracle 存储分配的最小单位,由一个或多个数据块组成,一个或多个区可以组成一个段。在数据库中创建带有实际存储结构的方案对象时,会分配若干个区给该对象。

4. 数据块

块是 Oracle 用来管理存储空间的最小数据存储单位,也是输入输出时数据操作的最小单位。在操作系统中,对应数据库输入输出操作的最小单位是操作系统块。数据块的大小是操作系统块大小的整数倍。数据块可以存储各种类型的数据,并且每个数据块都具有相同的结构。

块的大小是一个表空间的属性。SYSTEM 和 SYSAUX 表空间具有相同的、标准的块大小,这个大小是在创建数据库时由 DB_BLOCK_SIZE 初始化参数指定,并且在创建数据库后不能改变。

二、Oracle 数据库备份恢复管理

(一)备份与恢复概述

1. 备份概述

数据库备份即数据库文件的有效副本,它可以保护数据在出现意外损失时最大限度地恢复。Oracle 数据库的备份分为逻辑备份和物理备份两种。

(1)逻辑备份

逻辑备份的核心是复制数据。这种备份方式即利用 Oracle 提供的命令从数据库中抽取数据并存于二进制文件中。逻辑备份可对数据库逻辑组件(如表、视图和存储过程等数据库对象)进行备份。Oracle 提供的逻辑备份工具有 EXP 和 EXPDP。不过由于常规的 EXP 和 EXPDP 在处理大数据量时效率不佳,现在除了小规模数据库外,已较少用于备份,而多用于数据迁移的解决方案。

(2)物理备份

物理备份的核心是复制文件。这种备份方式将实际组成数据库的操作系统文件(如控制文件、数据文件、重做日志文件等)从一处复制到另一处。物理备份复制构成数据库的文件而不管其逻辑内容。可以使用 Oracle 的恢复管理器(Recovery Manager,RMAN)或操作系统命令进行数据库的物理备份。

根据备份时数据库的状态,物理备份又可以分为脱机备份和联机备份。

①脱机备份。

脱机备份是在数据库正常关闭状态下进行备份,又称为冷备份。通过 SHUTDOWN

NORMAL 或 SHUTDOWN IMMEDIATE 或 SHUTDOWN TRANS-ACTIONAL 正常关闭数据库,对数据库中的数据文件、控制文件和重做日志文件进行备份。正常关闭数据库进行脱机备份后,恢复数据库不需要进行修复操作。而通过 SHUTDOWN ABORT 或其他故障导致数据库关闭后进行脱机备份,很有可能包含不一致数据和未提交事务,恢复时需要利用重做日志文件和归档重做日志文件才能将数据库恢复到一个一致性状态。

脱机备份操作简单,安全性和执行效率较高。但是数据库恢复时只能恢复到备份时间点,不能按表和用户恢复,而且恢复也必须在数据库关闭状态下完成。

②联机备份。

联机备份是在数据库打开状态下进行备份,又称为热备份。联机备份需要数据库运行在归档模式下。在归档模式下,联机日志被归档,在数据库内部建立一个所有作业的完整记录。联机备份时数据库保持打开状态,用户仍可连接并操作数据库,对 7×24 小时的应用而言往往必须使用联机备份。

联机备份可以达到秒级恢复,而且几乎对所有数据库对象都可以恢复,但是实现过程比较复杂,需要较大空间存放归档重做日志文件,而且操作过程中不允许失误,否则恢复无法进行。

物理备份也可以分为一致备份和不一致备份。此处的"一致"指的是数据文件和控制文件中 SCN 的一致。

提示:系统更改号(System Change Number,SCN)是一个非常重要的标记,Oracle 使用它来标记数据库在过去时间内的状态和轨迹。Oracle 为每个事务设置了一个唯一的 SCN,当每次事务提交时都自动增加 SCN。当 DBWR 进程运行时,将触发一个检查点事件,把数据缓冲区中所有已提交的数据写入磁盘数据文件,并使得所有数据文件和控制文件中的 SCN 一致。

③一致备份。

一致备份即数据库的所有可读写的数据文件和控制文件具有相同的 SCN。在检查点进程工作时,Oracle 使所有的控制文件和数据文件一致。对于只读表空间和脱机的表空间,Oracle 也认为它们是一致的。只有在数据库正常关闭,并且数据库未打开时创建的备份才是一致性备份。这种备份在恢复时不需要再做修复操作就可以直接打开。要实现一致性备份可以正常关闭数据库并使用脱机备份方式,也可以使数据库处于 MOUNT 状态,使用 RMAN 工具实现。

④不一致备份。

不一致备份是在数据库的可读写数据文件和控制文件的 SCN 不一致条件下进行的备份。对于一个 7×24 小时工作的数据库来说,由于不可能关机,而且数据库数据是不断改变的,因此只能进行不一致备份。在 SCN 不一致的条件下,数据库必须在通过应用重做日志使 SCN 一致的情况下才能启动。因此,如果进行不一致备份,数据库必须设为归档状态,并对重做日志归档才有意义。联机备份一定是不一致备份,但不一致备份不一定都是联机备份,比如 SHUTDOWN ABORT 关闭的数据库,虽然创建了脱机备份,但却是不一致备份。

2. 恢复概述

数据库恢复就是根据数据库备份,以及归档重做日志文件或重做日志文件中的记录,把数据库复原到最近的状态。

由于数据库出现的故障主要包括实例故障和介质故障,因此数据库的恢复也分为实例恢复和介质恢复。

(1)实例恢复

实例是 Oracle 数据库系统结构中的重要组成部分,实例故障主要是指数据库系统本身发生故障,如操作系统错误、服务器意外断电、非法关机、后台进程故障或者使用 SHUT-DOWN ABORT 终止数据库实例等所发生的故障。实例故障通常会导致已提交事务中修改的数据尚未写入数据文件,或未提交事务中修改的数据写入数据文件。对于实例故障,Oracle 数据库会在下次启动时自动进行实例恢复。进行实例恢复时,数据库系统会根据重做日志文件记录的内容来重现实例故障前对数据库的修改操作:对已提交事务中尚未写入数据文件的数据全部写入数据文件,对未提交事务中写入数据文件的数据全部回滚。通过实例恢复可使控制文件和数据文件恢复到数据库故障前的一致性状态。

(2)介质恢复

介质恢复是当数据库的存储介质出现故障时所做的恢复。比如某个数据库文件的损坏,或者出现了一个磁盘坏区,或者数据库被病毒等破坏导致数据丢失,遇到这些情况时就需要采用介质恢复。介质恢复必须由数据库管理员手工完成最新数据库备份和日志文件备份的装入,并执行各种恢复命令才能够恢复。

Oracle 数据库的介质恢复包含两种方式:完全恢复和不完全恢复。

①完全恢复。

完全恢复指将数据库恢复到发生故障的时间点,不丢失任何数据。通常当介质故障导致数据文件或控制文件无法访问时可以采用完全恢复,根据数据库文件的破坏情况,对整个数据库进行恢复,或者仅对表空间、数据文件进行恢复。

②不完全恢复。

不完全恢复指将数据库恢复到发生故障前的某一个时间点,此时间点以后对数据库的所有改动将会丢失。不完全恢复只应用部分联机重做日志或归档日志,管理员通过指定 SCN 或时间点将数据库恢复到某一个时间点的状态。不完全恢复适用于当介质故障导致某些日志文件丢失不可用,或者用户误修改数据而无法用逻辑方法恢复的情形。

3. 常见备份与恢复方法

Oracle 提供的备份与恢复方式很多,如 RMAN、用户管理的备份和恢复、Flashback、Export/Import 和数据泵等都提供了备份与恢复的功能,它们各有各的应用环境和特点。

(1)逻辑备份与恢复(Export/Import 和数据泵)

逻辑备份与恢复使用 Oracle 提供的实用工具来实现,如导出/导入工具 Export/Import(执行命令为 EXP/IMP)和数据泵(执行命令为 EXPDP/IMP-DP)。这些工具是 Oracle 提供的一对操作系统下的应用程序。数据泵是 Om-cle 10G 新引入的导出/导入工具,相对于传统的 Export/Import,其在功能和结构上都有很大的增强,效率更高,但两者导出的二进制文件并不兼容。当数据库容量达到一定程度时,相比物理备份,逻辑备份效率较低,并不适于作为常规备份方式,但可以用逻辑导出/导入工具进行数据库的数据迁移。由于物理备份主要备份数据库文件,无论文件中有无须备份的数据,都必须备份;而逻辑备份主要备份数据,可以导出表、方案、表空间等数据到一个二进制文件中,因此操作比较灵活,并节省磁盘空间。而且,逻辑备份导出的二进制文件在不同操作系统平台的 Oracle 数据库中都可导入,低版本数据库导出的二进制文件可以在高版本的数据库中导入,因此可以通过逻辑备份实现不同数据库、不同计算机、不同用户和不同版本之间的数据移动。

(2)用户管理的备份和恢复

用户管理的备份和恢复是指不使用备份和恢复工具,只是通过操作系统命令或 SQL 语句进行操作。在没有 RMAN 技术之前,Oracle 数据库中的物理备份和恢复通常采用用户管理的形式。现在,Oracle 建议使用 RMAN 进行备份和恢复操作,但也支持用户管理的备份和恢复操作。

(3)闪回

为了使 Oracle 数据库从任何逻辑误操作中迅速地恢复,Oracle 推出了闪回技术。该技术首先以闪回查询(Flashback Query)出现在 Oracle 9i 版本中,在 Oracle 10G 中数据闪回功能更加完善,提供了闪回数据库、闪回删除、闪回表、闪回查询等功能;在 Oracle 11G 中,Oracle 继续对该技术进行改进和增强,增加了闪回数据归档功能。闪回技术具有恢复时间快、不使用备份文件的特点,可以使数据库回到过去的某个状态,满足用户逻辑错误快速恢复的需要。

(4)恢复管理器

传统用户管理的备份方式都是使用操作系统复制相关文件,数据库管理员需要通过各种方式先把这些文件找出来再进行备份,工作相对烦琐。为了简化数据库的备份与恢复工作,Oracle 提供了恢复管理器(Recover Manager,RMAN)。RMAN 是随 Oracle 服务器软件一起安装的工具软件,专门用于对数据库进行备份、修复和恢复操作,同时自动管理备份。使用 RMAN,用户不需要再关心数据库文件存放在什么位置,RMAN 的备份由 Oracle 自身的服务进程操作,用户只要指定数据库备份方案、备份内容和备份存储路径等信息,其余均由 Oracle 自动完成。使用 RMAN 可以减少用户在对数据库进行备份与恢复时产生的错误,提高备份与恢复的效率。

(二)逻辑导出/导入

1. Export/Import

导出和导入工具 Export/Import 用于实现数据库的逻辑备份和恢复,是 Oracle 几个古老的命令行工具之一。Oracle 的导出工具 Export 可以将整个数据库、所有用户对象、表空间或者特定表数据导出到一个操作系统二进制文件中;导入工具 Import 读取二进制导出文件并将对象和数据载入数据库中。

利用 Export/Import,可以完成以下工作:

- 获取数据库对象的创建脚本,并存入二进制文件。
- 在数据库联机状态下进行备份和恢复。
- 在不同用户、不同计算机、不同版本数据库、异构数据库服务器之间迁移数据。
- 在不同数据库之间通过传输表空间特性快速复制数据。

不过,Export/Import 的版本不能往上兼容,比如 IMP 命令可以成功导入低版本 EXP 命令生成的文件,不能导入高版本 EXP 命令生成的文件。

在调用EXP/IMP命令进行导出/导入之前,要确保执行命令的用户具有CREATE SESSION权限,具有CONNECT角色也可以,因为该权限也包含在CONNECT角色中。默认情况下,用户只能导出自己的对象,若要导出其他用户的对象,执行导出命令的用户需要具有EXP_FULL_DATABASE角色。同样,要将对象导入其他用户中,执行导入命令的用户需要具有IMP_FULL_DATABASE角色。不过,如果执行命令的用户具有DBA角色,就不需要再单独给该用户授权了,因为DBA角色已经拥有了相关角色和权限。

(1)EXP/IMP命令的常用参数。

执行EXP/IMP命令进行导出/导入,关键是指定好相关参数,如用户名/密码、导出/导入文件、导出/导入模式等。EXP命令常用参数和IMP命令常用参数请查相关资料。要查询EXP/IMP命令的所有参数,也可以通过在命令窗口输入"exp help=y"或"imp help=y"得到参数的简要说明。

(2)Export/Import的四种导出/导入模式。

● 整个数据库模式。将数据库中的所有对象导出/导入,但并不包括SYS用户中的对象,也就是说数据字典无法导出/导入。对应EXP/IMP命令中的FULL参数。

● 表空间模式。将指定表空间的所有对象及数据导出/导入。对应EXP/IMP命令中的TABLESPACES参数。

● 用户模式。将指定用户的所有对象及数据导出/导入。对应EXP命令中的OWNER参数,IMP命令中的FROMUSER参数和TOUSER参数。

● 表模式。将指定表的数据导出/导入。对应EXP/IMP命令中的TABLES参数。

以上提到的四种导出/导入模式通常是互斥的。例如,导出时若EXP命令中指定了FULL参数,就不允许出现其他三种模式中的关键参数。IMP导入时的模式与EXP导出时的模式并没有直接关系,比如以用户模式导出的二进制文件,通过IMP命令导入时可以表模式导入。

(3)Export/Import的三种工作方式。

● 交互式方式。在命令窗口,以交互的方式根据提示逐个输入参数的值,完成导出/导入。

● 命令行方式。在命令行指定带有各种参数的EXP/IMP命令,完成导出/导入。

● 参数文件方式。用户将运行参数和参数值存储在参数文件中,在命令行的EXP/IMP命令中设置参数PARFILE的值为指定参数文件。当使用命令行方式指定的EXP/IMP的参数过多,导致命令行字符串长度超过操作系统所规定的最大值时,只能使用参数文件方式。

2. 数据泵

随着数据库规模和数据量的增长,古老的Export/Import工具在处理大数据量时已力不从心。从Oracle 10G开始,不仅保留了原有的Export/Import工具,还提供了一种新的数据导出和导入工具——数据泵(Data Dump),使数据库管理员或开发人员可以将数据库元数据(对象定义)和数据快速迁移到另一个Oracle数据库中。与数据泵技术相对应的工具是Data Pump Export和Data Pump Import,导出命令是EXPDP,导入命令是IMPDP。这两个命令的调用形式与EXP/IMP非常相似,不过功能和效率相差很大。数据泵的高速并行设计使得数据库服务器在运行时可执行导出和导入作业快速装载或卸载大量数据,而且数据泵还可以实现断点重启,导出/导入作业无论是人为中断还是意外中断,都可以从断点重新启动。所以 Oracle 建议使用数据泵进行导出/导入操作。

(1)数据泵与传统 EXP/IMP 命令的区别。

● 数据泵导出/导入工具是一个服务器端的工具,一般在服务器端执行,导出文件位于数据库服务器端,即使在客户端执行数据泵导出命令,导出文件也生成在服务器上。而 EXP 命令可以在客户端执行,也可以在服务器端执行,导出文件位于执行 EXP 命令的计算机上。

● 数据泵导出/导入的文件与传统 EXP/IMP 导出/导入的文件互不兼容。

● 为了系统安全,数据泵中已不允许使用绝对路径,取而代之的是使用数据库的目录和目录对象存储导出文件。目录对象一般由数据库管理员或具有相关系统权限的用户创建,之后再将目录的读或写权限授予用户。

(2)数据泵技术的优点。

● 数据泵支持并行处理导出和导入,因此比传统 EXP/IMP 命令能更快地迁移数据。

● 数据泵支持在执行过程中暂停和重启导出/导入作业,这是传统 EXP/IMP 命令无法做到的。

● 数据泵支持网络操作,可在网络上不同数据库服务器之间、不同的数据库之间移动数据,不需要磁盘存储,不需要备份文件。

● 数据泵导出/导入工具提供了非常细粒度的对象控制,通过使用 IN_CLUDE 和 EX-CLUDE 两个参数,可以指定导出/导入时是否包含或不包含某个对象。

(3)数据泵导出/导入的目录对象。

目录是 Oracle 数据库中的一种对象,它指向操作系统中的一个路径。使用数据泵命令 EXPDP/IMPDP 导出/导入时,导出文件、日志文件以及 SQL 文件都存放在目录对象指定的操作系统路径下。

数据泵作业时,数据库管理员可以使用默认目录对象而不必再创建新目录,默认目录对象名为 DATA_PUMP_DIR,使用数据字典 DBA_DIRECTORIES 可以查询到目录对象的全部信息。

通过 CREATE DIRECTORY 命令可以创建目录对象。每个目录对象均有 READ 和 WRITE 两个权限,可以通过 GRANT 命令授权给指定用户或角色。拥有目录对象 READ/WRITE 权限的用户才可以读/写该目录对象指定操作系统路径下的文件,才能使用数据泵导出/导入这些文件。

(4)数据泵的工作方式和导出/导入模式。

数据泵的工作方式有交互式方式、命令行方式和参数文件方式三种,其中命令行和参数文件的使用方法与 Export/Import 类似,而数据泵的交互式执行方式与 Export/Import 不同。

数据泵的交互式执行方式支持导出/导入任务的停止和重启。当由于某些原因导致任务中断,或者人为地在执行过程中按了 Ctrl+C 组合键中断任务时,此时任务并没有取消,而是被挂起,转向后台继续执行。用户可以通过执行 EXPDP/IMPDP 命令附加 ATTACH 参数的方式重新恢复中断的任务,并进行后续操作。

数据泵的导出/导入模式有整个数据库模式、表空间模式、用户模式和表模式四种。在以用户模式导出/导入时，使用EXPDP/IMPDP命令中的SCHE－MA参数，其余几种模式对应的参数设置与Export/Import类似。

(5) EXPDP命令的使用。

执行EXPDP命令进行导出，关键是熟悉相关参数，在命令窗口输入"expdp help=y"可以得到EXPDP命令所有参数的简要说明。

(6) IMPDP命令的使用。

执行IMPDP命令可以将数据泵导出文件导入数据库。IMPDP命令的使用与EXPDP类似，关键是熟悉相关参数。在命令窗口输入"impdp help=y"可以得到该命令所有参数的简要说明。

(7) 交互模式管理导出/导入作业。

数据泵支持在执行导出/导入的过程中暂停和重启作业。在EXPDP/IMPDP命令执行过程中，用户按下Ctrl+C组合键可进入交互模式，执行某些管理操作，如查看作业的执行状态、追加导出文件等。

(三) RMAN的使用

RMAN是Recovery Manager的简称，全称为Oracle恢复管理器，RMAN是随Oracle服务器软件一同安装的工具软件；是用户对数据库实施备份(Backup)、复原(Restore)和恢复(Recovery)的实用程序。使用RMAN将使数据库的备份和恢复过程完全标准化，这样可以最大限度地减少过程中的错误，提高备份和恢复的效率。

RMAN备份的部分特点如下：
- 备份数据库、表空间、数据文件、控制文件和归档日志。
- 只备份已使用的数据块，实现逻辑备份。
- 完成增量备份。
- 存储重复任务的脚本。
- 提供报告和目录信息清单。
- 在Oracle数据库的目录中存储备份信息。
- 提供性能改进，如并行备份和重建。
- 为测试和开发建立数据库副本。
- 测试备份是否成功存储。
- 确定媒介库的备份是否依然可用。

1. RMAN资料档案库

RMAN通过启用操作系统进程将数据备份到磁盘或者磁带上。为了完成对目标数据库的备份，RMAN需要得到目标数据库的相关信息并进行存储。Oracle将关于目标数据库元数据的集合称为RMAN的资料档案库。在RMAN的资料档案库中存储数据有以下两种方法。

(1) 恢复目录(Recovery Catalog)

恢复目录是建立在RMAN目录数据库(亦称为恢复目录数据库)上的一种存储对象。RMAN恢复目录数据库是一个具有特别RMAN目录表的Oracle数据库，它存储备份的元数据。当使用恢复目录时,可以建立备份脚本并存储在目录数据库中以便以后使用;而且可以将恢复目录作为中心源,存储多个目标数据库的备份与恢复信息。同时为了进一步的安全,这个目录数据库也可以备份。

(2)目标数据库的控制文件

如果使用 RMAN 而没有为 RMAN 创建目录数据库,目标数据库的大部分必要信息就会存放在目标数据库的控制文件中。此时,目标数据库的控制文件就是 RMAN 的资料档案库,RMAN 同样能够完成对目标数据库的备份和恢复操作。

此时,必须管理目标数据库的控制文件来支持这种方法。在 init.ora 或者 spfile.ora 中的参数 CONTROL_FILE_RECORD_KEEP_TIME 决定了 RMAN 使用的信息在控制文件中保留多久。该参数的默认值为 7 天,可以长达 365 天。此数字越大,为了存储更大的信息,控制文件也就越大。

Oracle 建议,对于大部分中等规模的企业环境,将 RMAN 备份信息存储在目录数据库中,而不是存在目标数据库的控制文件中,这样能够发挥 RMAN 工具的全部功能。而且 RMAN 的很多高级功能也只有在创建了恢复目录的环境下才被支持。

2. 创建恢复目录

恢复目录存在于 RMAN 的目录数据库中,主要包含以下四个部分的信息。

- 备份和恢复信息,可以是多个目标数据库的。
- RMAN 脚本,可存储和重复使用。
- 关于数据文件和日志文件的备份信息。
- 关于目标数据库的物理组成或计划的信息。

下面给出创建恢复目录的具体步骤。

(1)创建恢复目录数据库。在创建恢复目录之前,必须首先为 RMAN 创建一个数据库。为了数据库的安全,最好将恢复目录数据库建立在相对于目标数据库独立的另外一台 Omde 服务器上。可以按照以下配置创建一个运行超过一年的 RMAN 恢复目录数据库。

- SYSTEM 表空间:100MB。
- UNDO 表空间:20MB。
- TEMP 表空间:20MB。
- 日志文件设置:3 个日志文件组,每组两个成员,大小为 2MB。
- RECOVERY CATALOG 表空间:表空间命名为 CATTBS,大小为 50MB。

(2)创建存储目录的用户,用户名为 RMAN,密码为 RMAN,默认表空间为 CATTBS,临时表空间为 TEMP。

SQL>create user rman identified by rman default tablespace cattbs temporary tablespace temp;

(3)为 RMAN 用户授权,RMAN 用户必须被授予 RECOVERY_CATALOG_OWNER 权限。

SQL>grant connect,resourceto rman;

SQL>grant recovery_catalog_owner to rman ;

(4)在创建恢复目录时,需要进入 RMAN,直接在操作系统的命令行中输入 rman 即可。

- Windows 下：c:\Documents and Settings\>rman
- Linux 下：$ rman

启动 RMAN 工具，进入 RMAN 的工作环境。

(5)在目录与 RMAN 用户之间建立连接：

RMAN>connect catalog rman/rman

如果是远程登录，可以使用网络连接串：

RMAN>connect catalog rman/rman@网络连接串

(6)创建恢复目录，可以使用 RMAN 用户的默认表空间，也可以明确指出表空间。

RMAN>create catalog ；

或者：

RMAN>create catalog tablespace cattbs；(或者在此处指定使用其他的表空间)

使用 drop 命令可以删除恢复目录：

RMAN>drop catalog ；

3. RMAN 与数据库的连接

RMAN 与数据库的连接可以分成两种：一种是与目标数据库的连接，也就是 RMAN 将要对其实施备份与恢复操作的数据库；另一种是与恢复目录数据库的连接，恢复目录数据库存放 RMAN 的备份与恢复信息。

(1)连接到目标数据库。

RMAN 可以按照以下方式连接到目标数据库。

①本地连接：

c:\Documents and Settings\>rman target/

c:\Documents and Settings\>rman target/nocatalog

②远程连接：

c:\Documents and Settings\>rman target sys/passwd@网络连接串 nocatalog 或者进入 RMAN 环境以后，再进行连接，例如：

c:\Documents and Settings\>rman

RMAN>connect target sys/passwd@网络连接串 nocatalog

- 此处的 target 表明 RMAN 连接到的是目标数据库。
- 如果目标数据库与 RMAN 不在同一台服务器上面，则必须要使用"网络连接串"。
- 如果后面添加了 nocatalog 参数，则表示 RMAN 没有建立恢复目录，此时将使用目标数据库的控制文件来替代恢复目录。

(2)连接到恢复目录。

RMAN 连接到恢复目录数据库与连接到目标数据库是类似的，连接方式如下。

①本地连接：

c:\Documents and Settings\>rman RMAN>connect catalog rman/rman ；

②远程连接：

c:\Documents and Settings\>rman RMAN>connect catalog rman/rman@网络连接串 4. 注册数据库

在 RMAN 恢复目录创建以后，为了实施对目标数据库的备份与恢复操作，需要将目标数据库在恢复目录中进行注册。该过程可以理解为将目标数据库控制文件转移到恢复目录当中去。

注册数据库的命令非常简单，首先需要 RMAN 连接到目标数据库和恢复目录数据库，然后在 RMAN 的环境下运行 register database 命令即可：

RMAN>register database；

如果目标数据库的表空间与数据文件等发生变化，则目标数据库的控制文件会被改写。此时，为了保持恢复目录与目标数据库控制文件的同步，可以运行以下命令：

RMAN>resync catalog；

当然，除了手工进行同步以外，可以在参数文件中设置 CONTROL_FILE_RECORD_KEEP_TIME，设置同步时间，该参数的默认值为 7，即每 7 天自动同步一次。

5. 通道分配

在使用 RMAN 进行备份和恢复操作时，必须进行通道的分配。

通道分配是连接 RMAN 与目标数据库的方法，也是确定 I/O 设备类型的方法。每分配一个通道，RMAN 就会启动一个服务器会话，由服务器会话来完成数据库的备份和恢复操作。通道分配可以自动或者手工进行。

一个通道是与某种类型的设备相联系的，RMAN 可以使用的通道设备包括磁盘（DISK）与磁带（TAPE）两种。

无论是在 RUN 命令的外部使用 BACKUP、RESTORE 和 DELETE 命令，还是在 RUN 命令的内部使用这些命令，如果没有手动定义通道，则 RMAN 会使用自动通道配置（Automatic Channel Allocation）。

6. 使用 BACKUP 命令生成备份集

(1) 备份集与备份片

备份集（Backup Sets）包括一个或者多个数据文件或归档日志。一个备份集由许多的备份片组成，每个备份片是一个单独的输出文件。备份片的大小是有限制的，如果没有限制备份片的大小，则备份集中就只有一个备份片。

备份片是备份集中的实际文件，备份集是备份片的逻辑集合。备份集中的数据文件是以特定的 RMAN 专用格式存储的。而且在这些文件使用之前，必须使用 RESTORE 命令进行处理。

(2) BACKUP 命令语法

RMAN 的 BACKUP 命令用于完成备份集的备份过程。使用 BACKUP 命令，可以将多个文件、表空间和整个数据库以备份集的形式备份到磁盘或者磁带上。BACKUP 命令以特殊的格式存储备份数据，不备份空的数据块。BACKUP 命令的语法如下：

RMAN>BACKUP<level>(<backup type><option>)；

其中：①level 是备份的增量级，可以取值为 FULL 或者 incremental；FULL 表示全备份，Incremental 表示增量备份，一共有 4 个增量级（1、2、3、4）。

②Backuptype 是备份对象，包括：

- 全部数据库（database）：包含所有的数据文件和控制文件。

- 数据文件(datafile)：备份数据文件。
- 表空间(tablespace)：备份一个或者多个指定的表空间。
- 归档日志(archivelog all)：备份归档日志文件。
- 控制文件(current controlfile)：在线备份控制文件。
- Datafilecopy：备份使用 copy 命令备份的数据文件。
- Controlfilecopy：备份使用 copy 命令备份的控制文件。
- Backup set：备份使用 BACKUP 命令备份的文件。

③Option 是可选项，主要参数如下：
- Tag：标记。
- Format：文件存储格式(指定生成备份文件的存储路径及名称)。
- Include current controlfile：表示备份控制文件。
- Filesperset：表示每个备份集所包含的备份片(备份文件)的个数。
- Channel：用于指定 BACKUP 命令所使用的通道。
- Delete[all]input：表示备份结束时是否删除归档日志。
- Maxsetsize：表示备份集的最大尺寸。
- Skip[offline、readonly、inaccessible]：在备份时，可以跳过一些特殊属性的表空间，例如：

RMAN>backup database skip readonly；
表示不备份只读表空间。

(3)备份文件的存储格式

在使用 BACKUP 命令进行备份时，需要明确备份文件的存储路径及文件名格式。一般来讲，其格式和路径可以使用 FORMAT 参数进行统一设置。FORMAT 格式由两部分组成，即路径名称和文件存储格式。

(4)BACKUP 备份实例

下面通过一些具体的实例来说明 BACKUP 命令的具体使用。

①备份整个数据库：
//自动分配通道，RORMAT 默认使用%U，备份集存储在数据库闪回存储区
RMAN>BACKUP DATABASE；
//自动分配通道，通过 FORMAT 指定具体的路径和格式
RMAN>BACKUP DATABASE FORMAT'd:\orcl_backup\%U'；
//自动分配通道，通过 TAG 命令对文件标签 RMAN>BACKUP DATABASE TAG='monthly_backup'；

②备份数据库，同时备份归档日志：
RMAN>BACKUP DATABASE PLUS ARCHIVELOG；

③备份表空间：
可以使用 BACKUP 命令备份一个或者多个表空间。
//一个表空间的备份
RMAN>BACKUP TABLESPACE USERS；

//多个表空间的备份
RMAN>BACKUP FILESPERSET=3 TABLESPACE USERS,SYSTEM,SYSAUX；
//在 RUN 命令中备份表空间
RMAN>RUN
{
ALLOCATE CHANNEL ch1 DEVICE TYPE DISK FORMAT'd:\backup\%U';
ALLOCATE CHANNEL ch2 DEVICE TYPE DISK FORMAT'd:\backup\%U';
BACKUP
（TABLESPACE system,users,sysaux FILESERSET 5）
}

④备份控制文件。

开启控制文件的自动备份，语法如下：
RMAN>CONFIGURE CONTROLFILE AUTOBACKUP ON
如果开启了控制文件的自动备份功能，则在执行 BACKUP 和 COPY 命令时，会自动备份控制文件。当然，控制文件也可以手工进行备份，例如：
RMAN>BACKUP CURRENT CONTROLFILE；

⑤可以在备份表空间的同时备份控制文件：
RMAN>BACKUP TABLESPACE USERS INCLUDE CURRENT CONTROLFILE；

⑥备份归档日志语法如下：
BACKUP ARCHIVELOG[ALL,DELETE INPUT,DELETE ALL INPUT]
BACKUP…PLUS ARCHIVELOG
其中，ALL 选项表示备份全部归档日志文件；DELETE INPUT 表示备份结束后删除归档日志；DELETE ALL INPUT 表示备份结束后删除所有的归档日志目录文件；PLUS AR-CHIVELOG 表示在备份其他对象时，同时备份归档日志。例如：
RMAN>BACKUP ARCHIVELOG ALL DELETE ALL INPUT；

（5）BACKUP 的冷备份与热备份

在使用 BACKUP 命令备份数据库数据文件时，需要注意目标数据库是运行在哪一种模式之下，如果目标数据库是运行在非归档模式（NOARCHIVEL-OG）下，则此时需要进行冷备份。如果目标数据库是运行在归档模式（AR-CHIVELOG）下，则可以进行热备份。

①冷备份：目标数据库运行在非归档模式下，此时需要关闭实例，然后进入到 MOUNT 状态。
Run
Allocate channel c1 device type disk format'd:\backup\%U';
Allocate channel c2 device type disk format'd:\backup\%U';
Shutdown immediate；
Startup mount；
Backup database；
Backup current controlfile；

Alter database open；

②热备份：数据库运行在归档模式下，此时可以直接使用 backup 进行备份。

Run
{
Allocate channel cl device type disk format'd：\backup\%U'；
Allocate channel c2 device type disk format'd：\backup\%U'；
Backup database plus archivelog including current controlfile；
}

7. 使用 COPY 与 BACKUP AS COPY 命令

下面讲述如何使用 COPY 与 BACKUP AS COPY 命令生成图像副本。

(1)COPY 命令语法

RMAN 中的 COPY 命令等同于操作系统的复制命令，例如 UNIX 操作系统的 cp 或者 Windows 操作系统的 copy。

RMAN 中的 COPY 命令与 BACKUP 命令生成的备份文件不同，BACKUP 命令生成的是备份集，文件中的数据是以 RMAN 的专有格式进行保存的，进行数据库恢复时需要进行重建(restore)操作。而 RMAN 的 COPY 命令生成的是数据库文件、归档日志或者控制文件的实际副本，并不是以特定的 RMAN 格式存储，进行数据库恢复时可以直接使用。

通过 RMAN 的 COPY 命令生成的备份文件称为图像副本，图像副本在类据库恢复时会有速度与效率上的优势，但是图像副本只能存储在磁盘上，且不能被压缩，需要比备份集大得多的空间。

COPY 命令可以备份的文件如下：

- 数据文件(datafile)：备份数据文件。
- 归档日志(archivelog all)：备份归档日志文件。
- 控制文件(current controlfile)：在线备份控制文件。
- Datafilecopy：备份使用 COPY 命令备份的数据文件。
- Controlfilecopy：备份使用 COPY 命令备份的控制文件。
- Backup set：备份使用 BACKUP 命令备份的文件。

COPY 命令的语法如下：

RMAN＞COPY＜input file＞TO＜location＞＜option＞；

下面介绍几个备份实例：

①备份系统数据文件和当前的控制文件为图像副本，放在指定目录下：

Run
{
Allocate channel chi device type disk ；
Copy datafile 1 to'd：\data\信X息技术\system01.dbf'，
Current controlfile to'd：\data\信X息技术\control01.dbf'；
}

②可以在 RMAN 下直接运行 COPY 命令：

RMAN＞COPY

DATAFILE 1 TO'd:\data\信 X 息技术\datafile_1.dbf',
DATAFILE 2 TO'd:\data\信 X 息技术\datafile_2.dbf',
DATAFILE 3 TO'd:\data\信 X 息技术\datafile_3.dbf',
DATAFILE 4 TO'd:\data\信 X 息技术\datafile_4.dbf',
③备份归档日志文件,格式如下:
RMAN>COPY
ARCHIVELOG 归档日志文件路径名称'to'图像副本文件的路径名称';
(2)BACKUP AS COPY 命令

在使用 COPY 命令进行图像副本的创建时会发现,该命令必须事先指定源文件的路径名称和图像副本的路径名称。在 Oracle 11G 中,有一个 BACKUP AS COPY 命令,该命令仍然是产生图像副本,但是却比 COPY 命令强大了很多。

BACKUP AS COPY 命令的好处是,在不规定独立文件的前提下,可以完成整个数据库、表空间、多重表空间、数据文件、控制文件及归档日志的图像副本备份,这样就减少了一大堆额外的工作。

实际上,在 Oracle 11G 的版本中保留 COPY 命令仅仅是为了兼容。该命令完全可以被 BACKUP AS COPY 命令所取代。

例如,可以使用 BACKUP AS COPY 命令轻松地完成整个数据库图像副本的复制。
RMAN>BACKUP AS COPY TAG'150319－信 X 息技术 backup'database ;

8. 备份

(1)压缩备份

在 Oracle 11G 中,可以使用 RMAN 的压缩备份功能。压缩备份只能针对备份集,而不能针对图像副本,可以压缩的对象包括数据库、表空间和数据文件备份集。

要生成一个压缩备份集,可以使用 BACKUP AS COMPRESSED 命令来完成,实例如下:
RMAN>BACKUP AS COMPRESSED BACKUPSET database;

当然,也可以为压缩备份配置一个默认的设备及其他的控制参数,同样是使用 CONFIGURE 命令。凡是使用指定设备的备份集将被压缩,直到配置被更改。例如:
RMAN>configure device type disk backup type to compressed backupset ;
一般情况下压缩备份与未压缩备份备份集文件的大小比例接近 1∶5。

(2)完全备份与递增备份

完全备份和递增备份是两种不同的数据库备份方法。

①完全备份。

完全备份(注意并不是指备份整个数据库)是指在实施备份时,完全备份数据文件中所有的数据块,而不管该数据块是否被修改过。

②递增备份。

递增备份是指在备份时只复制数据文件中自上次递增备份之后被修改过的数据块。

需要注意的是,完全备份不能作为递增备份策略的一个部分来使用,这是因为递增备份使用自己的 0 级备份来作为备份的基线。0 级备份是在某一个时间点上的完全备份。

递增备份的好处是更快,因为不需要复制所有的数据库。但是在数据库恢复时却需要付出额外的代价。

递增备份又分成两类:差异递增备份和累积递增备份。二者都是仅复制修改过的数据块,区别在于基线数据库如何识别需要备份的修改过的数据块。

③差异递增备份。

差异递增备份仅备份最近一次在同级或者低级水平备份以后发生变化的数据块。差异递增备份首先确定最近一次发生的备份是1级备份还是2级备份,并且只复制那次备份之后发生变化的数据块。差异递增备份是默认的递增备份。

④累积递增备份。

累积递增备份仅仅复制这样一类数据块,这一类数据块在仅次于最低级别或n−1(n是现在的备份级别)或更低级别的备份之后发生了改变。比如,要完成一次2级的累积递增备份,备份仅复制从最近一次1级备份之后发生变化的数据块。如果没有1级备份,那就复制从最近一次0级备份以来发生变化的数据块,这就意味着仅仅需要恢复一个累积递增备份而不是多个差异递增备份。

第四节 数据挖掘

随着计算机技术的高速发展,特别是Internet技术的不断应用,使Intranet、Extranet成为企业构建信息系统的网络计算模式。知识经济使知识被赋予了新的意义。网络上有丰富的信息,我们怎样才能对其进行分析、推理来发现数据间的关系,提取有用的特征,找出有效的、新颖的、有潜在用处的、易于理解的关系和模型;怎样才能利用一定的方法从数据中挖掘出复杂的模型,发现能够为人所理解的知识、能够被再利用的先验知识,能够较少或完全不依赖于外部专家的主观知识;怎样才能做到当目标数据中存在数据丢失、失真等情况时,自然恢复正确的值;怎样才能结合领域知识来高效地发现知识。要解决上述问题,就需要数据挖掘。数据挖掘就是从数据当中发现趋势或模式的过程,是关于从所收集的信息中获得知识的重要信息分析方法,是能够从存在的数据中找出有效的、新颖的有潜在价值的、易于理解的关系模型。人们通过数据挖掘得到的回报就是将这些新发现的知识转变为经营上的成果,比如如何增加顾客的购买欲望,怎样减少信用卡欺诈的数量等。

一、为什么要进行数据挖掘

(一)数据挖掘的作用

数据挖掘对许多领域都起到重要的作用。数据挖掘的应用领域非常广泛,比如金融(风险预测)、零售(顾客行为分析)、体育、电信、气象、电子商务等。数据挖掘可以适用于各种行业,并且为解决诸如欺诈甄别(fraud detection)、保留客户(customer retention)、消除摩擦(attrition)、数据库营销(database marketing)、市场细分(market segmentation)、风险分析(risk analysis)、亲和力分析(affinity analysis)、客户满意度(customer satisfaction)、破产预测(bankruptcy prediction)、职务分析(portfolio analy-sis)等业务问题提供了有效的方法。

例如,数据挖掘运用于客户行为分析,企业从中受益体现在以下四个方面。

(1)可以发现顾客和访问者的爱好、生活模式等。

(2)可以解决怎样来争取新顾客,怎样使产品适销对路,怎样给产品定价,怎样吸引单个顾客,怎样优化 Web 站点等问题。即可以通过顾客定制和指定的产品和服务交换信息,对 Web 上的商业模式建模,预测、了解影响销售的各种因素,以便迅速调整其市场、价格、存货等;通过页面访问的情况,分析出客户生活和购物模式,根据客户的爱好等来定制个性化 Web 界面。

(3)可以利用相应的信息确定顾客消费的生命周期,针对不同的产品制定相应的营销策略。

(4)可以确定客户细分,为每一个顾客的独特需求设计"量身定制"的产品。

有些问题的产生是显然的,如:开辟新产品的市场;为现存的产品和服务定价;了解客户流失的原因。同时和各种人员的交流也是很重要的,当他们了解了数据挖掘之后,就有可能提出更好的问题。

现在要问的一个问题就是,数据有关联就要用数据挖掘来分析吗? 市场销售人员通过观察发现有轿车的人在他们有了孩子后,往往都要购买儿童轿车座椅。因而在有轿车的年轻父母与购买儿童轿车座椅之间有着显而易见的关联性。那么上述关联已经十分明显,没有必要应用数据挖掘技术来分析这种现象。

现在要问的另外一个问题就是,父母们更愿意为他们的孩子购买哪种颜色的轿车座椅呢? 这不仅是一个更加难以回答的问题,而且需要更多的变量来分析可能出现的结果。例如父母的年龄、性别、收入水平,轿车的颜色以及孩子性别都可能成为影响结果的变量。甚至孩子头发的颜色都可能影响到所购买的座椅的颜色。可能有许多种方法帮助我们了解父母们对于座椅颜色的选择,但数据挖掘所带来的好处是它除了能分析你已拥有的所有数据外,还可以告诉你哪些数据的挖掘产生的作用更大。

在企业中,有许多模式难以被发现,更好地揭示这些模式将可以改变企业的竞争力。对于其中市场营销部门来说,通常会面临如下几个问题:

- 除了我们已经在销售的产品,顾客还希望购买哪些产品?
- 我们公司最有利可图的顾客都具有哪些特征?
- 是哪些因素决定了我们的顾客转而投入竞争对手的怀抱?

数据挖掘不仅可以回答上述类型的问题,而且是分析日趋复杂的顾客信息的最佳选择。公司进行数据挖掘项目有五种方式,具体进行数据挖掘项目时,可以选择一种或联合几种一起进行。

(1)购买记分模型(purchasing scores)

记分模型将成百上千的复杂的指标简化成一个分数,该分数是对具体应用定级别的标准。简单的例子如:IQ 记分。目前,美国银行的贷款应用大都采用记分模型。比较出名的记分模型有 FICO(Fair Isaac Company)记分。这个公司在信用卡记分上,处于领先位置。购买记分模型的优点是速度快且简单。

(2)购买数据挖掘软件

数据挖掘的软件分为两种形式,一种是在软件内部,具体实现了一个模型,该模型可能是决策规则的集合,也可能是一个已经训练好的神经网络,这种软件能直接应用于某一行业的特定问题;另一种软件,实现了数据挖掘的整个建模过程,该建模过程通过模版或向导的形式针对特定行业创建模型。

(3)购买固定模型系统

这种模型软件实施成功的前提是,模型所模拟的环境必须和公司的产品、客户以及市场条件相类似。但是当条件改变的时候,这种模型不能根据环境的变化作出相应的修改和调整。例如,使用神经网络模型系统进行信用卡风险检测,HNC公司成功地将神经网络技术应用于信用卡和借记卡行业的风险预测。

(4)购买创建模型的开发工具

这种软件工具,一旦有合适的输入、输出变量,就自动化创建模型的过程,并且可从创建的多个模型中,选出最好的一个。这种工具解决了一个问题,即条件的变化不影响模型的创建,同时又出现了另一个问题:数据挖掘中许多重要的过程不能自动完成,比如理解商业问题、数据预处理、创建派生变量等。例如IBM的Intelli-gent Miner属于这一类软件。

(5)数据挖掘咨询

向外部的数据挖掘专家进行咨询,对公司进行数据挖掘项目是很有帮助的。特别是公司内部没有对数据挖掘熟悉的人才时,这种方式尤其显得重要。那么从哪儿寻找数据挖掘专家呢?一种途径是通过数据挖掘软件商,一般来说,数据挖掘软件商,都有关于自己软件和数据挖掘知识的培训课程,对于初次进行数据挖掘项目的公司来说,这是一种很好的咨询,比如IBM公司的商业智能培训。另一种途径是通过数据挖掘中心,数据挖掘中心一般是学校和研究机构,在商业的资助下创办的。这在美国比较常见,但在国内还少有这样的商业机构。数据挖掘中心有进行数据挖掘所需要的软、硬件环境,所以对于一般公司没有大笔从事数据挖掘项目的资金预算,只需要创建模型或者了解公司的数据后,就可以到数据挖掘中心进行咨询。当聘请外面数据挖掘咨询公司的时候,一定要考虑该公司是否有从事相关行业数据挖掘的经验,这对公司的数据挖掘项目成功与否是至关重要的。

(二)数据挖掘的背景

(1)数据挖掘的商业背景

首先要求商业环境中收集了大量的数据,然后要求挖掘的知识是有价值的。有价值对商业而言,不外乎三种情况:降低开销、提高收入和增加股票价格。因此建立数据挖掘的目的有:①数据挖掘作为研究工具(Research);②数据挖掘作为提高过程控制工具(Process Improvement);③数据挖掘作为市场营销工具(Marketing);④数据挖掘作为客户关系管理工具(Customer Relationship Management,CRM)。

(2)数据挖掘的技术背景

数据挖掘技术包括三个主要部分:数据、建模能力和算法与技术。

数据挖掘是在20世纪80年代,投资人工智能(Artificial Intelligence,AI)研究项目失败后,AI转入实际应用时提出的。它是一个新兴的、面向商业应用的AI研究。选择数据挖掘这一术语,表明了与统计、精算、长期从事预言模型的经济学家之间没有技术的重叠。机器学习是计算机科学和人工智能AI发展的产物。机器学习(Machine Learning,ML)分为两种学习方式:自组织学习(如神经网络)和从例子中归纳出规则(如决策树)。

统计也开始支持数据挖掘。统计包括预言算法(回归)、抽样、基于经验的设计等。数据挖掘不是为了替代传统的统计分析技术,相反,它是统计分析方法学的延伸和扩展。大多数的统计分析技术都基于完善的数学理论和高超的技巧,其预测的准确度还是令人满意的,但对使用者的要求很高。随着计算机计算能力的不断增强,我们有可能利用计算机强大的计算能力,只通过相对简单和固定的方法就可以完成实现同样的功能。

一些新兴的技术同样在知识发现领域取得了很好的效果,如神经元网络和决策树,在足够多的数据和计算能力下,它们几乎不用人的关照自动就能完成许多有价值的功能。

数据挖掘就是利用了统计和人工智能技术的应用程序,它把这些高深复杂的技术封装起来,使人们不用自己掌握这些技术也能实现同样的功能,并且更专注于自己所要解决的问题。

(3)数据挖掘的社会背景

数据挖掘号称能通过历史数据的分析,预测客户的行为。事实上,客户自己可能都不明确自己下一步要做什么,所以数据挖掘的结果,没有人们想象中那样神秘,它不可能是完全正确的。客户的行为是与社会环境相关联的,所以数据挖掘本身也受社会背景的影响。比如说,美国的银行信用卡客户信用评级的模型运行得非常成功,但是它可能不适合中国。

(三)数据挖掘对企业的影响

诺贝尔奖得主 Penzias 博士在 1999 年 1 月的《计算机世界》上发表评论认为:"数据挖掘将变得更加重要,因为数据挖掘如此有价值,以至于企业将不再会丢失与其客户有关的任何信息。如果你不在这方面做些什么,那么你将失去你的生意。"

如果数据挖掘能够对改善商务过程起到明显的作用,则它就是一种能够赢得竞争的武器。表 5-4 给出的 3 个例子清楚地说明数据挖掘可以对企业的盈利能力产生直接影响。

这 3 个例子中,企业的销售收入都受到通过数据挖掘所收集到的信息数据量的影响。当然,在某些领域(如股票市场),数据挖掘产生预测的准确性要比其他领域差一些。例如,在零售业中对于直接信函而言,采用数据挖掘,从有可能对直接信函做出响应的人当中识别出其中 10% 为可能性最高的人就是一件比较容易的事情。

表 5-4 数据挖掘对企业的影响

行业	项目	说明
零售业	业务问题	增加对直接信函(Direct Mail)的响应率
	解决方案	销售人员通过数据挖掘建立预测模型以了解哪些人最有可能对直接信函做出响应
	获得的收益	由于将直接信函发送给正确的客户而增加了销售额
保险业	业务问题	减少保险欺诈案件的发生数量
	解决方案	业务人员通过数据挖掘建立预测模型识别出哪些赔偿要求最可能具有欺诈性
	获得的收益	由于减少欺诈造成的费用而增加了利润
金融业	业务问题	改进预测市场波动的能力,在金融市场建模中得到广泛应用。如何采用神经网络方法提高金融增益和在采用数据挖掘技术建立股票市场模型
	解决方案	金融分析员通过数据挖掘建立预测模型以识别出历史上曾引起过市场被动的因素所具有的模式
	获得的收益	由于投资更加准确而增加了收入

由于数据挖掘带来的显著的经济效益,使数据挖掘越来越普及。它不仅能用于控制成本,也能给企业带来效益,尤其是在银行、电信、保险、交通、零售(如超级市场)等商业领域。数据挖掘所能解决的典型商业问题包括数据库营销(Database Marketing)、客户群体划分(Customer Segmentation & Classification)、背景分析(Profile Analysis)、交叉销售(Cross-selling)等市场分析行为,以及客户流失分析(Churn Analysis)、客户信用记分(Credit Scoring)、欺诈发现(Fraud Detection)等。

很多企业都在利用数据挖掘技术帮助管理客户生命周期的各个阶段,包括争取新的客户、在已有客户的身上赚更多的钱和保持优质客户。如果能够确定优质客户的特点,那么就能提供针对性的服务。比如,已经发现了购买某一商品的客户的特征,那么就可以向那些具有这些特征但还没有购买此商品的客户推销这个商品;找到流失的客户的特征就可以对那些具有相似特征的客户还未流失之前进行针对性的弥补,因为保留一个客户要比争取一个客户容易得多。

数据挖掘可以应用在各个不同的领域。电信公司和信用卡公司就是用数据挖掘检测欺诈行为的先行者。保险公司和证券公司也开始采用数据挖掘来减少欺诈。零销商则更多地使用数据挖掘来决定每种商品在不同地点的库存量,通过数据挖掘更灵活地进行商品促销和优惠活动。

二、什么是数据挖掘

(一)数据挖掘概念

数据挖掘在1989年8月美国底特律市召开的第十一届国际联合人工智能学术会议上正式形成。从1995年开始,每年举行一次知识发现(Knowledge Discovery in Database,KDD)国际学术会议,把对数据挖掘和知识发现的研究推入高潮。数据挖掘还有被译为数据采掘、数据开采和数据发掘的等,但数据挖掘还未有一致的定义。对数据挖掘有如下定义:

定义8 G. Piatetsky Shapior,W. J. Frawley等定义数据挖掘为从数据库的大量数据中揭示出隐含的、先前未知的、潜在有用的信息的非平凡过程。

定义9 有人简单认为,数据挖掘就是数据库中知识的发现。

定义10 有人认为,数据挖掘是发现数据中隐藏的模式和关系的过程。

定义11 有人认为,数据挖掘就是从大量数据中提取或挖掘知识。

定义12 Fayyad等在"知识发现96国际会议"上认为,知识发现是从数据库中发现知识的全部过程,而数据挖掘则是此全部过程中一个特定的关键一步。这种观点将数据挖掘的对象局限于数据库。

定义13 数据挖掘广义的定义为在一些事实或观察数据的集合中寻找模式的决策支持的过程。

综上所述,我们定义数据挖掘为在不同的数据源中的数据,包括结构化的数据、半结构化的数据和非结构化的数据,即既可以是数据库,也可以是文件系统或其他任何组织在一起的数据集合,通过一定的工具与方法寻找出有价值的知识的一类深层次的数据分析方法。

(二)数据挖掘的分类

数据挖掘的分类如表5-5所示。

表 5-5 数据挖掘的分类

分类标准	类别
按数据挖掘方法的直接性	直接数据挖掘、间接数据挖掘
按数据分析的角度分类	描述式数据挖掘、预测式数据挖掘
按挖掘的数据库分类	关系型、事务型、面向对象型、主动型、空间型、文本型、多媒体、异构数据库
按挖掘的规则分类	关联规则、分类规则、聚类规则、趋势分析、偏差分析、模式分析、特征规则、总结规则
按采用的技术分类	模糊和粗集方法、人工神经网络、遗传算法、决策树、最近邻技术、规则归纳、可视化技术
按挖掘知识的抽象层次分类	原始层次、高层次和多层次
按挖掘知识的反映事物之间的性质分类	同类共性广义知识、特征型知识、属性差别知识、关联型知识、预测型知识、离群型知识

(三) 与数据挖掘相关的几个概念

(1) 直接数据挖掘

利用可用的数据建立一个模型,模型对剩余的数据,对一个特定的变量(可以理解成数据库中表的属性,即列)进行描述、分类、估值、预言属于直接数据挖掘。

(2) 间接数据挖掘

不是选出某一具体的变量用模型进行描述,而是在所有的变量中建立起某种关系。相关性分组或关联规则、聚集、描述和可视化属于间接数据挖掘。

(3) 描述式数据挖掘

以简洁概要的方式描述数据,并提供数据的有意义的一般知识。

(4) 预测式数据挖掘

分析数据,建立一个或一组模型,并试图预测新数据集的行为。

(5) 数据库查询工具和数据挖掘工具之间的差异

查询工具能帮助用户从数据库数据中找到新的、有意义的事实。这类问题是查询所要访问的对象是否在某一特定的位置。这与目前数据库系统中大部分的查询操作是相似的。通过这类问题使你可以确定对象将到达的位置。

使用数据挖掘工具,你可以提出类似这样的问题:你的对手最有可能将对象放在哪里?数据挖掘工具可以从你的对手的对象步骤中发现某些模式,而不需要任何前提假设;它可以发现事物之间的关系和隐藏的模式。另外数据挖掘工具还需要一些你的对手以往的历史知识,而查询工具则不需要历史知识。

通过查寻或数据挖掘寻找你的对手的规律具有明显的不同:使用查询就相当于用灯光进行搜寻;使用数据挖掘就相当于使用运动传感器帮助你搜寻并缩小对象的范围。

目前,有许多分析人员使用查询工具"照亮"数据中他们感兴趣的信息。尽管这种工具可以帮助用户查询、访问并维护数据,但从数据中发现有用的趋势和模式的任务则留给用户自己完成。但是用数据挖掘工具则可以自动发现有用的趋势和模式。

(6) 信息

信息(Information),《牛津字典》认为信息就是谈论的事情、新闻和知识。《韦氏字典》指出信息就是在观察或研究过程中获得的数据、新闻和知识。《日语广辞苑》也载明信息是观察事物的知识。美国的哲学家、数学家、现代控制论的创始人诺伯特·维纳(N. Wiener)将信息定义为：信息就是我们在适应外部世界，并且使这种适应反作用于外部世界的过程中，同外部世界进行交换的内容的名称。信息还有许多定义，例如信息是经过加工后的数据，它对接收者的行为能产生影响，它对接收者的决策具有价值；信息是关于客观事实的可通信的知识；信息是经过加工的、能对接收者的行为和决策产生影响的数据。构成信息的基本要素是实体、属性与属性值。按信息的空间特征可分为空间信息和非空间信息(也称属性信息)。

（7）知识

知识(Knowledge)一般建立在某种论域上。从广义上讲，知识是一种用符号表示的信息，其中信息是知识的内涵与实体，而数据是信息的外延与形式。在计算机中能表示的知识必须满足统一的结构模式，用有限一致的符号构成一个合理的体系。它是用"概念、事实、规则"来表示的三级知识体系，一般可分为三个层次：概念知识、事实知识和规则知识。因此知识的属性表现为真理性、相对性、不完全性、模糊性和不精确性、可表示性、可存储性、可处理性、可相容性等。

知识按其性质可分为：知道是什么的知识(Know-what,属于事实方面的)、知道为什么的知识(Know-why,关于事物的客观原理和规律性方面的，属于科学方面的)、知道怎样做的知识(Know-how,关于技巧、技艺、能力方面的，属于技术方面的)和知道是谁的知识(Know-who,关于特定的社会关系、社会分工和知道者的特长与水平，属于经验与判断方面的)4种类型。前两种类型的知识和第三种类型知识的一部分就属于可编码化的知识，一般较易获得，第三种知识的另一部分和第四种类型知识一般属于隐含性知识与判断类知识，即"意会知识"，一般难以获得和掌握。

三、数据挖掘的特点

数据挖掘的主要目的是从大量的数据源中采用和发展有关的理论、方法和工具来提取有用的和使人感兴趣的知识和模式。数据挖掘是从实际的海量数据源中发现知识。因此数据的完整性、一致性和正确性难以保证，而数据挖掘算法的效率、有效性和扩充性非常关键。数据挖掘与传统的数据库查询区别表现在：前者是主动的、不生成严格的结果集和不同层次的挖掘，而后者则是被动的、只对字段进行严格的查询。归纳起来，数据挖掘有如下特点。

（1）处理的数据规模十分庞大。

（2）由于用户不能形成精确的查询要求，因此需要靠数据挖掘技术来寻找其可能感兴趣的东西。

（3）数据挖掘对数据的迅速变化做出快速响应，以提供决策支持信息。

（4）数据挖掘既要发现潜在规则，还要管理和维护规则，随着新数据的不断加入，规则需要随着新数据更新。

（5）数据挖掘中规则的发现基于统计规律，发现的规则不必适合于所有数据，而且当达到某一阈值时，便认为有此规则。

数据挖掘的目标是要从数据库发现隐藏在大量数据中的未知知识，这种知识发现实际又是人工智能所面临的难题之一。它作为一项新兴的高新技术，理论上或技术上面临着许多的难点和挑战，但这项技术有着相当大的发展前景，是国际前沿研究开发的新领域。20

世纪 90 年代中期,许多关于数据挖掘的文章都认为数据挖掘是一个"正在兴起的市场",光使用这种技术的公司的数量而言,就令人吃惊。当今正在进行数据挖掘而拒绝谈及此事的公司的数量足以证明数据挖掘是大有好处的,而这些公司的名单看起来就像是《财富》公布的 500 家公司的花名册。

四、数据挖掘的基本过程与步骤

(一)数据挖掘的基本过程

保证数据挖掘成功的两个关键要素:一是准确地定义你所要解决的问题,定位准确的问题通常会带来最好的回报;二是使用正确的数据,选定你所能得到的数据,也许还要从外部购买数据。你需要对这些数据做有效的数据整合和转换,因为数据挖掘的成功总是离不开清晰的过程定义。数据挖掘过程一般包括采集数据、数据预处理、数据挖掘和解释评价。数据挖掘的核心技术是人工智能、机器学习、统计等,但一个数据挖掘系统不是多项技术的简单组合,而是一个完整的整体,它还需要其他辅助技术的支持,才能完成数据挖掘过程,最后将分析结果呈现在用户面前。其中数据挖掘的数据分析过程可以分成如下 4 个过程。

(1)数据准备

数据准备(Data Preparation):本阶段又可进一步细分成数据集成、数据选择和预分析。

集成(Integration):在这一步中,将从操作型环境中提取并集成数据,解决语义二义性问题,消除脏数据等。很明显,数据集成目的和所利用的技术与数据挖掘中的数据集成完全一致,都是为了建立统一的数据视图。数据挖掘不一定需要建立在数据仓库的基础上,但如果数据挖掘与数据仓库能协同工作,则必将大大地提高数据挖掘的工作效率,并且因为数据仓库的数据来源于整个企业,从而保证了数据挖掘中数据来源的广泛性和完整性,这样就不会漏掉任何与主题相关的信息。另外,为了保证结果的正确性,数据挖掘需要大量的基础数据,数据仓库可以很好地满足这个要求。

数据选择和预分析(Data Selection and Pre-analysis):这一步将负责缩小数据范围,提高数据挖掘的质量。前面提到的验证型工具擅长于对数据进行细致、深入的观察和表述,在这一步中可以发挥相当大的作用。

(2)挖掘

挖掘(Mining):数据挖掘处理器(Data Mining Processor)综合利用前面提到的多种数据挖掘方法分析数据。

(3)表述

表述(Presentation):与检验证型工具一样,数据挖掘将获取的信息以便于用户理解和观察的方式反映给用户,这时可以利用可视化工具。由于用户要求的不同,数据挖掘分析的数据的范围会有所不同,例如分析一年内或三个月内的销售情况,再例如分析东部地区的销售情况,这样数据挖掘系统会得出不同的结论。这些基于不同数据集合的分析结果除了通过可视化工具提供给用户外还可以存储在知识库中,供日后进一步分析和比较。

(4)评价

评价(Assess):如果分析人员对分析结果不满意,可以递归地执行上述三个过程,直到满意为止。

评价数据挖掘工具的主要指标:数据准备、数据访问、算法与建模、模型评价和解释、用户界面。

数据挖掘过程的分步实现,不同的阶段会需要有不同专长的人员,他们大体可以分为三类:业务分析人员,要求精通业务,能够解释业务对象,并根据各业务对象确定出用于数据定义和挖掘算法的业务需求;数据分析人员,精通数据分析技术,并对统计学有较熟练的掌握,有能力把业务需求转化为数据挖掘的各步操作,并为每步操作选择合适的技术;数据管理人员,精通数据管理技术,并从数据库或数据仓库中收集数据。

(二)进行数据挖掘的步骤

怎样才能将通过数据挖掘所发现的信息转变为企业的竞争优势?应当注意到建立数据挖掘模型这一行动本身并不能保证为企业创造任何价值。要想从数据挖掘中获益,就必须以某种方式使用从中获得的信息,即必须在企业中采取某些行动。

从企业数据中发现重要的趋势和模式所面临的一个基本问题是将这些信息转化为企业的竞争优势就必须采取适当的行动。虽然你可能已经发现了倾向于购买某类商品的客户都具有哪些特征,但是如果缺乏必要的数据来证实这些特征也适用于你的客户,则这些信息对你而言可能就没有什么价值。

要想将数据挖掘作为一种竞争的武器,就必须将其纳入一个更大的过程当中,从而保证从数据挖掘中获得的信息转变为可以行动的结果。下面给出如何成功地使用数据挖掘工具和技术来在最大程度上提高其竞争优势的整个步骤。该步骤主要包括:问题定义,发现信息,制订计划,采取行动及监测结果等。

(1)问题定义

问题定义主要是指利用数据挖掘可以分析哪些问题。例如,随着竞争的加剧,仅仅是使用传统的营销方法来保持客户已显得越来越困难。采用数据挖掘来对客户进行有效的分类的问题定义:如何从公司的基本客户识别出有价值的优质客户群体并预测怎样才能保留这些客户;从公司的基本客户识别出有价值的客户群体并预测怎样才能对这些客户进行交叉销售。

客户保持问题定义:相对发展一个新客户,保持一个客户只需要较少的费用,特别是保持那些有价值的客户更是如此。数字设备公司 1995 年发表的一份报告估计:为开拓市场而花费在市场营销、广告及赠送样品等的复合费用平均每个新客为 275~400 美元。按照移动电话行业通常年 30% 的客户跳槽率计算,一年要维护 10 万名客户的费用至少为 825 万美元(100 000×30%×275)。由此可以看出有价值的忠实客户不仅可以为企业带来源源不断的收入,而且使企业在发展新客户上的投入获得丰厚的回报。数据挖掘模型为企业了解高价值客户的特征并进一步预测其愿望提供了有效途径。这种模型可以帮助企业及早发现客户可能离开的征兆从而用更有吸引力的产品保留住这些客户。

交叉销售的问题定义:企业向客户销售得越多,客户的价值也就越高。客户的增长意味着通过向他们销售更多的产品或服务而改进了客户的价值。为增加客户而采取的促销活动应当能够为每一位客户提供他们个人最感兴趣的产品或产品组合。数据挖掘软件将可以帮助企业准确地发现特别适合于某一特定产品的客户。

(2)发现信息

通过数据挖掘分析从其客户那里发现更多的信息。这里,他们所要做的第一件事情就是从公司的客户群中识别并划分出高价值的客户。也就是要快速识别出那些真正需要保持的客户,即以生命周期价值计算哪些客户才是最重要、最有价值的客户。经过分析,识别出了一类新的用户,他们称为"高价值用户"(Power User)或"A"类客户。

(3)制订计划

一旦识别出这些高价值用户,那么可以用这些信息做些什么?由于公司的目标是保留并增加这些客户的价值,所以接下来的就是开展一系列的市场营销活动为这类用户提供有吸引力的产品。由于向用户提供的新产品可能是多种多样的,所以可以用数据挖掘来确定这些产品中哪些最适合于哪类高价值用户。

高价值用户不同于普通用户。他们有其特殊的需求和问题,因此要保留住这些用户就必须有针对地制订新的市场计划。也就是制订一个客户忠诚度(Customer-loyalty)计划,以便能够保留尽可能多的高价值用户。制订一个有针对性的市场促销计划是一项困难的任务。计划的内容必须基于及时有效的信息,这样才能保证计划的目标能够准确地跟上人们的消费行为及市场的变化。

此外,特定产品在特定时间对某一单个用户才是最为适用的。而且,在一特定时期,其他竞争者也会针对本公司的特定产品采取有目标的促销行动。此外在不同的月份中,一个客户的价值、忠诚度及市场定位也将随着其家庭或职务的变化而发生变化。

(4)采取行动

这一步就是将这些促销计划付诸行动。如何将数据挖掘综合到企业的经营策略和市场促销活动中去;如何将数据挖掘模型连同决策交付机制一起集成到客户呼叫中心之中;如何创建一个反馈闭环以监测促销活动的成效。从表面上看起来就是将预测模型的结果付诸实践,似乎很简单,但事实上却是一件十分复杂的事情。所采取的原则是当客户与公司进行联系时,开展促销行动最有针对性。客户与公司进行联系的渠道包括呼叫中心或交互式 Web 站点。用户主动与公司进行交互将使企业有机会获得他们的关注。这也意味着公司需要将数据挖掘模型与客户交互渠道相互集成。为了实现与客户交互渠道的集成,可通过呼叫中心向客户发布新的促销信息,这样当高价值用户将电话打入呼叫中心时,就有可能通过主动的电话交谈而保留住这些高价值的客户。

同时根据数据挖掘模型开发的促销目标分析程序将自动在后台运行。目标分析完成后,呼叫中心应用程序中将显示出一个或多个适合于该客户的产品信息。促销目标分析程序通过数据挖掘模型和业务规则确定出该客户为一个有价值的客户并且有可能流失,给操作员提出建议包括向该客户推荐两个新的产品以及特殊的折扣优惠。其中向客户推荐的产品都是根据他与公司接触时的特殊需要而专门制定的。数据挖掘模型表明如果该客户接受新的产品,则他将不大可能转而购买其他公司的产品。操作员将按照程序所显示的脚本向客户提出的每一项促销建议都是根据该客户的特征及操作的技能经过个性化而定制的。

(5)监测效果

最后一步就是检查市场促销活动的成效。由于市场促销具有较强的时间要求,所以我们需要尽可能早地知道促销活动是否成功。

客户同意购买一项产品,而拒绝了另一项产品。这种一项产品被接受而另一项产品被拒绝的信息都将记录在案并将用于改进促销活动。其他诸如客户为什么会拒绝一项产品的原因也将被记录下来。

上述这些信息可以帮助我们更好地确定哪些产品将会被接受,而哪些产品将不会被接受。市场人员常常想知道的是今天已经向客户提出了哪些项促销建议并且其中哪些项建议已被客户接受。上述这些指标使我们可以准确地衡量出在以往没有预测手段的情况下采用了数据挖掘模型是否提高了客户对促销建议的响应。这一过程通常需要经过若干轮的改进才能提高客户的响应率。

此外,还可在数据挖掘过程中引入"动态学习"机制,使数据挖掘模型能够根据客户对促销建议接受与否做动态调整。采用这种方法,不仅使企业可以监测促销活动的成效,而且可以随着促销过程的进行不断得以改进。

要想使数据挖掘成为一种有战略意义的竞争武器,其涉及的内容绝不仅仅是建立一个模型。关于数据挖掘更加深入的探讨将在后面的章节中介绍。

五、分析数据挖掘的内容

零售商想知道客户喜欢一起购买哪些商品(货篮子分析);金融机构想有一种能够快速反映客户存款和支取模式变化情况的手段;制药商想搞清楚为什么有些人只买他们的产品而不买别人的;研究人员想了解自然变化的模式。下面仅给出几个进行数据挖掘的应用领域,也就是分析数据挖掘内容。

(1)直销

若能预测哪些客户最有可能或最想要购买公司的哪些产品,将会节省大量的市场拓展费用。市场销售人员运用了各种数据挖掘技术以减少销售费用。只给那些为数不多但更有条件的潜在客户邮寄信函将比给邮件列表中的所有人都邮寄信函的效果更加明显。然而,数据挖掘在市场营销领域中的应用范围远远不只是直销。市场销售人员希望更好地了解怎样才能赢得新的客户,怎样增加这些客户的价值以及怎样保留住客户。数据挖掘在市场营销领域中主要的应用内容包括争取客户、保留客户和交叉销售。

(2)争取客户

如何争取客户始终是企业市场营销人员面临的头号问题。随着企业用于吸引并赢得客户的经费不断增加,数据挖掘已成为识别好的客户,完成市场细分以及改进直销活动效果的关键工具。以往,企业要想一次性地完成上述市场销售活动,不是将资料留给训练有素的统计分析人员去处理,就是将其作为项目外包给其他机构。然而在高度竞争的市场环境中,这种做法不仅使市场销售活动进行得过慢,而且显示出的效果也往往过迟。此外,在给定的时间周期中企业能够有效控制的市场销售活动的数量也常常低于企业所希望的数量。数据挖掘作为一种工具将能够有效地解决这些问题,使得销售人员能够更好地驾驭市场营销活动。

(3)保留客户

如何保留客户也是所有企业面临的一个主要问题,哈佛大学的一项研究表明:"客户消费减少5%即可动摇人们对企业赢利能力的信心。"考虑到寻找新的客户需要很高的成本,因此保持住现有客户对许多企业都是十分关键的问题。客户流失(又称跳槽)往往由于事先没有任何征兆而成为一个难以控制的问题。例如,当一个客户要求长途电信服务商关闭其账户时,电信公司才知道一个有价值的客户已流失到竞争对手那里。一旦客户已决定要离开,就很难再说服其留下。数据挖掘为控制客户流失带来了根本性的转变。企业可以使用数据挖掘工具对客户付费历史、人口统计信息及其他资料进行分析并针对流失客户的模式建立模型。然后,企业就可以应用这一模型预测哪些客户即将离开。有了这些信息的帮助,销售人员就可以通过更加主动的营销活动来保持其客户,而不再像以前那样等客户离开后才被动应付。

(4)交叉销售

增加客户价值是市场营销的另一项关键功能。增加客户占有率与增加市场占有率是有所区别的。增加市场占有率主要关心如何获得更多数量的客户,增加客户占有率所关心的是如何让商品在每一个客户的花费中占更大的比例。数据挖掘工具不仅为产品促销提供了坚实的基础,而且可以帮助销售人员了解哪些客户最有可能购买新的产品以及哪些产品通常被一同购买,因而使交叉销售也更加有效。其结果是销售人员可以将更多的注意力放在那些准备做更多消费的客户身上。

(5)趋势分析

明察市场趋势能获得战略优势,因为它有助于减少成本,把握商机。

(6)欺诈检测

数据挖掘技术可以为保险索赔、移动电话呼叫、信用卡购买等易于发生欺诈的行业建立模型。大多数信用卡发行机构采用数据挖掘软件建立信用卡欺诈模型,最先采用数据挖掘技术的银行包括美国银行、Wells Fargo 银行和美国第一银行。有一篇文章估计每年因移动电话欺诈而造成的损失金额高达 20 亿美元。所有主要的电信公司都在努力建立移动电话欺诈模型,并期望通过掌握这种模型而能够控制局势。

第五节　大数据

一、数据分析的概念

数据分析是指收集数据、处理数据,进而获取信息的过程。更具体地说,对于审计分析工作,数据分析是建立审计分析模型、对数据进行核对、检查、复算与判断等操作,并将被审计数据的现实状态与理想状态进行比较,从而发现审计线索、搜集审计证据的过程。

数据分析是通过应用技术与工具来分析与理解数据,并应用一整套软件、系统和业务策略组成的完整解决方案,把自己拥有的数据与用户产生的非结构化数据结合起来,统揽全局。可以追溯每个业务流程中产生的庞大数据,并进行共享整合分析,从而帮助决策者全面监控业务流程,预测和塑造所预期的结果。

二、数据分析的目的与意义

(一)数据分析的目的

数据分析的目的是对杂乱无章的数据进行集中、萃取和提炼,进而找出所研究对象的内在规律。

(二)数据分析的意义

看似繁乱的数据,真正有价值的信息就隐藏在其中,但是要获得有用的数据,首先要进行数据分析,获得对数据的认知。就像人类认识世界的方式一样,在实践获得的数据中学习,逐渐形成各种认识模型,各种逻辑关系。例如,如何判断一个用户的喜好、经济状况、婚姻状况等,在认知的基础上就可以定向营销,从而达到营销效率的提升。

在产品的整个生命周期期间,数据分析的过程是质量管理体系的支持过程,包括从市场调研到售后服务和最终处置的各个过程都需要适当运用数据分析过程,以提升有效性。例如,CEO 要通过市场调查,分析所得数据以判定市场动向,从而制订合适的生产及销售计划。因此数据分析有极广泛的应用范围。

三、数据分析的基本方法

数据分析主要的基本方法如下所述。

(一)数学运算

在这里,是指较简单的数学运算。

(二)统计

在自然科学里,统计是方法论中很重要的一个基础。一旦把统计学和现在大规模的数据融合在一起,将会颠覆很多我们原来的思维。

统计学是收集、分析、表述和解释数据的科学,统计学的目标是从各种类型的数据中提取有价值的信息,给人提供借鉴,与大数据的研究范围一致。统计是人类对事物数量的认识而形成的定义,统计具有合计、总计之意。统计学是指对某一现象的数据收集、整理、计算、分析、解释和表述等活动的学科。在实际应用中,统计一般包括统计工作、统计资料和统计科学等内容。

1. 统计工作

统计工作指利用科学的方法收集、整理、分析和提供关于社会经济现象数量资料的工作的总称,是统计的基础。也称统计实践,或统计活动,是在一定统计理论指导下,采用科学的方法,收集、整理、分析统计资料的一系列活动过程。它是随着人类社会的发展和管理的需要而产生和发展起来的。在现实生活中,统计工作作为一种认识社会经济现象总体和自然现象总体的实践过程,一般包括统计设计、统计调查、统计整理和统计分析四个环节。

2. 统计资料

统计资料指通过统计工作取得的、用来反映现象的数据资料的总称。统计工作所取得的各项数字资料及有关文字资料,一般反映在统计表、统计图、统计手册、统计年鉴、统计资料汇编和统计分析报告中。也称统计信息,是反映一定的特征或规律的数字资料、文字资料、图表资料及其他相关资料的总称。包括刚刚调查取得的原始资料和经过一定程度整理、加工的次级资料,其形式有统计表、统计图、统计年鉴、统计公报、统计报告和其他有关统计信息的载体。

3. 统计科学

统计科学也称统计学,是统计工作经验的总结和理论概括,是系统化的知识体系,是研究如何收集、整理和分析统计资料的理论与方法。统计学是应用数学的一个分支,主要通过利用概率论建立数学模型,收集所观察系统的数据,进行量化的分析、总结,并进行推断和预测,为相关决策提供依据和参考。现已广泛应用在各门学科之中。

统计学又分为描述统计学和推断统计学。描述统计学是指给定一组数据,可以摘要并且描述这份数据的统计学。推断统计学是指观察者以数据的形态建立出一个用以解释其随机性和不确定性的数学模型,以此来推论研究中的步骤及母体。这两种用法都被称为应用统计学。

统计学三方面内容联系紧密,统计资料是统计工作的成果,统计工作与统计科学之间是实践与理论的关系。

上述计算是指均值、中位数、众数、正态分布、抽样、标准差、概率论、检验、方差分析等。现将主要的统计方法归纳如下。

(1)指标对比分析法

指标对比分析法又称比较分析法,是统计分析中最常用的方法,是通过有关的指标对比来反映事物数量上差异和变化的方法。有比较才有鉴别。单独看一些指标,只能说明总体的某些数量特征,得不出什么结论性的认识;经过比较,就可以对规模大小、水平高低、速度快慢作出判断和评价。

指标对比分析分为静态比较分析和动态比较分析。静态比较是同一时间条件下不同总体指标比较,如不同部门、不同地区、不同国家的比较,也叫横向比较;动态比较是同一总体条件不同时期指标数值的比较,也叫纵向比较。这两种方法既可单独使用,也可结合使用。进行对比分析时,可以单独使用总量指标或相对指标或平均指标,也可将它们结合起来进行对比。比较的结果可用相对数,如百分数、倍数、系数等,也可用相差的绝对数和相关的百分点(每1%为一个百分点)来表示。

(2)分组分析法

指标对比分析法是总体上的对比,但统计分析不仅要对总体数量特征和数量关系进行分析,还要深入总体的内部进行分组分析。分组分析法就是根据统计分析的目的要求,把所研究的总体按照一个或者几个标志划分为若干个部分,加以整理,进行观察、分析,以揭示其内在的联系和规律性。统计分组法的关键问题在于正确选择分组标值和划分各组界限。

(3)时间数列及动态分析法

将同一指标在时间上变化和发展的一系列数值,按时间先后顺序排列,就形成时间数列,又称动态数列。通过时间数列的编制和分析,可以找出动态变化规律,为预测未来的发展趋势提供依据。时间数列可分为绝对数时间数列、相对数时间数列、平均数时间数列。

在统计分析中,如果只有孤立的一个时期指标值,是很难作出判断的。如果编制了时间数列,就可以进行动态分析,反映其发展水平和速度的变化规律。动态分析注意数列中各个指标具有的可比性。总体范围、指标计算方法、计算价格和计量单位,都应该前后一致。时间间隔一般也要一致,但也可以根据研究目的,采取不同的间隔期,如按历史时期分。为了消除时间间隔期不同而产生的指标数值不可比,可采用年平均数和年平均发展速度来编制动态数列。此外在统计上,许多综合指标要采用价值形态来反映实物总量,才能正确地反映实物量的变化。

(4)指数分析法

指数是指反映社会经济现象变动情况的相对数。根据指数所研究的范围不同可以有个体指数、类指数与总指数之分。指数的作用是可以综合反映复杂的社会经济现象的总体数量变动的方向和程度,可以分析某种社会经济现象的总变动受各因素变动影响的程度,操作方法是通过指数体系中的数量关系,假定其他因素不变,来观察某一因素的变动对总变动的影响。

(5) 平衡分析法

平衡分析法是研究社会经济现象数量变化对等关系的一种方法。它把对立统一的双方按其构成要素一一排列起来,给人以整体的概念,以便全局观察它们之间的平衡关系。平衡关系广泛存在于经济生活中,大至全国宏观经济运行,小至个人经济收支。平衡种类繁多,如财政平衡表、劳动力平衡表、能源平衡表、国际收支平衡表、投入产出平衡表等。平衡分析的作用:一是从数量对等关系上反映社会经济现象的平衡状况,分析各种比例关系相适应状况;二是揭示不平衡的因素和发展潜力;三是利用平衡关系可以从各项已知指标中推算未知的个别指标。

(6) 综合评价分析

社会经济分析现象往往错综复杂,社会经济运行状况是多种因素综合作用的结果,而且各个因素的变动方向和变动程度是不同的。如对宏观经济运行的评价,涉及生活、分配、流通、消费各个方面;对企业经济效益的评价,涉及人、财、物合理利用和市场销售状况。如果只用单一指标就难以作出恰当的评价,进行综合评价包括四个步骤:

①确定评价指标体系,这是综合评价的基础和依据。要注意指标体系的全面性和系统性。

②收集数据,并对不同计量单位的指标数值进行同度量处理。可采用相对化处理、函数化处理、标准化处理等方法。

③确定各指标的权数,以保证评价的科学性。根据各个指标所处的地位和对总体影响程度不同,需要对不同指标赋予不同的权数。

④对指标进行汇总,计算综合分值,并据此作出综合评价。

(7) 景气分析

经济波动客观存在,任何国家都难以完全避免。如何避免大的经济波动,保持经济的稳定发展,一直是宏观调控和决策面临的重要课题,景气分析正是适应这一要求而产生和发展的。景气分析是一种综合评价分析,可分为宏观经济景气分析和企业景气调查分析。

景气调查分析采取抽样调查的方法,通过问卷的形式,让负责人回答有关情况来判断和预测。

(8) 预测分析

根据已知的过去和现在推测未来,就是预测分析。统计预测属于定量预测,是以数据分析为主,在预测中结合定性分析。统计预测的方法大致可分为两类:一类主要根据指标时间数列自身变化与时间的依存关系进行预测,属于时间数列分析;另一类根据指标之间相互影响的因果关系进行预测,属于回归分析。

预测分析的方法有回归分析法、滑动平均法、指数平滑法、周期(季节)变化分析和随机变化分析等。比较复杂的预测分析需要建立计量模型,求解模型中的参数又有许多方法。

统计方法往往有能力的极限,如只用统计机器翻译方法,翻译质量的提高就有限度。一种可能的途径是把其他方法和统计方法结合起来,采用多元化的方法来建立综合性模型。传统 AI(如机器学习)先通过在较小的数据样本集学习,验证分类、判定等"假设"和"模型"的适合性,再应用推广到更大的数据集。

(三) 快速傅里叶变换

有限长序列可以通过离散傅里叶变换(DFT)将其频域也离散化成有限长序列。但其计算量太大,很难实时地处理问题,因此引出了快速傅里叶变换(FFT)。1965年,Cooley和Tukey提出了计算离散傅里叶变换的快速算法,将其运算量减少了几个数量级。从此,对快速傅里叶变换算法的研究便不断深入,数字信号处理这门新兴学科也随其出现和发展而迅速发展。根据对序列分解与选取方法的不同而产生了快速傅里叶变换的多种算法,基本算法是基2DIT和基2DIF。快速傅里叶变换在离散傅里叶反变换、线性卷积和线性相关等方面也有重要应用。

快速傅里叶变换是离散傅里叶变换的快速算法,它是根据离散傅里叶变换的奇、偶、虚、实等特性,对离散傅立叶变换的算法进行改进获得的。对于在计算机系统或者说数字系统中应用离散傅立叶变换,可以说是前进了一大步。

(四)平滑滤波

平滑滤波是低频增强的空间域滤波技术。其目的有两个:一个是模糊;另一个是消除噪声。空间域的平滑滤波一般采用简单平均法进行,就是求邻近像元点的平均亮度值。邻域的大小与平滑的效果直接相关,邻域越大平滑的效果越好,但邻域越大,平滑会使边缘信息损失得越大,从而使输出的图像变得模糊,因此需合理选择邻域的大小。

(五)基线和峰值

基线是项目储存库中每个工件版本在特定时期的一个"快照"。它提供一个正式标准,随后的工作基于此标准,并且只有经过授权后才能变更这个标准。建立一个初始基线后,以后每次对其进行的变更都将记录为一个差值,直到建成下一个基线。

峰值是在所考虑的时间间隔内,变化的电流、电压或功率的最大瞬间值。

峰值功率,就是最高能支持的功率接近或者超过峰值功率。电源的峰值功率指电源短时间内能达到的最大功率,通常仅能维持30秒左右的时间。一般情况下电源峰值功率可以超过最大输出功率50%左右,由于硬盘在启动状态下所需要的能量远远大于其正常工作时的数值,因此系统经常利用这一缓冲为硬盘提供启动所需的电流,启动到全速后就会恢复到正常水平。峰值功率其实是没有什么实际意义的,因为电源一般不能在峰值输出时稳定工作。

(六)分类

分类就是找出一个类别的概念描述,它代表了这类数据的整体信息,即该类的内涵描述,并用这种描述来构造模型,一般用规则或决策树模式表示。分类是利用训练数据集通过一定的算法而求得分类规则,分类可被用于规则描述和预测。分类的过程是:首先从数据中选出已经分好类的训练集,在该训练集上运用数据挖掘分类的技术,建立分类模型,对于没有分类的数据进行分类。类的个数是确定的,预先定义好的。例如:

(1)信用卡申请者按低、中、高风险分类;

(2)对某种生产的全流程进行质量监控和分析,构建故障地图,实时分析产品出现瑕疵的原因分类,有效提高了产品的优良率。

(七)聚类分析

聚类分析指将物理或抽象对象的集合分组为由类似的对象组成的多个类的分析过程。聚类是将数据分类到不同的类或者簇这样的一个过程,所以同一个簇中的对象有很大的相似性,而不同簇间的对象有很大的相异性。聚类分析是一种探索性的分析,在分类的过程中,不必事先给出一个分类的标准,聚类分析能够从样本数据出发,自动进行分类。聚类分析所使用的方法不同,常常会得出不同的结论。不同研究者对于同一组数据进行聚类分析,所得到的聚类数未必一致。在商业中,聚类可以帮助市场分析人员从消费者数据库中区分出不同的消费群体,并且概括出每一类消费者的消费模式或者消费习惯。它作为数据挖掘中的一个模块,可以作为一个单独的工具发现数据库中分布的一些深层次的信息,或者把注意力放在某一个特定的类上以做进一步的分析并概括出每一类数据的特点。

(八)因子分析

因子分析是指研究从变量群中提取共性因子的统计技术。因子分析就是从大量的数据中寻找内在的联系,减少决策的困难。因子分析的方法有十多种,如重心法、影像分析法、最大似然解、最小平方法、阿尔法抽因法、拉奥典型抽因法等。这些方法本质上大都属近似方法,以相关系数矩阵为基础。在社会学研究中,因子分析常采用以主成分分析为基础的反复法。

(九)相关分析

相关分析是研究现象之间是否存在某种依存关系,并对具有依存关系的现象研究其相关方向以及相关程度。相关关系是一种非确定性的关系,例如,以 x 与 y 分别表示一个人的身高和体重,则 x 与 y 显然有关系,而又没有确切到可由其中的一个去精确地决定另一个的程度,这就是相关关系,而不是因果关系。

(十)对应分析

对应分析也称关联分析,通过分析由定性变量构成的交互汇总表来表示变量间的联系。可以揭示同一变量的各个类别之间的差异,以及不同变量各个类别之间的对应关系。对应分析的基本思想是将一个联列表的行和列中各元素的比例结构以点的形式在较低维的空间中表示出来。

(十一)回归分析

回归分析是研究一个随机变量 y 对另一个变量 x 或一组 $(x_1, x_2, \cdots, x_K)$ 变量的相依关系的统计分析方法。回归分析是确定两种或两种以上变数间相互依赖的定量关系的一种统计分析方法,应用十分广泛。回归分析按照涉及的自变量的多少,可分为一元回归分析和多元回归分析。按照自变量和因变量之间的关系类型,又可分为线性回归分析和非线性回归分析。

(十二)方差分析

方差分析又称为变异数分析或 F 检验,主要用于两个及两个以上样本均数差别的显著性检验。由于各种因素的影响,研究所得的数据呈现波动状。造成波动的原因可分成两类:一类是不可控的随机因素,另一类是研究中施加的对结果形成影响的可控因素。方差分析是从观测变量的方差入手,研究各控制变量中哪些变量是对观测变量有较显著影响的变量。

(十三)列表与作图

1. 列表

将实验数据按一定规律用列表方式表达出来是记录和处理实验数据最常用的方法。表格的设计要求对应关系清楚、简单明了、有利于发现相关量之间的物理关系;此外还要求在标题栏中注明物理量名称、符号、数量级和单位等;根据需要还可以列出除原始数据以外的计算栏目和统计栏目等。最后还要求写明表格名称、主要测量仪器的型号、量程和准确度等级、有关环境条件参数如温度、湿度等。

2. 作图

作图法可以直观表达物理量间的变化关系。从图线上可以简便求出实验所需要的某些结果，如直线的斜率和截距值等，读出没有进行观测的对应点（内插法），或在一定条件下从图线的延伸部分读到测量范围以外的对应点（外推法）。此外，还可以把某些复杂的函数关系，通过一定的变换用直线图表示出来。

3. 常用的图表方法柏拉图（排列图）

排列图是分析和寻找影响质量主要因素的一种工具，其形式用双直角坐标图，左边纵坐标表示频数（如件数金额等），右边纵坐标表示频率（如百分比表示）。分折线表示累积频率，横坐标表示影响质量的各项因素，按影响程度的大小（即出现频数多少）从左向右排列。通过对排列图的观察分析可获得影响质量的主要因素。

(十四) 直方图

直方图是将一个变量不同等级的相对频数用矩形块标绘的图表（每一矩形的面积对应于频数），又称柱状图、质量分布图，是一种统计报告图，由一系列高度不等的纵向条纹或线段表示数据分布的情况。一般用横轴表示数据类型，纵轴表示分布情况。

(十五) 散点图

散点图表示因变量随自变量而变化的大致趋势，据此可以选择合适的函数对数据点进行拟合。用两组数据构成多个坐标点，考察坐标点的分布，判断两变量之间是否存在某种关联或总结坐标点的分布模式。

(十六) 鱼骨图

鱼骨图是一种发现问题根本原因的方法，也称为因果图。其特点是简捷实用，深入直观。它看上去有些像鱼骨，问题或缺陷（即后果）标在鱼头之外。

(十七) FMEA

FMEA 是一种可靠性设计的重要方法。它是 FMA（故障模式分析）和 FEA（故障影响分析）的组合。它对各种可能的风险进行评价、分析，以便在现有技术的基础上消除这些风险或将这些风险减小到可接受的水平。

四、数据分析的类型

数据分析主要分为探索性数据分析、定性数据分析、离线数据分析和在线数据分析，主要内容简述如下。

(一) 探索性数据分析

探索性数据分析是指为了形成值的假设的检验而对数据进行分析的一种方法，是对传统统计学假设检验手段的补充。探索性数据分析侧重在数据中发现新的特征。

(二) 定性数据分析

定性数据分析是指定性资料分析、定性研究、照片、观察结果等非数值型数据（或者说资料）的分析。

(三) 离线数据分析

离线数据分析用于较复杂和耗时的数据分析和处理。

(四) 在线数据分析

在线数据分析（OLAP，也称为联机分析处理）用来处理用户的在线请求，它对响应时间的要求比较高(通常不超过若干秒)。与离线数据分析相比,在线数据分析能够实时处理用户的请求,并且能够允许用户随时更改分析的约束和限制条件。尽管与离线数据分析相比,在线数据分析能够处理的数据量要小得多,但随着技术的发展,当前的在线分析系统已经能够实时地处理数千万条甚至数亿条记录。许多在线数据分析系统构建在以关系数据库为核心的数据仓库之上。许多在线分析系统采用了 Storm 流式处理系统。

五、数据分析的步骤

针对数据的具体情况,安排数据分析的方式,主要考虑下述内容。

最初的数据可能杂乱无章而无规律,但通过作图、制表和用各种形式的拟合可以来计算某些特征量,探索规律性的可能形式,这就需要研究用何种方式去寻找和揭示隐含在数据中的规律性。在探索性分析的基础上提出几种模型,然后通过进一步的分析从中选择所需的模型。通常使用数理统计方法对所选定模型或估计的可靠程度和精确程度作出推断。

数据分析的具体步骤主要包括识别信息需求、收集数据、分析数据等。具体如下所述。

(一)识别信息需求

识别信息需求可以为收集数据、分析数据提供清晰的目标,是确保数据分析过程有效性的首要条件。

(二)收集数据

有目的地收集数据是确保数据分析过程有效的基础。需要对收集数据的内容、渠道、方法进行策划。主要考虑下述问题:

(1)将识别信息需求转化为更具体的要求,例如,评价供方时,需要收集的数据可能包括其过程能力、测量系统不确定度等相关数据;

(2)明确由谁在何时何处,通过何种渠道和方法收集数据;

(3)记录表应便于使用;

(4)采取有效措施,防止数据丢失和虚假数据对系统的干扰。

(三)分析数据

分析数据是指将收集到的数据通过加工、整理和分析后,将其转化为信息的过程,常用的分析数据方法有排列图、因果图、分层法、调查表、散步图、直方图、控制图、关联图、系统图、矩阵图、KJ法、计划评审技术、PDPC法、矩阵数据图。

六、大数据分析基础

只有通过对大数据分析才能获取很多智能的、深入的、有价值的信息。越来越多的应用涉及大数据,而这些大数据的属性,包括数量、速度、多样性等都呈现出大数据不断增长的复杂性,所以大数据的分析方法在大数据领域显得尤为重要,是判断最终信息是否有价值的决定性因素。基于如此认识,大数据分析普遍存在的方法理论有可视化分析、数据挖掘、预测性分析、语义引擎、数据质量和数据管理。

大数据分析是指对规模巨大的数据进行分析,在研究大量数据的过程中寻找模式、相关性和其他有用的信息,可以帮助需求者更好地适应变化,并做出更加明智的决策。大数据分析的主要基础如下所述。

(一)可视化分析

大数据分析的使用者有大数据分析专家,同时还有普通用户,但是他们二者对于大数据分析最基本的要求就是可视化分析，因为可视化分析能够直观地呈现大数据的特点，同时能够非常容易被读者接受，就如同看图说话一样简单明了。不管是对数据分析专家还是普通用户，数据可视化是数据分析工具最基本的要求。可视化可以直观地展示数据，让数据自己说话，让观众看到结果。

(二) 数据挖掘

大数据分析的理论核心是数据挖掘，各种数据挖掘的算法只有基于不同的数据类型和格式才能更加科学地呈现出数据本身具备的特点，也正是因为这些被全世界统计学家所公认的各种统计方法才能深入数据内部，挖掘出公认的价值。另外，也是因为有这些数据挖掘的算法才能更快速地处理大数据，如果一个算法得用上好几年才能得出结论，那大数据的价值也就无从说起了。可视化是给人看的，数据挖掘是给机器看的。集群、分割、孤立点分析还有其他的算法可以使我们深入数据内部，挖掘价值。这些算法不仅能够处理大数据的数据量，也能够获得处理大数据的速度。

(三) 大数据预测分析

数据挖掘能使分析员更好地理解数据，而预测性分析可以让分析员根据可视化分析和数据挖掘的结果做出一些预测性的判断。

(四) 语义引擎

由于非结构化数据与异构数据等的多样性给数据分析带来了新的挑战与困难，需要一系列的工具去解析、提取、分析数据。语义引擎需要被设计成能够从文档中智能提取信息。从大数据中挖掘出特点，通过科学地建立模型，便可以通过模型输入新的数据，从而预测未来的数据。

(五) 数据质量和数据管理

大数据分析离不开数据质量和数据管理，高质量的数据和有效的数据管理，能够保证分析结果的真实和有价值性。

上述是大数据分析的基础，针对具体的需要，将出现更加有特点的、更加专业的大数据分析方法。

七、大数据预测分析

预测是通过分类或估值起作用的，也就是说，通过分类或估值得出模型，该模型用于对未知变量的预言。从这种意义上说，预言其实没有必要分为一个单独的类。预言的目的是对未来未知变量的预测，这种预测是需要时间来验证的，即必须经过一定时间后，才知道预言准确性是多少。

预测是利用历史数据找出变化规律，进而建立模型，并由此模型对未来数据的种类及特征进行预测。预测主要关注精度和不确定性，通常用预测方差来度量。估计与分类类似，不同之处是分类描述的是离散型变量的输出，而估计值处理的是连续值的输出。分类的类别数目确定，估计值不确定。一般来说，估计值可以作为分类的前一步工作。给定一些输入数据，通过估计值，得到未知的连续变量的值，然后根据预先设定的阈值，进行分类。例如，银行对家庭贷款业务，运用估计值给各个客户记分，然后根据阈值将贷款级别分类。例如：

(1) 根据购买模式，估计一个家庭的孩子个数；

(2) 根据购买模式，估计一个家庭的收入；

(3)估计拥有的实际财产的价值等。

大数据分析最重要的应用领域之一就是预测性分析,从大数据中挖掘出特点,通过科学地建立模型,便可以通过模型代入新的数据,从而预测未来的结果。

电子商务网站通过数据分析预测顾客是否会购买推荐的产品;信贷公司通过数据预测借款人是否会违约;执法部门用大数据预测特定地点发生犯罪的可能性;交通部门利用数据预测交通流量。但是,预测不是大数据时代才有的新问题,它是人类本能的一部分。大数据预测分析是大数据分析的最重要工作之一。大数据预测分析采用的是大样本技术,而小数据方法采用的是小样本技术。因此,通过对大数据进行分析才能获取智能的、深入的和有价值的信息。越来越多的应用涉及大数据,大数据的所有属性,包括数量、速度、多样性、非结构化等描述了不断增长的存储数据的复杂性。预测分析一直是象牙塔里统计学家和数据科学家的工作,日常业务决策者很少使用,但是大数据预测分析将改变这种状况。随着越来越多的数据在网上出现,并整合到现有的 BI、CRM、ERP 和其他关键业务系统,大数据预测分析最终将成为关注的焦点,并起到越来越重要的作用。

(一)大数据预测分析关键因素

预测分析同时也是一个极端困难的任务,实施成功的预测分析有赖于以下关键因素。

1. 数据质量

数据是预测分析的血液。数据通常来自内部数据,如客户交易数据和生产数据。但还需要补充外部数据源,如行业市场数据、社交网络数据和其他统计数据。与流行的技术观点不同,这些外部数据未必一定是"大数据"。数据中的变量是否有助于有效预测才是关键所在。总之,数据越多,相关度和质量越高,找出原因和结果的可能性越大。

2. 数据分析师

数据分析师必须理解业务需求和业务目标,审视数据,并围绕业务目标建立预测分析规则,例如,如何增加电子商务的销售额、保持生产线的正常运转、防止库存短缺等。数据分析师需要拥有数学、统计学等多个领域的知识。

3. 预测分析软件

预测分析必须借助预测分析软件来评估他们的分析模型和规则,预测分析软件通过整合统计分析和机器学习算法发挥作用。IBM SPSS 和 SAS 是两个常用的分析软件。R 项目则是一个非常流行的开源工具。如果数据量大到大数据的程度,那么就需要一些专门的大数据处理平台,如 Hadoop 或数据库分析机如 Oracle Exadata 等。

4. 运营软件

如果找到或建立了合适的预测规则,下一步就是将规则植入应用。预测分析软件应该能以某种方式产生代码,例如,预测分析某产品。更重要的是将预测规则需要的数据事先准备好。预测规则也能通过业务规则管理系统和复杂事件处理平台进行优化。

(二)大数据预测分析演进方向

数据分析的传统范型(BI-ETL-EDW)即将被新的分析范型取代已达成共识,全新的数据分析平台将消除当前分析软件在设计和实施方面的延迟和低效率,新的数据分析范型是目标导向的,不关心数据的来源和格式,能够无缝处理结构化、非结构化和半结构化数据;能够输出有效结果;能够提供去黑箱化的预测分析服务;能够面向更广泛的普通员工快速部署分析应用。数据管理、分析透明度及用户应用是阻碍企业数据分析应用的关键问题。

1. 数据管理

Hadoop已经成为企业管理大数据的基础支撑技术,并传递出一个非常明确的信号:主要的Hadoop发行商想要在HadoopHDFS之上提供实时、互动的查询服务。这个趋势将SQL查询处理与具备指数级扩展能力的HDFS存储架构两个杰作整合到了一起,实现对PB级别大数据的管理方式。

2. 去黑箱化

预测分析是管理者进行数据化决策的关键。目前预测和统计分析领域已经有很多技术可以帮助企业预测不远的未来。但预测分析面临的最大问题是黑箱化。随着企业领导越来越多地以预测分析技术做出重大商业决策,预测分析技术需要去黑箱化。包括应用自描述数据沿袭,增加对底层数学和算法的解释等。去黑箱化有利于企业管理者学会彻底驾驭数据分析工具,不但看到数据分析结果,还知道分析是如何得来的,分析工具的设计原理等,这有助于管理者增加对预测分析的信心,而不是过去那样完全依赖。R和Stata的崛起,正在冲击传统分析学术圈的黑箱式分析方法,这也代表着商业世界的发展趋势。

3. 应用普及

即使实现了分析的去黑箱化,企业数据分析应用在企业中的部署依然面临以下几个方面的挑战:发布可复用应用,创建最佳实践、组织范围内的横向协作,无缝重组模型等。在最终用户(员工)中的应用普及是数据分析成功的关键。例如,建设一个专门提供分析应用的企业移动应用商店往往能大大加快数据分析的应用普及。分析应用将不再是数据科学家的专利,更多的分析应用将预先打包的内容和应用发送到分析人士和企业员工的手中。

(三)大数据预测分析相关问题

大数据预测分析应用广泛。大数据将组群分析和回归分析等较常用的工具交到日常管理人员手中,然后可以使用非交易数据来做出战略性的长期的业务决定。客户服务代表可以独立决定一个问题客户是否值得保留或者升级,或者销售人员可以基于人们对零售商在网站上的评价来调整零售商的产品量。大数据并不是要取代传统BI工具,大数据将让BI更有价值和更有利于业务发展。在大数据时代,因为数据很多,很可能可以找到相关的关系,使原来找不到的相关关系现在找得到了。

但是因为数据太多,不一定能够理解为什么。但是只要能先找到相关关系,就已经很不错了,但也可能会找到内在的因果关系。在大数据时代,不一定知其所以然,但知其然。

在预测中,如果仔细地查看使用从BI工具收集到的历史交易数据,就会发现,最新商家定位活动更倾向于参考来自大数据技术处理的结果。

1. 分析社交媒体中的非结构数据

社交媒体中存在很大的商机,如果没有预测分析,就很可能错过机会。在过去,根据历史数据来做决定,但现在需要预测分析。需要结合大数据开源技术(大多数大数据平台都源自开源)、摩尔定律、商品硬件、云计算以及捕捉和存储大量非交易数据来实现预测目的。要将大数据中非结构化数据(例如,视频和电子邮件)参与这一过程,与来自各种引擎(追踪用户对你的品牌的评价)的新来源的信息,通过博客和用户论坛,然后将这些信息与地理数据相关联,并结合现有结构化客户数据,获得强大的预测能力。

2. 缩短大数据分析时间

大数据分析的一个很大优势在于缩短预测时间,数据科学家曾经需要花几个月时间来建立查询或者模型以回答关于供应链或生产计划的前瞻性业务问题,现在只需要几个小时就可以完成。这是因为利用大数据技术可以实现信息在被优化或者关系化之前进行分析,再加上高级分析技术,使业务经理可以在非常短的时间内询问和回答问题。之所以能这样做是因为大数据技术可以实现自动化建模,并可以在无人值守的情况下执行。

3. 大数据预测分析和传统的数据仓库的不同

大数据预测分析中包含了各种快速发展中的技术,简单用某一种技术将会比较困难。传统的数据仓库系统通常从现有的关系型数据库中抓取数据。然而,超过80%的企业数据是非结构化的,即无法用关系型数据库管理系统(RDBMS)来实现。一般而言,非结构化数据无法简单转化到关系型数据库中。但是,现在企业希望从下述非结构化数据类型中抽取有价值的信息。

(1)邮件和其他形式的电子通信记录。

(2)网站上的资料,包括点击量和社交媒体相关的内容。

(3)数字视频和音频。

(4)设备以及物联网产生的数据(RFID、GPS、传感器产生的数据、日志文件等)。

在大数据分析中,查看多种大量的数据类型十分必要,这代表了各种重要的新信息源。并且随着每年非结构化数据存储总量较结构化数据增长率高出10~50倍,从业务角度看这些数据也变得更为重要。但是,传统的数据仓库技术对非结构化数据的处理根本无法满足大数据的需求。所以,存储管理人员需要更快地跟随技术发展,更新自己的技术和知识结构,提高自己对大数据的管理和分析能力。

(四)舆情监测与分析

舆情监测与分析并不是一个新鲜事物,古代的邸报算是今日舆情监测分析的鼻祖。

1. 舆情监测内容

监测内容主要包括对主流门户网站、国内外主流论坛、主流媒体、博客微博、主流搜索引擎(如百度、谷歌等)等站点进行全景扫描,对本单位相关刑事、民事、行政案件与信息进行全面收集、精确分析、清晰归类和个性统计等工作,最终实现负面信息及时发现、重大事件实时跟踪,自动生成各种统计报告,敏感信息及时预警等,监测内容的更详细说明如下所述。

(1)网民披露监测

论坛、博客和微客现已成为网民表达自我想法,披露各种现象的最有效平台,每个个体都已成为新闻的发布者、新闻的传播者和新闻的评论者。通过本系统可以第一时间发现网民所发布的内容,如果是与法律有关的问题就会自动收录进系统。如果是重大负面事件,如各种法律案件行为等,系统就会自动预警给单位相关负责人,可以第一时间掌握事件的实际情况,通过实地考察迅速制订解决方案,第一时间给予妥善解决,最终获得广大人民群众的认可,完成人民所赋予的神圣使命。

(2)热点舆情检测

针对重大事件进行不间断实时检测,实现自定义热点事件,实现对热点事件设置监测关键词、检测周期、检测范围,实时对重大事件相关信息进行汇总,自动生成传播趋势图、相关人员统计图、相关机构统计图等各种图表。

(3)单位舆情检测

支持单位领导及相关部门对主题词的舆情信息采集,随时进行舆情信息检测。

2. 舆情分析概述

舆情分析就是根据特定问题的需要,针对这个问题的舆情进行深层次的思维加工和分析研究,得出相关结论的过程。

(1)舆情分析的方法

①内容分析法。内容分析法是一种对信息内容做客观、系统的定量分析的专门方法,其目的是弄清或测验信息中本质性的事实和趋势,提示信息所含有的隐性情报内容,对事物发展做情报预测。

②实证分析法。实证分析法是通过分析大量案例和相关数据后,试图得出某些结论的一种常见研究方法。

(2)舆情分析的价值

舆情分析具有重要的价值。在某个事件发生后,广大群众会通过各种途径了解到事情的一些情况,随后而来的便是纷如雨下的评论,或支持或反对、或理性或感性、或热情参与或冷眼旁观。当一种论调得到大家的认同后,舆情可以对事件的走向产生重大的影响。而一旦有心人可以从这些舆情中分析出些什么,得到些什么,就可以做出一个正确的决定。舆情分析就是一个风向标。

(五)舆情报告图表制作

由于图表与列表能够清晰、直观、简洁、深刻、形象地以可视化方式表现舆情事件,所以其制作的科学规范化特别重要。

(1)一般常见的分析方法有连续接近法、举例说明法、比较分析法和流程图法等,应该根据舆情事件本身的特征科学选择图表,如趋势图、比例饼图、百分比柱图、流程图等,表格的设计则要简洁实用,科学高效。

(2)舆情分析图表在数据来源上要注意区分传统媒体、网络论坛、博客、问答网站等。

(3)在媒体类型上注意区分媒体历史形态、媒体控制类型与地域类型。

(4)分析舆情言论主体的身份特征,如媒体、官员、机构、意见领袖、网民等,进行社会化考察。

(5)在对各种观点做具体的定性分析时,为研究结果做结论时应该注意材料之间的异同,避免为了结论的独立精确而牺牲材料的丰富性,应该兼顾赞扬、支持、中立、不关心、反对、谴责等不同态度,以防止观点遗漏导致分析结论偏颇,立体化、多层次、客观地反映我国转型期多元化社会的不同利益诉求,为决策和研究提供科学全面的参考。

1. 大数据舆情分析的目标

大数据舆情分析的目标是要从复杂的大数据舆情中找出规律,也就是说,从网上及时发现舆情话题的热点,通过对舆情样本进行科学收集、抽样、统计、汇总、分析,准确把握舆情现状,并在此基础之上,对其发展走势给出预测,提出应对与处理的意见和建议。

2. 大数据舆情分析的工作特点

(1)快捷。舆情分析就是从网上找线索,找信息,然后进行加工处理。之所以要快捷,是因为网上信息传播速度快,分析师要能够跟上节奏。

(2)准确。除了快捷之外,还要准确,网上的信息复杂而庞大,必须眼光独到,找到最有价值与代表性的样本,这是一项艰难的工作。

(3)专业。专业是指专业的分析、研究与判断,科学的应对和处置方法,要有理论基础和实践经验。

3. 大数据舆情分析

大数据舆情分析,就是要追踪所服务部门的舆情态势,例如,发现最近的舆情热点,通过科学的抽样分析总结出其中的趋势规律,进行文字描述,并辅以图表,提出意见,从而生成舆情简报,同时通过各种方式进行预警和汇报。

4. 大数据舆情分析的职业化

随着社交媒体和移动终端的飞速发展,尤其是社会媒体和移动终端的飞速发展,信息的传播速度越来越快,参与讨论的网民也越来越多,导致大数据的产生,仅依靠传统的个人上网方式不能及时有效地发现舆情、了解舆情全貌,因此大数据舆情职业化应运而生。

★ 习题精练

一、单项选择题

1. 下列四项中,不属于数据库系统的主要特点的是( )。
   A. 数据结构化　　　　　　　　B. 数据的冗余度小
   C. 较高的数据独立性　　　　　D. 程序的标准化

2. SQL 语言具有( )的功能。
   A. 关系规范化、数据操纵、数据控制　　B. 数据定义、数据操纵、数据控制
   C. 数据定义、关系规范化、数据控制　　D. 数据定义、关系规范化、数据操纵

3. SQL 语言中,删除一个表的命令是( )。
   A. DELETE　　　B. DROP　　　C. CLEAR　　　D. REMOVE

4. 数据库管理系统能实现对数据库中数据的查询、插入、修改和删除等操作的数据库语言称为( )。
   A. 数据定义语言(DDL)　　　　B. 数据管理语言
   C. 数据操纵语言(DML)　　　　D. 数据控制语言

5. 数据库的特点之一是数据的共享,严格地讲,这里的数据共享是指( )。
   A. 同一个应用中的多个程序共享一个数据集合
   B. 多个用户、同一种语言共享数据
   C. 多个用户共享一个数据文件
   D. 多种应用、多种语言、多个用户相互覆盖地使用数据集合

6. ( )可以减少相同数据重复存储的现象。
   A. 记录　　　　　B. 字段　　　　　C. 文件　　　　　D. 数据库

7. 数据库管理系统(DBMS)的主要功能是( )。

A. 修改数据库 B. 定义数据库
C. 应用数据库 D. 保护数据库
8. 数据库管理系统中用于定义和描述数据库逻辑结构的语言称为（　　）。
A. 数据库模式描述语言 B. 数据库子语言
C. 数据操纵语言 D. 数据结构语言
9. 关系模式的任何属性（　　）。
A. 不可再分 B. 可再分
C. 命名在该关系模式中可以不唯一 D. 以上都不是
10. 在关系代数运算中，五种基本运算为（　　）。
A. 并、差、选择、投影、自然连接 B. 并、差、交、选择、投影
C. 并、差、选择、投影、乘积 D. 并、差、交、选择、乘积
11. 关系数据库中的关键字是指（　　）。
A. 能唯一决定关系的字段 B. 不可改动的专用保留字
C. 关键的很重要的字段 D. 能唯一标识元组的属性或属性集合
12. SQL 语言是（　　）的语言，易学习。
A. 过程化 B. 非过程化 C. 格式化 D. 导航式
13. SQL 语言的数据操纵语句包括 SELECT，INSERT，UPDATE 和 DELETE 等。其中最重要的，也是使用最频繁的语句是（　　）。
A. SELECT B. INSERT C. UPDATE D. DELETE
14. SQL 语言具有两种使用方式，分别称为交互式 SQL 和（　　）。
A. 提示式 SQL B. 多用户 SQL
C. 嵌入式 SQL D. 解释式 SQL
15. SQL 语言中，实现数据检索的语句是（　　）。
A. SELECT B. INSERT C. UPDATE D. DELETE
16. 下列 SQL 语句中，修改表结构的是（　　）。
A. ALTER B. CREATE C. UPDATE D. INSERT
17. 关系数据库规范化是为解决关系数据库中（　　）问题而引入的。
A. 插入、删除和数据冗余 B. 提高查询速度
C. 减少数据操作的复杂性 D. 保证数据的安全性和完整性
18. 数据库恢复的基础是利用转储的冗余数据。这些转储的冗余数据包括（　　）。
A. 数据字典、应用程序、审计档案、数据库后备副本
B. 数据字典、应用程序、日志文件、审计档案
C. 日志文件、数据库后备副本
D. 数据字典、应用程序、数据库后备副本
19. 实现数据库安全性控制的常用方法和技术有（　　）。
A. 用户标识与鉴别、存取控制、视图机制、审计、数据加密
B. 存取控制、视图机制、审计、数据加密、防火墙
C. 用户标识与鉴别、存取控制、视图机制、审计、防火墙

D. 存取控制、视图机制、审计、数据加密、数据转储

20. 关系模型中,一个码(　　)。

　　A. 可以由多个任意属性组成

　　B. 至多由一个属性组成

　　C. 由一个或多个属性组成,其值能够唯一标识关系中一个元组

　　D. 以上都不是

二、多项选择题

1. 对于下列语句 TeacherNO INT NOT NULL UNIQUE,正确的描述是(　　)。

　　A. TeacherNO 是主码

　　B. NOT NULL 不能为空

　　C. TeacherNO 的值可以是"王大力"

　　D. 每一个 TeacherNO 必须是唯一的

2. 下面关于数据库模式设计的说法中正确的有(　　)。

　　A. 在模式设计的时候,有时候为了保证性能,不得不牺牲规范化的要求

　　B. 有的情况下,把常用属性和很少使用的属性分成两个关系,可以提高查询的速度

　　C. 连接运算开销很大,在数据量相似的情况下,参与连接的关系越多开销越大

　　D. 减小关系的大小可以将关系水平划分,也可以垂直划分

3. 在 SELECT 语句中,需要对分组情况应满足的条件进行判断时,应使用(　　)。

　　A. WHERE　　　　B. GROUP BY　　C. ORDER BY　　D. HAVING

4. 在 ORACLE 中,下面对视图的作用描述正确的有(　　)。

　　A. 视图可以加速数据访问

　　B. 视图可以屏蔽掉对部分原始数据的访问

　　C. 视图可以降低查询复杂度

　　D. 视图可以代替原始数据表

5. 在 ORACLE 中,一般来说,日志切换的主要处理方式有(　　)。

　　A. 当重做日志文件组容量满的时候,会发生日志切换

　　B. 以时间的方式指定日志切换

　　C. 当表空间满的时候,会发生日志切换

　　D. 处于维护的需要(如更换磁盘)强制日志切换

6. 数据库系统的组成部分包括(　　)。

　　A. 数据库　　　　　　　　　　　B. 数据管理系统

　　C. 操作系统、应用系统　　　　　D. 数据库管理系统

7. 数据库管理员希望对数据库进行性能优化,以下操作中行之有效的方法为(　　)。

　　A. 将数据库的数据库文件和日志文件分别放在不同的分区上

　　B. 在数据库服务器上尽量不要安装其他无关服务

　　C. 一个表中的数据行过多时,将其划分为两个或多个表

　　D. 将数据库涉及的所有文件单独放在一个分区上供用户访问

8. 在关系数据库中存在的完整性规则有(　　)。

A. 实体完整性规则 B. 索引完整性规则
C. 引用完整性规则 D. 用户定义的完整性规则

9. 下列关于视图的说法中正确的有(　　)。
   A. 视图是从一个或多个基本表导出的表,它是虚表
   B. 视图可以被用来对无权用户屏蔽数据
   C. 视图一经定义就可以和基本表一样被查询和更新
   D. 视图可以用来定义新的视图

10. 下列对关系的描述正确的有(　　)。
    A. 关系是一个集合 B. 关系是一张二维表
    C. 关系可以嵌套定义 D. 关系中的元组次序可交换

11. ORACLE 数据库系统的物理存储结构主要的组成文件有(　　)。
    A. 数据文件 B. 日志文件 C. 控制文件 D. 数字文件

12. 在多进程 ORACLE 实例系统中,进程分为(　　)。
    A. 用户进程 B. 后台进程 C. 服务器进程 D. 前台进程

13. 数据库系统的三级模式结构是指数据库系统是由(　　)三级构成。
    A. 概念模式 B. 外模式 C. 内模式 D. 中模式

14. 数据库是长期存储在计算机内的(　　)数据集合。
    A. 有组织 B. 可共享 C. 可延伸 D. 可扩展

15. 当数据库被破坏后,如果事先保存了(　　)就有可能恢复数据库。
    A. 数据库副本 B. 日志文件 C. 文本文件 D. 数据文件

16. 以下关于数据库视图的说法中,正确的有(　　)。
    A. 可以在视图上定义新的视图
    B. 可以在视图上进行相关查询操作
    C. 通过视图进行更新时,允许对视图中做运算的列(如表达式列)进行 UPDATE、IN-SERT 或 DELETE 操作
    D. 允许对多表视图进行 DELETE 操作

17. 数据库管理技术经历了(　　)3 个发展阶段。
    A. 手工管理 B. 文件系统 C. 数据库系统 D. 计算机管理

18. 下列对关系的描述中正确的是(　　)。
    A. 关系是一个集合 B. 关系是一张二维表
    C. 关系可以嵌套定义 D. 关系中的元组次序可交换

19. 关于模式和实例之间的关系,以下描述中不正确的是(　　)。
    A. 模式的一个具体值称为模式的一个实例
    B. 模式是相对稳定的,而实例是相对变动的
    C. 实例反映的是数据的结构及其联系
    D. 模式反映的是数据库某一时刻的状态

20. 在数据库概念结构设计阶段中,设计概念结构的方法有(　　)。
    A. 自顶向下 B. 自底向上 C. 逐步扩张 D. 混合策略

三、判断题

1. 每个数据库至少应该有一个表空间,而一个表空间只能属于一个数据库,每个表空间只能有一个数据文件。(　　)
2. 在 SQL 查询语句中可以通过使用 HAVING 来进行条件限制。(　　)
3. 数据库索引和视图的共同点是提高查询速度,同时占用极少量的存储空间。(　　)
4. 数据库 DML 操作包括 DELETE、INSERT、MERGE 等。(　　)
5. ORACLE 数据库临时表的数据是不能导出的,用户提交事务后就立即清空。(　　)
6. 在 ORACLE 中创建用户时,若未提及 DEFAULT TABLESPACE 关键字,则 ORACLE 就将 DEFAULT 表空间分配给用户作为默认表空间。(　　)
7. PRIMARY KEY、UNIQUE 关键词在使用的过程中会隐式地创建一条唯一的索引。(　　)
8. ORACLE 是 ORACLE 公司推出的层次型数据库管理系统。(　　)
9. 数据库中,主键是可唯一标识记录的一个或多个字段。(　　)
10. 关系数据库中表的主码不能重复。(　　)
11. 删除关系数据库中的基本表后,建立在该表上的视图也会自动消失。(　　)
12. 建立数据仓库的目的是存储海量的信息。(　　)
13. 在数据表视图下,每个字段的显示宽度受"字段大小"属性的影响,用户不能随意更改字段的显示宽度,以免造成数据丢失。(　　)
14. 任何数据类型的字段都可以建立索引以提高数据检索效率。(　　)
15. "自动编号"类型数据由系统自动生成,不能由用户手动输入。(　　)
16. 数据表的复制既可以在不同数据库间复制,也可以在同一个数据库下复制。(　　)
17. 各种记录报表是关系型数据库将数据转化为信息和知识最主要的手段。(　　)
18. 数据库安全只要依靠技术即可保障。(　　)
19. 数据库系统是位于用户与操作系统之间的一层数据管理软件。(　　)

四、简答题

1. 试述数据、数据库、数据库管理系统、数据库系统的概念。
2. 数据库系统的故障有哪些类型?
3. 数据库管理系统有哪些功能?
4. 数据库设计分哪几个阶段?
5. 数据库设计的基本步骤是什么?
6. 试述关系模型的参照完整性规则。
7. 简述系统故障时的数据库恢复策略。
8. 请简述 ORACLE 数据库系统具有的备份方式。
9. SQL PLUS 与 PL/SQL Developer 都是 ORACLE 常用工具,它们在功能上有什么区别?
10. 什么是数据库管理系统?

五、综合案例题

1. 设有职工基本表:EMP(ENO,ENAME,AGE,SEX,SALARY),其属性分别表示职工号、姓名、年龄、性别、工资。为每个工资低于 1 000 元的女职工加薪 200 元。试写出这个操作的 SQL 语句。

2. 设有一个工程供应数据库系统,包括如下四个关系模式:
   S(SNO,SNAME, STATUS,CITY);
   P(PNO,PNAME,COLOR,WEIGHT);
   J(JNO,JNAME,CITY);
   SPJ(SNO,PNO,JNO,QTY)。
   供应商表 S 由供应商号、供应商名、状态、城市组成;
   零件表 P 由零件号、零件名、颜色、重量组成;
   工程项目表 J 由项目号、项目名、城市组成;
   供应情况表 SPJ 由供应商号、零件号、项目号、供应数量组成。
   请用 SQL 查询供应工程 J1 零件为红色的工程号 JNO;
   用 SQL 查询没有使用天津供应商生产的零件的工程号;
   用 SQL 语句将全部红色零件改为蓝色;
   用 SQL 语句将(S2,P4,J6,400)插入供应情况关系。

3. 设有关系 R 和 S 如下图所示。

R			S	
A	B		A	C
a1	b1		a1	40
a2	b2		a2	50
a3	b3		a3	55

   试用 SQL 语句实现:
   (1)查询属性 C>50 时,R 中与相关联的属性 B 之值。
   (2)当属性 C=40 时,将 R 中与之相关联的属性 B 值修改为 b4。

4. 设有关系 EMP(ENO,ENAME,SALARY,DNO),其中各属性的含义依次为职工号、姓名、工资和所在部门号,以及关系 DEPT(DNO,DNAME,MANAGER),其中各属性含义依次为部门号、部门名称、部门经理的职工号。试用 SQL 语句完成以下查询:
   列出各部门中工资不低于 600 元的职工的平均工资。
   请用 SQL 语句将"销售部"的那些工资数额低于 600 元的职工的工资上调 10%。

5. 设有一个工程供应数据库系统,包括如下四个关系模式:
   S(SNO,SNAME, STATUS,CITY);
   P(PNO,PNAME,COLOR,WEIGHT);
   J(JNO,JNAME,CITY);
   SPJ(SNO,PNO,JNO,QTY)。
   供应商表 S 由供应商号、供应商名、状态、城市组成;
   零件表 P 由零件号、零件名、颜色、重量组成;
   工程项目表 J 由项目号、项目名、城市组成;
   供应情况表 SPJ 由供应商号、零件号、项目号、供应数量组成。

请完成以下查询：
(1)用关系代数查询没有使用天津供应商生产的红色零件的工程号；
(2)用 SQL 查询供应工程 J1 零件为红色的工程号 JNO(不重复)；
(3)用 SQL 查询没有使用天津供应商生产的零件的工程号。

6. C(CNO,CNAME,TYPE,CREDIT,HOURS,PTNO)
   TC(CNO, CTERM, TEACHER)
   S(SNO,SNAME,SEX,BIRTH,NATIVE,SPNO)
   SC(SNO,CNO,GRADE)
   T(TEACHER,TME)

请用关系代数和 SQL 语言完成如下查询操作：
(1)查询选修了四门以上课程的学生学号。
(2)查询李四同学的籍贯。
(3)查询计算机系学生所选修的所有课程名称。
(4)查询所有学生的姓名及其选修课程的课程号。
(5)查询选修了全部课程的计算机系学生学号和姓名。
(6)查询 2012 年第 1 学期(2012-1)开出的课程编号,名称和学分。
(7)查询选修了所有课程的学生学号和姓名。
(8)查询每个学生的选修课程数、总成绩、平均成绩。
(9)查询选修"数据库技术与应用"的学生学号及成绩。
(10)找出"张三"的学号与成绩良好(>85)的课程号与成绩。
(11)查询至少选修了一门直接选修课为"20102"课程的学生学号和姓名。

★ 答案及解析

一、单项选择题

1. 【答案】D
   【解析】数据库系统的主要特点是：数据结构化、数据的冗余度小、较高的数据独立性。
2. 【答案】B
   【解析】SQL 语言具有的功能：数据定义、数据操纵、数据控制。
3. 【答案】B
   【解析】SQL 语言中,删除表的命令是 DROP。
4. 【答案】C
   【解析】数据库管理系统能实现对数据库中数据的查询、插入、修改和删除等操作的数据库语言称为数据操纵语言(DML)。
5. 【答案】D
   【解析】数据库的数据共享是指多种应用、多种语言、多个用户相互覆盖地使用数据集合。
6. 【答案】D

【解析】数据库可以减少相同数据重复存储的现象。

7. 【答案】B

【解析】数据库管理系统(DBMS)的主要功能是定义数据库。

8. 【答案】A

【解析】数据库管理系统中用于定义和描述数据库逻辑结构的语言称为数据库模式描述语言。

9. 【答案】A

【解析】关系模式的任何属性不可再分。

10. 【答案】C

【解析】关系代数运算中,五种基本运算为:并、差、选择、投影、乘积。

11. 【答案】D

【解析】关键字是指能唯一标识元组的属性或属性集合。

12. 【答案】B

【解析】SQL语言是非过程化的语言。

13. 【答案】A

【解析】SQL语言的数据操纵语句中最重要的,也是使用最频繁的语句是SELECT。

14. 【答案】C

【解析】SQL语言具有两种使用方式,分别称为交互式SQL和嵌入式SQL。

15. 【答案】A

【解析】SQL语言中,实现数据检索的语句是SELECT。

16. 【答案】A

【解析】修改表结构的命令是ALTER。

17. 【答案】A

【解析】关系数据库规范化是为解决关系数据库中插入、删除和数据冗余问题而引入的。

18. 【答案】C

【解析】转储的冗余数据包括:日志文件、数据库后备副本。

19. 【答案】A

【解析】实现数据库安全性控制的常用方法和技术有:用户标识与鉴别、存取控制、视图机制、审计、数据加密。

20. 【答案】C

【解析】码:由一个或多个属性组成,其值能够唯一标识关系中一个元组。

二、多项选择题

1. 【答案】BD

【解析】NOT NULL 不能为空,UNIQUE 唯一。

2. 【答案】ABCD

【解析】数据库模式设计的特点:在模式设计的时候,有时候为了保证性能,不得不牺牲规范化的要求。有的情况下,把常用属性和很少使用的属性分成两个关系,可以提高查询的速度。连接运算开销很大,在数据量相似的情况下,参与连接的关系越多开销越大。减小关系的大小可以将关系水平划分,也可以垂直划分。

3.【答案】BD

【解析】在 SELECT 语句中,需要对分组情况应满足的条件进行判断时,应使用 GROUP BY、HAVING 子句。

4.【答案】BC

【解析】视图(View)作为一种数据库对象,为用户提供了一个可以检索数据表中的数据方式,能屏蔽掉部分数据的访问,降低查询复杂度。

5.【答案】ABD

【解析】日志切换的处理方式中不包括表空间满的情况。

6.【答案】ABCD

【解析】数据库系统由数据库、操作系统、数据库管理系统、应用系统、数据库管理员和用户等组成。

7.【答案】AB

【解析】选项 C 和选项 D 无法对数据库性能提供优化。

8.【答案】ACD

【解析】关系数据库中存在的完整性规则包括实体完整性规则、引用完整性规则和用户定义的完整性规则。

9.【答案】ABD

【解析】视图一经定义,就可以和基本表一样被查询、被删除,而不是被更新。

10.【答案】ABD

【解析】关系不可以嵌套定义。

11.【答案】ABC

【解析】数据库系统的物理存储结构主要由数据文件、日志文件和控制文件三类文件组成。

12.【答案】ABC

【解析】在多进程 ORACLE 实例系统中,进程分为用户进程、后台进程和服务器进程。

13.【答案】ABC

【解析】数据库领域公认的标准结构是三级模式结构,它包括外模式、概念模式和内模式。

14.【答案】AB

【解析】数据库是长期存储在计算机内有组织、可共享的数据集合。

15.【答案】AB

【解析】通过数据库副本或者日志文件可以尝试恢复数据库。

16.【答案】AB

【解析】可以在视图上定义新的视图或者进行相关查询操作。定义视图后,对视图的查询没有什么限制,可以像对待表一样进行操作。但是,如果对视图中的元组进行更新操作(INSERT,UPDATE,DELETE)将受到限制。概括起来,关于可更新视图有以下三条规则:①若视图是基于多个表使用联结操作而导出的,那么对这个视图执行更新操作时,每次只能影响其中的一个表。②若视图导出时包含有分组和聚合操作,则不允许对这个视图执行更新操作。③若视图是从一个表经选择、投影而导出的,并在视图中包含了表的主关键字或某个候选键,这类视图称为"行列子集视图"。对这类视图可执行更新操作。多表视图不能进行 DELETE 操作。

17. 【答案】ABC

    【解析】数据库管理技术经历了手工管理、文件系统、数据库系统3个发展阶段。

18. 【答案】ABD

    【解析】关系是一个集合,是一张二维表,关系中的元组次序可交换。

19. 【答案】CD

    【解析】模式又称概念模式或逻辑模式,对应于概念级,它是对数据库中全部数据的逻辑结构和特征的总体描述,是所有用户的公共数据视图(全局视图);数据库实例就是后台进程和数据库文件的集合。

20. 【答案】ABCD

    【解析】在概念结构设计阶段中,设计概念结构的方法有自顶向下、自底向上、逐步扩张、混合策略。

三、判断题

1. 【答案】×

   【解析】每个表空间可以有多个数据文件。

2. 【答案】√

   【解析】在 SQL 查询语句中可以通过使用 HAVING 来进行条件限制。

3. 【答案】×

   【解析】视图不能提高查询速度。

4. 【答案】√

   【解析】数据库 DML 操作包括 DELETE、INSERT、MERGE 等。

5. 【答案】×

   【解析】临时表的数据可以导出。

6. 【答案】×

   【解析】分配 system 表空间给用户作为默认表空间。

7. 【答案】√

   【解析】PRIMARY KEY、UNIQUE 关键词在使用的过程中会隐式地创建一条唯一的索引。

8. 【答案】×

   【解析】ORACLE 是 ORACLE 公司推出的关系型数据库管理系统。

9. 【答案】√

   【解析】数据库中,主键是唯一标识记录的一个或多个字段。

10. 【答案】√

    【解析】关系数据库中表的主码不能重复。

11. 【答案】×

【解析】删除关系数据库中的基本表后,建立在该表上的视图不会自动消失。
12.【答案】×
【解析】数据仓库,是为企业所有级别的决策制定过程,提供所有类型数据支持的战略集合。
13.【答案】×
【解析】在数据表视图下,每个字段的显示宽度受"字段大小"属性的影响,用户可以更改字段的显示宽度。
14.【答案】×
【解析】不是任何数据类型的字段都可以建立索引以提高数据检索效率。
15.【答案】√
【解析】"自动编号"类型数据由系统自动生成,不能由用户手动输入。
16.【答案】√
【解析】数据表的复制既可以在不同数据库间复制,也可以在同一个数据库下复制。
17.【答案】√
【解析】各种记录报表是关系型数据库将数据转化为信息和知识最主要的手段。
18.【答案】×
【解析】数据库安全需要技术加管理等手段一起来保障。
19.【答案】×
【解析】数据库系统是位于用户与数据库管理系统之间的一层数据管理软件。

四、简答题

1.【答案】

数据:描述事物的符号记录。

数据库:长期存储在计算机内的、有组织的、可共享的数据集合。

数据库管理系统:是位于用户与操作系统之间的具有数据定义、数据操纵、数据库的运行管理、数据库的建立和维护功能的一层数据管理软件。

数据库系统:在计算机系统中引入数据库后的系统,一般由数据库、数据库管理系统(及其开发工具)、应用系统、数据库管理员和用户构成。

2.【答案】

故障主要有下面三种类型:

(1)事务故障;

(2)系统故障;

(3)介质故障。

3.【答案】

数据库管理系统(DBMS)是位于操作系统与用户之间的一个数据管理软件,它的主要功能包括以下几个方面:

(1)数据定义功能:DBMS提供数据描述语言(DDL),用户可通过它来定义数据对象。

(2)数据操纵功能:DBMS还提供数据操纵语言(DML),实现对数据库的基本操作,如查询、插入、删除和修改。

(3)数据库的运行管理:这是DBMS运行时的核心部分,它包括并发控制,安全性检查,完整性约束条件的检查和执行,发生故障后的恢复等。
(4)数据库的建立和维护功能:它包括数据库初始数据的输入及转换,数据库的转储与恢复,数据库的重组功能和性能的监视与分析功能等。

4.【答案】
数据库设计分以下六个阶段:
(1)需求分析;
(2)概念结构设计;
(3)逻辑结构设计;
(4)物理结构设计;
(5)数据库实施;
(6)数据库运行和维护。

5.【答案】
需求分析、概念结构设计、逻辑结构设计、物理结构设计、数据库实施、数据库运行和维护。

6.【答案】
参照完整性规则:若属性(或属性组)F 是基本关系 R 的外码,它与基本关系 S 的主码 Ks 相对应(基本关系 R 和 S 不一定是不同的关系),则对于 R 中每个元组在 F 上的值必须为:取空值(F 的每个属性值均为空值)或者等于 S 中某个元组的主码值。

7.【答案】
正像扫描日志文件,找出在故障发生前已经提交的事务,将其事务标识记入 REDO 队列,同时找出故障发生时尚未完成的事务,将其事务标识记入 UNDO 队列;对 UNDO 队列中的各个事务进行撤销处理;对 REDO 队列中的各个事务进行重做处理。

8.【答案】
ORACLE 数据库的备份方法很多,无论使用哪种备份方法,备份的目的都是在出现故障后能够以尽可能小的时间和代价恢复系统。其中,用 export 实用程序导出数据库对象(逻辑备份)、冷备份和热备份是三种最基本的备份方法。
(1)冷备份是 Oracle 最简单的一种备份。执行冷备份前必须关闭数据库,然后使用操作系统实用工具或者第三方工具备份所有相关的数据库文件。优点:能简单快速地备份;能简单快速地恢复;执行简单。缺点:必须关闭数据库,不能进行点恢复。
(2)热备份是当数据库正在运行时进行数据备份的过程。执行热备份的前提是:数据库运行在可归档日志模式。适用于 7×24 小时不间断运行的关键应用系统。优点:备份时数据库可以是打开的;热备份可以用来进行点恢复。初始化参数文件、归档日志在数据库正常运行时是关闭的,可用操作系统命令拷贝。缺点:执行过程复杂。由于数据库不间断运行,测试比较困难。不能用操作系统实用工具拷贝打开的文件。必须使用 ORACLE 提供的 Ocopy 工具来拷贝打开的文件。热备份可能造成 CPU、I/O 过载,应在数据库不太忙时进行。
(3)冷备份和热备份都备份物理数据库文件,因而被称为物理备份。而 export 备份的是数据库对象,因此被称为逻辑备份。优点:能执行对象或者行恢复;备份和恢复速度更快;能够跨操作系统平台迁移数据库;数据库可一直运行。缺点:export 并不是冷备份和热备份的替代工具;冷、热备份可保护介质失效;export 备份可保护用户或应用错误。

9.【答案】

(1) PL/SQL Developer 是一个集成开发环境,专门面向 ORACLE 数据库存储程序单元的开发,可以完成 ORACLE 数据库编辑、编译、改正、测试、调试、优化和查询工作,有图形化界面,可操作性更强。(2) SQL PLUS 是与 ORACLE 进行交互的客户端工具。在 SQL PLUS 中,可以运行 SQL PLUS 命令与 SQL PLUS 语句,如数据库的维护,如启动、关闭等,可以在 SQL PLUS 中执行,但不能在 PL/SQL Developer 中执行。

10.【答案】

数据库管理系统是一种操纵和管理数据库的系统软件,用于建立、使用和维护数据库,它对数据库进行统一的管理和控制,以保证数据库的安全性和完整性。

五、综合案例题

1.【答案】

UPDATE EMP
SET SALARY= SALARY +200
WHERE SALARY <1000 AND SEX='女'

2.【答案】

(1)SELECT DISTINCT JNO
FROM SPJ,P
WHERE SPJ. PNO=P. PNO AND
COLOR='红'AND
JNO='J1';
(2)SELECT JNO
FROM J
WHERE JNO NOT IN
(SELECT JNO
FROM SPJ
WHERE SNO IN
(SELECT SNO
FROM S
WHERE CITY='天津'));
(3)UPDATE P SET COLOR='蓝' WHERE COLOR='红';
(4)INSERT INTO SPJ VALUES('S2','P4','J6',400);

3.【答案】

(1)SELECT B
   FROM R,S
   WHERE R. A=S. A AND C>50
(2)UPDATE R
   SET B='b4'
   WHERE A IN

```
            (SELECT A
                FROM S
                    WHERE C=40)
```

4.【答案】
```
    SELECT DNO, AVG (SALARY)
        FROM EMP(1分)
            WHERE SALARY>=600
            GROUP BY DNO
UPDATE EMP
    SET SALARY=SALARY*1.1
        WHERE ENO IN
(SELECT ENO
    FROM EMP, DEPT
        WHERE EMP.DNO=DEPT.DNO
            AND DNAME='销售部'
            AND SALARY<600)
```

5.【答案】
(1) $\pi_{JNO}(J) - \pi_{JNO}(\sigma_{CITY='天津'}(S) \bowtie SPJ \bowtie \sigma_{COLOR='红'}(P))$

(2) SELECT DISTINCT JNO
FROM SPJ,P
WHERE SPJ.PNO=P.PNO AND
COLOR='红'AND
JNO='J1';

(3) SELECT JNO
FROM J
WHERE JNO NOT IN
(SELECT JNO
FROM SPJ
WHERE SNO IN
(SELECT SNO
FROM S
WHERE CITY='天津'));

6.【答案】
Select sno from sc group by sno having count(cno)>4
Select NATIVE from s where sname='李四'
Select cname from C where cno in(select cno from sc where sno in (select sno from s where spno='计算机系'))
Select s.sname,sc.cno from s,sc where s.sno=sc.sno

Select sno,sname from s where spno='计算机系'and not exists(select cno from c where exists (select * from sc where sno=s.sno and c.cno))

Select cno,cname gredit from c,t where t.tim='2012-1'

Select sno,sname from s where not exists(select cno from c where not exists (select * from sc where Sno=s.sno and cno=c.cno))

Select count(cno), sum(grade),avg(grade) from sc group by sno

Select sno,grade from sc ,c where sc.cno=c.cno and cname='数据库技术与应用'

Select cno ,grade from sc,s where s.sname='张三'and s.sno=sc.sno and grade>85

select sno ,sname from s where sno in(select sno from sc where cno in(select cno from c where ptno='20102'))

第六章 软件开发

★ 知识要点归纳

第一节 软件开发基础知识

一、软件工程

(一)软件危机

软件危机是指落后的软件生产方式无法满足迅速增长的计算机软件需求,从而导致软件开发与维护过程中出现一系列严重问题的现象。

20世纪60年代末、70年代初,西方工业发达国家经历了一场"软件危机"。这场软件危机表现在:一方面软件十分复杂,价格昂贵,供需差日益增大;另一方面软件开发时又常常受挫,质量差,指定的进度表和完成日期很少能按时实现,研制过程很难管理,即软件的研制往往失去控制。软件危机一般包含两方面问题:如何开发软件以满足对软件日益增长的需求;如何维护数量不断膨胀的已有软件。

具体来说,软件危机主要有以下表现:

(1)软件功能不能满足用户的实际需要。软件开发人员和用户之间的信息交流往往很不充分,"闭门造车"必然导致用户对软件产品不满意。

(2)软件产品的质量差。软件质量保证技术还没有全面应用到软件开发的全过程中,这就导致软件产品容易发生质量问题。

(3)软件开发生产率低。软件生产率提高的速度远远不能满足客观需求,也跟不上硬件的发展速度,计算机硬件的巨大潜力难以被充分挖掘。

(4)软件开发成本和进度的估计常常很不准确。实际成本比估计成本有可能高出一个数量级,实际进度比预期进度拖延几个月甚至几年的现象并不罕见。

(5)没有与软件配套的文档资料。对于软件开发人员,可以利用文档资料在软件开发过程中准确地交流信息;对于软件维护人员而言,文档资料更是必不可少的。缺乏完整、合格的文档资料必然给软件开发和维护带来许多困难和问题。

(6)软件的可维护性差。程序中的很多错误非常难以改正,不能使这些程序适应新的硬件环境,也不能根据用户的需要在原有程序中增加一些新的功能。

(7)软件的价格昂贵。软件成本在计算机系统总成本中所占的比例逐年上升。

(二)软件工程

要克服软件危机,必须在软件开发中寻找新的方法、创造新的理论。软件工程是研究和应用如何以系统性、规范化、可定量的过程化方法去开发和维护软件,以及如何把经过时间考验证明正确的管理技术和当前能够得到的最好的技术方法相结合的工作。1983年美国《IEEE软件工程标准术语》中对软件工程的定义为:软件工程是开发、运行、维护和修复软件的系统方法,其中"软件"的定义为计算机程序、方法、规则、相关的文档资料以及在计算机上运行时所必需的数据。

(三)软件的生命周期

一般来说,软件生命周期由软件定义、软件开发和软件维护三个时期组成,每个时期又可进一步划分成若干个阶段。

1. 软件定义阶段

①问题定义。主要任务是弄清用户要软件解决的问题是什么,通过问题定义阶段的工作,系统分析员应该提出关于问题性质、工程目标和规模的书面报告。

②可行性研究。为前一阶段提出的问题寻求一种或数种在技术上可行且在经济上有较高效益的解决方案。此阶段应该导出系统的高层逻辑模型(通常用数据流图表示),并更准确、更具体地确定工程规模和目标,更准确地估计系统的成本和效益,还应制订出人力、资源及进度控制计划。

③需求分析。弄清用户对软件系统的全部需求,主要是确定目标系统必须具备哪些功能。系统开发者应和用户密切配合、交流信息,以得出经过用户确认的系统逻辑模型。通常用数据流图、数据字典和简要的算法表示系统的逻辑模型。

2. 软件开发阶段

①总体设计。总体设计的任务是设计软件的结构,即确定程序的模块组成以及模块间的关系,通常用层次图或结构图描绘软件的结构。

②详细设计。详细设计的任务是针对单个模块的设计,目的是确定模块内部的过程结构并设计出程序的详细规格说明。通常用HIPO图(层次图、输入/处理/输出图)或PDL(过程设计语言)描述详细设计的结果。

③编码。此阶段的任务是按照选定的语言把模块的过程性描述翻译为源程序。开发者根据目标系统的性质和实际环境选取一种适当的程序设计语言,并把详细设计的结果翻译成正确的、容易理解和维护的程序模块。

④测试。这是开发阶段的最后一个阶段,这个阶段的任务是通过各种类型的测试、调试使软件达到预定的要求。用正式的文档资料把测试计划、测试方案和测试结果记录下来,作为软件配置的一部分。

3. 软件维护阶段

这一阶段的工作主要是做好软件维护。维护的目的是使软件在整个生存周期内保证满足用户需求、延长软件使用寿命。维护活动应该准确地记录并作为文档资料保存。

(四)软件工程方法学

1. 软件工程方法学概述

在软件生命周期全过程中使用的一整套技术的集合通常称为软件工程方法学。软件工程方法学包括三个要素：方法、工具和过程。

(1)软件工程方法

软件工程方法是完成软件开发的各项任务的技术方法，为软件开发提供了"如何做"的技术。它包括了多方面的任务，如项目计划与估算、软件系统需求分析、数据结构、系统总体结构的设计、算法的设计、编码、测试以及维护等。软件工程方法中常采用某种特殊的语言或图形表达方法和一套质量保证标准。

(2)软件工具

软件工具为软件工程方法提供了自动或半自动的软件支撑环境。目前已经开发出了许多软件工具，可以用于支持上述的软件工程方法；而且已经有人把诸多软件工具集成起来，使得一种工具产生的信息可以被其他的工具使用，这样建立起一种称为"计算机辅助软件工程"(CASE)的软件开发支撑系统。

(3)软件工程的过程

软件工程的过程是将软件工程的方法和工具综合起来，以达到合理及时地进行计算机软件开发的目的。过程定义了方法使用的顺序、要求交付的文档资料、为保证质量和协调变化所需要的管理以及软件开发各个阶段完成的里程碑。

2. 软件工程方法学分类

传统方法学和面向对象方法学是目前使用最广泛的两种软件工程方法学。

(1)传统方法学

传统方法学也称为生命周期方法学或结构化范型。它采用结构化技术来完成软件开发的各项任务，并使用适当的软件工具或软件工程环境来支持结构化技术的运用。这种方法学把软件生命周期的全过程依次划分为若干个阶段，然后顺序地逐步完成每个阶段的任务。

传统方法学的优点在于：把软件生命周期划分成若干个阶段，每个阶段的任务相对独立，而且比较简单，便于人员分工协作，降低了整个软件开发工程的困难程度。但是传统方法学并不适用于以下情况：软件规模庞大或者对软件的需求是模糊的或随时间变化的。

(2)面向对象方法学

为了克服传统方法学的局限，逐步发展并形成了一种新的方法学：面向对象方法学。面向对象方法把数据和行为看得同等重要，它是一种以数据为主线、把数据和对数据的操作紧密结合在一起的方法学。

面向对象方法学的出发点和基本原则是尽可能模拟人类习惯的思维方法与过程，尽可能接近人类认识世界、解决问题的方法与过程，从而使描述问题的问题空间(也称为问题域)与实现解法的解空间(也称为求解域)在结构上尽可能一致。用面向对象方法学开发软件的过程是一个主动的、多次反复迭代的演化过程。面向对象方法在概念和表示方法上的一致性也保证了在各项开发活动之间的平滑过渡。

面向对象方法学也存在自身的局限性，如不能直接反映问题域，数据和代码缺乏保护机制,开发过程复杂等。

二、软件开发模型

软件开发模型是软件开发中全部过程、活动和任务的结构框架,是软件开发工作的基础。软件开发模型能清晰、直观地表达软件开发全部过程,明确规定要完成的主要活动和任务。

最早出现的软件开发模型是1970年W. Royce提出的瀑布模型,直到现在它仍然是软件工程中使用最广泛的过程模型。随着软件工程学科的发展和软件开发的实践,又相继出现了螺旋模型、快速原型模型等。

(一)瀑布模型

瀑布模型将软件生命周期的各项活动规定为依照一定顺序连接的若干阶段工作,形如瀑布,最终得到软件产品。

这一模型规定了开发各阶段的活动为:提出系统需求、提出软件需求、需求分析、设计、编码、测试和运行,并且还规定了自上而下相互衔接的固定顺序,于是构成了人们熟知的瀑布模型。然而实践表明各开发阶段间的关系并非完全是自上而下的线性方式,每个开发阶段均具有以下特征:

(1)从上一阶段接受本阶段工作的对象,作为输入。

(2)对上述输入实施本阶段的活动。

(3)给出本阶段的工作成果,作为输出传入下一阶段。

(4)对本阶段工作进行评审。若本阶段的工作得到确认,则继续下阶段工作;否则返回前一阶段,甚至更前阶段。

为表达向前阶段的反馈,在模型图中增加了向上箭头,从而构成了具有反馈回路的瀑布模型。

许多采用瀑布模型的开发组织为更有效地组织实施,制定了软件开发规范或开发标准。在这些软件开发规范或开发标准中明确规定了各个开发阶段应交付的产品,这就为严格控制软件开发项目的进度、最终按时交付产品以及保证软件产品质量创造了有利条件。之所以瀑布模型自诞生以来就被广泛采用,是因为它在支持结构化软件开发、控制软件开发的复杂性、促进软件开发工程化等方面作用显著。

瀑布模型在大量软件开发实践中也逐渐暴露出它的缺点,其中最为突出的就是该模型缺乏灵活性,无法通过开发活动澄清原本就不够确切的软件需求。这些问题可能导致开发出的软件并不是用户真正需要的软件,因而需要进行返工,甚至不得不在维护阶段中纠正需求的偏差。随着软件开发项目规模的日益庞大,该模型的缺点更加突出。

(二)螺旋模型

为了克服瀑布模型的不足,B. Boehem于1988年提出了螺旋模型。该模型中加入了风险分析,通常用来指导大型软件项目的开发。

沿着螺线旋转,在笛卡儿坐标的4个象限上分别表达了4个方面的活动,分别如下:

(1)制订计划:确定软件目标,选定实施方案,弄清项目开发的限制条件。

(2)风险分析:分析所选方案,考虑如何识别和消除风险。

(3)实施工程:实施软件开发。

(4)客户评估:评价开发工作,提出修正建议。

沿螺线自内向外每旋转一圈便开发出更为完善的一个新的软件版本。例如在第一圈确定了初步的目标、方案和限制条件以后,转入右上象限,对风险进行识别和分析。如果风险分析表明需求具有不确定性,那么在右下的工程象限内所建的原型会帮助开发人员和客户考虑其他开发模型,并把需求作进一步修正;客户对工程成果作出评价后,给出修正建议。在此基础上需再次计划,并进行风险分析。在每一圈螺线上,风险分析的终点作出是否继续下去的判断。假如风险过大,开发者和用户无法承受,项目有可能中止。多数情况下沿螺线的活动会继续下去,自内向外逐步延伸,最终得到所期望的系统。

(三)快速原型模型

快速原型是利用原型辅助软件开发的一种新思想。经过简单快速分析,快速实现一个原型,通过用户与开发者在试用原型过程中加强通信与反馈,反复评价和改进原型,减少误解,弥补漏洞,适应变化,最终提高软件质量。

快速原型模型是在开发真实系统之前构造一个原型,在该原型的基础上,逐渐完成整个系统的开发工作。例如,客户需要一个 ATM 机软件,可以先设计一个仅包含刷卡、密码检测、数据输入和账单打印的原型软件提供给客户,此时还不包括网络处理与数据库存取以及数据应急、故障处理等服务。快速原型模型的第一步是建造一个快速原型,实现客户或未来的用户与系统的交互,并通过用户或客户对原型进行评价,进一步细化待开发软件的需求。通过逐步调整原型使其满足客户的要求,开发人员可以确定客户的真正需求是什么。第二步则在第一步的基础上开发客户满意的软件产品。

第二节 Web 熟悉开发

一、Web 应用开发概述

(一)B/S 结构编程技术

B/S 结构编程语言分为浏览器端编程语言和服务器端编程语言。

浏览器端编程语言包括超文本标记语言(Hyper Text Markup Language,HTML)、层叠样式表(Cascading Style Sheets,CSS)、JavaScript 语言和 VB-Script 语言。这些编程语言都是解释性语言,它们被浏览器解释执行。HTML 和 CSS 属标记语言,由浏览器解释显示的内容和显示方式;JavaScript 语言和 VBScript 语言称为浏览器端脚本语言,由浏览器解释执行。

服务器端编程技术很多,目前主流技术主要有 ASP、ASP.NET、JSP/Servlet、PHP 等。

1. ASP 技术

ASP 是 Active Server Page 的缩写,意为"动态服务器页面",是微软公司开发的代替 CGI 脚本程序的一种应用,它可以与数据库和其他程序进行交互,是一种简单、方便的编程工具。ASP 是一种技术框架,可以用 VBScript 或 JavaScript 这两种语言来写。如果学会了 VB 或 Java,学习起来会比较轻松。国内主要使用 VBScript 来写 ASP。ASP 可以调用 COM 组件,所以功能很强大。

2. ASP.NET 技术

ASP.NET 技术在刚开始开发的时候名字是 ASP+，但是，为了与微软的.NET 计划相匹配，并且要表明这个 ASP 版本并不是对 ASP 3.0 的补充，微软将其命名为 ASP.NET。ASP.NET 在结构上与前面的版本大相径庭，它几乎完全是基于组件和模块化的，Web 应用程序的开发人员使用这个开发环境可以实现更加模块化的、功能更强大的应用程序。

ASP.NET 可以用三种语言来编写：VB.NET、C#.NET、VJ#.NET。

ASP.NET 有丰富的.NET Framework 类库，它可以调用各种组件（包括 Java 类库），只需写很少的代码就可以实现很多功能。

3. JSP 技术

JSP 技术是 Sim 公司推出的 B/S 编程技术，用来与微软的 ASP 技术进行抗衡。JSP 是技术框架，用 Java 语言来写。要学会 JSP，就先要学会 Java。JSP 技术可以调用强大的 Java 类库，并可以与其他相关的技术（Servlet、Jav-aBean、EJB）联合工作。JSP 在运行之前会编译成 Servlet 类代码。所以 JSP 的运行速度会比 ASP 快。

本书主要介绍 JSP 及相关技术。学会 JSP 后，再掌握 ASP 或 PHP 就相对简单了。

4. PHP 技术

PHP 虽为后起之秀，却发展很快，其免费的特点维系了它的生存。PHP 非常好学，如果精通 C++，那么很快就可以学会 PHP。PHP 有强大的函数库，也可以调用各种组件，如微软的 COM 组件及 Sun 的 Java 类库。

（二）Web 应用体系结构

Web 应用是网页、图片、程序文件、其他资源文件的集合。网页又可分为静态网页和动态网页。静态网页设计，如果不包含页面脚本语言，基本上不能算是编程，所以 Web 应用开发主要指动态网页编程。

1. 静态网页

静态网页文件中没有程序代码，只有 HTML 标记，一般以后缀 html 或 htm 保存，开发工具可以是任何纯文本编程器（如记事本），也可以使用专用开发工具，如 Dreamweaver 等。

静态网页工作原理：Web 服务器加载浏览器请求的 HTML 文档，用 HTTP 协议直接传送到客户端。客户端浏览器解释并显示 HTML 文档内容。

静态网页的优点是设计简单；缺点是如果要修改内容，必须修改页面文件并重新上传。

2. 动态网页

所谓动态网页，就是服务器端可以根据客户端的不同请求动态产生网页内容，它有两个显著的特点：可以动态产生内容；支持客户端和服务器端的交互功能。

动态网页的工作原理：当浏览器向 Web 服务器发出资源请求时，服务器加载相应应用程序（动态页面），解释执行后将执行结果传回给浏览器。动态网页还可以与数据库进行交互。

动态网页实现的主流技术是 ASP.NET 和 JSP 技术。

3. 三层/N 层 Web 应用结构

在构建企业级应用时，通常需要大量的代码，这些代码一般可以在逻辑上（在同一机器）或物理上（在不同机器）划分为不同层次。每一层可以独立开发。企业级应用按体系结构可以分为两层、三层、N 层架构。在三层结构中,每两层之间都可以添加服务层从而构建 N 层结构。

二、Java Web 开发环境

Java Web 应用开发需要运行环境和开发工具,运行环境包括 JRE（Java Runtime Environment）和 Servlet 容器（Web 应用服务器）。

目前最常用的 Java Web 应用服务器有 Tomcat、Resin、WebLogic 和 Web-Sphere 等。其中,Tomcat 是 Apache 支持的 Java Web 应用服务器,由于它优秀的稳定性以及丰富的文档资料、广泛的使用人群,从而在开源领域受到最广泛的青睐；Resin 虽然仅仅是个 Servlet 容器,然而由于它优秀的运行速度,使得它在轻量级 Java Web 领域备受喜爱,特别是在互联网 Web 服务领域,众多知名公司都采用它作为 Java Web 应用服务器；WebLogic 和 WebSphere 是商用应用服务器,在性能及易用性等方面要比 Tomcat 优秀很多。

Java Web 开发工具很多,但在企业中用得较多的主要有 Eclipse 和 Net Bean 等免费工具,Eclipse 与相关插件结合可以开发任何类型的 Java 应用程序（如 Eclipse+WTP 用于开发 Web 应用,Eclipse+SWT 用于开发窗口应用程序）；Eclipse+MyEclipse（插件）在企业中用得也较多,而且使用非常方便,但是 MyEclipse 插件不是免费的。

本书建议采用 JDK+MyEclipse+Tomcat 作为学习环境。

下面将介绍 MyEclipse 和 Tomcat 的安装,请注意,在安装 Tomcat 之前要先安装 JDK,建议到 http://www.oracle.com/下载 Java SE Development Kit (JDK) 最新版本。

第三节 中间件

一、中间件产生背景及分布式计算环境

计算机技术迅速发展,从硬件技术看,CPU 运行速度越来越快,处理能力越来越强；从软件技术看,应用程序的规模不断扩大,特别是互联网及 WWW 的出现,使计算机的应用范围更为广阔。许多应用程序需在网络环境的异构平台上运行,这一切都对新一代的软件开发提出了新的要求。在这种分布异构环境中,通常存在多种硬件系统平台（如 PC、工作站、小型机等）,在这些硬件平台上又存在各种各样的系统软件（如不同的操作系统、数据库、语言编译器等）,以及多种风格各异的用户界面,这些硬件系统平台还可能采用不同的网络协议和网络体系结构连接。如何把这些系统集成起来,如何使应用软件在不同的平台之间进行移植,如何使运行在不同的软件、硬件平台上的应用系统建立连接,如何保证在不同的系统间进行高效可靠的数据传送和转换,这些都是非常现实而困难的问题。

上面的问题,都需要一种构筑于软件、硬件平台之上,同时对更上层提供支持的软件系统,而中间件正是在这个环境下产生的,并且伴随着分布式应用的迅猛发展,中间件这一新兴的软件领域已悄然崛起。

分布式计算环境（Distributed Computing Environment,DCE）是设计用来作为现有的硬件、操作系统、网络与分布式应用程序之间的中间抽象层来执行的。从这个意义上来说,DCE 是一个局域 RPC 的中间件系统。它的目的是研究分布式应用环境,值得强调的是,这

里只研究环境(Environment),目的是建立一个兼容的分布式计算机环境,开发分布式应用。它是由开放软件基金会(Open Software Foundation,OSF)提出的,通过对各大公司的软件、硬件系统稍加修改,便可互连构成一个分布式计算环境,开发各种分布式应用。为了支持在各种平台之间的分布式计算,DCE给出了一种异构的分布式计算系统,是基于RPC的分布式系统的一个范型。

随着分布式系统的应用和发展,多机和分布式系统已成为主流。各大公司的产品如何解决不兼容问题已成为构建分布式计算环境的核心。20世纪80年代末,以IBM、DEC、HP公司为首成立了开放软件基金会,很快就有300家大公司和大学加盟。DCE的目标是:为分布式应用程序提供一个完整、紧密的通用环境,不论使用什么机器、操作系统和网络,只要加上DCE软件就可以运行。OSF只提供软件源码(大部分运行在用户控件,只有少部分不要加入原OS内核中)。

DCE是第一个在现有操作系统之上建立起来的分布式系统,虽然在建立初期,它就由于远程对象的出现而受到了挑战,远程对象简直成了构建分布式系统的灵丹妙药,但DCE以接口定义语言(Interface Description Language,IDL)的扩展形式将分布式对象加入进来,形成了分布式对象服务层。为了支持分布式多媒体应用,增加了流对象等应用程序接口(API)扩展,并扩展了基础的控件和服务层中间件,以提供对多媒体的支持。

(一)开放系统与互操作性概述

随着计算机软硬件技术的飞速发展,以及网络技术的普及、客户端/服务器技术、分布式技术和高性能RISC计算机的广泛应用,使得计算机技术不断向高端领域发展,用户的应用环境变得异常复杂,许多组织有着种类繁多的硬件系统,包括PC、各种类型的工作站,可能还有各种类型的大中型机,以及各式各样的嵌入式设备;同时,在这些硬件系统上,还运行着不同的操作系统和应用软件,依靠不同的网络结构,然而在很多情况下都要求在这些异构平台之间协同地完成工作。用户环境的复杂性、多样性和多变性,导致了开放系统技术的出现。

在开放系统环境中,往往存在着许多不同的节点、资源和应用,地理上分布着的节点可互连、互通和互操作,以实现应用的合作处理和信息的共享互用,为用户提供形式多样的应用和服务。随着各个企事业所用的计算机系统的规模不断发展,越来越多的计算机系统被连在一起,表现为规模庞大的开放式分布结构。

因为将信息处理系统互联的需求不断地增长,分布式系统也就显得十分重要。互连需求产生的原因是组织方面的发展趋势,如规模小型化,要求一个组织内的部门之间以及合作组织之间进行信息互换。

开放系统已经成为当前计算机界中的一个流行名词,尽管它不存在精确的定义,但却存在着公认的"必具特征":

- 具有可移植性(Portability)。
- 具有可互操作性(Interoperability)。
- 具有可伸缩性(Scalability)。
- 具有易获得性(Availability)。

开放系统技术在信息技术领域已经得到了广泛应用。应用开放系统技术可以方便地开发、集成、升级和维护各种应用系统,大大降低构建应用系统的代价,并极大地提高生产效率。

如何组建开放系统,目前的研究成果可简明归纳如下:
- 一个开放系统可以用其"轮廓(profile)"来勾画。
- 轮廓由七个成分组成,它们是:系统管理(A)、用户界面(U)、安全性(S)、编程服务(P)、互操作服务(I)、通信服务(C)、信息实体(E)。七者可用"AUSPICE"一词概括。
- 在构造系统时对其轮廓的七个成分均采用适当的标准,其结果将形成开放系统。

多年的实践使人们认识到现有的开放系统与过去的专用系统并非 1 与 0 的关系,现有的开放系统在开放程度上大体处于 1 与 0 之间。一个实际系统若能对 AUSPICE 七个成分都选用适当的标准,将使其有可能成为高层次的开放系统(即开放程度接近1);反之,随意地选用标准,有可能使未来推出的系统成为低档次的开放系统(即开放系统接近0)。同时,互操作性在开放系统中具有十分重要的地位,它是高层次开放系统的标志。实际上现有的系统在扩充和发展之后(经常体现为规模变得更大和组成成分变得更为丰富和复杂),系统中必然会出现异质成分,若此时缺少了互操作性功能,则此系统的升级将面临极大的困难,甚至不可能高效和经济地实现。

(二)中间件概述

中间件是介于应用系统和系统软件之间的一类软件,它使用系统软件所提供的基础服务(功能),衔接网络上应用系统的各个部分或不同的应用,能够达到资源共享、功能共享的目的。目前,它并没有很严格的定义,但是普遍接受 IDC 的定义:中间件是一种独立的系统软件服务程序,分布式应用软件借助这种软件在不同的技术之间共享资源,中间件位于客户机服务器的操作系统之上,管理计算资源和网络通信。从这个意义上可以用一个等式来表示中间件:中间件＝平台＋通信,这也就限定了只有用于分布式系统中才能叫中间件,同时也把它与支撑软件和实用软件区分开来。一般认为,中间件必须具有以下特点:
- 标准的协议和接口。
- 分布计算,提供网络、硬件、操作系统透明性。
- 满足大量应用的需要。
- 能运行于多种硬件和操作系统平台。

其中具有标准的接口和协议非常重要,因为它可以实现不同硬件和操作系统平台上的数据共享和应用互操作。从理论上讲,中间件具有以下的工作机制:在客户端上的应用程序需要从网络中的某个地方获取一定的数据或服务,这些数据或服务可能处于一个运行着不同操作系统和特定查询语言数据库的服务器中。客户/服务器应用程序中负责寻找数据的部分只需访问一个中间件系统,由中间件完成到网络中找到数据源或服务,进而传输客户请求、重组答复信息,最后将结果送回应用程序的任务。在具体实现上,中间件是一个用 API 定义的软件层,具有强大的通信能力,是良好的具有可扩展性的分布式软件管理框架。

(三)中间件的分类

中间件的分类方法繁多,为了便于说明问题,一般将中间件分为两大类:一类是底层中间件,用于支撑单个应用系统或解决单一类问题,包括事务处理中间件(TPM)、应用服务器(WAS)、面向消息中间件(MOM)、数据访问中间件(UDA)等;另一类是高层中间件,更多地用于系统整合,包括企业应用集成中间件(EAI Suites)、工作流中间件(Workflow)、门户中间件(Por-tal)等,它们通常会与多个应用系统打交道,在系统中的层次较高,并大多基于底层中间件运行。

1. 数据访问中间件

数据库中间件在所有的中间件中是应用最广泛、技术最成熟的一种。一个最典型的例子就是 ODBC（开放数据库互联）。在建立应用程序和数据库链接时,只要在 ODBC 中添加一个数据源,然后就可以直接在应用程序中使用这个数据源,而不必关心目标数据库的实现原理、实现机制,甚至不必了解 ODBC 向应用程序提供了哪些应用程序接口 API。

不过在数据库中间件处理模型中,数据库是信息存储的核心单元,中间件完成通信的功能,这种方式虽然灵活,但并不适合于一些要求高性能处理的场合,因为它需要大量的数据通信,而且当网络发生故障时,系统将不能正常工作。

2. 远程过程调用中间件(RPC)

远程过程调用是一种广泛使用的分布式应用程序处理方法。一个应用程序可以使用 RPC 来"远程"执行一个位于不同地址空间里的过程,并且从效果上看和执行本地调用相同。一个 RPC 应用分为两个部分:Server 和 Client。Server 提供一个或多个远程过程,Client 向 Server 发出远程调用。Server 和 Client 可以位于同一台计算机,也可以位于不同的计算机,甚至运行在不同的操作系统之上。它们通过网络进行通信。相应的 Stub 和运行支持提供数据转换和通信服务,从而屏蔽不同的操作系统和网络协议。RPC 的灵活性使得它可以应用在更复杂的客户/服务器计算环境中。

由于 RPC 一般用于应用程序之间的通信,而且采用的是同步通信方式,因此比较适合于不要求异步通信方式的小型、简单的应用系统;而对于一些大型的应用,往往需要考虑网络或者系统故障,处理并发操作、缓冲、流量控制以及进程同步等一系列复杂问题,RPC 就很难发挥其优势。

3. 面向消息中间件(MOM)

面向消息中间件不像 RPC 机制那样流行,但越来越多的分布式应用采用消息中间件来构建,通过消息中间件来把应用扩展到不同的操作系统和不同的网络环境。

消息中间件的优点在于能够在客户和服务器之间提供同步和异步的连接,并且在任何时刻都可以将消息进行传送或者存储转发,这也是它比远程过程调用更灵活的原因。另外,消息中间件不会占用大量的网络带宽,可以跟踪事务,并且通过将事务存储到磁盘上实现网络故障时系统的恢复。只是与远程过程调用相比,消息中间件不支持程序控制的传递。比较适用于需要在多个进程之间进行可靠的数据传送的分布式环境。

4. 基于对象请求代理(Object Request Broker,ORB)的中间件

对象请求代理是近年来才发展起来的一项新技术,它可以看作和编程语言无关的面向对象的 RPC 应用。从管理和封装的模式上看,对象请求代理和远程过程调用有些类似,不过对象请求代理可以包含比远过程调用和消息中间件更复杂的信息,并且可以适用于非结构化的或者非关系型的数据。

目前有两种对象请求代理的标准,分别是 CORBA 和 DCOM,这两种标准是相互竞争的,而且两者之间有很大的区别,这在一定程度上阻碍了对象请求代理中间件的标准化

进程。

5. 事务处理中间件(TPM)

事物处理中间件最初是作为联机事务处理应用的支撑环境。它提供联机事务处理所需要的通信、并发访问控制、事务控制、资源管理、安全管理和其他必要的服务，是针对复杂环境下分布式应用的速度和可靠性要求而实现的。它给程序员提供了一个事务处理的 API，程序员可以使用这个程序接口编写高速而且可靠的分布式应用程序。

事务处理中间件向用户提供一系列的服务，如应用管理、管理控制以及应用程序间的消息传递等。常见的功能包括全局事务协调、事务的分布式两段提交、资源管理器支持、故障恢复、高可靠性、网络负载平衡等。

6. 工作流中间件

工作流软件定位于支持商务流程的自动化，即能够方便地进行集成处理。这些工作流软件以消息中间件或 Web 应用服务器为底层支撑。建立在消息中间件之上的工作流软件一般都有 Windows 或 UNIX 上的客户端，支持与 Web 应用服务器的集成，并提供使用浏览器获得工作列表、执行流程实例和监控管理工作流的能力。

总之，中间件是处于操作系统和应用程序之间的软件，在网络架构体系中，起着承上启下的作用。它不仅是快速构建网络应用的利器，而且能够全面提升系统集成能力。现在，中间件已与操作系统和数据库并驾齐驱，成为基础软件领域的三驾马车。

二、面向对象中间件

从 20 世纪 80 年代中期到 90 年代，面向对象技术开始蓬勃发展，相继出现了各种面向对象的编程语言(如 C++和 Java 等)、面向对象的系统分析和设计方法。由于面向对象技术的优越性，导致了中间件技术从采用面向过程的调用转为面向对象的调用。

(一)面向对象技术的优势

最近十多年来，计算机技术得到了迅速发展，而软件开发却未能有相应的发展，反而出现了软件危机。随着软件功能和规模逐渐变得庞大，在传统的软件开发过程中出现了下列问题：

- 软件的开发、修改和维护变得更加困难。
- 软件开发常常超期和超出预算。
- 由于没有代码重用，新软件的开发都是从零开始。

这些问题的出现，使得软件开发商们不得不寻找一种新的开发方法，以达到降低开发成本、提高开发效率和适应软件需求变化的目的。

传统的软件开发采用结构化的开发方式，它是一种自顶向下的开发方式，即将系统分解成独立的模块，然后逐一实现这些模块的功能。在这种结构化的开发方法中，完整的系统只能在开发完成后才能呈现全貌。如果在开始编程时发现设计中存在缺陷，那么整个设计将被重新构造。

而面向对象的方法以一种更为直观的方法分析和构造系统，它将整个系统抽象并模型化，让人们能更好地了解整个系统，使得在设计时就能发现其中可能存在的问题。这两种开发方法最显著的区别就是，在结构化的开发方法中，数据与功能是分离的；而在面向对象的开发方法中，数据与相关的功能是捆绑在一起的，更好地表示了系统中相对独立的对象。

(二)面向对象技术中的概念

面向对象的基本概念有对象、类、抽象、封装、继承、多态、接口、消息、组件、模式和复用等。

1. 对象

对象是由数据及其操作所构成的封装体,是系统中用来描述客观事物的一个封装,是构成系统的基本单位。采用计算机语言描述,对象是由一组属性和对这组属性进行操作的一组服务构成。

对象包含三个基本要素,分别是对象标识、对象状态和对象行为。

每一个对象必须有一个名字以区别于其他对象,这就是对象标识;状态用来描述对象的某些特征;对象行为用来封装对象所拥有的业务操作。

举例说明,对于教师 Jack 而言,包含性别、年龄、职位等个人状态信息,同时还具有授课的行为特征,那么 Jack 就是封装后的一个典型对象。

2. 类

类是现实世界中实体的形式化描述,类将该实体的数据和函数封装在一起。类的数据也叫属性、状态或特征,它表现类静态的一面;类的函数也叫功能、操作或服务,它表现类动态的一面。

3. 抽象

抽象是通过特定的实例抽取共同特征以后形成概念的过程。它强调主要特征,忽略次要特征。一个对象是现实世界中一个实体的抽象,一个类是一组对象的抽象,抽象是一种单一化的描述,它强调给出与应用相关的特性,抛弃不相关的特性。

4. 封装

封装是将相关的概念组成一个单元,然后通过一个名称来引用它。面向对象封装是将数据和基于数据的操作封装成一个整体对象,对数据的访问或修改只能通过对象对外提供的接口进行。

对于银行账户类而言,有取款和存款的行为特征,但实现细节对于客户而言并不可见,所以在进行 ATM 提款交易的过程中,我们并不知道交易如何进行,对应账户是如何保存状态的,这就体现了对象的封装。

5. 继承

继承表示类之间的层次关系,这种关系使得某类对象可以继承另外一类对象的特征(Attributes)和能力(Operations),继承又可分为单继承和多继承,单继承是子类只从一个父类继承,而多继承中的子类可以从多于一个的父类继承,Java 是单继承的语言,而 C++ 允许多继承。

假设类 B 继承类 A,即类 B 中的对象具有类 A 的一切特征(包括属性和操作),则类 A 称为基类或父类或超类,类 B 称为类 A 的派生类或子类,类 B 在类 A 的基础上还可以有一些扩展。

6. 多态

多态性是一种方法,这种方法使得在多个类中可以定义同一个操作或属性名,并在每个类中可以有不同的实现。多态性使得一个属性或变量在不同的时期可以表示不同类的对象。

7. 接口

所谓接口就是对操作规范的说明。接口只是说明操作应该做什么（what），但没有定义操作如何做（how）。接口可以理解成为类的一个特例，它只规定实现此接口的类的操作方法，而把真正地实现细节交由实现该接口的类去完成。

接口在面向对象分析和设计过程中起到了至关重要的桥梁作用，系统分析员通常先把有待实现的功能封装并定义成接口，而后期程序员依据此接口进行编码实现。

8. 消息

消息（Message）是对象间的交互手段，其形式为：

Message:[dest,op,para]

其中：

dest：目标对象 Destination Object。

op：操作 Operation。

para：操作需要的参数 Parameters。

9. 组件

组件是软件系统可替换的、物理的组成部分，它封装了实现体（实现某个职能），并提供了一组接口的实现方法。可以认为组件是一个封装的代码模块或大粒度的运行对的模块，也可将组件理解为具有一定功能、能够独立工作或同其他组件组合起来协调工作的对象。

对于组件，应当按可复用的要求进行设计、实现、打包、编写文档。组件应当是内聚的，并具有相当稳定的公开的接口。

为了使组件更切合实际、更有效地被复用，一方面，组件应当具备"可变性"（Variability），以提高其通用性。组件应向复用者提供一些公共"特性"；另一方面，组件还要提供可变的"特性"，针对不同的应用系统，只需对组件可变部分进行适当的调节。复用者应根据复用的具体需要，改造组件的可变"特性"，即"客户化"。

10. 模式

模式是一条由三部分组成的规则，它表示了一个特定环境、一个问题和一个解决方案之间的关系。每一个模式描述了一个不断重复发生的问题，以及该问题的解决方案。这样就能一次又一次地使用该方案而不必做重复劳动。

将设计模式引入软件设计和开发过程的目的在于充分利用已有的软件开发经验，这是因为设计模式通常是对于某一类软件设计问题的可重用的解决方案。

设计模式使得人们可以更加简单和方便地去复用成功的软件设计和体系结构，从而能够帮助设计者更快更好地完成系统设计。

11. 复用

软件复用是指将已有的软件及其有效成分用于构造新的软件或系统。组件技术是软件复用实现的关键。

三、中间件技术平台

随着三层/多层企业信息系统结构的深度发展和下一代分布式计算模型 Web 服务的出现，软件开发中对于平台、框架、语言的竞争也愈演愈烈。本节在收集整理相关文章的基础上,主要介绍应用软件开发技术架构(J2EE),以帮助用户选择一个较为合适的开发平台进行应用软件的开发。

(一)J2EE 概述

　　Java 是 1995 年由 Sun 公司推出的,当时它的主要用途是制作产生动态网页的 Applet。后来,人们发现 Java 的"一次开发,多次运行",纯面向对象的特性,垃圾回收机制和内置安全特别适合于开发企业应用系统,于是,企业应用开发商纷纷在 Java 标准版的基础上各自扩展了各种企业应用 API,其结果导致基于 Java 的企业应用呈爆炸式增长。但是各企业系统 API 之间又不能相互兼容,破坏了 Java 的平台独立性。鉴于此,Sun 公司联合 IBM、Oracle、BEA 等大型企业应用系统开发商,于 1999 年共同制定了一个基于 Java 组件技术的企业应用系统开发规范,该规范定义了一个多层企业信息系统的标准平台,旨在简化和规范企业应用系统的开发和部署。这一规范和其定义的平台就构成了 J2EE。它定义了基于组件的方式设计、开发、组装和部署企业应用系统的各个组成部分。同时,J2EE 规范定义了分布式多层应用系统模型、组件重用策略、一体化的安全模型以及灵活的事务控制策略等,使得独立软件提供商(ISV)能够以比以前更快的速度向市场推出用户适应的解决方案。

　　J2EE 是一套针对企业级分布式应用的计算环境,其结构体系如图 6-1 所示。它定义了动态 Web 页面功能(Servlet 和 Jsp)、商业组件(EJB)、异步消息传输机制(JMS)、名称和目录定位服务(JNDI)、数据库访问(QDBC)、与子系统的连接器(JCA)和安全服务等。

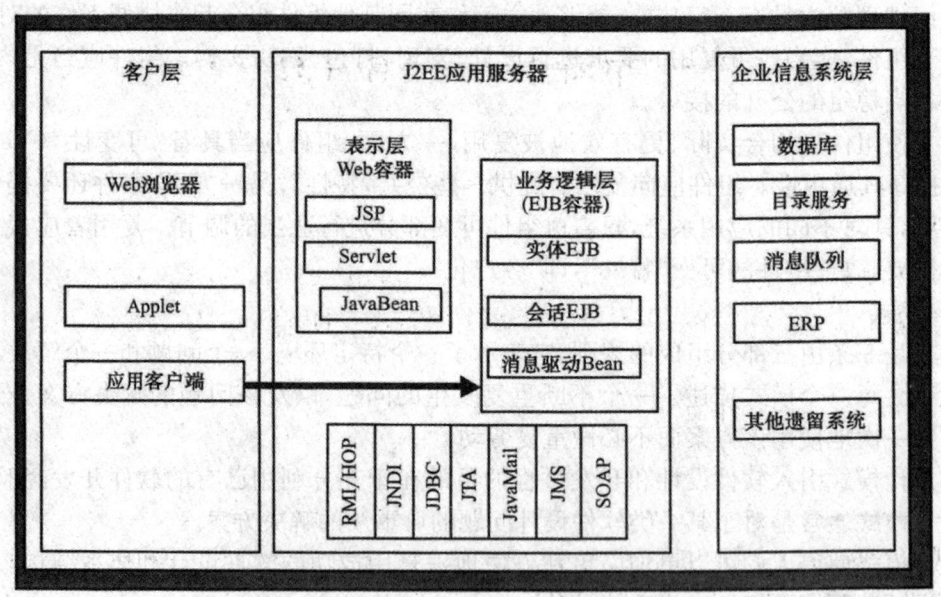

图 6-1

　　需要注意的是,J2EE 本身是一个标准,而不是一个现成的产品(虽然现在有很多符合 J2EE 标准的产品),它由以下几个部分组成:

　　(1)J2EE 规范。该规范定义了 J2EE 平台的体系结构、平台角色及 J2EE 中每种服务和核心 API 的实现要求。它是 J2EE 应用服务器开发商的大纲。

　　(2)J2EE 兼容性测试站点。Sum 公司提供的一个测试 J2EE 应用服务器是否符合

J2EE 规范的站点,对通过该站点测试的产品 Sun 公司将发放兼容性证书。

(3)DEE 参考实现。即 J2EESDK,它既是 Sun 公司自己对 J2EE 规范的一个非商业性实现,又是为开发基于 J2EE 企业级应用系统原型提供的一个免费的底层开发环境。

(4)J2EE 实施指南。即 BluePrints 文档,该文档通过实例来指导开发人员如何去开发一个基于 J2EE 的多层企业应用系统。

(二)J2EE 的组件

1. 组件-容器模型

J2EE 是一个基于组件-容器模型的系统平台,其核心概念是容器。容器是指为特定组件提供服务的一个标准化的运行环境,Java 虚拟机就是一个典型的容器。组件是一个可以部署的程序单元,它以某种方式运行在容器中,容器封装了 J2EE 底层的 API,为组件提供事务处理、数据访问、安全性、持久性等服务。在 J2EE 中组件和组件之间并不直接访问,而是通过容器提供的协议和方法来相互调用。组件和容器间的关系通过"协议"来定义。容器的底层是 J2EE 服务器,它为容器提供 J2EE 中定义的各种服务和 API。一个 J2EE 服务器(也叫 J2EE 应用服务器)可以支持一种或多种容器。

2. EJB-J2EE 的核心

J2EE 定义了四种组件:Applet 组件、Application 客户组件、Web 组件及 EJB(Enterprise Java Beans)组件。其中 Applet 和 Application 客户组件在客户端运行,J2EE 通过 Java 插件为 Applet 提供运行环境,Application 客户的容器就是本地 Java 虚拟机;Web 及 EJB 组件在服务端运行。J2EE 中包含 JSP 和 Servlet 两种 Web 组件,它们是 Web 服务器的功能扩展,都能生成动态 Web 页面。不同的是 JSP 是将 Java 代码嵌入到 HTML 中,服务器负责解释执行,生成结果返回用户(与 ASP 技术相似);而 Servlet 是单独的 Java 类,它动态生成 HTML 文件返回给客户。Web 组件的容器比较典型的就是基于 Java 的 Web 服务器。

EJB 是 J2EE 平台的核心,也是 J2EE 得到业界广泛关注和支持的主要原因。众所周知 J2EE 的一个主要目的就是简化企业应用系统的开发,使程序员将主要精力放在商业逻辑的开发上。EJB 正是基于这种思想的服务器端技术,它本身也是一种规范,该规范定义了一个可重用的组件框架来实现分布式的、面向对象的商业逻辑;其核心思想是将商业逻辑与底层的系统逻辑分开,使开发者只需关心商业逻辑,而由 EJB 容器实现目录服务、事务处理、持久性、安全性等底层系统逻辑。

一个可部署的 EJB 组件包含三个部分:Remote 接口、Home 接口和 EnterpriseBeans 类。

(1)Remote 接口

Remote 接口定义 EJB 组件中提供的可供用户调用的方法,也就是通常所说的实现商业逻辑的函数或过程,以供远程客户端调用。在 EJB 组件部署到容器的时候,容器会自动生成 Remote 接口相应的实例,即 EJB 对象,它负责代理用户的调用请求。

(2)Home 接口

Home 接口定义了一组方法来创建新的 EJB 对象,查找、定位和清除已有的 EJB 对象。在 EJB 组件部署时,容器也会自动生成相应的 Home 对象,该对象负责查找和创建 EJB 对象,返回 EJB 对象的引用给客户;用户利用该引用调用 EJB 组件的方法得到结果;最后

Home 对象清除 EJB 对象。可以形象地称 Home 接口为 EJB 对象的工厂。

（3）EnterpriseBeans 类

EnterpriseBeans 类是商业逻辑的具体实现类，在 Remote 接口中定义了可供用户调用的方法。根据功能不同，EJB2.0 规范中定义了三种 Enterprise Beans：会话 Beans（SessionBeans）、实体 Beans（EntityBeans）和消息驱动 Beans（Message-drivenBeans）。

①会话 Beans。

会话 Beans 分无状态和有状态两种。一般无状态的会话 Beans 模拟商业逻辑，比如计算价格等。有状态的会话 Beans 模拟一个客户会话，它会临时保存客户信息，根据客户要求调用其他 Beans 来存取数据。两种会话 Beans 都不保存状态信息或数据，当客户断开连接或服务器关闭时，会话 Beans 也随之消失。一个会话 Beans 的典型例子是网站上的购物车。

②实体 Beans。

实体 Beans 模拟商业数据，并表示一个数据存储，可以是状态信息或数据库中的一条记录。实体 Beans 在客户断开连接或服务器关闭后，仍有服务保证其数据得以保存。一个实体 Beans 的典型例子就是客户账号信息。

③消息驱动 Beans。

消息驱动 Beans 在行为上很像会话 Beans。不同的是仅在需要向这些 Beans 发送消息时才调用消息驱动 Beans，比如在需要的时候发送用户确认信息等。

另外，在提交和部署 EJB 组件时，还需要两个文件：部署描述文件，容器根据该文件来部署 EnterpriseBeans，提供所要求的服务；EJB-jar 文件，它是提交给 EJB 容器的一个部署单元，容器（应用服务器）在部署时解开它，装入 EnterpriseBeans。

EJB 容器非常复杂，一般由专业的 J2EE 应用服务器开发商提供，比较流行的 EJB 容器由 IBM 的 WebShpere、BEA 公司的 WebLogic Server、Sun 公司的 iPlant 等应用服务器提供。EJB 容器除了为 EJB 提供事务处理、目录服务、持久性管理和安全性服务外，还负责 EJB 的部署、发布和生命周期管理。

(三) 平台标准服务

服务是组件和容器之间，以及容器和 J2EE 服务器之间的接口，在实现层面上它就是一系列 API 和协议。J2EE 平台定义了一组标准的服务，其中有些服务是由 J2SE 提供的，有些则是 J2EE 对 Java 的扩展。

1. 目录服务(Java Naming and Directory Interface，JNDI)

API 为应用程序提供了一个统一的接口来完成标准的目录操作，JNDI 是独立于目录协议的，应用程序可以用它访问各种目录服务，如 LDAP、NDS、DNS 等。

2. 数据访问(Java Data Base Connectivity，JDBC)

API 为访问不同类型的数据库提供了统一的途径，屏蔽了不同数据库的细节，具有平台无关性。J2EE 平台除了要求核心的 JDBC API（包含在 J2SE 中）外，还要求扩展的 JDBCAPI2.0，它支持新的记录集接口、连接池和分布式的事务处理。

3. 事务处理(Java Transaction API，JTA)

事务处理定义了一组标准的接口，为应用系统提供可靠的事务处理支持。JTS（Java Transaction Service）是 CORBA OTS 事务监控的 Java 实现。JTS 规定了事务管理器的实现方式,该事务管理器在高层支持 JTA 标准,在底层实现了 OMG OTS 规范的 Java 映射。

4. 消息服务(Java Message Service,JMS)

消息服务是一组用于和面向消息的中间件相互通信的 API,它既支持点对点的消息通信,也支持发布/订阅式的消息通信。电子邮件 Java Mail API 允许在应用程序中以独立于平台、独立于协议的方式收发电子邮件。JAF(Java Beans Activation Framework)负责处理 MIME 编码,Java Mail 利用 JAF 来处理 MIME 编码的邮件附件。

5. CORBA 兼容接口 RMI(远程方法调用)

CORBA 兼容接口 RMI(远程方法调用)是在分布式对象间通信的 Java 本地方法,它使应用程序调用远程方法像调用本地方法一样,不需要考虑所调用对象的位置。RMI-IIOP 是 RMI 的扩展,是符合 CORBA 标准的对象通信协议,也是 J2EE 默认的组件通信协议。JavaIDL 允许 J2EE 应用组件通过 IIOP 协议访问外部的 CORBA 对象。

6. 安全服务(Java Authentication and Authorization Service,JAAS)

安全服务用两个步骤实现安全性:认证,即由用户提供认证信息(如用户名和密码)来获得系统认证,这一过程又称为登录;授权,在被确认为合法用户后,系统根据用户的角色授予其相应的权限。J2EE 的授权是基于安全角色的概念,一个安全角色是一个拥有相同权限的逻辑组。J2EE 的安全角色由应用组件提供商来定义。

★ 习题精练

一、单项选择题

1. 在 Java 中,(　　)命令能够把 Java 源文件编译为类文件。
   A. Java　　　　　B. Javaw　　　　　C. Javac　　　　　D. Jar
2. 在 Java 中,无论测试条件是什么,下列循环将至少执行一次的是(　　)。
   A. for　　　　　B. do…while　　　　C. while　　　　　D. while…do
3. 在 Java 中(　　)操作符可以用来执行两个操作数之间的按位与操作。
   A. +　　　　　　B. &　　　　　　　C. &&　　　　　　D. 以上都不正确
4. 代码段 int y=1; int x=y+++3+y;将(　　)赋值给 x。
   A. 4　　　　　　B. 6　　　　　　　C. 5　　　　　　　D. 7
5. 当<input>标记的 type 属性值为 reset 时,它所代表的是(　　)。
   A. 密码框
   B. 可选多项复选框
   C. 单选框
   D. 可清除窗体所有值并将其值设为初值的按钮
6. 下列关于 try 块的说法,正确的是(　　)。
   A. try 块后至少应有一个 catch 块
   B. try 块后必须有 finally 块
   C. 可能抛出异常的方法应放在 try 块中

D. 对抛出的异常的处理应放在 try 块中

7. 在 Java 中，String 和 Object 类是在（　　）包中定义的。
   A. java.sql　　　B. java.util　　　C. java.net　　　D. java.lang

8. 在 Java 中，File 类提供了许多管理磁盘的方法。其中，建立目录的方法是（　　）。
   A. delete()　　　B. mkdirs()　　　C. makedir()　　　D. exists()

9. 在 Java 中，执行语句"k=7>>1;"后，变量后的当前值是（　　）。
   A. 15　　　B. 31　　　C. 3　　　D. 1

10. 在 UML 的例图中，人形符号表示的是（　　）。
    A. 关联　　　B. 用例　　　C. 角色　　　D. 依赖

11. 在 HTML 中嵌入 JavaScript，应该使用的标记是（　　）。
    A. <script></script>　　　B. <head></head>
    C. <body></body>　　　D. <!－－－－>

12. 《计算机软件保护条例》中所称的计算机软件是指（　　）。
    A. 计算机程序　　　B. 源程序和目标程序
    C. 源程序　　　D. 计算机程序及其有关文档

13. 目前我国软件产业的发展处于（　　）。
    A. 自主研制阶段
    B. 移植和汉化国外软件阶段
    C. 软件作为独立的产业分离出来，形成了软件产业
    D. 国产软件的市场占有率已达 90% 的阶段

14. 下列关于 UML 叙述正确的是（　　）。
    A. UML 是一种语言，语言的使用者不能对其扩展
    B. UML 仅是一组图形的集合
    C. UML 仅适用于系统的分析与设计阶段
    D. UML 是独立于软件开发过程的

15. 面向对象技术中，关于封装的目的的说法中，错误的是（　　）。
    A. 隐藏类的实现细节
    B. 通过定制好的方法（对象的接口）访问数据，可以方便地加入控制逻辑，限制对属性的不合理操作
    C. 便于修改，增强代码的可维护性
    D. 处理程序的非正常情况

16. 软件开发中的瀑布模型典型地刻画了软件生存周期的阶段划分，与其最相适应的软件开发方法是（　　）。
    A. 构件化方法　　　B. 结构化方法
    C. 面向对象方法　　　D. 快速原型方法

17. 软件部件的内部实现与外部可访问性的分离，是指软件的（　　）。
    A. 继承性　　　B. 共享性　　　C. 封装性　　　D. 抽象性

18. 在面向对象开发方法中，用 UML 表示软件体系架构，用到 5 个视图：逻辑视图、构件视

图、部署视图、(　　)。
A. 使用视图和动态视图　　　　　B. 用例视图和动态视图
C. 用例视图和进程视图　　　　　D. 静态视图和动态视图

19. 结构化分析方法(SA)的主要思想是(　　)。
A. 自顶向下、逐步分解　　　　　B. 自顶向下、逐步抽象
C. 自底向上、逐步抽象　　　　　D. 自底向上、逐步分解

20. 如果某 IT 项目客户的业务部署在其 Internet 网站上,客户的供应商、经销商等合作伙伴的业务也部署在各自的 Internet 网站上。客户要求自己的 IT 系统能通过 Internet 和其合作伙伴集成起来,开发者首先要考虑的技术是(　　)。
A. COM 和 Cache　　　　　　　B. WEB Service 和 XML
C. C/S　　　　　　　　　　　　D. ADSL

二、多项选择题

1. 在 Java 中,下列关于 char 类型的表述,正确的有(　　)。
A. 占 2 字节　　　　　　　　　B. 可以存储一个英文字母
C. 不能存储一个汉字　　　　　D. 其对应的封装类是 Character

2. 下列是 JSP 隐含内置对象的有(　　)。
A. request 和 response　　　　B. page 和 exception
C. pageContext 和 session　　　D. out 和 in

3. 下列是 J2EE 的体系的有(　　)。
A. JSP　　　B. Java　　　C. Servlet　　　D. WebService

4. 下列选项属于软件缺陷的有(　　)。
A. 软件没有实现产品规格说明所要求的功能
B. 软件中出现了产品规格说明不应该出现的功能
C. 软件实现了产品规格没有提到的功能
D. 软件实现了产品规格说明所要求的功能但因受性能限制而未考虑可移植性问题

5. 面向对象程序设计的基本机制有(　　)。
A. 继承　　　B. 消息　　　C. 方法　　　D. 结构

6. 开放系统特征有(　　)。
A. 可移植性　　　　　　　　　B. 可互操作性
C. 可伸缩性　　　　　　　　　D. 易获得性

7. 下面属于需求分析阶段任务的有(　　)。
A. 确定软件系统的功能需求　　B. 确定软件系统的性能需求
C. 制订软件集成测试计划　　　D. 需求规格说明书评审

8. 下列关于 Java 语言特点的叙述中,正确的有(　　)。
A. Java 是面向过程的编程语言　B. Java 支持分布式计算
C. Java 是跨平台的编程语言　　D. Java 支持多线程

9. 在项目管理的过程中,风险随时随地都可能出现,面对负面风险,一般可以采取的典型的方法有(　　)。

A. 避免 B. 转移 C. 开拓 D. 减轻

10. 内聚性是软件工程中的概念，是判断软件设计好坏的标准。常见的内聚类型有（　　）。

    A. 逻辑内聚 B. 时间内聚 C. 过程内聚 D. 通讯内聚

11. 以下描述正确的有（　　）。

    A. 使用 while 和 do-while 循环时，循环变量初始化的操作应在循环体语句之前完成
    B. while 循环是先判断表达式，后执行循环语句
    C. do-while 和 for 循环均是先执行循环语句，后判断表达式
    D. for，while 和 do-while 循环中的循环体均可以由空语句构成

12. 以下关于中断控制语句的描述，错误的有（　　）。

    A. 在一个函数中，不管有没有返回值，都需要 return 语句来退出函数
    B. continue 停止继续执行下面的语句，直接跳回循环起始位置
    C. break 用于强行退出循环，不执行循环中剩余的语句
    D. return 用于退出整个子程序

13. 如果一个程序段中有多个 catch，则程序会按如下（　　）情况执行。

    A. 找到适合的例外类型后继续执行后面的 catch
    B. 找到适合的例外类型后就不再执行后面的 catch
    C. 对每个 catch 都执行一次
    D. 按顺序找到和 catch 异常类型匹配的第一个 catch 块执行，如果 final 块是必须执行的

14. 下列项目不是 Java 的主要优点的有（　　）。

    A. 直接操作内存，功能强大
    B. 一次编写，到处运行
    C. 纯面向对象的语言
    D. 可以通过拖拽的方式快速开发程序界面

15. 典型的瀑布模型的四个阶段是（　　）。

    A. 分析 B. 设计 C. 编码 D. 测试
    E. 需求调研 F. 实施

16. 关于面向对象的说法错误的有（　　）。

    A. 类可以让我们用程序模拟现实世界中的实体
    B. 有多少个实体就要创建多少个类
    C. 对象的行为和属性被封装在类中，外界通过调用类的方法来获得，但是要知道类的内部是如何实现的
    D. 现实世界中的某些实体不能用类来描述

17. 浏览器端编程语言包括（　　）。

    A. HTML B. CSS
    C. JavaScript 语言 D. VBScript 语言

18. 在面向对象的语言中，（　　）。

    A. 类的实例化是指对类的实例分配存储空间
    B. 每个类都必须创建一个实例

C. 每个类可以创建多个实例
D. 类的实例化是指对类进行初始化

19. 网页通常可以支持的图像格式有（　　）。
   A. GIF　　　　　　B. BMP　　　　　　C. AVI　　　　　　D. MP3
20. 下列选项中，（　　）是 Java 中 Thread 类的方法。
   A. start(　　)　　　　　　　　　　　　B. run(　　)
   C. exit(　　)　　　　　　　　　　　　D. getPriority(　　)

三、判断题

1. B/S 结构编程语言分为浏览器端编程语言和服务器端编程语言。浏览器端编程语言包括 ASP（或 ASP.NET）、JSP/Servlet、PHP。服务器端编程主要有 HTML、CSS、JavaScript 语言和 VBScript 语言等。（　　）
2. JDK 是 Java 的开发平台，在编写 Java 程序时，需要 JDK 进行编译处理；JRE 是 Java 程序的运行环境，包含了 JVM 的实现及 Java 核心类库，编译后的 Java 程序必须使用 JRE 执行。（　　）
3. Web 页面中的 Java 代码是在浏览器端执行的。（　　）
4. 在 HTML 文档中用于表示表格的标记对是<table></table>。（　　）
5. JavaScript 是一种客户端脚本语言，通过嵌入在 HTML 中实现网页动态功能。（　　）
6. JavaScript 是一种脚本语言，它可以嵌入到 HTML 中。它是由 Java 语言变换发展而来的。（　　）
7. 软件开发模型是软件开发中全部过程、活动和任务的结构框架，是软件开发工作的基础。（　　）
8. 从软件工程的角度讲，软件开发主要分为六个阶段：需求分析阶段、概要设计阶段、详细设计阶段、编码阶段、测试阶段、运行阶段。（　　）
9. 文本组件分成三种：文本框、密码框和文本域。只有文本框和密码框可以放在 form 标记中用于接收文本数据。（　　）
10. 在 JSP 页面中，可分为 JSP 程序代码和其他程序代码两部分。JSP 程序代码全部写在<％和％>之间，其他代码部分如 JavaScript 和 HTML 代码按常规方式写入。（　　）
11. 计算机软件结构设计中划分模块时，尽量做到高内聚、低耦合，保持模块相对独立性，并以这些原则优化初始的软件结构。（　　）
12. 计算机软件是组成计算机系统的两大部分之一，是能够在计算机上运行的程序，能够被计算机识别和处理的数据及与程序和数据相关的各种文档的统称。（　　）
13. 信息管理系统是实现某一特定业务管理功能的软件。（　　）
14. Java 程序中的起始类名称必须与存放该类的文件名相同。（　　）
15. 需求分析过程是确定项目如何实现的过程，并确定项目的技术方案。（　　）
16. 在信息化项目中，许多专家都认为，对于项目取得成功，威胁最大的就是沟通的失败。（　　）

四、简答题

1. 结构化程序设计方法的要点包括哪些？

2. 在一个循环中使用 break、continue 和 return 有什么不同？
3. 需求分析过程中如何处理不明确需求？
4. 简述软件项目存在较大风险的原因。
5. 软件开发需遵循的基本原则有哪些？
6. 面向对象的特征有哪些方面？
7. 重载（Overload）和重写（Override）的区别有哪些？重载的方法能否根据返回类型进行区分？
8. String 是 Java 最基本的数据类型吗？请简要列举几个 Java 基本数据类型。
9. 一个".java"源文件中是否可以包含多个类（不是内部类）？有什么限制？

★ 答案及解析

一、单项选择题

1.【答案】C

【解析】Java：执行 Java 字节码文件，通过控制台运行，关闭控制台也会关闭 Java 程序。Javaw：和 Java 的功能一样，但是不通过控制台启动，也就不关联控制台，一般用来启动 GUI 程序。Javac：用来编译 Java 源文件。Jar：Java 归档（Jar）实用程序。

2.【答案】B

【解析】do…while 先执行循环体，然后判断条件。如果条件判断为 true，则继续执行循环体；如果判断为 false，则不执行循环体。for、while 是先判断条件是否正确，若正确则执行循环体，若不正确则不执行循环体，所以 do…while 至少循环一次。

3.【答案】B

【解析】"+"为算数运算符；"&"为按位与操作运算符；"&&"为逻辑运算符。

4.【答案】B

【解析】"y++"为后置++，所以 int x=1+3+2。

5.【答案】D

【解析】密码框：type 为 password；复选框：type 为 checkbox；单选框：type 为 radio；重置按钮：type 为 reset，是可清除窗体所有值并将其值设为初值的按钮。

6.【答案】C

【解析】try 块后可以无 catch 块和 finally 块，对抛出的异常处理应该放在 catch 中处理。

7.【答案】D

【解析】java.lang 包下有 Object、String、StringBuffer 和包装类等。

8.【答案】B

【解析】选项 A，删除方法；选项 B，创建目录；选项 C，无此方法；选项 D，文件对象存在。

9.【答案】C

【解析】"k=7>>1;"表示 7 右移一位，高位补 0。7 的二进制为"111"，向右移一位变为了"011"，二进制"011"即十进制的"3"。

10.【答案】C

【解析】关联:用实线表示;用例:用椭圆表示;角色:用小人表示;依赖:用虚线箭头来表示。

11.【答案】A

【解析】<script>标签用于定义客户端脚本,如 JavaScript;<head>标签定义文档的头部;<body>标签定义文档的主体;<!——>标签用于在源代码中插入注释。

12.【答案】D

【解析】软件是指为方便使用计算机和提高使用效率而组织的程序,以及用于程序开发、使用、维护的有关文档。

13.【答案】C

【解析】在我国,软件作为独立的产业分离出来,形成了软件产业。

14.【答案】D

【解析】UML 的内容。

15.【答案】D

【解析】处理程序的正常情况。

16.【答案】B

【解析】瀑布模型自诞生以来就被广泛采用,是因为它在支持结构化软件开发、控制软件开发的复杂性、促进软件开发工程化等方面的作用显著。

17.【答案】C

【解析】封装是将相关的概念组成一个单元,然后通过一个名称来引用它。

18.【答案】C

【解析】UML 表示软件体系架构,用到 5 个视图:逻辑视图、构件视图、部署视图、用例视图和进程视图。

19.【答案】A

【解析】结构化分析方法(SA)是把一个复杂问题的求解过程分阶段进行,而且这种分解是自顶向下,逐步分解,使每个阶段处理的问题都控制在人们容易理解和处理的范围内。

20.【答案】B

【解析】客户业务在各自的 Internet 网站上,开发者首先要考虑的技术是 WEB Service 和 XML。

二、多项选择题

1.【答案】ABD

【解析】因为 char 是 16 位(2 个字节)的,采取 Unicode 编码方式,所以 char 既可以存储英文字母也可以存储汉字。

2.【答案】ABC

【解析】JSP 中一共预先定义了 9 个这样的对象,分别为:request、response、session、application、out、pageContext、config、page、exception,没有 in。

3.【答案】ACD

【解析】J2EE 现在更多使用的名字是 JavaEE,JSP 是 JavaEE 设计模式 MVC 中的显示部分;Servlet 是控制部分;WebService 是 JavaEE 的服务部分。

4.【答案】ABC

【解析】软件缺陷是指存在的某种破坏正常运行能力的问题、错误或隐藏的功能缺陷。软件缺陷的主要类型有:软件没有实现产品规格说明所要求的功能;软件中出现了产品规格说明不应该出现的功能;软件实现了产品规格没有提到的功能;软件没实现虽然规格说明中未明确提及但应实现的目标;软件难理解,不易使用。

5.【答案】ABC

【解析】面向对象的方法以一种更为直观的方法分析和构造系统,它将整个系统抽象并模型化,让人们能更好地了解整个系统,使在设计时就能发现其中可能存在的问题。面向对象的基本概念有对象、类、抽象、封装、继承、多态、接口、消息、组件、模式和复用等。

6.【答案】ABCD

【解析】开放系统的特征有:可移植性、可互操作性、可伸缩性、易获得性。

7.【答案】ABD

【解析】制订软件集成测试计划属于测试阶段任务。

8.【答案】BCD

【解析】Java 语言特点:简单易学、利用面向对象技术、分布式计算、健壮性、安全性、跨平台、可移植性、解释执行、高性能、多线程、动态性、可提供 Applet 应用。

9.【答案】ABD

【解析】在项目管理的过程中,风险随时随地都可能出现,面对负面风险,一般可以采取的典型的方法有避免、转移、减轻。

10.【答案】ABCD

【解析】常见的内聚类型有:逻辑内聚、时间内聚、过程内聚、通讯内聚。

11.【答案】ABD

【解析】do-while 循环是先执行循环语句,后判断表达式。for 循环是先判断条件再执行。

12.【答案】AD

【解析】return 可以实现只退出当前程序,没有返回值,不需要 return 语句来退出函数。

13.【答案】BD

【解析】如果有匹配的 catch,它就会忽略掉这个 catch 后面所有的 catch,final 块是必须执行的。

14.【答案】AD

【解析】Java 是一种跨平台,适合于分布式计算环境的面向对象编程语言。具体来说,它具有如下特性:简单性、面向对象、分布式、解释型、可靠、安全、平台无关、可移植、高性能、多线程、动态性等。

15.【答案】ABCD

【解析】瀑布模型规定了开发各阶段的活动为:提出系统需求、提出软件需求、需求分析、设计、编码、测试和运行,并且还规定了自上而下相互衔接的固定顺序,于是构成了人们熟知的瀑布模型。

16. 【答案】BCD

【解析】类是现实世界中实体的形式化描述,类将该实体的数据和函数封装在一起。一个对象是现实世界中一个实体的抽象,一个类是一组对象的抽象。封装是将相关的概念组成一个单元,然后通过一个名称来引用它,外界对客体内部属性的所有访问只能通过提供的用户接口实现。

17. 【答案】ABCD

【解析】浏览器端编程语言包括 HTML、CSS、JavaScript 语言、VBScript 语言等。

18. 【答案】AC

【解析】在面向对象的语言中,类的实例化是指对类的实例分配存储空间,每个类可以创建多个实例。

19. 【答案】AB

【解析】网页通常可以支持的图像格式有 GIF、BMP 等格式。

20. 【答案】ABD

【解析】exit( )是 System 类的方法,如 System.exit(0)。

三、判断题

1. 【答案】×

【解析】浏览器端编程语言包括 HTML、CSS、JavaScript 语言和 VBScript 语言。服务器端编程主要有 ASP(或 ASP.NET)、JSP/Servlet、PHP 等。

2. 【答案】√

【解析】在编写 Java 程序时,需要 JDK 进行编译处理;JRE 是 Java 程序的运行环境,包含了 JVM 的实现及 Java 核心类库,编译后的 Java 程序必须使用 JRE 执行。

3. 【答案】×

【解析】Web 页面中的 Java 代码是在服务器端执行的。

4. 【答案】√

【解析】在 HTML 文档中用于表示表格的标记对是<table></table>。

5. 【答案】√

【解析】JavaScript 是一种客户端脚本语言,通过嵌入在 HTML 中实现网页动态功能。

6. 【答案】×

【解析】Java 是一种面向对象的语言,而 JavaScript 是基于对象以及事件的脚本语言。虽然它里面有一个"Java",但其实和 Java 并没有多大的关系。

7. 【答案】√

【解析】软件开发模型是软件开发过程中的全部过程、活动和任务的结构框架,是软件开发工作的基础。

8. 【答案】×

【解析】从软件工程的角度讲,需求分析属于软件定义阶段,运行属于维护阶段,均不属于软件开发阶段。

9. 【答案】×

【解析】文本组件分成三种:文本框、密码框和文本域,它们都可以放在 form 标记中用于接收文本数据。
10.【答案】√
【解析】在JSP页面中,可分为JSP程序代码和其他程序代码两部分。JSP程序代码全部写在<%和%>之间,其他代码部分如JavaScript和HTML代码按常规方式写入。
11.【答案】√
【解析】计算机软件结构设计中划分模块时,尽量做到高内聚、低耦合,保持模块相对独立性,并以这些原则优化初始的软件结构。
12.【答案】√
【解析】计算机软件是组成计算机系统的两大部分之一,是能够在计算机上运行的程序,能够被计算机识别和处理的数据及与程序和数据相关的各种文档的统称。
13.【答案】√
【解析】信息管理系统是实现某一特定业务管理功能的软件。
14.【答案】√
【解析】Java程序中的起始类名称必须与存放该类的文件名相同。
15.【答案】×
【解析】需求分析是确定系统必须完成哪些工作,也就是对目标系统提出完整、准确、清晰、具体的要求。
16.【答案】√
【解析】在信息化项目建设过程中,许多专家都认为,对于项目取得成功,威胁最大的就是沟通的失败。

四、简答题

1.【答案】
(1)采用自顶向下,逐步求精的程序设计方法。
(2)使用三种基本控制结构构造程序,分别是顺序、选择和循环。
(3)采用主程序员组的组织形式。

2.【答案】
break用于跳出整个循环语句,在循环结构中一旦遇到break语句,不管循环条件如何,程序立即退出所在的循环体。
continue用于跳过本次循环中尚未执行的语句,但是仍然继续执行下一次循环中的语句。
在循环中使用return语句,将终止当前方法调用,同时终止循环,使流程返回到调用语句的下一个语句执行。

3.【答案】
不明确需求的处理方法有:让用户参与开发,以便及时对不明确需求做出修正;开发用户界面原型,以便用户更好地确认需求;召开需求讨论会议,汇总和确认需求;强化需求分析和评审,让用户参与需求评审并签字认可。

4.【答案】
软件项目的需求变化大;软件项目计划和估算难度大;软件项目管理的难度大;承包方信用问题;人员变动问题;技术问题;政策变化问题;性能达不到。

5.【答案】
(1)用分阶段的生命周期计划严格管理；
(2)坚持进行阶段评审；
(3)实行严格的产品控制；
(4)使用现代程序设计技术；
(5)结果应能清楚地审查；
(6)开发小组的人员应该少而精；
(7)承认不断改进软件工程实践的必要性。

6.【答案】
面向对象的特征主要有以下几个方面：
一是抽象。抽象是将一类对象的共同特征总结出来构造类的过程，包括数据抽象和行为抽象两方面。抽象只关注对象有哪些属性和行为，并不关注这些行为的细节是什么。
二是继承。继承是从已有类得到继承信息创建新类的过程。提供继承信息的类被称为父类（超类、基类）；得到继承信息的类被称为子类（派生类）。继承让变化中的软件系统有了一定的延续性，同时继承也是封装程序中可变因素的重要手段。
三是封装。通常认为封装是把数据和操作数据的方法绑定起来，对数据的访问只能通过已定义的接口。面向对象的本质就是将现实世界描绘成一系列完全自治、封闭的对象。我们在类中编写的方法就是对实现细节的一种封装；我们编写一个类就是对数据和数据操作的封装。可以说，封装就是隐藏一切可隐藏的东西，只向外界提供最简单的编程接口。
四是多态性。多态性是指允许不同子类型的对象对同一消息作出不同的响应。简单地说，就是用同样的对象引用调用同样的方法但是做了不同的事情。多态性分为编译时的多态性和运行时的多态性。如果将对象的方法视为对象向外界提供的服务，那么运行时的多态性可以解释为：当 A 系统访问 B 系统提供的服务时，B 系统有多种提供服务的方式，但一切对 A 系统来说都是透明的（就像电动剃须刀是 A 系统，它的供电系统是 B 系统，B 系统可以使用电池供电或者用交流电，甚至还有可能是太阳能，A 系统只会通过 B 类对象调用供电的方法，但并不知道供电系统的底层实现是什么，究竟通过何种方式获得了动力）。

7.【答案】
方法重载（Overload）实现的是编译时的多态性（也称为前绑定），而方法重写（Override）实现的是运行时的多态性（也称为后绑定）。运行时的多态是面向对象最精髓的东西，要实现多态需要做两件事：一是方法重写（子类继承父类并重写父类中已有的或抽象的方法）；二是对象造型（用父类型引用子类型对象，这样同样的引用调用同样的方法就会根据子类对象的不同而表现出不同的行为）。
方法的重载和重写都是实现多态的方式，区别在于前者实现的是编译时的多态性，而后者实现的是运行时的多态性。重载发生在一个类中，同名的方法如果有不同的参数列表（参数类型不同、参数个数不同或者二者都不同）则视为重载；重写发生在子类与父类之间，重写要求子类被重写方法与父类被重写方法有相同的返回类型，比父类被重写方法更好访问,不能比父类被重写方法声明更多的异常(里氏代换原则)。重载对返回类型没有特殊的要求。

8.【答案】

不是。Java 中的基本数据类型只有 8 个:byte、short、int、long、float、double、char、boolean;除了基本类型(Primitive Type),剩下的都是引用类型(Reference Type),Java 5 以后引入的枚举类型也算是一种比较特殊的引用类型。

9.【答案】

可以,但一个源文件中最多只能有一个公开类(Public Class),而且文件名必须和公开类的类名完全保持一致。

第七章 计算机与存储

★ 知识要点归纳

第一节 主机

一、小型机

小型机的概念最初是由 DEC 公司提出来的,是相对于大型机而言。一般小型机都是基于 RISC 指令集。每一个小型机上都有着不同的体系架构。在特性上小型机跟普通的服务器(也就是常说的 PC-SERVER)有很大差别,最重要的一点就是小型机的 RAS 特性。

RAS 是 Reliability、Availability、Serviceability 三个英文单词的缩写,它们反映了计算机的高可靠性、高可用性、高服务性三个特点,具体含义如下:

(1)高可靠性(Reliability):计算机能够持续运转,从来不停机。

(2)高可用性(Availability):重要资源都有备份;能够检测到潜在要发生的问题,并且能够转移其上正在运行的任务到其他资源,以减少停机时间,保持生产的持续运转;具有实时在线维护和延迟性维护功能。

(3)高服务性(Serviceability):能够实时在线诊断,精确定位出根本问题所在,做到准确无误地快速修复。

小型机种类繁多,根据各种特性可做以下分类。

(一)CPU 指令集

常见的 CPU 指令集分为 CISC、RISC 和 EPIC。

(1)CISC 指令集:复杂指令集,常见的处理器品牌有 Intel、AMD、VIA 等。可以安装 Windows、Linux、UNIX 操作系统。

(2)RISC 指令集:精简指令集,常见的品牌有 IBM 的 Pmver 系列、HP 的 PA-RISC、ARM、MIPS 等。可以安装 UNIX、Linux。

(3)EPIC 指令集:显式并行指令集,由 HP 和 Intel 共同开发。Windows、Linux、UNIX

（AIX）纯 64 位 CPU，如果安装 32 位的操作系统，必须安装 Intel 的模拟软件，且执行效率不高。

(二)小型机的操作系统

IBM 的小型机采用的是 AIX 操作系统（IBM 的 UNIX）；HP 小型机采用的是 HP-UX；当然也可以采用其他厂商的操作系统，比如 RedHat、SuSe、SCO 等，但必须是 For 某一处理器的，如 RedHat advanced server 4 for Power。

二、IBM pSeries 主机

pSeries 是 IBM 公司的产品，其 UNIX 工作站和服务器最初于 1990 年推出。pSeries 不仅具有开放的系统平台，而且在 pSeries 系列所有型号的机器上，都采用同一结构的 RISC 技术芯片，运行同一个操作系统 AIX，并且实现二进制兼容，任一应用软件不进行任何修改就可在所有型号的机器上运行。

截至 2017 年，IBM 推出了多款 pSeries 系列产品，目前国税系统在用的 IBM pSeries 主机主要有 P570、P595、P780，其中金税三期主要数据库服务部署在 P780 上。

(一)RISC 芯片技术

精简指令集计算（RISC）是 IBM 工程师在 20 世纪 70 年代初发明的一种处理器体系结构。在这种技术中，系统硬件将完成最常用的计算机指令，并且在一个时钟周期内处理器将完成多项任务，该技术提供了软件与硬件之间的协作，这使得处理器的性能得到迅速的提高。1990 年，IBM 推出了第一代 RISC 芯片（Powerl）。

目前，pSeries 产品线上主要使用的是 Power 系列芯片。

(二)对称多处理技术

对称多处理技术（Symmetric Multi-Processing，SMP），是一种多处理器的计算机硬件架构，在对称多处理架构下，每个处理器的地位都是平等的，对资源的使用权限相同。现代多数多处理器系统，都采用对称多处理架构，也称为对称多处理系统（Symmetric Multiprocessing System）。在这个系统中，拥有超过一个以上的处理器，这些处理器都连接到同一个共享的主内存上，并由单一操作系统来控制。在多核心处理器的例子中，对称多处理架构将每一个核心都当成是独立的处理器。

在对称多处理系统上，在操作系统的支持下，无论进程是处于使用者空间，或是核心空间，都可以分配到任何一个处理器上运行。因此，进程可以在不同的处理器间移动，达到负载平衡，使系统的效率提升。但是由于系统总线的带宽是有限的，故处理器的数目是受限的。

鉴于以上问题，IBM pSeries 的 SMP 主机在设计时采用了以下技术来解决。

并行数据通道（Paraller Data Switch）：在 pSeries 的 CPU、内存和输入/输出设备中间特别加上了一个类似电话交换机的机构，称为 Parallel. Data Switch。这个 Switch 可以同时提供多条总线通道而减少内存总线拥挤的问题。这样的功能及速度是目前采用 SMP 技术的 UNIX 系统中比较领先的。

三、服务器简介

服务器，是指一个管理资源并为用户提供服务的计算机，根据用途不同可分为文件服务器、数据库服务器和应用程序服务器等。相对于普通 PC 机来说，服务器在稳定性、安全性、性能等方面都要求更高,因此,其CPU、芯片组、内存、磁盘系统、网络等硬件和普通PC机有所不同。其主要特点如下。

1. 可扩展性

为了适应不断变化的网络环境,保持前期投资为后期充分利用,服务器必须具有一定的可扩展性,为了保持可扩展性,通常需要服务器具备一定的可扩展空间和冗余件(如磁盘阵列架位、PCI和内存条插槽位等)。扩展性具体体现在硬盘是否可扩充,CPU是否可升级或扩展,系统是否支持Windows、Linux或UNIX等多种可选主流操作系统等方面。

2. 易使用性

服务器的功能相对于PC机来说复杂许多,不仅指其硬件配置,更多的是指其软件系统配置。服务器的易使用性主要体现在服务器是不是容易操作,用户导航系统是不是完善,机箱设计是不是人性化,有没有关键恢复功能,以及有没有足够的培训支持等方面。

3. 可用性

对于一台服务器而言,一个非常重要的方面就是它的可用性,即所选服务器能满足长期稳定工作的要求,不能经常出问题。

一般来说,专门的服务器都要7×24小时不间断地工作,特别像一些大型的网络服务器,以及提供公众服务的Web服务器等更是如此。为了确保服务器具有高可用性,除了要求各配件质量过关外,还可采取必要的技术和配置措施,如硬件冗余、在线诊断等。

4. 易管理性

服务器虽然在稳定性方面有足够保障,但也应有必要的避免出错的措施,以便及时发现问题,而且出了故障也能及时得到维护。服务器生产厂商为解决这一难题提供了许多新的技术,如冗余技术、系统备份、在线诊断技术、内存纠错技术、热拔插技术和远程诊断技术等,使绝大多数故障能够在不停机的情况下得到及时修复。

服务器的易管理性还体现在服务器有没有智能管理系统,有没有自动报警功能,是不是有独立于操作系统的管理系统,有没有液晶监视器等方面。

四、服务器分类

(一)按照体系架构来划分

1. 非X86服务器

非X86服务器(精简指令集服务器),是使用RISC(精简指令集)或EPIC(并行指令代码)处理器,并且主要采用UNIX和其他专用操作系统的服务器。精简指令集处理器主要有IBM公司的Power和PowerPC处理器,Sun与富士通公司合作研发的SPARC处理器、EPIC处理器(主要是由Intel研发的安腾处理器)等。非X86架构的RISC型CPU与X86架构的Intel和AMD的CPU在软件和硬件上都不兼容。这种服务器价格昂贵、体系封闭,但是稳定性好、性能强,主要用在金融、电信等大型企业的核心系统中。

2. X86服务器

X86服务器,又称CISC(复杂指令集)架构服务器,即通常所讲的PC服务器,它是指基于PC机体系结构,使用Intel或其他兼容X86指令集的处理器芯片的服务器,主要采用Windows和Linux操作系统,具有一定的稳定性,主要用在中小企业和非关键业务中。CISC型CPU目前主要有Intel的服务器CPU和AMD的服务器CPU两类。

(二)按应用层次划分

按应用层次划分通常也称为"按服务器档次划分",是服务器最为普遍的一种划分方法,它主要根据服务器在网络中应用的层次(或服务器的档次)来划分。要注意的是,这里所指的服务器档次并不是按服务器 CPU 主频高低来划分,而是依据整个服务器的综合性能,特别是所采用的一些服务器专用技术来衡量的。按这种划分方法,服务器可分为入门级服务器、工作组服务器、部门级服务器、企业级服务器。

1. 入门级服务器

这类服务器是最基础的一类服务器,也是最低档的服务器。随着 PC 技术的日益提高,现在许多入门级服务器与 PC 机的配置差不多,所以目前也有部分人认为入门级服务器与 PC 服务器等同。这类服务器所包含的服务器特性并不是很多,通常只具备以下特性:

- 具备基本硬件的冗余,如硬盘、电源、风扇等。
- 采用 SCSI 接口硬盘(也有采用 SATA 串行接口的),采用 RAID 技术。

这类服务器主要采用 Windows 或者 Linux 网络操作系统,可以充分满足办公室型的中小型网络用户的文件共享、数据处理、互联网接入及简单数据库应用的需求。

2. 工作组服务器

工作组服务器是一个比入门级高一个层次的服务器。从这个名字可以看出,它只能连接一个工作组(50 台左右)数量的用户,网络规模较小,服务器的稳定性也不像企业级服务器那样高。工作组服务器具有以下特点:

- 可支持大容量内存和增强服务器管理功能的 SM 总线。
- 功能较全面、可管理性强,且易于维护。

工作组服务器较入门级服务器来说性能有所提高,功能有所增强,有一定的可扩展性,可以满足中小型网络用户的数据处理、文件共享、互联网接入及简单数据库应用的需求,但容错和冗余性能仍不完善,也不能满足大型数据库系统的需求。

3. 部门级服务器

部门级服务器属于中档服务器,其具备比较完全的硬件配置,如磁盘阵列、存储托架等。部门级服务器的最大特点是集成了大量的监测及管理电路,具有全面的服务器管理能力,可监测如温度、电压、风扇、机箱等状态参数,结合标准服务器管理软件,使管理人员及时了解服务器的工作状况。大多数部门级服务器具有优良的系统扩展性,能够在用户业务量迅速增大时及时在线升级系统,充分保护用户投资。它是企业网络中分散的各基层数据采集单位与最高层的数据中心保持顺利连通的必要环节,一般为中型企业的首选,也可用于金融、电信等行业。

4. 企业级服务器

企业级服务器属于高档服务器行列,最大的特点就是它具有高度的容错能力、优良的扩展性能、故障预报警功能、在线诊断,及热插拔性能。有的企业级服务器还引入了大型计算机的许多优良特性。这类服务器所采用的芯片也都是几大服务器开发、生产厂商独有的 CPU 芯片,所采用的操作系统一般是 UNIX。

企业级服务器用于联网计算机在数百台以上、对处理速度和数据安全要求非常高的大型网络。企业级服务器的硬件配置最高,系统可靠性也最强。适合运行在需要处理大量数据、高处理速度和对可靠性要求极高的金融、证券、交通、邮电、通信或大型企业。

(三) 按服务器的机箱结构来划分

按服务器的机箱结构来划分,可以把服务器划分为台式服务器、机架式服务器、刀片式服务器和机柜式服务器四类。

1. 台式服务器

台式服务器也称为"塔式服务器"。有的台式服务器采用大小与普通立式计算机大致相当的机箱,有的采用大容量的机箱,像个硕大的柜子。低档服务器由于功能较弱,整个服务器的内部结构比较简单,所以机箱不大,都采用台式机箱结构。这里所介绍的台式不是平时普通计算机使用的台式,立式机箱也属于台式机范围。

2. 机架式服务器

机架式服务器的外形看起来不像计算机,而像交换机,有 1U (1U=1.75in=4.45cm)、2U、4U 等规格。机架式服务器安装在标准的 19in 机柜里面。这种结构的多为功能型服务器。

对于信息服务提供者而言,选择服务器时首先要考虑服务器的体积、功耗、发热量等物理参数。因为信息服务提供者通常使用大型专用机房统一部署和管理大量的服务器资源,机房通常设有严密的保安措施、良好的冷却系统、多重备份的供电系统,其机房的造价相当昂贵。如何在有限的空间内部署更多的服务器直接关系到企业的服务成本,通常选用机械尺寸符合 19in 工业标准的机架式服务器。机架式服务器也有多种规格,例如 1U (4.45cm 高)、2U、4U、6U、8U 等。通常 1U 的机架式服务器最节省空间,但性能和可扩展性较差,适合一些业务相对固定的使用领域。4U 以上的产品性能较高,可扩展性好,一般支持 4 个以上的高性能处理器和大量的标准热插拔部件,管理也十分方便,厂商通常会提供相应的管理和监控工具,适合大访问量的关键应用,但体积较大,空间利用率不高。

3. 刀片式服务器

刀片式服务器是指在标准高度的机架式机箱内插装多个卡式的服务器单元,以实现高可用和高密度。每一块"刀片"实际上就是一块系统主板。它们可以启动自己的 fes 作系统,如 Windows、Linux 等,类似于一个个独立的服务器,在这种模式下,每一块母版运行自己的系统,服务于指定的不同用户群,相互之间没有关联。不过,管理员可以使用系统软件将这些母版集合成一个服务器集群。在集群模式下,所有的母版可以连接起来提供高速的网络环境,并同时共享资源,为相同的用户群服务。在集群中插入新的"刀片"就可以提高整体性能。同时由于每块刀片都是热插拔的,所以,系统可以轻松地进行替换,并且将维护时间减少到最小。

4. 机柜式服务器

一些高档企业服务器内部结构复杂,内部设备较多,有的还具有许多不同的设备单元或需将几个服务器都放在一个机柜中,这种服务器就是机柜式服务器。

对于证券、银行、邮电等重要企业,应采用具有完备的故障自修复能力的系统,关键部件应采用冗余措施,对于关键业务使用的服务器也可以采用双机热备份高可用系统或者是高性能计算机,这样系统的可用性就可以得到很好的保证。

五、服务器操作系统

操作系统(Operating System,OS)主要功能是实现计算机硬件与软件的直接控制,并进行管理协调。

操作系统主要分为两部分：内核(Kernel)和壳(Shell)。顾名思义，内核主要实现计算机硬件与壳之间的信息传递与沟通，是操作系统最核心技术的体现；壳主要负责内核与应用程序之间的信息传递，利用底层语言将内核与软件的内外部命令进行相互转译，实现每一个操作请求。对于 Windows 系统来说，内核与壳之间相互联系，是类似管理与被管理的关系；对于 UNIX 与 Linux 来说，由于内核与壳完全分离，类似代理与被代理的关系，两者互相协作。

服务器操作系统也称网络操作系统，相比个人版操作系统，它要承担额外的管理、配置、稳定、安全等功能。服务器操作系统主要分为三类：Linux、UNIX、Windows Server 等。

（一）Linux

Linux 是一个用 C 语言和汇编语言写成，符合 POSIX 标准的类 UNIX 操作系统。Linux 是一款免费的操作系统，用户可以通过网络或其他途径免费获得，并可以任意修改其源代码。

从技术上说，Linux 是一个内核。"内核"指的是一个提供硬件抽象层、磁盘及文件系统控制、多任务等功能的系统软件。一个内核不是一套完整的操作系统。一套基于 Linux 内核的完整操作系统叫作 Linux 操作系统，或是 GNU/Linux。

Linux 支持多用户，各个用户对于自己的文件设备有自己特殊的权利，保证了各用户之间互不影响；具有字符界面和图形界面；具有丰富的网络功能，可以轻松提供 WWW 网页浏览、FTP 文件传输、远程登录、E-mail 等服务；Linux 采取了许多安全技术措施，其中有对读、写进行权限控制，审计跟踪，核心授权等技术；Linux 可以运行在多种硬件平台上，如具有 X86、SPARC、Alpha 等处理器的平台。

Redhat：包括 RHEL(Redhat Enterprise Linux，也就是所谓的 Redhat Advance Server 收费版本)、Fedora Core(由原来的 Redhat 桌面版本发展而来，免费版本)、CentOS(RHEL 的社区克隆版本，免费)。Fedora Core 的稳定性较差，最好只用于桌面应用。

Debian：包括 Debian 和 Ubuntu 等。Debian 是社区类 Linux 的典范，是迄今为止最遵循 GNU 规范的 Linux 系统。

Gentoo：Linux 世界最年轻的发行版本，吸取了其他所有发行版本的优点。

FreeBSD：并不是一个 Linux 系统，但 FreeBSD 与 Linux 的用户群有相当一部分是重合的，二者支持的硬件环境也比较一致，所采用的软件也比较类似，所以可以将 FreeBSD 视为一个 Linux 版本来比较。

（二）UNIX

UNIX 是一个功能强大、性能全面的多用户、多任务操作系统，可以应用在从巨型计算机到普通 PC 机等多种不同的平台上，是应用面最广、影响力最大的操作系统。

UNIX 系统大多是与硬件配套的，而 Linux 则可运行在多种硬件平台上；UNIX 的商标权由国际开放标准组织所拥有，只有符合单一 UNIX 规范的 UNIX 系统才能使用 UNIX 这个名称，否则只能称为类 UNIX(UNIX-like)。

AIX(Advanced Interactive eXecutive)：IBM 开发的一套 UNIX 操作系统，可以在所有的 IBM Power 系列和 IBM RS/6000 工作站、服务器和大型并行超级计算机上运行。

Solaris：SUN 公司研制的类 UNIX 操作系统。早期的 Solaris 是由 BSDUNIX 发展而

来。Solaris 运行在两个平台:Intel X86 及 SPARC/UltraSPARC。对这两个平台,Solaris 屏蔽了底层平台差异,为用户提供了尽可能一样的使用体验。

HP-UX:取自 Hewlett Packard UniX,是惠普公司(HP,Hewlett-Packard)以 SystemV 为基础所研发而成的类 UNIX 操作系统。HP-UX 可以在 HP 的 PA-RISC 处理器、Intel 的 Itanium 处理器的计算机上运行。

Xenix:一种 UNIX 操作系统,可在个人计算机及微型计算机上使用。该系统由微软公司在 1979 年从美国电话电报公司获得授权,为 Intel 处理器所开发。后来,SCO 公司收购了其独家使用权,自那以后,该公司开始以 SCO UNIX(亦被称作 SCO OpenServer)为名发售。

(三)Windows Server

Windows Server 是 Microsoft Windows Server System(WSS)的核心,是 Windows 的服务器操作系统。每个 Windows Server 都与其家用(工作站)版对应(2003 R2 除外)。

2008 版:Windows Server 2008 发行了多种版本,以支持各种规模的企业对服务器不断变化的需求。Windows Server 2008 有 5 种不同版本,另外还有三个不支持 Windows Server Hyper-V 技术的版本,因此总共有 8 种版本。

2008 R2 版:同 Windows Server 2008 相比,Windows Server 2008 R2 继续提升了虚拟化、系统管理弹性、网络存取方式,以及信息安全等领域的应用,其中有不少功能需搭配 Windows 7。Windows Server 2008 R2 重要新功能包含:Hyper-V 加入动态迁移功能;Hyper-V 将以毫秒计算迁移时间;强化 PowerShell 对各个服务器角色的管理指令。

2012 版:Windows 2012 是基于 Windows 8 基础上开发出来的服务器版系统,同样引入了 Metro 界面,增强了存储、网络、虚拟化、云等技术的易用性,让管理员更容易地控制服务器。

2016 版:Windows Server 2016 是微软于 2016 年 10 月 13 日正式发布的最新服务器操作系统。在 Windows Server 2016 系统中,系统用户和用户组策略管理功能仍然存在;在 Windows Server 2016 新版本中减少了对网络访问保护(NAP)的支持,增加了对虚拟网络和网关间的 GRE 隧道支持,并对 DNS 客户端的特性进行了改变。

说明:本章后面内容,主要针对税务系统应用较多的 AIX、Windows Server 2008 进行介绍,其他操作系统的资料读者可自行查询学习。

第二节 存储

一、数据存储概述

(一)数据存储简介

数据存储就是根据不同的应用环境通过采取合理、安全、有效的方式将数据保存到某些介质上并能保证有效的访问。这里包含两个方面的含义:一方面,它是数据临时或长期驻留的物理媒介;另一方面,它是保证数据完整安全存放的方式或行为。数据存储就是把这两个方面结合起来,向客户提供一套数据存放解决方案。

在存储技术领域没有唯一的标准。无论何种存储方式,对存储系统而言,其体系架构基本上是一样的,都是由 3 个层次决定的:主机 I/O 连接、连接数据线和存储设备接口。与其他任何数据通信一样,它也涉及 I/O 总线、传输控制协议、介质接口和嵌入式控制器 4 个方面。I/O 总线也就是目前常见的几种,如 PCI、PCI－X 等;随着数据存储技术的发展,目前在数据存储中所涉及的传输控制协议比较多,几乎全面覆盖当前所有的主流协议,如 TCP/IP、Ethernet、iSCSI、InfiniBand、SCSI、Fibre Channel、FCIP 和 iFCP 等;在存储设备接口方面也很丰富,除了常见的 3 种磁盘接口(ATA、SATA、SCSI)外,一些接口类型也普及了,如 FC(光纤通道)、SAS(串行 SCSI)、ESCON(企业级系统连接)、N_Port(节点端口)和 NL_Port(节点环路端口)等。

存储技术不断升级、发展,这些技术从网络存储功能的存储(Storing)、连接(Wiring)和文件组织(Filing)三个方面影响着网络存储的架构、性能和成本。iSCSI、SATA 和 SAS 等新技术的出现,以及 FC、Ethernet 和 SCSI 的升级换代,都会给存储产品带来比较大的变化,其目的是提高性能,降低成本,减少投资,简化用户存储网络的管理和维护。

(二)数据存储方式分类

1. 以服务器为中心的架构

直接附加存储(Direct Attached Storage,DAS)的服务器结构如同 PC 机架构,外部数据存储设备(如磁盘阵列、光盘机、磁带机等)都直接挂接在服务器内部总线上,数据存储设备是整个服务器结构的一部分;同样地,服务器也担负着整个网络的数据存储职责。在网络中各服务器的数据存储设备都是独立的。

DAS 存储方式只在一些小型网络中应用。

2. 以存储为中心的架构

网络附加存储(Network Attached Storage,NAS)方式全面改进了以前低效的 DAS 存储方式。它采用独立于服务器、单独为网络数据存储而开发的一种文件服务器来连接所有存储设备,独自形成一个网络。这样数据存储就不再是服务器的附属,而是作为独立网络节点存在于网络之中,可由所有网络用户共享。

3. 以网络为中心的架构

SAN 的支撑技术是光纤通道——Fibre Channel(FC)技术。它是 ANSI(美国国家标准学会)为网络和通道 I/O 接口建立的一个标准集成。FC 技术支持 HIPPI、IPI、SCSI、IP 和 ATM 等多种高级协议,其最大的特性是将网络和设备的通信协议与传输物理介质隔离开,这样多种协议可在同一个物理连接上同时传送,使得系统建设的成本和复杂程度大大降低。

二、磁盘接口技术

这里先介绍当前在服务器领域中主流应用的几种磁盘接口技术,如 SCSI、SATA 和 SAS,再介绍当前的各种 RAID 模式。

(一)SCSI 磁盘接口

SCSI(Small Computer System Interface)中文含义为"小型计算机系统接口"。顾名思义,一开始 SCSI 只是应用在小型机上。它是一种外设接口,目前主要应用于服务器磁盘中。除此之外,CD/DVD-ROM、CD-R/RW、扫描仪和磁带机等也有采用 SCSI 接口的。

(二)SATA 磁盘接口

2006 年 9 月,40 家全球领先的计算机部件和外围设备制造商宣布共同组建"Serial ATA 技术全球组织"(SATA-IO),该组织致力于保持 SATA(Serial ATA)技术开发与传播。SATA-IO 组织不仅希望通过 SATA 标准全面取代并行的 ATA 内置磁盘接口，还希望替代专门用于外置设备接口的 USB 和 IEEE 1394，即外置型 SATA（eSATA）接口。

SATA 的技术特性主要体现在接口、指令传输方式、数据传输速率和冗余校验等方面。

(三) SAS 接口

SAS（Serial Attached SCSI）即串行连接 SCSI，是新一代的 SCSI 技术，和 SATA 硬盘相同，都是采用串行技术以获得更高的传输速率，并通过缩短连接线改善内部空间等。SAS 是并行 SCSI 接口之后开发出的全新接口。此接口的设计是为了改善存储系统的效能、可用性和扩充性，并且提供与 SATA 硬盘的兼容性。与并行 SCSI 接口相比，在接口速度上得到显著提升，而且由于采用了串行线缆，不仅可以实现更长的连接距离（最长为 6m），还能够提高抗干扰能力，并且这种细细的线缆还可以显著改善机箱内部的散热情况。

SAS 接口的优点：

(1) SAS 具备目前磁盘通道技术里面的最高接口速率，通过采用通道合并技术，SAS 支持将多个 port 合入一个 port，可提供高达几十 G 的通道带宽，比如常用的 4*SAS 宽端口带宽可达 12GBit/s。

(2) SAS 的交换构架支持多个设备的扩展，一个 SAS 域理论上最多可接 16128 个设备，同时 SAS 设备支持 24x7 的多线程设计，可满足多任务的应用。

(3) SAS 设备基于目前存储领域成熟的 SCSI 技术可兼容 SATA，这使得 SAS 通道技术具备广泛的适用范围和良好的兼容性。

SAS 作为磁盘通道技术，在接口带宽、工作性能、可扩展性、组网应用、可靠性等方面，有着突出的优势，尤其适合应用于企业级系统。

三、磁盘阵列技术

磁盘冗余阵列（RAID，简称磁盘阵列）技术是最基础，也是应用最为普遍的数据存储技术，早已成为服务器的标准配置。随着磁盘阵列技术的发展，基于 SATA 和 SAS 接口的 RAID 应用更加广泛了。

(一) RAID 概述

RAID 是美国加州大学伯克利分校 Patterson 教授于 1988 年首先提出的。它的原理是将若干个小型磁盘驱动器与控制系统组成一个整体，在使用者看来像一个大磁盘。由于有多个驱动器并行工作，大大提高了存储容量和数据传输速率。某些模式的 RAID 可以把速度提高到单个磁盘驱动器的 4 倍，而且采用了纠错技术，提高了可靠性。

RAID 技术主要有以下三个基本功能：

(1) 通过对磁盘上的数据进行条带化，实现对数据成块存取，减少磁盘的机械寻道时间，提高了数据存取速度。

(2) 通过对一个阵列中的几块磁盘同时读取，减少了磁盘的机械寻道时间，提高了数据存取速度。

(3) 通过镜像或者存储奇偶校验信息的方式，实现了对数据的冗余保护。

目前，经常应用的 RAID 阵列主要分为 RAID 0、RAID 1、RAID 5 和 RAID 0+1 方式。随着 RAID 技术的逐渐普及，RAID 技术的各方面都得到了很大的发展。现在，在最初的 RAID 0～RAID 5 的基础上，又增加了 RAID 0+1、RAID 0+3 和 RAID 0+5 等几种不同的阵列组合方式，可以根据不同的需要实现不同的功能，如扩大磁盘容量，提供数据冗余，或者大幅度提高磁盘系统的 I/O 吞吐能力。

(二) RAID 实现的方式

RAID 的实现可以有硬件和软件两种不同的方式：硬件方式就是通过 RAID 控制器实现；软件方式则是通过软件把服务器中的多个磁盘组合起来，实现条带化快速数据存储和安全冗余。根据磁盘和 RAID 卡之间不同的组合方式可配置不同的 RAID 模式，实现不同磁盘性能的改变。

四、存储管理与应用

(一) SAN 交换机

在基于 IP (iSCSI、iFCP、FCIP、NAS) 存储系统的网络中，可以选择传统的局域网交换机，比如以太网交换机；而在支持光纤通道的 SAN 存储网络中，应当使用基于光纤通道的 SAN 交换机。

SAN 是连接存储设备和服务器的专用光纤通道网络（与以太网不同），但它和以太网有类似的架构，也是由支持光纤通道的服务器、光纤通道卡（网卡）、光纤通道集线器/交换机和光纤通道存储装置所组成。从技术上来讲，SAN 网络最重要的三个组成部分包括：设备接口（如 scsi、光纤通道等）、连接设备（如交换机、网关、路由器等）和通信控制协议（如 ip 和 scsi 等）。这三个组件再加上附加的存储设备和服务器，构成一个 SAN 系统。

由于交换机是构造存储区域网络 SAN 的核心构件，所以选择最合适的交换机是至关重要的。只有正确选择对存储区域网络最合适的光纤交换机才能提高信息管理的效率，满足最具挑战性的需求。SAN 交换机常见品牌有 IBM、Brocade（博科）、Cisco、McDATA 等。

双交换机冗余的配置过程，可以参考以下几点：

(1) 必须配置 Zone。
(2) Zone 的成员建议按照 Domain ID/Port Number 来设定。
(3) Domain ID 可以设置为 1~239 之间的一个整数，但是不要设置为 8。
(4) 每个 zone 里面只能包含一个 HBA。
(5) Zone 的名字应该体现出它的所包含的 HBA 以及存储设备的信息。
(6) 两台交换机必须保持独立，不能用光纤级联成一个 Fabic。
(7) 对同一台主机，冗余的 HBA 应该平均分配到两台交换机之上。
(8) 对同一台存储设备，冗余的 FC 端口应该平均分配到两台交换机上。
(9) 两台交换机上的端口分布应尽量对称。
(10) 两台交换机配置不同的 Switch Name，IP Address 和 Domain ID。
(11) 两台交换机除了上述三个参数之外的其他配置参数应该一致。

(二) 存储空间管理 (LUN 管理)

iSCSI 磁盘驱动器子系统上的逻辑单元号 (LUN) 是对存储子系统某一部分的逻辑引用。LUN 可以包含磁盘、磁盘扇区、整个磁盘阵列或子系统中某个磁盘阵列的一部分。

SAN 存储管理器 (Storage Manager for SANs) 是一个通用的存储设备管理工具，只要满足以下要求，SAN 存储管理器就可以对存储子系统进行管理：在服务器上安装有相应存储子系统的硬件提供程序，目前基本上所有的存储设备厂商都可以提供存储子系统的硬件提供程序。

使用 LUN 可简化 SAN 存储管理器,因为它们用作逻辑标识符,可以通过这些标识符分配访问和控制权限。

由于存在硬件、协议和安全性差异,在光纤通道环境和 iSCSI 环境上的 LUN 配置和管理会有所不同。如果需要通过 SAN 存储管理器管理 iSCSI 存储子系统,则必须在服务器上安装 Microsoft iSCSI Software Initiator。

可以通过 SAN 存储管理器在光纤通道和 iSCSI 存储子系统上创建和管理逻辑单元(LUN)。LUN 是对存储子系统某一部分的逻辑引用,可以包含磁盘、磁盘扇区、整个磁盘阵列或子系统中的部分磁盘阵列;通过将 LUN 用作逻辑标识符来分配访问和控制权限,可以简化 SAN 中的存储资源管理。当 LUN 分配给某个服务器时,对于此服务器而言,它到 LUN 的访问就像是访问本地硬盘一样,可以在 LUN 上创建一个或多个逻辑分区。

第三节 虚拟化

一、X86 平台虚拟化技术

1995 年后,X86 平台上各种各样的虚拟化技术开始出现。与大型机分区虚拟化技术需要厂商的专有硬件配合不同,X86 的开放体系使虚拟化技术可以作为一种纯软件得到更广泛的应用。

(一)X86 平台虚拟化技术分类

XS6 平台的虚拟化技术可分为三类:全硬件仿真虚拟化技术、半虚拟化技术和操作系统级虚拟化技术。

1. 全硬件仿真虚拟化技术

"全硬件仿真"虚拟化技术最本质的特点是,虚拟化管理器将所有的真实硬件设备以软件形式仿真出来,在客户操作系统看来,仿真出来的硬件无异于真实硬件,即虚拟化管理器采用仿真的手段,骗过了作为客户操作系统的标准操作系统,使其以为安装在真实的硬件设备之上。在这一技术中,虚拟化管理器是虚拟机监视器(Virtual Machine Monitor,VMM)的泛称。作为标准的操作系统,客户操作系统(Guest OS)通过被设计成直接向 CPU 发出专有指令来控制硬件,但在虚拟机中,执行这些指令是非常危险的操作,会造成错误结果,甚至死机。为此,VMM 需要采用"动态指令重写"技术捕获这些来自虚拟机中客户操作系统的专有指令,并作相应处理。显然,这些操作在解决"虚拟化漏洞"的同时,必然会带来性能上的损失。测试结果显示,这一损失在 5%~20%,损耗的高低与宿主操作系统的选择有关。

正是由于全硬件仿真,带来了这一技术的最大优势——客户操作系统选择的广泛性,即无须修改代码,就能成功地安装支持 X86 平台的任何操作系统(如 Microsoft Windows 系列、Linux 系列)。

这一技术的主要领导者是 VMware。其中,不管是早期的 VMware Workstaiton 产品系列,还是现在的 VMware Server 系列和 VMware ESX 系列,都是采用全硬件仿真的技术思路,只不过,VMware Workstaiton 和 VMware Server 是基于某一特定的 Microsoft Windows 或是 Linux 平台，而 VMware ESX 是自带了一套 Linux 内核的宿主操作系统。

2. 半虚拟化技术

与全硬件仿真技术相似的"半虚拟化"技术也是基于硬件仿真的，但不同的是半虚拟化技术不是采用"动态指令重写"技术捕获这些来自虚拟机中客户操作系统的专有指令来避免"虚拟化漏洞"，而是通过修改客户操作系统与体系相关的那部分内核模块，将虚拟机上的客户操作系统发出的专有指令重定向到虚拟化管理器（VMM）上。目的是让客户操作系统知道它不是安装在硬件上，而是安装在虚拟管理器之上。这样，可以避免"动态指令重写"带来的性能损耗，得到一个更高效的虚拟化平台。

测试结果显示，基于"半虚拟化"技术的性能损耗在 3% 左右。尽管有将半虚拟化管理器与 Linux 操作系统进行代码级或二进制程序的捆绑方式，但修改操作系统内核，即使是很小的一部分，也不是一件容易的事情。这是"半虚拟化"技术的一个主要缺点。

3. 操作系统级虚拟化技术

操作系统级虚拟化技术又称为内核级虚拟化技术，是一种有别于硬件仿真的虚拟化技术。"操作系统级"虚拟化技术采用的不是虚拟化硬件的技术思路，而是利用宿主操作系统的内核，通过开辟独享文件系统和内核服务抽象层创建多个虚拟环境，每个虚拟环境对用户来讲就相当于一个虚拟的客户操作系统。

因为不能像"全硬件仿真"虚拟化技术和"半虚拟化"技术那样仿真出虚拟硬件，所以没有将"操作系统级"虚拟化系统称为虚拟机，而是称为"虚拟环境"。每个虚拟环境上运行的系统被称为"虚拟专有服务器"（Virtual Private Servers，VPS）。

"操作系统级"虚拟化技术在设计方面省去了最复杂的硬件仿真和资源管理调度，并将这些工作统统交给宿主操作系统，直接利用其内核，创建了一个安全、隔离的容器来虚拟出一个客户操作系统环境。

由于省去的开销恰恰是产生开销最大的部分，所以，这种虚拟化技术性能损耗极小，甚至超过"半虚拟化"技术。测试显示，CPU 性能损耗在 1%～3%。此外，操作和管理上的易用性也是这种虚拟化技术的优势。如果不需要最高级别的安全隔离和架设虚拟化基础架构，在中小规模的业务应用中，"操作系统级"虚拟化是较好的选择。

（二）X86 平台虚拟化产品

从 1999 年 VMware 发布第一款基于 Microsoft Windows 的产品 VMware Workstation 1.0 以来，随着 X86 体系向高端计算平台渗透和其大范围的应用普及，X86 平台的虚拟化产品研究开发逐渐成熟并不断完善。

X86 平台主要虚拟化产品见表 7-1。

表 7-1　X86 平台主要虚拟化产品

厂商	技术	产品
WMware	全硬件仿真	VMware Server VMware ESX
Microsoft		Virtual PC Virtual Server
Xen	半虚拟化	XenEnterprise XenServer XenExpress Virtual Iron
KVM		Linux KVM

尽管这些产品的实现方法、命名规则，甚至各自的特点都不同，但它们的共性恰恰是虚拟化的特点。

1. 全硬件仿真虚拟化产品

采用全硬件仿真虚拟化技术的虚拟化软件产品的供应商中以 VMware、Microsoft 最有代表性。

（1）VMware Server/VMware ESX/VMware Infrastructure

VMware 是 X86 平台最早的虚拟化产品创造者，也是当今 X86 平台虚拟化市场的领导者，占有绝对优势的市场份额。

为应对 Microsoft 进入 X86 虚拟化市场带来的威胁，2006 年该公司将 VMware Server 免费发布。

（2）Microsoft Virtual Server/Microsoft Virtual PC

在看到虚拟化的需求和趋势后，Microsoft 开始大力投入对虚拟化软件产品的研发。2003 年收购了设计 Virtual PC（面向台式机）和 Virtual Server（面向多 CPU 服务器）两款虚拟化产品的 Cormectix 公司，开始全力推进虚拟化研发工作。

为了摆脱竞争的劣势地位，Microsoft 于 2005 年将两款产品全部免费。

2. 半虚拟化的软件产品

（1）Xen/XenSource

Xen 是英国剑桥大学于 2001 年启动的一个开源项目，旨在开发出一套高性能的虚拟化软件。其后由于 Xen 优秀的结构设计和开源的项目开发方式，得到了各方的高度关注，特别是来自 IBM、Microsoft、Intel 和 Novell 等业界巨头的大力扶持。为加强推广和支持力度，2004 年成立了 XenSource 公司。

Xen 得到了操作系统厂商广泛的支持，已经被集成到 RedHat Linux、SuSE Linux、Solaris 中。

（2）Virtual Iron

Virtual Iron 是一家基于 Xen 技术开发类似于 VMware VI3 企业级虚拟化架构的虚拟化软件开发商。它以 Xen 项目、嵌入 Intel-VT 与 AMD-V 的 CPU 硬件，以及一些开源的虚拟化软件管理工具为基础构建起来一套完整的虚拟化架构，在提供与 VMware VI3 相当功能的同时，收费仅为其 1/5。

3. 操作系统级虚拟化软件产品

（1）SWSoft Virtuozzo Linux/Virtuozzo Windows

SWSoft 的 Virtuozzo 是 X86 平台操作系统级虚拟化软件中的领跑者，由这一技术的独特性带来的优势，使其占有相当的市场份额，特别是在 IDC 机房的主机托管领域。

（2）Linux-VServer

Linux-VServer 是开源的操作系统级虚拟化软件产品，没有提供商业化支持。所以，应用范围小，影响力不大。

(三) VM 虚拟机与迁移

虚拟机（Virtual Machine）指通过软件模拟的具有完整硬件系统功能的、运行在一个完全隔离环境中的完整计算机系统。迁移是指将虚拟机从一个主机或存储位置移至另一个主机或存储位置的过程。复制虚拟机是指创建新的虚拟机，并不是迁移形式。迁移虚拟机分为主机之间迁移,存储间迁移,以上都迁移。

以 VMware 为例,在 vCenter Server 中有以下迁移选项:

1. 冷迁移

冷迁移,就是将已关闭电源的虚拟机移至新的主机。通过冷迁移,可以选择将关联的磁盘从一个数据存储移动到另一个数据存储。在开始冷迁移过程前,必须关闭要迁移的虚拟机的电源。

冷迁移包含以下任务:

第一步,如果选择了移动到一个不同的数据存储的选项,则会将配置文件(包括 NVRAM 文件(BIOS 设置))和日志文件从源主机移至目标主机的关联存储区域中。如果选择了移动虚拟机的磁盘,则也会移动这些磁盘。

第二步,向新主机注册虚拟机。

第三步,如果选择了移动到一个不同的数据存储的选项,则在迁移完成后,会将旧版本的虚拟机从源主机中删除。

2. 迁移已挂起的虚拟机

迁移已挂起的虚拟机是将已挂起的虚拟机移至新的主机。通过迁移已挂起的虚拟机,也可以选择将关联的磁盘从一个数据存储移至另一个数据存储。虚拟机不需要位于共享存储器上。新主机必须符合 CPU 兼容性要求,因为虚拟机必须能够在新主机上恢复执行指令。

迁移已挂起的虚拟机包括以下步骤:

第一步,将配置文件(包括 NVRAM 文件(BIOS 设置)、日志文件、挂起文件以及虚拟机的磁盘)从源主机移至目标主机的关联存储区域中。

第二步,向新主机注册虚拟机。

第三步,迁移完成后,旧版本的虚拟机将从源主机中删除。

可以使用迁移向导迁移已关闭电源的虚拟机或已挂起的虚拟机。

3. 通过 vMotion 迁移

通过 vMotion 迁移可以将已打开电源的虚拟机移至新的主机。通过 vMotion 迁移,可以在不中断虚拟机可用性的情况下将虚拟机移至新的主机,但无法使用 vMotion 将虚拟机从一个数据中心移至另一个数据中心。

4. 通过 Storage vMotion 迁移

通过 Storage vMotion 迁移,可将已打开电源的虚拟机的虚拟磁盘或配置文件移动到新数据存储。通过 Storage vMotion 迁移,可以在不中断虚拟机可用性的情况下,移动虚拟机的存储器。

如果将虚拟机配置为具有 64 位客户机操作系统,则尝试将其迁移到不支持 64 位操作系统的主机时,vCenter Server 会生成警告。

(四)虚拟化风险与控制

X86 虚拟化技术大范围的普及应用使其成为一种可以左右服务器走向的应用标准。但 X86 虚拟化部署仍然面临一定的风险,具体包括以下方面。

1. 系统额外开销

X86 虚拟化技术最重要的不足就是虚拟化本身会带来系统开销,同时也要消耗部分资源。这个开销主要集中在 CPU 资源消耗、内存资源消耗和硬盘存储资源消耗上，其中，CPU 资源消耗是衡量一种虚拟化技术性能优劣的最重要的指标。针对 CPU 资源消耗，不同的虚拟化实现技术，会有不同规模的开销，从 1% 到 55% 不等。

2. 硬件风险

多个系统整合在一台服务器中，在节省资源的同时，也面临着一个严重的问题，即一旦服务器出现硬件故障，其上运行的多个系统都将停止运行。虚拟化的服务器合并程度越高，此风险越大。另外，共享存储网络（SAN）一旦出现故障，整个平台将面临灾难。

3. 平台系统维护复杂度提高

采用虚拟化技术后，由于涉及 CPU 内核管理和虚拟化软件与操作系统间兼容性等问题，无论是宿主操作系统的升级，还是虚拟操作系统的升级，都需要慎重处理，即存在维护难度。其中，有些技术实现方式甚至要由虚拟化产品提供商提供专门的升级工具包。

4. 硬件配置的提高

虚拟化技术是要在一台服务器上运行尽可能多的系统和应用，但虚拟化平台不是为廉价的低配置机器准备的。应用虚拟化平台时，单台服务器的成本投入需要适当增加，即高配置的单台机器要比低配置的单台机器更适于部署虚拟化系统，同时，也能获得更显著的效益。

5. 标准不一致的风险

从原来的物理机将系统迁移到虚拟机平台上，或是将虚拟机从一个虚拟平台迁移到另一个虚拟平台上并不可靠，成功迁移的前提条件是迁移前后的物理机必须拥有类似甚至完全相同的硬件。特别要注意的是 CPU 配置，是 AMD 还是 Intel，8 路还是 32 路。由于至今尚无虚拟化格式标准出现，各虚拟化产品厂商的产品间也无法互通或转移，一旦某一产品停止研发或其厂商倒闭，用户系统的持续运行、迁移和升级将会极其困难。

6. 成本考量

虚拟化产品可能并不便宜。虚拟化产品按照 CPU（核心）数量购买许可证（License），如果要实现多虚拟机资源的统一管理，还需要附加费用。

7. 任性滥用带来新烦恼

由于创建一个虚拟机太容易了，可能导致虚拟机的数量急剧增加。如何统筹规划和使用虚拟机是一个新问题。

二、服务器虚拟化概述

(一)服务器虚拟化技术的产生

自计算机诞生以来，计算机硬件系统性能的发展速度要远远快于计算机软件的发展速度。硬件，特别是集成电路的集成度越来越高，体积越来越小，性能却成倍增长。摩尔定律（Moore's Law）中预测的系统性能快速增长模式，验证了它近 50 年的正确性，到现在仍不过时。

到今天，计算机硬件系统性能似乎已经强劲到可以被浪费和闲置的程度。据统计，用户对 UNIX 服务器的 CPU 平均利用率不足 29%，而基于 Microsoft Windows 的服务器的 CPU 利用率仅为 13%。一方面，是计算机硬件系统性能过剩；另一方面，是大量使用者渴望得到，却无法拥有一个完整、独立和互不干扰的计算环境来分享剩余的硬件资源。为了解决这个矛盾,在同一独立的计算机硬件平台上,同时安装多种操作系统,并同时运行这些操作系统的系统结构被设计出来,这一技术被称为计算机虚拟化技术。

目前主要的虚拟化技术分为桌面虚拟化、服务器虚拟化、网络虚拟化及应用虚拟化等,本书主要介绍服务器(主机)领域广泛涉及的"服务器虚拟化技术"。

(二)服务器虚拟化的实现

服务器虚拟化技术涉及的基本概念包括以下三个。

1. 宿主操作系统(HostOS)

该操作系统是与硬件直接进行数据通信的最底层的操作系统,虚拟化管理器作为一个应用程序运行在其中。

2. 虚拟化管理器(VirtualMachine Monitor,Hypervisor)

它位于宿主操作系统之上,是负责配置、管理虚拟系统和调度、管理资源的一个系统级应用程序。

3. 客户系统(Guest System)

它们位于虚拟化管理器之上,是由虚拟化管理器配置、管理的。如 Microsoft Windows 或 Linux 标准操作系统或虚拟环境(Virtual Environment)。

服务器虚拟化的目的,就是要通过使用虚拟化管理器(VMM)在一台物理机上虚拟和运行一台或多台虚拟机(VM)。VMM 主要有两种形式:

(1)HypervisorVM。它直接运行在硬件(Bare Metal)上面,提供接近于物理机的性能,并在 I/O 上面做了特别多的优化,主要用于服务器类的应用,也被称为"Type 1"。

(2)Hosted(托管)VM。它运行在物理机的操作系统上,虽然其本身性能不如 Hypervisor(因为它和硬件之间隔了一层 OS),但是其安装和使用非常方便,而且功能丰富,比如支持三维加速等特性,常用于桌面应用,也被称为"Type 2"。

(三)服务器虚拟化的意义

1. 提高资源利用率

使用虚拟化技术合并物理机器后,平均 CPU 利用率可提高到 90%。这已经达到单个计算机最优的饱满工作量。

2. 降低系统总成本

系统硬件成本包括硬件采购成本、运营电力成本、运营机柜空间成本、网络端口占用成本和运营维护成本五个部分。将虚拟化部署成本考虑进去,总投资会下降 50%~60%。

3. 提高安全性

虚拟化技术可以使应用程序从系统角度得到彻底隔离(Isolation),这一隔离可以有效地避免应用程序间的干扰和冲突,对系统的稳定、维护与升级意义重大。由于虚拟系统的完全隔离设计,任一虚拟系统崩溃或异常不会造成其他虚拟系统的异常或崩溃。

4. 实现高效的业务调度

无论采用哪种虚拟化实现方法,虚拟系统都是以独立的逻辑形式存储的。因此,在相同的虚拟化框架下,业务的调度和迁移过程就是这种独立的逻辑存储形式复制的过程。

5. 实现资源动态分配

实现虚拟化技术最主要的目的之一,就是使硬件资源的利用最大化。因此,经过虚拟化技术在单一硬件上安装的多个操作系统，以及上面分别运行的应用程序，可以在更高的层面上实现资源的动态分配。

6. 系统零宕机维护

正是由于虚拟系统的独立逻辑存储形式，使虚拟系统的零宕机迁移、备份和快速灾难恢复，在相同虚拟框架下，可以像复制文件一样简单。针对迁移而言，所需时间仅是启动虚拟系统及其运行业务所需时间，因为在停止原先虚拟系统业务前，可先完成复制工作。

7. 满足测试、研发需求

有些业务需求是在有限的硬件服务器上架设足够多的各种各样的操作系统，用于项目的兼容性研发和测试。针对这一需求，虚拟化是最合适的选择。

8. 大幅度地降低能耗

如果采用虚拟化技术在保证业务正常运行的情况下可以大幅度减少设备数量，则由此估算，能耗问题能够得到最大限度的缓解。

9. 分布式资源调度

对由多台物理计算机、存储器构成的一个或多个庞大的计算资源池，采用虚拟化基础架构软件负责管理、调度和根据资源紧张情况自动迁移虚拟系统，可达到资源均衡应用。

第四节　云计算

云计算是一种以数据和处理能力为中心的密集型计算模式，它融合了多项 ICT 技术，是传统技术"平滑演进"的产物。其中以虚拟化技术、分布式数据存储技术、编程模型、大规模数据管理技术、分布式资源管理、信息安全、云计算平台管理技术、绿色节能技术最为关键。

一、虚拟化技术

虚拟化是云计算最重要的核心技术之一，它为云计算服务提供基础架构层面的支撑，是 ICT 服务快速走向云计算的最主要驱动力。可以说，没有虚拟化技术也就没有云计算服务的落地与成功。随着云计算应用的持续升温，业内对虚拟化技术的重视也提到了一个新的高度。与此同时，我们的调查发现，很多人对云计算和虚拟化的认识都存在误区，认为云计算就是虚拟化。事实上并非如此，虚拟化是云计算的重要组成部分但不是全部。

从技术上讲，虚拟化是一种在软件中仿真计算机硬件，以虚拟资源为用户提供服务的计算形式。旨在合理调配计算机资源，使其更高效地提供服务。它把应用系统各硬件间的物理划分打破，从而实现架构的动态化，实现物理资源的集中管理和使用。虚拟化的最大好处是增强系统的弹性和灵活性，降低成本、改进服务、提高资源利用效率。

从表现形式上看，虚拟化又分两种应用模式。一是将一台性能强大的服务器虚拟成多个独立的小服务器，服务不同的用户。二是将多个服务器虚拟成一个强大的服务器，完成特定的功能。这两种模式的核心都是统一管理，动态分配资源，提高资源利用率。在云计算中，这两种模式都有比较多的应用。

二、分布式数据存储技术

云计算的另一大优势就是能够快速、高效地处理海量数据。在数据爆炸的今天，这一点至关重要。为了保证数据的高可靠性,云计算通常会采用分布式存储技术,将数据存储在不同的物理设备中。这种模式不仅摆脱了硬件设备的限制,同时扩展性更好,能够快速响应用户需求的变化。

分布式存储与传统的网络存储并不完全一样,传统的网络存储系统采用集中的存储服务器存放所有数据,存储服务器成为系统性能的瓶颈,不能满足大规模存储应用的需要。分布式网络存储系统采用可扩展的系统结构,利用多台存储服务器分担存储负荷,利用位置服务器定位存储信息,它不但提高了系统的可靠性、可用性和存取效率,还易于扩展。

在当前的云计算领域,Google 的 GFS 和 Hadoop 开发的开源系统 HDFS 是比较流行的两种云计算分布式存储系统。

GFS(Google File System)技术:谷歌的非开源的 GFS(GoogleFile System)云计算平台满足大量用户的需求,并行地为大量用户提供服务,使得云计算的数据存储技术具有了高吞吐率和高传输率的特点。

HDFS(Hadoop Distributed File System)技术:大部分 ICT 厂商,包括 Yahoo、Intel 的"云"计划采用的都是 HDFS 的数据存储技术。未来的发展将集中在超大规模的数据存储、数据加密和安全性保证以及继续提高 I/O 速率等方面。

三、编程模式

从本质上讲,云计算是一个多用户、多任务、支持并发处理的系统。高效、简捷、快速是其核心理念,它旨在通过网络把强大的服务器计算资源方便地分发到终端用户手中,同时保证低成本和良好的用户体验。在这个过程中,编程模式的选择至关重要。云计算项目中分布式并行编程模式将被广泛采用。

分布式并行编程模式创立的初衷是更高效地利用软、硬件资源,让用户更快速、更简单地使用应用或服务。在分布式并行编程模式中,后台复杂的任务处理和资源调度对于用户来说是透明的,这样用户体验能够大大提升。MapReduce 是当前云计算主流并行编程模式之一。MapReduce 模式将任务自动分成多个子任务,通过 Map 和 Reduce 两步实现任务在大规模计算节点中的高度与分配。

MapReduce 是 Google 开发的 Java、Python、C++编程模型,主要用于大规模数据集(大于 1TB)的并行运算。MapReduce 模式的思想是将要执行的问题分解成 Map(映射)和 Reduce(化简)的方式,先通过 Map 程序将数据切割成不相关的区块,分配(调度)给大量计算机处理,达到分布式运算的效果,再通过 Reduce 程序将结果汇整输出。

四、大规模数据管理

处理海量数据是云计算的一大优势,如何处理则涉及很多层面的东西。因此,高效的数据处理技术也是云计算不可或缺的核心技术之一。对于云计算来说,数据管理面临巨大的挑战。云计算不仅要保证数据的存储和访问,还要能够对海量数据进行特定的检索和分析。由于云计算需要对海量的分布式数据进行处理、分析,因此,数据管理技术必须能够高效地管理大量的数据。

Google 的 BT(BigTable)数据管理技术和 Hadoop 团队开发的开源数据管理模块 HBase 是业界比较典型的大规模数据管理技术。

BT(BigTable)数据管理技术:BigTable 是非关系的数据库,是一个分布式的、持久化存储的多维度排序 Map。BigTable 建立在 GFS、Scheduler、Lock Service 和 MapReduce 基础之上，与传统的关系数据库不同，它把所有数据都作为对象来处理，形成一个巨大的表格，用来分布存储大规模结构化数据。Bigtable 的设计目的是可靠地处理 PB 级别的数据，并且能够部署到上千台机器上。

开源数据管理模块 HBase：HBase 是 Apache 的 Hadoop 项目的子项目，定位于分布式、面向列的开源数据库。HBase 不同于一般的关系数据库，它是一个适合于非结构化数据存储的数据库。另一个不同是 HBase 基于列的而不是基于行的模式。作为高可靠性分布式存储系统，HBase 在性能和可伸缩方面都有比较好的表现。利用 HBase 技术可在廉价 PC Server 上搭建起大规模结构化存储集群。

五、分布式资源管理

云计算采用了分布式存储技术存储数据，那么自然要引入分布式资源管理技术。在多节点的并发执行环境中，各个节点的状态需要同步，并且在单个节点出现故障时，系统需要有效的机制保证其他节点不受影响。而分布式资源管理系统恰是这样的技术，它是保证系统状态的关键。

另外，云计算系统所处理的资源往往非常庞大，少则几百台服务器，多则上万台，同时可能跨越多个地域。且云平台中运行的应用也是数以千计，如何有效地管理这批资源，保证它们正常提供服务，需要强大的技术支撑。因此，分布式资源管理技术的重要性可想而知。

全球各大云计算方案/服务提供商们都在积极开展相关技术的研发工作。其中 Google 内部使用的 Borg 技术很受业内称道。另外，微软、IBM、Oracle/Sun 等云计算巨头都有相应解决方案提出。

六、信息安全

调查数据表明，安全已经成为阻碍云计算发展的最主要原因之一。数据显示，32%已经使用云计算的组织和 45%尚未使用云计算的组织的 ICT 管理将云安全作为进一步部署云的最大障碍。因此，要想保证云计算能够长期稳定、快速发展，安全是首要需要解决的问题。

事实上，云计算安全也不是新问题，传统互联网存在同样的问题。只是云计算出现以后，安全问题变得更加突出。在云计算体系中，安全涉及很多层面，包括网络安全、服务器安全、软件安全、系统安全，等等。因此，有分析师认为，云安全产业的发展，将把传统安全技术提到一个新的阶段。

现在，不管是软件安全厂商还是硬件安全厂商都在积极研发云计算安全产品和方案。包括传统杀毒软件厂商、软硬防火墙厂商、IDS/IPS 厂商在内的各个层面的安全供应商都已加入云安全领域。相信在不久的将来，云安全问题将得到很好的解决。

七、云计算平台管理

云计算资源规模庞大，服务器数量众多并分布在不同的地点，同时运行着数百种应用，如何有效地管理这些服务器，保证整个系统提供不间断的服务是巨大的挑战。云计算系统的平台管理技术，需要具有高效调配大量服务器资源，使其更好协同工作的能力。其中，方便地部署和开通新业务，快速发现并且恢复系统故障，通过自动化、智能化手段实现大规模系统可靠的运营是云计算平台管理技术的关键。

对于提供者而言，云计算可以有三种部署模式，即公共云、私有云和混合云。三种模式对平台管理的要求大不相同。对于用户而言,由于企业对 ICT 资源共享的控制、对系统效率的要求以及 ICT 成本投入预算不尽相同,企业所需要的云计算系统规模及可管理性能也大不相同。因此,云计算平台管理方案要更多地考虑定制化需求,能够满足不同场景的应用需求。

包括 Google、IBM、微软、Oracle/Sun 等在内的许多厂商都有云计算平台管理方案推出。这些方案能够帮助企业实现基础架构整合,实现企业硬件资源和软件资源的统一管理、统一分配、统一部署、统一监控和统一备份,打破应用对资源的独占,让企业云计算平台价值得以充分发挥。

八、绿色节能技术

节能环保是全球整个时代的大主题。云计算也以低成本、高效率著称。云计算具有巨大的规模经济效益,在提高资源利用效率的同时,节省了大量能源。绿色节能技术已经成为云计算必不可少的技术,未来越来越多的节能技术还会被引入云计算中来。

碳排放披露项目(Carbon Disclosure Project,CDP)近日发布了一项有关云计算有助于减少碳排放的研究报告。报告指出,迁移至云的美国公司每年就可以减少碳排放 8 570 万吨,这相当于 2 亿桶石油所排放出的碳总量。

★ 习题精练

一、单项选择题

1. 要从一个坏的硬盘上转移数据到一个新的硬盘,首先要做的操作是(　　)。
   A. 把逻辑卷转移到新的硬盘上
   B. 添加一个新的硬盘到原有的卷组
   C. 在新硬盘上创建坏硬盘的文件系统的拷贝
   D. 在新硬盘上创建坏硬盘的逻辑卷的镜像

2. 下列 RAID 技术中,要损失磁盘总容量一半的是(　　)。
   A. RAID 0　　　　B. RAID 1　　　　C. RAID 2　　　　D. RAID 0+1

3. 对于存储系统性能调优说法正确的是(　　)。
   A. 必须在线业务下进行调优
   B. 存储系统的调优可以与主机单独进行,应为两者性能互不影响
   C. 存储系统的性能调优属于系统性调优,需要了解客户 I/O 模型、业务大小、服务器资源利用和存储侧资源利用综合分析,对于存储侧重点关注 RAID 级别、分条深度、LUN 映射给主机的分布情况等
   D. 以上都不正确

4. NAS 对于(　　)类型的数据传输性能最好。
   A. 大块数据　　　B. 文件　　　　C. 小块消息　　　D. 连续数据块

5. SAN 是一种(　　)。
   A. 存储设备　　　　　　　　　　　B. 专为数据存储而设计和构建的网络

C. 光纤交换机　　　　　　　　　　D. HBA

6. 下列不是 SAN 与 NAS 差异的是(　　)。

　A. NAS 设备拥有自己的文件系统,而 SAN 没有

　B. NAS 适合于文件传输与存储,而 SAN 对于块数据的传输和存储效率更高

　C. SAN 可以扩展存储空间,而 NAS 不能

　D. SAN 是一种网络架构,而 NAS 是一个专用型的文件存储服务器

7. 8 个 300G 的硬盘做 RAID 1 后的容量空间为(　　)。

　A. 1 200G　　　　B. 1.8T　　　　C. 2.1T　　　　D. 2 400G

8. R 磁盘阵列中映射给主机使用的通用存储空间单元被称为(　　),它是在 RAID 的基础上创建的逻辑空间。

　A. LUN　　　　　B. RAID　　　　C. 硬盘　　　　D. 磁盘阵列

9. 8 个 300G 的硬盘做 RAID 5 后的容量空间为(　　)。

　A. 1 200G　　　　B. 1 800G　　　C. 2 100G　　　D. 2 400G

10. 下面 RAID 级别中,数据冗余能力最弱的是(　　)。

　A. RAID 5　　　　B. RAID 1　　　C. RAID 6　　　D. RAID 0

11. 磁盘阵列(RAID)的实现可以通过(　　)方式。根据磁盘和 RAID 卡之间的组合方式可配置不同的 RAID 模式,实现不同磁盘性能的改变。

　A. 硬件　　　　　　　　　　　　B. 软件

　C. 硬件和软件　　　　　　　　　D. 硬件、软件和其他方式

12. 以下独立磁盘冗余阵列模式中,磁盘容量利用率最高的是(　　)。

　A. RAID 0　　　　B. RAID 1　　　C. RAID 5　　　D. RAID 10

13. 如果需要创建一个 RAID 10 的 RAID 组,至少需要(　　)块硬盘。

　A. 2　　　　　　　B. 3　　　　　C. 4　　　　　D. 5

14. 将存储设备连接到现有的网络上,提供数据和文件服务的存储模式是(　　)。

　A. DAS　　　　　B. NAS　　　　C. SAN　　　　D. FC

15. 一台 4 块 300G 硬盘的服务器,按 RAID 10 的方式做好镜像,其实际可用空间为(　　)。

　A. 1 200G　　　　B. 800G　　　　C. 300G　　　　D. 600G

16. SAN 对于(　　)类型的数据传输性能最好。

　A. 大块数据　　　B. 小块数据　　　C. 连续数据　　　D. 文件

17. 下面 RAID 级别中,写性能最好的是(　　)。

　A. RAID 5　　　　B. RAID 1　　　C. RAID 6　　　D. RAID 0

18. 关于 SAN 存储架构的实施,以下说法正确的是(　　)。

　A. 非常易于实现

　B. 实时价格非常低廉

　C. 是一种实施架构复杂,价格昂贵的解决方案

　D. 以上说法都是错误的

19. 下列各项不具有容错功能的是(　　)。

　A. RAID 0　　　　B. RAID 1　　　C. RAID 3　　　D. RAID 5

20. 下列 RAID 技术中,要损失磁盘总容量的一半的是( )。
    A. RAID 0　　　B. RAID 1　　　C. RAID 2　　　D. RAID 0+1

二、多项选择题

1. SAN 架构基本组成要素包括( )。
    A. 服务器　　　　　　　　　　B. 后端存储系统
    C. 交换机　　　　　　　　　　D. SAN 控制软件
    E. HBA 卡

2. 与 DAS(直接附加存储)综合比较起来,NAS(网络附加存储)存储方式具有的明显优点有( )。
    A. 真正的即插即用　　　　　　B. 存储系统部署简单
    C. 存储设备位置非常灵活　　　D. 管理容易且成本低

3. SAN 存储的技术特点包括( )。
    A. 高度的可扩展性　　　　　　B. 优化的资源和服务共享
    C. 高度的可用性　　　　　　　D. 复杂但体系化的存储管理方式

4. 当前存储体系主要有( )。
    A. DAS　　　　B. NAS　　　　C. SAN　　　　D. SAS

5. 下列技术中,需要读写校验盘的 RAID 技术有( )。
    A. RAID 0　　　B. RAID 1　　　C. RAID 5　　　D. RAID 6

6. 在选择采用何种 RAID 类型的时候,必须注意的事项有( )。
    A. 用户数据需要多少空间　　　B. 校验带来的磁盘空间损失
    C. 应用的性能要求　　　　　　D. 在磁盘故障时,磁盘的重建

7. 与传统的本地存储和 DAS 存储相比较,下列属于现代新型 SAN 阵列存储的主要特点或优势的有( )。
    A. 容量大　　　B. 性能高　　　C. 稳定性好　　　D. 不关注扩展性

8. IP SAN 与 FC SAN 两者拥有基本相同的特性,又有差异,以下说法正确的是( )。
    A. FC SAN 是高性能的保证,而 IP SAN 在经济性方面优势更明显
    B. 从数据传输通道来看,FC SAN 是物理电路,而 IP SAN 是逻辑电路
    C. 从传输延时来看,FC SAN 延时较低,而 IP SAN 延时较高
    D. 从传输距离来看,FC SAN 传输距离较短,而 IP SAN 传输距离更远

9. 按照对外接口类型划分,常见的磁盘阵列可以分为( )。
    A. SCSI 磁盘阵列　　　　　　　B. iSCSI 磁盘阵列
    C. NAS 存储　　　　　　　　　D. FC 磁盘阵列

10. 使用串行传输方式的硬盘接口有( )。
    A. SAS　　　　B. FC　　　　C. SATA　　　　D. SCSI

11. 常用的存储设备包括( )。
    A. 磁盘阵列　　　B. 磁带机　　　C. 磁带库　　　D. 虚拟磁带库

12. 下列说法错误的有( )。
    A. SAS 是一种点对点、全双工、双端口的接口,能实现与 SATA 的互操作

B. FC-AL 是一种单端口的并行存储接口,支持全双工工作方式

C. 并行传输时,一次可以收发多位数据,而串行传输每次只能收发一位,因此采用并行技术的硬盘接口能支持更大的传输速率

D. 在硬盘的技术指标中,转速是指硬盘主轴马达的转动速度,单位为 RPM(ROUND PER MINUTE),即每分钟盘片转动次数

13. 随着 SAN 网络技术的不断发展,目前已经形成的主流类型的存储区域网络有( )。
    A. IP-SAN　　　　B. SAS-SAN　　　　C. PC-SAN　　　　D. IPX-SAN

14. 关于各种主要阵列模式的比较,以下说法正确的有( )。
    A. RAID 0 读写性能高,随机写性能高
    B. RAID 1 读写性能低,随机写性能低
    C. RAID 5 随机和连续写性能高,读写性能低
    D. RAID 10 读写性能适中

15. RAID 是一种提高磁盘存储速度、容量和可靠性的技术。下列有关 RAID 的叙述中,正确的是( )。
    A. RAID 的中文名称是磁盘冗余阵列
    B. 条块技术可以提高磁盘存储器的传输性能
    C. 为了提高可靠性,RAID 中采用了镜像冗余技术和校验冗余技术
    D. RAID 只能用 SCSI 磁盘驱动器来实现

16. 下列选项中属于数据存储形式的有( )。
    A. 在线存储　　　B. 离线存储　　　C. 近线存储　　　D. 人工存储

17. 网络存储结构大致分为( )。
    A. 存储区域网络　　　　　　　　B. 网络附加存储
    C. 直连式存储　　　　　　　　　D. 宽带式存储

18. 双机热备份方案中,根据两台服务器的工作方式可以有三种不同的工作模式,包括( )。
    A. 双机热备模式　　　　　　　　B. 双机双工模式
    C. 双机互备模式　　　　　　　　D. 双机后备模式

19. 下列选项中,( )是常见的备份类型。
    A. 完全备份　　　B. 增量备份　　　C. 差分备份　　　D. 随机备份

20. 下列 RAID 级别中,具备数据容错能力的 RAID 级别是( )。
    A. RAID 0　　　　B. RAID 1　　　　C. RAID 3　　　　D. RAID 5

三、判断题

1. RAID 1 技术是先做镜像然后做条带化。一个磁盘的丢失等同于整个镜像条带的丢失,所以一旦镜像失败,则存储系统成为一个 RAID 0 系统。( )

2. RAID 6 引入两块校验盘,保证在两块盘同时故障时数据不丢失。( )

3. NAS 系统功能强大、易于扩展,所以 NAS 完全可以替代 DAS 架构。( )

4. RAID,即独立磁盘冗余数组,其基本思想就是把多个相对便宜的硬盘组合起来,成为一个硬盘阵列组,使性能达到甚至超过一个价格昂贵、容量巨大的硬盘。( )

5. NAS存储的数据类型主要为文件,SAN存储的数据类型为数据块。（   ）
6. 网络连接存储(Network Attached Storage,NAS)是指将存储设备通过标准的网络拓扑结构(如以太网),连接到一群计算机上。（   ）
7. 存储区域网络(Storage Area Network,SAN)是指以数据存储为中心,采用可伸缩的网络拓扑结构,通过高速光纤连接,在SAN内部任意节点之间提供数据交换,并且将数据存储管理集中在相对独立的存储区域网内。（   ）
8. SAN针对海量、面向数据块的数据传输,而NAS则提供文件级的数据访问和共享服务。（   ）
9. RAID 6模式数据的可靠性非常高,即使两块磁盘同时失效,也不会影响数据的使用。（   ）
10. 逻辑卷可以使用不连续的物理空间,并且可"动态调整其容量"。（   ）
11. 镜像卷的磁盘空间利用率是50%,RAID 5卷的磁盘空间利用率是$(n-1)/n$。（   ）
12. 容灾方案就是数据备份方案。（   ）

四、简答题

1. 简述IP存储的优势和存在的主要问题。
2. 简述数据存储方式分类及特点。
3. 磁盘冗余阵列(RAID,简称磁盘阵列)的分级为哪些?
4. 简述数据库的冷备份和热备份的不同点以及各自的优点。
5. 目前经常使用的RAID技术有哪些? 各有什么优缺点?

五、综合案例题

场景描述:假设你是存储设备管理员,负责数据中心机房所有存储设备及SAN网络的日常运维。某天,应用运维人员发现"主机无法访问通过SAN网络连接的磁盘设备"。假设已排查过证实主机没有问题,试分析导致此问题可能的原因。如何排查?

★ 答案及解析

一、单项选择题

1. 【答案】B

【解析】要从一个坏的硬盘上转移数据到一个新的硬盘,首先要添加一个新的硬盘到原有的卷组。

2. 【答案】B

【解析】RAID 1的设计目的是打造一个安全性极高的存储系统。它使用一个磁盘作为主磁盘的实时镜像,因此损失了一半容量。

3. 【答案】C

【解析】存储系统的性能调优属于系统性调优,需要了解客户I/O模型、业务大小、服务器资源利用和存储侧资源利用综合分析,对于存储侧重点关注RAID级别、分条深度、LUN映射给主机的分布情况等。

4.【答案】B

【解析】NAS数据存储方式是基于以太局域网设计的,按照传统的TCP/IP协议进行通信,面向消息传递,以文件的I/O方式进行数据传输。

5.【答案】B

【解析】SAN的支撑技术是光纤通道技术,是专为数据存储而设计和构建的网络。

6.【答案】C

【解析】NAS数据存储方式是基于以太局域网设计的,按照传统的TCP/IP协议进行通信,面向消息传递,以文件的I/O方式进行数据传输。SAN的支撑技术是光纤通道技术,是专为数据存储而设计和构建的网络。SAN与DAS、NAS的数据传输方式是完全不同的,DAS和SAN是以文件(File)的方式进行传输的,就像在自己主机中打开文件一样,而SAN是以数据块(Block)的方式进行传输的。

7.【答案】A

【解析】RAID 1的设计目的是打造一个安全性极高的存储系统。它使用一个磁盘作为主磁盘的实时镜像,因此损失了一半容量。

8.【答案】A

【解析】磁盘阵列中映射给主机使用的通用存储空间单元被为LUN。LUN中文名为iSCSI磁盘驱动器子系统上的逻辑单元号。

9.【答案】C

【解析】RAID 5容量计算:$(n-1) \times c$ 的总磁盘容量(n 为磁盘数,c 为磁盘容量)。

10.【答案】D

【解析】RAID 0是所有RAID规格中速度最快但可靠性最差的磁盘阵列模式。无冗余,无热备盘,无容错性,安全性低。

11.【答案】C

【解析】RAID的实现可以有硬件和软件两种不同的方式:硬件方式就是通过RAID控制器实现;软件方式则是通过软件把服务器中的多个磁盘组合起来,实现条带化快速数据存储和安全冗余。

12.【答案】A

【解析】RAID 0是所有RAID规格中速度最快但可靠性最差的磁盘阵列模式。

13.【答案】C

【解析】RAID 10硬盘数为4个或4N个;容量为总磁盘容量的50%,适用于要求存取数据量大、安全性高,如银行、金融等领域。

14.【答案】B

【解析】NAS数据存储方式是基于以太局域网设计的,按照传统的TCP/IP协议进行通信,面向消息传递,以文件的I/O方式进行数据传输。

15.【答案】D

【解析】RAID 10硬盘数为4个或4N个;容量为总磁盘容量的50%,$4 \times 300 \times 50\% = 600G$。

16.【答案】A

【解析】SAN与DAS、NAS的数据传输方式是完全不同的,DAS和SAN是以文件的方式进行传输的,就像在自己主机中打开文件一样,而 SAN 是以数据块的方式进行传输的。

17.【答案】D

【解析】RAID 0 是所有 RAID 规格中速度最快的磁盘阵列模式。

18.【答案】C

【解析】在 SAN 解决方案中,除存储设备外,其关键部件就是网络连接部件——光纤交换机。

19.【答案】A

【解析】RAID 0 是所有 RAID 规格中容错最差的磁盘阵列模式。

20.【答案】B

【解析】RAID 1 的设计目的是打造一个安全性极高的存储系统。它使用一个磁盘作为主磁盘的实时镜像,因此损失了一半容量。

二、多项选择题

1.【答案】ABCE

【解析】SAN 架构基本组成要素包括服务器、后端存储系统、交换机和 HBA 卡。

2.【答案】ABCD

【解析】NAS 存储方式优点有真正的即插即用;存储系统部署简单;存储设备位置非常灵活;管理容易且成本低。

3.【答案】ABC

【解析】SAN 阵列存储的主要特点有强大的扩展性能、高可用性、高效率、开放的连接、节约成本、支持虚拟化、更容易管理。

4.【答案】ABC

【解析】当前存储体系主要有 DAS、NAS 和 SAN。

5.【答案】CD

【解析】RAID 5 和 RAID 6 需要读写校验盘。

6.【答案】ABCD

【解析】在选择采用何种 RAID 类型的时候,必须注意的事项有:用户数据需要多少空间;校验带来的磁盘空间损失;应用的性能要求;在磁盘故障时,磁盘的重建。

7.【答案】ABC

【解析】SAN 阵列存储的主要特点有强大的扩展性能、高可用性、高效率、开放的连接、节约成本、支持虚拟化、更容易管理。

8.【答案】ABCD

【解析】IP SAN 与 FC SAN 两者的异同:FC SAN 是高性能的保证,而 IP SAN 在经济性方面优势更明显;从数据传输通道来看,FC SAN 是物理电路,而 IP SAN 是逻辑电路;从传输延时来看,FC SAN 延时较低,而 IP SAN 延时较高;从传输距离来看,FC SAN 传输距离较短,而 IP SAN 传输距离更远。

9.【答案】ABD

【解析】按照对外接口类型划分,常见的磁盘阵列可以分为 SCSI 磁盘阵列、iSCSI 磁盘阵列和 FC 磁盘阵列。

10.【答案】ABC
【解析】使用串行传输方式的硬盘接口有 SAS、FC 和 SATA。

11.【答案】ABCD
【解析】常用的存储设备包括磁盘阵列、磁带机、磁带库和虚拟磁带库。

12.【答案】BC
【解析】光纤信道仲裁环路(FC Arbitrated Loop,FC-AL)连接,在环路中的任何设备以仲裁的方式进行设备间的通信。当环路中的两个设备之间通信时,其他设备无法进行通信。

13.【答案】AB
【解析】随着 SAN 网络技术的不断发展,目前已经形成了 IP-SAN 和 SAS-SAN 主流类型的存储区域网络。

14.【答案】ABD
【解析】RAID 0 读写性能高,随机写性能高;RAID 1 读写性能低,随机写性能低;RAID 5 随机和连续写性能低,读写性能高;RAID 10 读写性能适中。

15.【答案】ABC
【解析】RAID 支持 SCSI、SATA 等磁盘驱动器。

16.【答案】ABC
【解析】在线存储,是指存储设备和所存储的数据时刻保持"在线"状态,可供用户随意读取,满足计算平台对数据访问的速度要求;离线存储是对在线存储数据的备份,以防范可能发生的数据灾难,离线存储的数据不常被调用,一般也远离系统应用;近线存储,主要定位于客户在线存储和离线存储之间的应用,就是指将那些并不是经常用到,或者说数据的访问量并不大的数据存放在性能较低的存储设备上,同时对这些设备的要求是寻址迅速、传输率高。

17.【答案】ABC
【解析】网络存储结构分为:存储区域网络、网络附加存储、直连式存储。

18.【答案】ABC
【解析】双机热备份工作模式不包括双机后备模式。

19.【答案】ABC
【解析】随机备份不是一种备份类型。

20.【答案】BCD
【解析】RAID 0 没有容错能力。

三、判断题

1.【答案】×
【解析】RAID 1 采取了数据冗余技术,把阵列中的一个磁盘上的数据全部动态复制下来。这样即使其中一个磁盘发生故障,仍能完整地进行数据恢复。

2.【答案】√
【解析】RAID 6 引入两块校验盘,保证在两块盘同时发生故障时数据不丢失。

3.【答案】×

【解析】NAS 和 DAS 各有各的特点,不能完全替代。

4.【答案】×

【解析】RAID 原理是将若干个小型磁盘驱动器与控制系统组成一个整体,在使用者看来像一个大磁盘。性能一般不能超过一个价格昂贵、容量巨大的硬盘。

5.【答案】√

【解析】NAS 存储的数据类型为文件,SAN 存储的数据类型为数据块。

6.【答案】√

【解析】NAS 是指将存储设备通过标准的网络拓扑结构,连接到一群计算机上。

7.【答案】√

【解析】SAN 是指以数据存储为中心,采用可伸缩的网络拓扑结构,通过高速光纤连接,在 SAN 内部任意节点之间提供数据交换,并且将数据存储管理集中在相对独立的存储区域网内。

8.【答案】√

【解析】SAN 针对海量、面向数据块的数据传输,而 NAS 则提供文件级的数据访问和共享服务。

9.【答案】√

【解析】RAID 6 模式数据的可靠性非常高,即使两块磁盘同时失效,也不会影响数据的使用。

10.【答案】√

【解析】逻辑卷可以使用不连续的物理空间,并且可动态调整其容量。

11.【答案】√

【解析】RAID 5 卷的磁盘空间利用率是 $(n-1)/n$。

12.【答案】×

【解析】备份与容灾所关注的对象有所不同,备份关注数据的安全,容灾关注业务应用的安全,可以把备份称作数据保护,而容灾称作业务应用保护。

四、简答题

1.【答案】

优势主要表现在:一是构建和维护的成本低、时间短;二是数据存取没有空间限制。存在的问题:一是 TCP 负载空闲问题;二是安全性存在隐患。

2.【答案】

(1)以服务器为中心的架构(DAS):

外部数据存储设备(如磁盘阵列、光盘机、磁带机等)都直接挂接在服务器内部总线上,数据存储设备是整个服务器结构的一部分,服务器也担负着整个网络的数据存储职责。DAS 存储方式只在一些小型网络中应用。

(2)以存储为中心的架构(NAS):

采用独立于服务器、单独为网络数据存储而开发的一种文件服务器来连接所有存储设备,独自形成一个网络。这样数据存储就不再是服务器的附属,而是作为独立网络节点存在于网络之中,可由所有网络用户共享。

(3)以网络为中心的架构(SAN)：

SAN的支撑技术是光纤通道技术。最大的特性是将网络和设备的通信协议与传输物理介质隔离开，这样多种协议可在同一个物理连接上同时传送，使系统建设的成本和复杂程度大大降低。

3.【答案】

①RAID 0 级。本级仅提供了并行交叉存取。

②RAID 1 级。它具有磁盘锁像功能。

③RAID 3 级。这是具有并行传输功能的磁盘阵列。

④RAID 5 级。这是一种具有独立传送功能的磁盘阵列。

⑤RAID 6 级和 RAID 7 级。这是强化了的 RAID。

4.【答案】

(1)热备份针对归档模式的数据库，在数据库仍处于工作状态时进行的备份。

(2)冷备份指在数据库关闭后进行备份，适用于所有模式的数据库。

(3)热备份的优点在于当备份时，数据库仍旧可以被使用并且可以将数据库恢复到任意一个时间点。

(4)冷备份的优点在于它的备份和恢复操作相当简单，并且由于冷备份的数据库可以工作在非归档模式下，数据库性能会比归档模式稍好。

5.【答案】

最常用的是 RAID 0、RAID 1、RAID 3、RAID 5 这 4 个级别。

RAID 0：将多个较小的磁盘合并成一个大的磁盘，不具有冗余，并行 I/O，速度最快。RAID 0 亦称为带区集。它是将多个磁盘并列起来，成为一个大硬盘。在存放数据时，其将数据按磁盘的个数来进行分段，然后同时将这些数据写进这些盘中。所以，在所有的级别中，RAID 0 的速度是最快的。但 RAID 0 是没有冗余功能的，如果一个磁盘(物理)损坏，则所有的数据都无法使用。

RAID 1：两组相同的磁盘系统互作镜像，速度没有提高，但是允许单个磁盘出错，可靠性最高。RAID 1 就是镜像。其原理为在主硬盘上存放数据的同时也在镜像硬盘上写一样的数据。当主硬盘(物理)损坏时，镜像硬盘则代替主硬盘的工作。因为有镜像硬盘做数据备份，所以 RAID 1 的数据安全性在所有的 RAID 级别上来说是最好的。但是其磁盘的利用率却只有 50%，是所有 RAID 上磁盘利用率最低的一个级别。

RAID 3：存放数据的原理和 RAID 0、RAID 1 不同。RAID 3 是以一个硬盘来存放数据的奇偶校验位，数据则分段存储于其余硬盘中。它像 RAID 0 一样以并行的方式来存放数据，但速度没有 RAID 0 快。如果数据盘(物理)损坏，只要将坏硬盘换掉，RAID 控制系统则会根据校验盘的数据校验位在新盘中重建坏盘上的数据。不过，如果校验盘(物理)损坏，则全部数据都无法使用。利用单独的校验盘来保护数据虽然没有镜像的安全性高，但是硬盘利用率得到了很大的提高，为 n−1。

RAID 5：向阵列中的磁盘写数据，奇偶校验数据存放在阵列中的各个盘上，允许单个磁盘出错。RAID 5 也是以数据的校验位来保证数据的安全，但它不是以单独硬盘来存放数据的校验位，而是将数据段的校验位交互存放于各个硬盘上。这样，任何一个硬盘损坏，都可以根据其他硬盘上的校验位来重建损坏的数据。硬盘的利用率为 n−1。

五、综合案例题

【答案】

导致此类问题可能的原因有：存储设备故障、SAN 光纤交换机故障、光纤通道故障、主机 HBA 卡故障、Zone 绑定有误等。

步骤一：首先判断相关硬件设备的工作状态，如供电、开关等。

步骤二：判断存储设备是否有故障，查看存储设备端是否有硬件、软件报错，若有故障则报修，解决后再次查看主机端是否正常。否则就继续步骤二。

步骤三：判断 SAN 网络是否有故障。

判断 SAN 光纤交换机是否有故障，查看是否有硬件、软件报错，有则报修。

判断光纤通道故障，到机房查看光纤通道，本端到对端是否有异常的告警灯，或者在一端看不到对端传来的光，有异常则更换光纤。

判断 HBA 卡是否有故障，主机端是否有 HBA 卡报错，HBA 卡处告警灯是否出现异常闪断，有异常则更换 HBA 卡。

判断主机和存储对应端口间的 Zone 绑定是否有误，检查 Zone 绑定配置信息是否有错误，有问题则重新配置。

以上任何一项故障均有可能导致主机无法访问磁盘的错误，可逐一核实并修正。

第八章 基础设施保障

★ 知识要点归纳

第一节 基础设施概述

信息化基础设施泛指数据中心机房(包括场地、空调、通风、配电、通信线路等)、智能楼宇系统(综合布线系统、监控系统、安防系统、视频会议系统、防雷系统等)、计算机网络及其他相关的内容。信息化基础设施是一个单位信息系统建设、运行的基础,其稳定、可靠运行的能力,将直接影响上层信息系统的使用。

一、信息化基础设施建设规划设计阶段

大部分信息化建设单位对信息化基础设施建设的规划设计重视不够,常常让施工单位出套方案就完事,而施工方多基于自身商业利益设计方案,根本不考虑建设单位的实际需求,且对建设单位的未来需求缺乏预估,导致建设后出现一系列问题。

信息化基础设施的规划设计阶段主要完成建设需求与可行性分析、方案设计、产品选型、投资预算等工作。基于建设需求,结合信息化基础设施建设实践和对信息技术发展趋势的把握,定义组织信息化基础设施建设目标,规划出基础设施的架构,全面地、系统地指导信息化基础设施建设进程。

(一)分析规划

信息化基础设施建设需求分析,要基于信息化建设现状、单位的IT战略规划,重点分析内容包括:

1. 功能需求分析

根据建设单位业务需求,规划分析信息化基础设施建设的功能需求。通常包括计算机机房或场地、安全防范系统、综合布线系统、计算机网络系统、信息发布系统等十余个子系统。

每个系统的功能需求分析单独进行,但同时还要兼顾到与其他系统间的关系。比如,计

算机机房的功能需求分析,不仅要考虑配电、照明、防雷、动力配电、接地等电气工程,空调、新风等空调通风工程,灭火、报警等消防工程,以及环境工程和弱电工程,还需要考虑到与楼宇综合布线的衔接问题,处理不当,可能会影响机房内的机柜布局、线缆走向、通风效果。又如,综合布线系统的设计,要充分考虑计算机网络系统的结构、布局,两者如果不一致,将给网络设备的安装、使用带来困难。

2. 可用性需求分析

作为信息化的基础设施,大部分都具有高可靠性、高安全性等可用性的需求。例如,计算机机房建设中,对配电系统的可用性就要求较高,在动力方面要能保证信息系统的不间断运行。又如,部分对安全性较高场合,必须采取物理环境保护、电磁屏蔽等措施,以加强安全防护。

根据业务的重要程度、对不间断运行的要求程度,从而确定信息化基础设施建设的可用性级别,据此规划设计各系统、设备的冗余能力。比如,可靠性要求为 A 级和 B 级的机房,要求必须为两个独立电源供电,而 C 级机房则可以是 1 个电源、2 个回路供电。又如,网络系统,可用性要求较高时,可以是所有链路、设备皆采取冗余措施,要求不高时,则可以仅做核心设备冗余即可。

3. 容量及可扩展性需求分析

信息化基础设施一次建设完成后,再进行扩充、调整都较为麻烦。所以在分析、设计时,要充分考虑到业务的发展,为未来系统的扩充留足余量。例如,计算机机房中的场地面积、电力载荷、场地集中载荷、空调风量、UPS 功率等,都要兼顾投资和未来扩充的需要。

4. 可维护性需求分析

由于信息化基础设施相关系统中设备繁多,具有一定复杂性,投入使用后的管理任务繁重。所以在需求分析时,必须考虑其可维护性需求。比如,计算机机房,应该配备机房环境监控系统,以实时监测整个机房的运行状况,实现语音报警、短信报警、远程监测,以简化机房管理人员的维护工作。

5. 初步方案规划

根据需求分析结果,设计初步建设方案。初步方案主要完成功能架构、技术架构、物理分布、系统组成结构、设备选型原则等,必要时,可以给出多个备选方案,以供对比选择。

6. 可行性分析

对需求分析结果、初步方案进行可行性分析,包括必要性,以及技术、财务、组织、环境等可行性,并对建设中的风险进行识别、分析,制定规避风险的对策,为项目全过程的风险管理提供依据。

(二)系统设计

信息化基础设施建设在经过需求分析并可行性论证通过后,则开始进行系统设计。主要完成总体系统结构,各子系统具体功能、结构,以及各类设备、产品的选型,数量计算,分布和安装设计,绘制设计图纸,编写设计文档。最后进行投资预算,形成详细的预算清单。

以计算机机房系统的设计为例,首先进行总体结构设计,确定机房位置、整体结构、各子系统组成、设备区域布置等;然后完成各子系统的设计,包括建筑结构设计(如出入口、防火和疏散通道、室内装修)、空调通风系统设计(如负荷计算、气流组织)、电气系统设计(如供配电、照明、静电防护、接地)、电磁屏蔽设计(如屏蔽结构、屏蔽方式)、布线系统设计(如光纤、铜缆分布,配线方式)、消防系统设计(如探测方式、消防设施、安全报警措施)、给排水设计(如管道分布、防水措施)、监控与安防设计(如环境监控、设备监控、安全防范措施)等,形成对应的设计图纸、报告;再进行设备、材料选型,综合考虑资金、质量要求、产品品牌要求等,选择适用的设备或材料,计算材料、设备数量;最后完成投资预算,确定设备、材料费用,计算人工、管理、差旅、税等其他费用,形成设备与预算清单或报告。

(三)信息化基础设施建设施工阶段

信息化基础设施建设包含的系统较多,涉及专业广,所以建设过程中涉及的承建单位、供应商也较多,从而给工程的建设、管理带来较大难度。对工程的统筹安排、协调配合、质量管控等提出了挑战。因此,良好的项目管理是项目实施成功的重要保障。

(四)项目进度控制

项目进度控制,重点是做好计划并逐步分解,时时进行进度评审,确保施工进度与计划保持一致。在出现某个阶段的计划没有及时完成时,应采取必要措施,将计划赶上。

信息化基础设施建设项目的进度控制,难点在于项目由多个子系统组成,会有多个施工单位参与,相互之间有工序要求,如综合布线和静电地板施工,布线和装修施工等,只有统筹规划、协调配合,才能保证不出现窝工等现象。

(五)项目质量控制

质量控制是所有项目管理中的重要内容。在施工过程中,需要采取到货验收、现场抽样检测、隐蔽工程检测、系统检测等多种手段,控制工程质量。

其中隐蔽工程的检测尤为重要。建设过程中如果没有控制好其质量,待项目完工时,已无法检测。如果出现质量问题,排查起来也较为困难。比如,在计算机机房建设中,承重散力架安装时,应进行震动、载荷等检测。

(六)项目变更控制

项目实施过程中,变更难以避免。但变更内容、方式等必须严格控制。否则,可能使整个工程的进度、质量受到影响,并造成项目经费、成本等难以核算和控制。

项目变更提出后,应由项目组内各方人员进行评审,并由建设单位最终确认。评审时应充分评估变更对质量、进度的影响。

(七)项目风险控制

项目风险控制是项目管理中的另一项重要工作。在项目实施的不同阶段,要充分识别人员、环境、工序、制度、技术等各类风险,并提前采取对应措施,以使项目风险得到有效控制,避免出现重大的事故或变更。

(八)系统检测验收

信息化基础设施建设具有投资大、周期长、科技含量高、项目复杂等特点。在投入使用前,必须对所建设的各个系统进行细致的检测,方能保证其正常使用。信息化基础设施系统通常检测验收的内容包括:施工文档资料检查、系统功能符合性验证、系统性能检测、系统施工工艺检查等。

信息化基础设施检测工作专业性强,需要大量专业设备,通常由专业性检测机构完成。

第二节　基础环境

一、资产与配置管理

　　主要是加强资产状态的管理和设备配置信息的管理。资产状态和配置信息是设备检修、系统变化、人员变更、分析排查故障、系统更新等工作的基础。比如，如果缺少配电线路的配置信息，在需要断电时，操作人员根本不敢去动电力开关，万一切错开关，可能会带来严重后果。由于信息化基础设施包括多个系统，设备众多，系统组成复杂。各个设备、系统的资产和配置信息管理尤为重要。比如，综合布线系统的拓扑信息、网络设备配置信息、UPS参数配置信息等，如果缺乏有效维护，将使后期维护变得极其困难。

二、运行检查与监测

　　在系统运行中，需要时刻了解各系统、设备的运行状态，以预防系统出现故障，并在出现问题时能及时处理。比如，计算机机房中的 UPS，如果出现故障不及时处理，造成全部设备断电、宕机，将会给整个信息系统带来严重影响。又如，机房空调，在其出现故障时，如果不能及时排除，造成设备高温，可能出现宕机或设备损坏。信息化基础设施的运行检查与监测，通常采用如下方式：定期巡检，每天或每周，巡查各设备的工作状态、有无报警信息等，从而预防设备出现故障；实时监测，利用监测工具，实时监测各设备的工作状态，在出现问题时，可以实时报警；定期检测，每年或半年对所有设备进行一些检测，以保证各设备都能正常工作，尤其是不太常用的设备，如计算机机房中的消防设备、防雷接地设备等。

三、设备保养维修

　　在运维工作中，应该对信息化基础设施中的很多设备定期进行保养，以让设备能以更好的状态工作。比如，监控系统中的摄像头防护罩，应该定期进行清理，否则会影响摄像效果。应该定期清理机房、配线间等位置内的灰尘，以避免灰尘越积越多，影响设备稳定或使用寿命。设备的维修也是运维人员的重要工作内容之一。对故障设备，在运维人员力所能及的范围内，进行维修。必要时，联系生产厂商或运维服务商进行维修。

四、应急故障处理

　　运维工作中，需要建立完备的应急救援机制，包括应急预案、应急演练、应急处理等。应急预案应充分预估各类风险，比如，计算机机房的停电、水浸、地震、雷击等自然灾害风险，被偷、被破坏等人为风险，设备故障、线路故障等系统风险；同时，应急预案还应给出有序、高效、正确、可靠的处理措施，明确各类事件的处理流程、人员职责分工、处理方法、备品备件等。

五、供应商管理

　　运维过程中，需要产品集成商、供应商、生产商，以及运维服务商等外部合作伙伴的技术支持。由于信息化基础设施各系统设计的厂商众多，其提供的服务内容、服务方式、联系人、联系方式等信息也自然变得多而杂。由于缺乏有效的管理，常常出现在需要外部供应商提供服务时，找不到联系人、联系方式；由于缺少序列号、供应合同、使用许可等文件或信息，而无法获得服务；又或者需要用时才发现供应商服务期限已过，没有及时缴纳服务费而无法获得服务。做好供应商服务内容、服务方式、服务期限、服务合同、产品服务信息、联系方式、服务质量评价等诸多管理工作，是运维工作的必要内容。

第三节　支持环境

基础设施安全以保护信息网络的外部条件来保障信息网络的安全，它是网络的安全屏障。基础设施安全的主要目标是从场区环境安全方面入手来保障网络安全。目前网络系统的许多主节点、电信大楼、台站，包括线路铺设都已经基本完成，虽然在设计之初已经对场区环境、防自然灾害等有一定的考虑，但是由于自然条件的局限或与其他行业部门的协调不够，架空光纤被毁、地下埋设线路被毁、火灾等事故常常发生。确保场区环境和地理位置达到安全标准是十分重要的。制定场区环境安全规范的基本原则包括：

(1)因地制宜实施抵御各项自然灾害的措施。
(2)避开低洼、潮湿以及水灾和地震频繁的地带。
(3)避开有害气体源、粉尘以及存放腐蚀、易燃、易爆物品的地方。
(4)避开强振动源、强电磁干扰源和强噪音源。
(5)网络线路与电力线路、电力机车线路应有一定的安全距离。
(6)避免有严重鼠、虫害的地区，以防止电缆线被咬断造成短路。
(7)无线通信的电磁环境要符合要求。
(8)地下埋设线路应有一定的安全要求，如设置明显标记，防止农用水利建设时无意切断线路。
(9)设立安全防护圈。包括外层防护圈、建筑物防护圈和信息中心防护圈三重体系。

★ 习题精练

1. 在施工实施期，要收集的信息包括(　　)等。
   A. 施工单位人员、设备能源　　　　B. 原材料等供应、使用、保管
   C. 设计文件图纸、概预算　　　　　D. 项目经理管理程序
   E. 相关法律、法规、规章、规范、规程
   F. 施工期气象中长期趋势
2. 建设工程项目信息管理的基本任务是(　　)。
   A. 组织项目基本情况的信息，并系统化，编制项目手册
   B. 规定项目报告及各种资料的基本要求
   C. 按照项目实施、项目组织、项目管理工作过程建立项目管理信息系统流程，在实际工作中保证这个系统正常运行，并控制信息流

D. 决定提供的信息和数据介质
E. 决定分发信息的类型

3. 基于互联网的建筑工程信息管理系统的特点包括(　　)。
   A. 提供各种管理报表
   B. 经济法规库的查询
   C. 项目投资的各类数据查询
   D. 以企业内部网作为信息交换平台
   E. 用户是建筑工程的所有参与单位
   F. 主要功能是项目信息的共享和传递,基本功能是对项目信息进行管理

★ 答案及解析

1. 【答案】ABDF
【解析】施工实施期间,信息来源比较稳定,主要是施工过程中随时产生的数据,由施工单位层层收集上来,比较单纯,容易实现规范化。其间,关键问题是施工单位、监理单位、建设单位在信息形式上和汇总上不统一,因此,统一建设外方信息格式,实现标准化、代码化、规范化是其间必须解决的问题。收集的信息包含九方面内容:
(1)施工单位的能源动态信息:人员、设备、水电气等能源。
(2)施工期间的气象中长期趋势。
(3)材料、成品、半成品等工程物资的进场、使用、加工、保管等信息。
(4)项目经理部管理程序:各类管理制度;三控措施;数据采集处理传递方式;工地文明和安全措施;施工组织设计及技术方案执行情况等。
(5)施工规范、合同要求的执行情况。
(6)施工中产生的工程数据:验槽及处理记录、工序交接记录、隐蔽工程检查记录。
(7)建筑材料比试项目有关信息。
(8)设备安装的试运行和测试项目有关信息:电气接地电阻、绝缘电阻、通风通气通电试验、联动试验等。
(9)施工索赔扣关信息:索赔程序、索赔依据、索赔证明、索赔处理意见等。

2. 【答案】ABCE
【解析】建设工程项目信息管理的基本任务是
(1)组织项目基本情况的信息,并系统化,编制项目手册。
(2)规定项目报告及各种资料的基本要求。
(3)按照项目实施、项目组织、项目管理工作过程建立项目管理信息系统流程,在实际工作中保证这个系统正常运行,并控制信息流。
(4)文案档案管理工作。

3. 【答案】DEF
【解析】基于互联网的建设工程信息管理系统的特点:

(1)用户是建设工程的所有参与单位。
(2)以 Extdenet 等作为信息交换平台,其基本形式是项目主题网。
(3)主要功能是项目信息的共享和传递,基本功能是对项目信息进行管理。
(4)对虚拟项目组织协同工作和知识管理的有力支持,为项目参与各方提供一个开放、协同、个性化的沟通环境。

下篇
模拟试卷及答案解析

模拟试卷(一)

一、单项选择题(下列各题的备选答案中,只有一个正确选项,请将正确选项的字母填写在括号中,多选、错选、不选均不得分。每小题1分,共20分)

1. 当前的计算机一般称为第四代计算机,它所采用的逻辑元件是(　　)。
   A. 晶体管　　　　　　　　　　　　B. 集成电路
   C. 电子管　　　　　　　　　　　　D. 大规模、超大规模集成电路

2. 计算机网络的目标是(　　)。
   A. 提高计算机的安全性　　　　　　B. 将多台计算机连接起来
   C. 提高计算机的可靠性　　　　　　D. 可以实现软件、硬件和数据资源的共享

3. (　　)负担全网的数据传输和通信处理工作。
   A. 计算机　　　B. 通信子网　　　C. 资源子网　　　D. 网卡

4. 在下面的攻击手段中,基于网络的入侵防护系统可以阻断的是(　　)。
   A. Cookie篡改攻击　　　　　　　　B. DNS欺骗攻击
   C. Smurf攻击　　　　　　　　　　 D. SQL注入

5. 广域网和局域网是按照(　　)来分的。
   A. 网络使用者　　　　　　　　　　B. 信息交换方式
   C. 网络连接距离　　　　　　　　　D. 传输控制规程

6. 信息安全的基本属性不包括(　　)。
   A. 保密性　　　B. 可用性　　　　C. 完整性　　　　D. 可靠性

7. 确保信息在存储、使用、传输过程中不会泄露给非授权的用户或者实体的特性是(　　)。
   A. 完整性　　　B. 可用性　　　　C. 可靠性　　　　D. 保密性

8. 某种防火墙的缺点是没有办法从非常细微之处来分析数据包,但它的优点是非常快,这种防火墙是(　　)。
   A. 包过滤防火墙　　　　　　　　　B. 应用级网关
   C. 会话层防火墙　　　　　　　　　D. 电路级网关

9. 应用代理型防火墙是工作在OSI的(　　)。
   A. 表示层　　　B. 传输层　　　　C. 网络层　　　　D. 应用层

10. 数据库系统的核心是（   ）。
    A. 数据库   B. 数据库管理系统
    C. 数据模型   D. 软件工具

11. 下列四项中,不属于数据库系统的特点的是（   ）。
    A. 数据结构化   B. 数据由 DBMS 统一管理和控制
    C. 数据冗余度大   D. 数据独立性高

12. 数据库的网状模型应满足的条件是（   ）。
    A. 允许一个以上节点无双亲,也允许一个节点有多个双亲
    B. 必须有两个以上的节点
    C. 有且仅有一个节点无双亲,其余节点都只有一个双亲
    D. 每个节点有且仅有一个双亲

13. 数据的物理独立性是指（   ）。
    A. 数据库与数据库管理系统相互独立
    B. 用户程序与数据库管理系统相互独立
    C. 用户的应用程序与存储在磁盘上数据库中的数据是相互独立的
    D. 应用程序与数据库中数据的逻辑结构是相互独立的

14. 集群中的所有 Server 需要使用（   ）版本的 WebLogic。
    A. 不同   B. 相同   C. 任意   D. 以上都不是

15. 在 Java 中,（   ）命令能够把 Java 源文件编译为源文件。
    A. Java   B. Javaw   C. Javac   D. Jar

16. 12 块 RAID 10 卷组,其容量大概为（   ）TB。
    A. 3.6   B. 3.0   C. 2.7   D. 1.8

17. 关于容灾备份,下列说法中不正确的是（   ）。
    A. 容灾备份是通过在异地建立和维护一个备份存储系统,利用地理上的分离来保证系统和数据对灾难性事件的抵御能力
    B. 容灾是为了应对灾难来临时造成的数据丢失问题；备份是为了在遭遇灾害时能保证信息系统正常运行,帮助信息系统建设应用单位实现业务连续性的目标
    C. 应用容灾比数据容灾层次更高,在灾难出现后,远程应用系统迅速接管或承担本地应用系统的业务运行
    D. 根据容灾系统对灾难的抵抗程度,可分为数据容灾和应用容灾

18. 应用系统有补丁升级工作时,可以在运维服务管理平台（   ）系统中发布通知公告。
    A. 门户管理   B. 服务管理   C. 综合监控   D. 自动控制

19. 服务管理系统的主要作用是（   ）。
    A. 公文处理   B. 单据管理   C. 配置管理   D. 资产管理

20. 下列不属于虚拟化技术的是（   ）。
    A. 全虚拟化
    B. 半虚拟化
    C. 小型机硬分区

D. 服务器或工作站同时安装多个操作系统分别使用

二、多项选择题（下列各题的备选答案中，至少有两个正确选项，请将正确选项的字母填写在括号中，多选、少选、错选、不选均不得分。每小题 2 分，共 20 分）

1. 计算机辅助技术包括（　　）。
   A. CAD　　　　　B. CAI　　　　　C. CAB　　　　　D. CAM

2. OSPF 骨干区域可以包含的路由器有（　　）。
   A. IR　　　　　　B. ABR　　　　　C. ASBR　　　　　D. DR

3. IP 地址主要用于（　　）。
   A. 网络设备　　　　　　　　　　　B. 网络上的服务器
   C. 移动硬盘　　　　　　　　　　　D. 上网的计算机

4. 网络钓鱼常用的手段有（　　）。
   A. 利用垃圾邮件　　　　　　　　　B. 假冒网上银行、网上证券网站
   C. 利用虚假的电子商务　　　　　　D. 利用计算机病毒

5. 下面关于 ICMP 协议的描述中，不正确的有（　　）。
   A. ICMP 协议根据 MAC 地址查找对应的 IP 地址
   B. ICMP 协议把公网的 IP 地址转换为私网的 IP 地址
   C. ICMP 协议根据网络通信的情况把控制报文发送给发送方主机
   D. ICMP 协议集中管理网网络中的 IP 地址分配

6. 内容过滤技术的应用领域包括（　　）。
   A. 防病毒　　　　B. 网页防篡改　　　C. 防火墙　　　　D. 入侵检测
   E. 反垃圾邮件

7. 关于 TCP 和 UDP，下列说法正确的有（　　）。
   A. TCP 和 UDP 的端口是相互独立的
   B. TCP 和 UDP 的端口是完全相同的，没有本质区别
   C. 在利用 TCP 发送数据前，需要与对方建立一条 TCP 连接
   D. 在利用 UDP 发送数据时，不需要与对方建立连接

8. 对于下列语句 TeacherNO INT NOT NULL UNIQUE，正确的描述是（　　）。
   A. TeacherNO 是主码　　　　　　　B. TeacherNO 不能为空
   C. TeacherNO 的值可以是"王大力"　　D. 每一个 TeacherNO 必须是唯一的

9. Weblogic 用于开发、集成、部署和管理大型分布式 Web 应用、网络应用和数据库应用。它支持多种操作系统，包括（　　）。
   A. Linux　　　　B. AIX　　　　　C. Solaris　　　　D. Windows

10. 在 Java 中，下列关于 char 类型的表述，正确的有（　　）。
    A. 占 2 个字节　　　　　　　　　　B. 可以存储一个英文字母
    C. 不能存储一个汉字　　　　　　　D. 其对应的封装类是 Character

三、判断题（判断下列各题正误，正确的打"√"，错误的打"×"。每小题 2 分，共计 20 分）

1. SRAM 存储器是动态随机存储器。（　　）
2. 使用 FTP 协议传送的文件称为 FTP 文件，提供文件传输的服务器称为 FTP 服务器。（　　）

3. 在搜索时，关键词处输入用空格或者加号分隔开的多个关键词之间是"或"的关系。（　　）
4. 计算机场地可以选择在化工厂生产车间附近。（　　）
5. http://www.baidu.com 的域名说明，该网站是一家政府网站。（　　）
6. 数据库系统是位于用户与操作系统之间的一层数据管理软件。（　　）
7. Oracle llg 中的 g 表示网格计算。（　　）
8. 通过 WebLogic JDBC 服务，用户可以在 WebLogic 域中通过数据源和多数据源配置数据库连接。数据源提供数据库连接池和连接管理。多数据源提供数据源之间的负载平衡和故障转移，它可以连接不同的后端资源。（　　）
9. B/S 结构编程语言分为浏览器端编程语言和服务器端编程语言。浏览器端编程语言包括：ASP（或 ASP.NET）、JSP/Servlet、PHP。服务器端编程语言主要有 HTML、CSS、JavaScript 语言和 VBScript 语言等。（　　）
10. 云计算是一种已经标准化的技术。（　　）

四、简答题（共 2 小题，每小题 10 分，共计 20 分）

1. TCP 协议和 UDP 协议有哪些方面的区别？
2. 要保障税务机关的存储安全，应采取哪些可靠措施？

五、综合案例题（共 2 小题，每小题 10 分，共计 20 分）

1. 网页篡改事件的处置原则为降低事件影响、清除恶意代码、保障服务稳定、修复系统漏洞、保留事件证据，主要由网站运维开发人员进行事件处置，同时，各业务部门需做好向纳税人进行解释说明的准备。作为某省（市）税务局网站系统的负责人，请对网站系统网页篡改事件应急演练场景进行模拟设计。
2. 设目的地址为 201.230.34.56，子网掩码为 255.255.240.0。试求出子网地址。

模拟试卷(一)答案及解析

一、单项选择题(下列各题的备选答案中,只有一个正确选项,请将正确选项的字母填写在括号中,多选、错选、不选均不得分。每小题 1 分,共 20 分)

1. 【答案】D
   【解析】第四代计算机所采用的逻辑元件是大规模、超大规模集成电路。
2. 【答案】D
   【解析】计算机网络的目标是可以共享软件、硬件和数据资源。
3. 【答案】B
   【解析】通信子网负担全网的数据传输和通信处理工作。
4. 【答案】C
   【解析】基于网络的入侵检测系统用原始的网络包作为数据源,实时接收和分析网络中流动的数据包,从而检测是否存在入侵行为。Cookie 篡改攻击,通过对 Cookie 的篡改可以实现非法访问目标站点。DNS 欺骗是攻击者冒充域名服务器的一种欺骗行为。SQL 注入,就是通过把 SQL 命令插入到 Web 表单递交或输入域名或页面请求的查询字符串,最终达到欺骗服务器执行恶意的 SQL 命令的目的。以上三种方式都不是通过阻塞网路或者耗费网络资源等来进行的攻击。Smurf 攻击,攻击者冒充受害主机的 IP 地址,向一个大的网络发 echo request 的定向广播包,此网络的许多主机都做出回应,受害主机会收到大量 echo reply 消息。基于网络的入侵防护系统可以阻断 Smurf 攻击。
5. 【答案】C
   【解析】城域网、广域网和局域网是按照网络连接距离来分的。
6. 【答案】D
   【解析】信息安全的基本属性有保密性、可用性、完整性。
7. 【答案】D
   【解析】确保信息在存储、使用、传输过程中不会泄露给非授权的用户或者实体的特性是保密性。
8. 【答案】A
   【解析】包过滤防火墙是用一个软件查看所流经的数据包的包头(header),由此决定整个数据包的命运。
9. 【答案】D
   【解析】应用代理型防火墙是工作在 OSI 的应用层。
10. 【答案】B
    【解析】数据库系统的核心是数据库管理系统。数据库系统一般由数据库、数据库管理系统(DBMS)、应用系统、数据库管理员和用户构成。DBMS 是数据库系统的基础和核心。
11. 【答案】C
    【解析】数据库系统的主要特点的是:数据结构化、数据的冗余度小、较高的数据独立性。

12. 【答案】A

【解析】数据库的网状模型应满足的条件是:允许一个以上节点无双亲,也允许一个节点有多个双亲。

13. 【答案】C

【解析】数据独立性是指应用程序与存储在磁盘上数据库中的数据是相互独立的。

14. 【答案】B

【解析】集群中的所有 Server 必须位于同一个网段,使用永久的静态 IP 地址,并且使用相同版本的 WebLogic。

15. 【答案】C

【解析】Java:执行 Java 字节码文件,通过控制台运行,关闭控制台也会关闭 Java 程序。Javaw:和 Java 的功能一样,但是不通过控制台启动,也就不关联控制台,一般用来启动 GUI 程序。Javac:用来编译 Java 源文件。Jar:Java 的归档(jar)实用程序。

16. 【答案】D

【解析】选项 A 为 RAID 0 容量;选项 B 为 RAID 5(5+1 模式)容量;选项 C 为 RAID 5(3+1 模式)容量;选项 D 为 RAID 10 容量。

17. 【答案】A

【解析】容灾备份是通过在异地建立和维护一个备份存储系统,利用地理上的分离来保证系统和数据对灾难性事件的抵御能力。

18. 【答案】A

【解析】运维服务门户管理平台可以发布各应用系统的工作通知、补丁下载类信息。

19. 【答案】B

【解析】服务管理系统的主要作用是单据管理,通过单据层层流转、层层审批处理事件、问题等。

20. 【答案】D

【解析】全虚拟化、半虚拟化和小型机硬分区都属于不同类型的虚拟化技术,而安装双系统或多系统分别使用不属于虚拟化技术。

二、多项选择题(下列各题的备选答案中,至少有两个正确选项,请将正确选项的字母填写在括号中,多选、少选、错选、不选均不得分。每小题 2 分,共 20 分)

1. 【答案】ABD

【解析】计算机辅助技术包括:CAD、CAI、CAM。

2. 【答案】ABC

【解析】选项 A,是域内路由器;选项 B,是区域边界路由器;选项 C,是自治域边界路由器;选项 D,不是指路由器。

3. 【答案】ABD

【解析】移动硬盘不可以设置 IP 地址。

4. 【答案】ABCD

【解析】网络钓鱼(Phishing)攻击者利用欺骗性的电子邮件和伪造的 Web 站点来进行网络诈骗活动,受骗者往往会泄露自己的私人资料,如信用卡号、银行卡账户、身份证号等内容。诈骗者通常会将自己伪装成网络银行、在线零售商和信用卡公司等可信的品牌,骗取用户的私人信息。

5.【答案】ABD

【解析】Internet 控制信息协议(Internet Control Message Protocol,ICMP)允许主机或路由器报告差错情况和提供有关异常情况的报告。

6.【答案】ACDE

【解析】内容过滤不包括网页防篡改。

7.【答案】ACD

【解析】TCP/IP 传输层的 TCP 和 UDP 两个协议是两个完全独立的软件模块,因此各自的端口号也相互独立。

8.【答案】BD

【解析】NOT NULL 不能为空,UNIQUE 唯一。

9.【答案】ABCD

【解析】Weblogic 支持的操作系统有:Linux、AIX、Solaris、Windows 等。

10.【答案】ABD

【解析】因为 char 是 16 位(2 个字节)的,采取 Unicode 编码方式,所以 char 既可以存储英文字母也可以存储汉字。

三、判断题(判断下列各题正误,正确的打"√",错误的打"×"。每小题 2 分,共计 20 分)

1.【答案】×

【解析】SRAM 是英文 staticram 的缩写,它是一种具有静止存取功能的内存,不需要刷新电路即能保存它内部存储的数据。

2.【答案】√

【解析】使用 FTP 协议传送的文件称为 FTP 文件,提供文件传输的服务器称为 FTP 服务器。

3.【答案】×

【解析】在搜索时,关键词处输入用空格或者加号分隔开的多个关键词之间是"与"的关系。

4.【答案】×

【解析】计算机场地需要远离化工厂生产车间。

5.【答案】×

【解析】.com 是机构性域名,它特指商业部门,故该网站是一个商业网站。政府网站的域名后缀名为.gov。

6.【答案】×

【解析】数据库系统是位于用户与数据库管理系统之间的一层数据管理软件。

7.【答案】√

【解析】Oracle 11g 中的 g 表示网格计算。

8.【答案】√

【解析】通过 WebLogic JDBC 服务,用户可以在 WebLogic 域中通过数据源和多数据源配置数据库连接。数据源提供数据库连接池和连接管理。多数据源提供数据源之间的负载平衡和故障转移,它可以连接不同的后端资源。

9.【答案】×

【解析】浏览器端编程语言包括:HTML、CSS、JavaScript 语言和 VBScript 语言。服务器端编程语言主要有 ASP(或 ASP.NET)、JSP/Servlet、PHP 等。

10.【答案】×

【解析】云计算不是一种纯技术,而是基于虚拟化等技术基础上的架构和服务模式。

四、简答题(共 2 小题,每小题 10 分,共计 20 分)

1.【答案】

(1) TCP 属于面向连接的协议,UDP 属于面向无连接的协议;

(2) TCP 可以保证数据可靠、有序地传输,可以进行流量控制,UDP 无法实现;

(3) TCP 协议有效载荷小于 UDP 协议(基于 MSS 计算),UDP 性能高于 TCP;

(4) TCP 一般用于可靠的、对延时要求不高的应用,UDP 一般应用于小数据量或对延时敏感的应用。

2.【答案】

(1)对硬盘上的数据,要建立严格的级别和权限,采取必要的加密措施,以确保数据的安全;(2)对存放重要数据的介质,需备份两份并分两处保管;(3)凡超过数据保存期的,须经过特殊的数据清除处理;(4)凡不能正常记录数据的介质,需经专业测试确认后再由专人进行销毁,并做好登记;(5)对需要长期保存的有效数据,应在质量保证期内进行转存。

五、综合案例题(共 2 小题,每小题 10 分,共计 20 分)

1.【答案】

监控系统发现或人工发现或上级通报网站页面被篡改,确认篡改事件严重程度并上报,网上报税系统脱机运行,切断省税务局网站系统与网上报税系统间网络连接,被篡改页面恢复,网站系统加固,报应急处置结果,恢复网上报税系统与网站的连接,继续网站页面监控,形成事件结果报告并上报总局。

2.【答案】

通过将目的地址和子网掩码换算成二进制,并进行逐位"与"就可得到子网地址。通常在目的地址中,子网掩码为 255 的所对应部分在子网地址中不变,子网掩码为 0 的所对应的部分在子网地址中为 0,其他部分按二进制逐位"与"求得(也可直接截取)。本题中,子网掩码的前两个部分为 255.255,那么子网地址前两个部分为 201.230;子网掩码最后一个部分为 0,那么子网地址的最后一个部分为 0;子网地址第 3 个部分为 240,那么进行换算 240 = 11110000₂,34 = 00100010₂,逐位相"与"得 00100000₂ = 32。故子网地址为 201.230.32.0。

模拟试卷（二）

一、单项选择题（下列各题的备选答案中，只有一个正确选项，请将正确选项的字母填写在括号中，多选、错选、不选均不得分。每小题1分，共20分）

1. 计算机问世至今已经历四代，而划分成四代的主要依据则是计算机的（　　）。
   A. 规模　　　　　　B. 功能　　　　　　C. 性能　　　　　　D. 构成元件
2. 计算机网络的构成可分为（　　）、网络软件、网络拓扑结构和传输控制协议。
   A. 体系结构　　　　B. 传输介质　　　　C. 通信设计　　　　D. 网络硬件
3. （　　）不能作为网络连接设备。
   A. 交换机　　　　　B. 防火墙　　　　　C. 网卡　　　　　　D. 中继器
4. IP的中文含义是（　　）。
   A. 信息协议　　　　　　　　　　　　　B. 内部协议
   C. 传输控制协议　　　　　　　　　　　D. 网络互连协议
5. 网络中计算机之间通信是通过（　　）实现的，它们是通信双方必须遵守的约定。
   A. 网卡　　　　　　B. 通信协议　　　　C. 双绞线　　　　　D. 电话交换设备
6. 机密性服务提供信息的保密，它包括（　　）。
   A. 文件机密性　　　　　　　　　　　　B. 信息传输机密性
   C. 通信流的机密性　　　　　　　　　　D. 以上三项都是
7. VPN的加密手段为（　　）。
   A. 具有加密功能的防火墙
   B. 具有加密功能的路由器
   C. VPN内的各台主机对各自的信息进行相应的加密
   D. 单独的加密设备
8. Oracle数据库物理结构不包括的文件是（　　）。
   A. 系统文件　　　　B. 日志文件　　　　C. 数据文件　　　　D. 控制文件
9. 下列对安全审计技术描述中不正确的是（　　）。
   A. 安全审计产品一般由审计中心、审计代理、管理控制台和数据库四部分组成
   B. 安全审计系统部署的时候需要串联在网络中

C. 安全审计的对象可以是网络设备、操作系统、安全设备、应用系统、数据库等
D. 安全审计的作用主要是通过对信息系统内部设备的全面审计，以发现安全隐患，进行完整的责任认定和事后取证

10. 关系数据模型的基本数据结构是（　　）。
   A. 树　　　　　　　B. 图　　　　　　　C. 索引　　　　　　D. 关系

11. 在数据库系统的组织结构中，（　　）映射把概念数据库与物理数据库联系起来。
   A. 外模式/模式　　　　　　　　　　　B. 内模式/外模式
   C. 模式/内模式　　　　　　　　　　　D. 模式/外模式

12. 将 ER 模型转换成关系模型，属于数据库的（　　）。
   A. 需求分析　　　　B. 概念设计　　　　C. 逻辑设计　　　　D. 物理设计

13. （　　）是长期储存在计算机内，有组织的、可共享的大量数据的集合。
   A. 数据库系统　　　　　　　　　　　B. 数据库
   C. 关系数据库　　　　　　　　　　　D. 数据库管理系统

14. 推进游标的指令是（　　）。
   A. OPEN　　　　　　B. CLOSE　　　　　C. FETCH　　　　　D. DECLARE

15. 在 Java 中，无论测试条件是什么，下列循环将至少执行一次的是（　　）。
   A. for　　　　　　　B. do…while　　　　C. while　　　　　　D. while…do

16. 下列存储系统有自己的文件系统的是（　　）。
   A. DAS　　　　　　　B. NAS　　　　　　C. IP SAN　　　　　D. FC SAN

17. 以下关于灾难预防的说法中不正确的是（　　）。
   A. 灾难预防就是通过采取一系列由控制策略组成的前置措施确保灾难不会发生
   B. 灾难预防的作用就是及时检测异常情况，使工作人员可以有时间应对即将到来的危机
   C. 监控设备可以对由灾难事件引起的系统不常见变化作出迅速反应
   D. 系统灾难预防主要依赖于人员的能力，通过个人经验对不常见的环境进行检测、判断

18. （　　）是指在某一特定的时间内，将所完成的工作量向上级汇报，主要涉及项目成员周报和项目周报。
   A. 定期报告　　　　B. 阶段评审报告　　C. 紧急报告　　　　D. 合同

19. 因为过失，一个用户的声卡被新声卡替换，为了便于将来参考，ITIL 流程用来记录这块不同生产厂商的新声卡是（　　）。
   A. 变更管理　　　　B. 配置管理　　　　C. 事故管理　　　　D. 问题管理

20. （　　）是云计算基础架构的基石。
   A. 分布式计算（Distributed Computing）
   B. 内存计算（In-Memory Computing）
   C. 并行处理（Parallel Computing）
   D. 虚拟化（Virtualization）

二、多项选择题（下列各题的备选答案中，至少有两个正确选项，请将正确选项的字母填写在括号中，多选、少选、错选、不选均不得分。每小题 2 分，共 20 分）

1. 下列关于 SNMP 的描述正确的有（　　）。

A. 其目标是保证管理信息在任意两点间传送,便于网络管理员在网络上的任何节点检索信息,进行修改,寻找故障

B. 它采用轮询机制,提供最基本的功能集

C. 它易于扩展,可自定义 MIB 或 SMI

D. 它要求可靠的传输层协议 TCP

2. 下列关于 IPv4 地址的描述中正确的有(　　)。

A. IP 地址的总长度为 32 位

B. 每一个 IP 地址都由网络地址和主机地址组成

C. D 类地址属于组播地址

D. 一个 C 类地址拥有 8 位主机地址,可给 256 台主机分配地址

3. 网络防火墙的作用是(　　)。

A. 防止内部信息外泄

B. 防止系统感染病毒与非法访问

C. 防止黑客访问

D. 建立内部信息和功能与外部信息和功能之间的屏障

4. 为了保护密码安全,应该采取的正确措施有(　　)。

A. 不用生日做密码

B. 不要使用少于 5 位的密码

C. 不要使用纯数字

D. 将密码设得非常复杂并保证在 20 位以上

5. 税务内网违规外联的预防及处置方式有(　　)。

A. 分别为内外网设置不同的 IP 地址段　　B. 禁止使用蓝牙连接互联网

C. 为内外网计算机打标识　　D. 计算机 IP 绑定

6. CA 系统的主要功能有(　　)。

A. 注册管理　　B. 证书管理　　C. 密钥管理　　D. 认证管理

7. 在多进程 Oracle 实例系统中,进程分为(　　)。

A. 用户进程　　B. 后台进程　　C. 服务器进程　　D. 前台进程

8. 在 SELECT 语句中,需要对分组情况应满足的条件进行判断时,应使用(　　)。

A. WHERE　　B. GROUP BY　　C. ORDER BY　　D. HAVING

9. WebLogic 集群应用的主要优点有(　　)。

A. 应用程序故障转移　　B. 站点故障转移

C. 负载均衡　　D. 方便消息的传递

10. 在 Java 语言中,下列关于类的继承的描述,错误的有(　　)。

A. 一个类可以继承多个父类　　B. 一个类可以具有多个子类

C. 子类可以使用父类的所有方法　　D. 子类一定比父类有更多的成员数量

三、判断题(判断下列各题正误,正确的打"√",错误的打"×"。每小题 2 分,共计 20 分)

1. 一般而言,中央处理器是由控制器、外围设备及存储器所组成。(　　)

2. 在计算机网络中,英文缩写 WAN 的中文名是广域网。(　　)

3. 用户可以将正在浏览的网页内容以文件的形式存储起来供以后查阅，也可以将网页保存为文件。（　　）
4. Web 页面中的 Java 代码是在浏览器端执行的。（　　）
5. ORACLE 是 ORACLE 公司推出的层次型数据库管理系统。（　　）
6. 数据表的复制既可以在不同数据库间复制，也可以在同一个数据库下复制。（　　）
7. 各种记录报表是关系型数据库将数据转化为信息和知识最主要的手段。（　　）
8. JTA 是 J2EE 服务器用来帮助应用系统实现安全功能的标准服务。（　　）
9. JDK 是 Java 的开发平台，在编写 Java 程序时，需要 JDK 进行编译处理；JRE 是 Java 程序的运行环境，包含了 JVM 的实现及 Java 核心类库，编译后的 Java 程序必须使用 JRE 执行。（　　）
10. 存储虚拟化和虚拟化存储是相同的概念。（　　）

四、简答题(共 2 小题，每小题 10 分，共计 20 分)

1. 在"金税三期"网络安全管理中，网络防御可采取的措施有哪些？
2. 对于区块链，应该从哪些方面来定义和理解？

五、综合案例题(共 2 小题，每小题 10 分，共计 20 分)

1. 现有一家公司需要创建内部网络，该公司包括工程技术部、市场部、财务部和办公室 4 个部门，每个部门有 20～30 台计算机。

(1) 若要将几个部门从网络上进行分开。如果分配该公司使用的地址为一个 C 类地址，网络地址为 192.168.161.0，应如何划分网络可以将四个部门分开？

(2) 确定各部门的网络地址和子网掩码，并写出分配给每个部门网络中的主机 IP 地址范围。

2. 四个部门子网的子网掩码均为 255.255.255.224，各部门网络地址与部门主机 IP 地址范围可分配如下：

部门	部门网络地址	主机 IP 地址范围
工程技术部	192.168.161.32	192.168.161.33～192.168.161.62
市场部	192.168.161.64	192.168.161.65～192.168.161.94
财务部	192.168.161.96	192.168.161.97～192.168.161.126
办公室	192.168.161.128	192.168.161.129～192.168.161.158

现有如下 E-R 图：

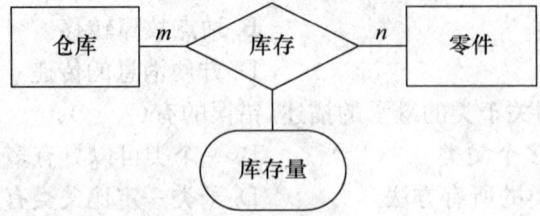

实体的主要属性如下，其中以下画线部分为主码：
仓库(<u>仓库号</u>,仓库名,面积,货位数)

零件(零件号,零件名称,规格型号,计量单位,供货商号,价格)
库存(?,?,库存量)
所对应的英文名称为:
Warehouse(wno,wname,square,cou)
Material(mno,mname,type,unit,cusnum,price)
Storage(?,?,storenumber)
(1)请在"?"处填上相应的属性。
(2)试用SQL定义上述E-R图中所有的实体、属性及联系,要求反映主码和外码,其中的类型长度可以根据需要自行确定。
(3)用SQL与关系代数表示查询:找出零件名为"螺丝"的零件号、所存放的仓库号、库存量。
(4)建立一个包含仓库号、仓库名、零件号、零件名、价格、库存量的视图VIEW1。

模拟试卷(二)答案及解析

一、单项选择题(下列各题的备选答案中,只有一个正确选项,请将正确选项的字母填写在括号中,多选、错选、不选均不得分。每小题1分,共20分)

1.【答案】D

【解析】计算机问世至今已经历四代,而划分成四代的主要依据则是计算机的构成元件。

2.【答案】D

【解析】计算机网络的构成可分为网络硬件、网络软件、网络拓扑结构和传输控制协议。

3.【答案】B

【解析】防火墙是软件,其他三项是网络连接设备。

4.【答案】D

【解析】IP 的含义是网络互连协议。

5.【答案】B

【解析】网络中计算机之间通信是通过通信协议实现的,它们是通信双方必须遵守的约定。

6.【答案】D

【解析】机密性服务提供信息的保密,它包括:文件机密性、信息传输机密性、通信流的机密性。

7.【答案】C

【解析】VPN 的加密手段为 VPN 内的各台主机对各自的信息进行相应的加密。

8.【答案】A

【解析】Oracle 数据库物理结构包括日志文件、数据文件和控制文件。

9.【答案】B

【解析】安全审计系统部署的时候可串联在网络中,也可以旁路模式部署。

10.【答案】D

【解析】关系数据模型的基本数据结构是关系。

11.【答案】C

【解析】数据库系统的组织结构中,模式/内模式映射把概念数据库与物理数据库联系起来。

12.【答案】C

【解析】将 ER 模型转换成关系模型,属于数据库的逻辑设计。

13.【答案】B

【解析】数据库是长期储存在计算机内,有组织的、可共享的大量数据的集合。

14.【答案】C

【解析】SQL 语言是面向集合的,一条 SQL 语句可产生或处理多条记录。而主语言是面向记录的,一组主变量一次只能放一条记录,所以,引入游标,通过移动游标指针来决定获取哪一条记录。与游标相关的 SQL 语句有 4 条:①DECLARE,定义游标;②OPEN,

打开游标;③FETCH,推进游标;④CLOSE,关闭游标。

15.【答案】B

【解析】do…while先执行循环体,然后判断条件,如果条件判断为true,则继续执行循环体,如果判断为false,则不执行循环体。while…do、for、while是先判断条件是否正确,若正确则执行循环体,若不正确则不执行循环体,所以do…while至少循环一次。

16.【答案】B

【解析】DAS本身无文件系统,需要由操作系统建立;NAS的文件系统由服务器提供设备建立;IP和FC SAN是块访问的裸设备。

17.【答案】D

【解析】系统灾难预防主要依赖技术手段进行检测。

18.【答案】A

【解析】定期报告是指在某一特定的时间内,将所完成的工作量向上级汇报,主要涉及项目成员周报和项目周报。

19.【答案】B

【解析】题目中涉及硬件设备"声卡被新声卡替换",需要记录,为了将来参考,这是配置管理的内容,所以选项B正确。

20.【答案】D

【解析】内存计算实质上就是CPU直接从内存而非硬盘上读取数据,并对数据进行计算、分析,此项技术是对传统数据处理方式的一种加速。分布式计算和并行处理都可用于云计算,但虚拟化是必不可少的。

二、多项选择题(下列各题的备选答案中,至少有两个正确选项,请将正确选项的字母填写在括号中,多选、少选、错选、不选均不得分。每小题2分,共20分)

1.【答案】ABC

【解析】SNMP使用UDP(用户数据报协议)作为第四层协议(传输协议),进行无连接操作。SNMP消息报文包含两个部分:SNMP报头和协议数据单元PDU。故选项D错误。

2.【答案】ABC

【解析】C类地址最高3位被置为二进制110,允许大约200万个网络。

3.【答案】ACD

【解析】网络防火墙的作用包括防止内部信息外泄、防止黑客访问、建立内部信息和功能与外部信息和功能之间的屏障。

4.【答案】ABC

【解析】密码不能过于简单,最好由字母、数字、字符组成。

5.【答案】ABCD

【解析】税务内网违规外联的预防及处置方式有:分别为内外网设置不同的IP地址段;禁止使用蓝牙连接互联网;为内外网计算机打标识;计算机IP绑定。

6.【答案】ABC

【解析】CA系统的主要功能有:注册管理、证书管理、密钥管理。

7.【答案】ABC

【解析】在多进程 Oracle 实例系统中,进程分为用户进程、后台进程和服务器进程。

8.【答案】BD

【解析】在 SELECT 语句中,需要对分组情况应满足的条件进行判断时,应使用 GROUP BY、HAVING 子句。

9.【答案】ABC

【解析】WebLogic 集群中不管是管理服务器还是被管服务器,在出现故障时都能保证应用的继续运行。

10.【答案】ACD

【解析】在 Java 中只支持单继承,一个类只能继承一个父类的。父类的 private 域不能被子类继承。

三、判断题(判断下列各题正误,正确的打"√",错误的打"×"。每小题 2 分,共计 20 分)

1.【答案】×

【解析】中央处理器是由控制器和运算器组成。

2.【答案】√

【解析】在计算机网络中,英文缩写 WAN 的中文名是广域网。

3.【答案】√

【解析】用户可以将正在浏览的网页内容以文件的形式存储起来供以后查阅,也可以将网页保存为文件。

4.【答案】×

【解析】Web 页面中的 Java 代码是在服务器端执行的。

5.【答案】×

【解析】ORACLE 是 ORACLE 公司推出的关系型数据库管理系统。

6.【答案】√

【解析】数据表的复制既可以在不同数据库间复制,也可以在同一个数据库下复制。

7.【答案】√

【解析】各种记录报表是关系型数据库将数据转化为信息和知识最主要的手段。

8.【答案】×

【解析】JAAS 是 J2EE 服务器用来帮助应用系统实现安全功能的标准服务。JTA 是事务处理标准服务。

9.【答案】√

【解析】在编写 Java 程序时,需要 JDK 进行编译处理;JRE 是 Java 程序的运行环境,包含了 JVM 的实现及 Java 核心类库,编译后的 Java 程序必须使用 JRE 执行。

10.【答案】×

【解析】存储虚拟化是指将物理存储设备虚拟化,提高存储资源利用效率;虚拟化存储是采用了虚拟化技术和理念设计的独立存储设备,其内部资源利用率高。

四、简答题(共 2 小题,每小题 10 分,共计 20 分)

1.【答案】

"金税三期"网络安全管理中,网络防御技术可采取以下措施:

(1)安全操作系统和操作系统的安全配置:操作系统是网络安全的关键。
(2)加密技术:为了防止被监听和数据被盗取,将所有的数据进行加密。
(3)防火墙技术:利用防火墙,对传输的数据进行限制,从而防止被入侵。
(4)入侵检测:如果网络防线最终被攻破,需要及时发出被入侵的警报。
(5)网络安全协议:保证传输的数据不被截获和监听。

2.【答案】
狭义来讲,区块链是一种按照时间顺序将数据区块以顺序相连的方式组合成的一种链式数据结构,并以密码学方式保证的不可篡改和不可伪造的分布式账本。广义来讲,区块链技术是利用块链式数据结构来验证与存储数据、利用分布式节点共识算法来生成和更新数据、利用密码学的方式保证数据传输和访问的安全、利用由自动化脚本代码组成的智能合约来编程和操作数据的一种全新的分布式基础架构与计算范式。

五、综合案例题(共 2 小题,每小题 10 分,共计 20 分)

1.【答案】
(1)可以采用划分子网的方法对该公司的网络进行划分。由于该公司包括 4 个部门,共需要划分为 4 个子网。
(2)已知网络地址 192.168.161.0 是一个 C 类地址,所需子网数为 4 个,每个子网的主机数为 20~30 台。由于子网号和主机号不允许是全 0 或全 1,因此,子网号的比特数为 3,即最多有 $2^3-2=6$ 个可分配的子网,主机号的比特数为 5,即每个子网最多有 $2^5-2=30$ 个可分配的 IP 地址。

2.【答案】
(1)仓库号　零件号
(2)建立仓库表
Create table warehouse
(wno varchar(10) primary key,
 wname varchar(20),
 square number(10,2),
 cou int)
　建立零件表
Create table material
(mno varchar2(10) primary key,
 mname varchar2(20),
 type varchar2(10),
 unit varchar2(10),
 cusnum varchar2(10),
 price number(10,2))
　建立库存表
Create table storage
(wnovarchar2(10) foreign key references warehouse(wno),

    mno varchar2(10) foreign key references material(mno),
    storenumber number(10,2),
    primary key(wno,mno))
(3)用 SQL 表示：
select material.mno,wno,storenumber
from material,storage
where material.mno=storage.mno and mname='螺丝'
(4)
Create view VIEW1
As
select warehouse.wno，wname，material.mno，mname，price，storenumber
from warehouse，material，storage
where warehouse.wno=storage.wno and material.mno=storage.mno

模拟试卷(三)

一、单项选择题(下列各题的备选答案中,只有一个正确选项,请将正确选项的字母填写在括号中,多选、错选、不选均不得分。每小题 1 分,共 20 分)

1. 美国的第一台电子数字计算机采用的逻辑元件是( )。
   A. 大规模集成电路　　　　　　　B. 集成电路
   C. 晶体管　　　　　　　　　　　D. 电子管

2. 计算机网络系统中的每台计算机都是( )。
   A. 相互控制的　　B. 相互制约的　　C. 各自独立的　　D. 毫无联系的

3. 传输控制协议是( )。
   A. HTTP　　　　　B. TCP　　　　　C. Telnet　　　　D. IP

4. 在 WWW 上每一个信息资源都有统一的且在网上唯一的地址,该地址叫作( )。
   A. HTTP　　　　　B. FTP　　　　　C. Telnet　　　　D. URL

5. 匿名 FTP 访问通常使用( )作为用户名。
   A. guest　　　　　B. E-mail 地址　　C. anonymous　　D. 主机 ID

6. 当一台计算机从 FTP 服务器下载文件时,在该 FTP 服务器上对数据进行封装的 5 个转换步骤是( )。
   A. 比特,数据帧,数据报,数据段,数据
   B. 数据,数据段,数据报,数据帧,比特
   C. 数据报,数据段,数据,比特,数据帧
   D. 数据段,数据报,数据帧,比特,数据

7. 下列关于 FTP 的叙述中,错误的是( )。
   A. FTP 可以在不同类型的操作系统之间传送文件
   B. FTP 并不适合用在两台计算机之间共享读写文件
   C. 控制连接在整个 FTP 会话期间一直保持
   D. 客户端默认使用端口 20 与服务器建立数据传输连接

8. 由于系统软件和应用软件的配置有误而产生的安全漏洞,属于( )。
   A. 意外情况处置错误　　　　　　B. 设计错误

C. 配置错误　　　　　　　　　　　　D. 环境错误

9. 攻击者用传输数据来冲击网络接口,使服务器过于繁忙以致不能应答请求的攻击方式是（　　）。

　　A. 拒绝服务攻击　　　　　　　　　B. 地址欺骗攻击
　　C. 会话劫持　　　　　　　　　　　D. 信号包探测程序攻击

10. 以下关于数据库安全管理原则的说法中不正确的是（　　）。

　　A. 账号安全原则:包括更改默认密码、应用适当的密码设置、登录失败时实施账号锁定、对数据提供有限制的访问权限、禁止休眠状态的用户账号、管理账号的生命周期等
　　B. 有效设计原则:企业应对自己的应用和数据库活动设计策略
　　C. 最大原则:从需求和工作职能两方面严格限制对数据库的访问权,最大原则可确保数据库功能限制和对特定数据的访问
　　D. 管理细分和委派原则:通过功能组分和可信赖的用户群进一步组分数据库管理的责任和角色,委派管理有助于灵活解决为员工重设密码等常见问题

11. 在 SQL 查询时,使用（　　）子句指出的是分组条件。

　　A. WHERE　　　B. HAVING　　　C. WHEN　　　D. GROUP

12. 下列关于关系数据模型的术语中,所表达的概念与二维表中的"行"的概念最接近的是（　　）。

　　A. 属性　　　　B. 关系　　　　C. 域　　　　D. 元组

13. 当 ORACLE 服务器启动时,（　　）不是必需的。

　　A. 数据文件　　B. 控制文件　　C. 日志文件　　D. 归档日志文件

14. 若 WebLogic 域所在服务器地址为 10.151.160.161,域的端口为 8001,则登录控制台的地址为（　　）。

　　A. http://10.151.160.161:8001/console
　　B. http://10.151.160.161/console
　　C. http://10.151.160.161:8001/admin
　　D. http://10.151.160.161/admin

15. 代码段 int y=1;int x=y+++3+y;将（　　）赋值给 x。

　　A. 4　　　　　B. 6　　　　　C. 5　　　　　D. 7

16. SAN 是一种（　　）。

　　A. 存储设备　　　　　　　　　　　B. 访问协议
　　C. 光纤交换机　　　　　　　　　　D. 专为数据存储而设计和构建的网络

17. 某公司的工作时间是上午8点半至12点,下午1点至5点半,每次系统备份需要一个半小时,下列各项中适合作为系统数据备份的时间是（　　）。

　　A. 上午8点　　B. 中午12点　　C. 下午3点　　D. 凌晨1点

18. 下列属于签订服务级别协议的直接好处是（　　）。

　　A. IT 客户和提供商的预期一致　　　B. 事故将较少发生
　　C. 被迫撤销的变更数量将会减少　　　D. 可用性将得到保障

19. 身份认证和访问管理的相关控制措施防护要点不包括( )。
    A. 最小化授权原则   B. 定期备份恢复
    C. 重要资源访问审计   D. 统一身份认证

20. 在发布一个软件升级、修复某个已知错误后,能确保配置管理数据库被正确更新的流程是( )。
    A. 变更管理   B. 问题管理   C. 配置管理   D. 发布管理

二、多项选择题(下列各题的备选答案中,至少有两个正确选项,请将正确选项的字母填写在括号中,多选、少选、错选、不选均不得分。每小题 2 分,共 20 分)

1. 为了进行域名解析,请求域名解析的客户机可以将域名服务器设置为( )。
    A. 本地域名服务器的名字   B. 域名服务器树根节点的名字
    C. 域名服务器树根节点的 IP 地址   D. 本地域名服务器的 IP 地址
    E. 本地域名服务器父节点的 IP 地址

2. 下列关于 Web 服务的描述中,正确的是( )。
    A. Web 页面通常符合 HTTP 标准
    B. Web 服务页面到页面的链接信息由 URL 维持
    C. Web 服务器应该实现 HTML 传输协议
    D. Web 客户端程序被称为 Web 浏览器
    E. Web 服务器被称为 Web 站点

3. 《计算机信息网络国际联网安全保护管理办法》规定,任何单位和个人不得从事下列危害计算机信息网络安全的活动( )。
    A. 故意制作、传播计算机病毒等破坏性程序的
    B. 未经允许,对计算机信息网络功能进行删除、修改或者增加的
    C. 未经允许,对计算机信息网络中存储、处理或者传输的数据和应用程序进行删除、修改或者增加的
    D. 未经允许,进入计算机信息网络或者使用计算机信息网络资源的

4. 常用来测试电脑网络是否正常的命令有( )。
    A. ping   B. ipconfig   C. tracert   D. desktop

5. 计算机信息系统安全管理包括( )。
    A. 组织建设   B. 事前检查   C. 制度建设   D. 人员意识

6. 解决 IP 地址资源紧缺问题的办法有( )。
    A. 使用网页服务器   B. 升级到 IPv6
    C. 多台计算机同时共用一个 IP 地址上网   D. 使用地址转换

7. 以下关于介质故障恢复的描述中正确的是( )。
    A. 发生介质故障后,磁盘上的数据和日志文件都将被破坏
    B. 介质故障的恢复需要 DBA 的介入
    C. 可以通过多种方法从介质故障中恢复
    D. 介质故障恢复的具体步骤是:装入最新的 DBA 转储的数据库后备副本,然后装入相应的日志文件副本,重做已经完成的事务

· 267 ·

8. 下列关于中间件特点的描述,正确的有( )。
   A. 中间件可运行于多种硬件和操作系统平台上
   B. 跨越网络、硬件、操作系统平台的应用或服务可通过中间件透明交互
   C. 中间件运行于客户机/服务器的操作系统内核中,可提高内核运行效率
   D. 中间件应支持标准的协议和接口
9. 服务器的组件中,支持冗余的包括( )。
   A. 风扇   B. 电源   C. 网卡   D. 键盘
10. 大数据的4V特点具体指的是( )。
    A. Volume(大量)   B. Variety(多样)
    C. Velocity(高速)   D. Value(价值)

三、判断题(判断下列各题正误,正确的打"√",错误的打"×"。每小题2分,共计20分)

1. 存储器具有记忆能力,其中的信息任何时候都不会丢失。( )
2. 某人的电子邮件到达时,若他的计算机没有开机,则邮件存放在服务商的 E-mail 服务器。( )
3. cn 表示中国的一级域名。( )
4. 所有的漏洞都是可以通过打补丁来弥补的。( )
5. 信息网络的物理安全要从环境安全和设备安全两个角度来考虑。( )
6. 在数据表视图下,每个字段的显示宽度受"字段大小"属性的影响,用户不能随意更改字段的显示宽度,以免造成数据丢失。( )
7. 任何数据类型的字段都可以建立索引以提高数据检索效率。( )
8. 中间件可以理解为是一种独立的系统软件或服务程序。分布式应用软件借助这种软件在不同的技术之间共享资源。( )
9. 在 HTML 文档中用于表示表格的标记对是<table></table>。( )
10. 一般而言,分布式数据库是指物理上分散在不同地点,在逻辑上独立的数据库。因此分布式数据库具有物理上的独立性、逻辑的统一性、性能上的可扩展性等特点。( )

四、简答题(共2小题,每小题10分,共计20分)

1. 已知完全二叉树的第9层有240个节点,则整个完全二叉树有多少个节点?有多少个叶子节点?
2. 在计算机操作中,视图的作用具体体现在哪些方面?

五、综合案例题(共2小题,每小题10分,共计20分)

1. 某个网络地址块 192.168.75.0 中有5台主机 A、B、C、D 和 E,主机 A 的 IP 地址为 192.168.75.18,主机 B 的 IP 地址为 192.168.75.146,主机 C 的 IP 地址为 192.168.75.158,主机 D 的 IP 地址为 192.168.75.161,主机 E 的 IP 地址为 192.168.75.173,共同的子网掩码是 255.255.255.240。请回答:
   (1) 5台主机 A、B、C、D、E 分属几个网段?哪些主机位于同一网段?主机 D 的网络地址为多少?
   (2) 若要加入第6台主机 F,使它能与主机 A 属于同一网段,其 IP 地址范围是多少?
   (3) 若在网络中另加入一台主机,其 IP 地址设为 192.168.75.164,它的广播地址是多少?

哪些主机能够收到？
2. 场景描述：假设你是存储设备管理员，负责数据中心机房所有存储设备及 SAN 网络的日常运维。某天，应用运维人员发现"主机无法访问通过 SAN 网络连接的磁盘设备"。假设你已排查过并证实主机没有问题，试分析导致此问题的原因并给出排查意见。

模拟试卷(三)答案及解析

一、单项选择题(下列各题的备选答案中,只有一个正确选项,请将正确选项的字母填写在括号中,多选、错选、不选均不得分。每小题 1 分,共 20 分)

1. 【答案】D
   【解析】第一台电子数字计算机采用的逻辑元件是电子管。
2. 【答案】C
   【解析】计算机网络系统中的每台计算机都是各自独立的、相互联系的。
3. 【答案】B
   【解析】TCP 是传输控制协议。
4. 【答案】D
   【解析】URL:统一资源定位符(Uniform Resource Locator,URL)是对可以从互联网上得到的资源的位置和访问方法的一种简洁的表示,是互联网上标准资源的地址。互联网上的每个文件都有一个唯一的 URL,它包含的信息指出文件的位置以及浏览器应该怎么处理它。
5. 【答案】C
   【解析】针对文件传输 FTP,系统管理员建立了一个特殊的用户 ID,名为 anonymous,即匿名用户,Internet 上的任何人在任何地方都可以使用该用户 ID,只是在要求提供用户 ID 时必须输入 anonymous,该用户 ID 的密码则可以是任何字符串。
6. 【答案】B
   【解析】FTP 服务器的数据要经过应用层、传输层、网络层、链路层以及物理层。因此,对应的封装是数据、数据段、数据报、数据帧,最后是比特。
7. 【答案】D
   【解析】当控制连接建立后,服务器进程用自己传送数据的熟知端口 20 与客户进程所提供的端口号建立数据传输连接,也就是说客户进程的端口号是客户进程自己提供的。
8. 【答案】C
   【解析】由于系统软件和应用软件的配置有误而产生的安全漏洞,属于配置错误。
9. 【答案】A
   【解析】拒绝服务攻击即攻击者想办法让目标机器停止提供服务或资源访问,是黑客常用的攻击手段之一。
10. 【答案】C
    【解析】最小原则:从需求和工作职能两方面严格限制对数据库的访问权,最小原则可确保数据库功能限制和对特定数据的访问。
11. 【答案】B
    【解析】HAVING 子句指出的是分组条件。
12. 【答案】D
    【解析】在关系数据模型的术语中,与二维表中的"行"的概念最接近的是元组、记录。

13.【答案】D

【解析】当 ORACLE 服务器启动时,归档日志文件不是必需的。

14.【答案】A

【解析】WebLogic 控制台登录地址格式为 http://[IP]:[Port]/console。WebLogic Server 控制台是基于 Web 浏览器的图形用户界面,可用于对 WebLogic Server 域进行管理。

15.【答案】B

【解析】"y++"为后置++,所以 int x=1+3+2。

16.【答案】D

【解析】存储区域网络(Storage Area Network,SAN)采用网状通道(Fibre Channel,FC;区别于 Fiber Channel 光纤通道)技术,通过 FC 交换机连接存储阵列和服务器主机,建立专用于数据存储的区域网络。而存储设备、光纤交换机、HBA 卡和 FC 协议等都是 SAN 网络的基本组成要素。

17.【答案】D

【解析】适合系统数据备份的时间是凌晨 1 点。

18.【答案】A

【解析】签订服务级别协议的好处就是让客户和提供商对服务的内容达成一致,清楚地知道各自负责的内容。但这样做不会减少故障发生率也不会保障可用性,所以只有选项 A 符合题意。

19.【答案】B

【解析】数据备份是容灾的基础,是指为防止系统出现操作失误或系统故障导致数据丢失,而将全部或部分数据集合从应用主机的硬盘或阵列复制到其他的存储介质的过程。数据恢复是指通过技术手段,将保存在台式机硬盘、笔记本硬盘、服务器硬盘、存储磁带库、移动硬盘、U 盘、数码存储卡、MP3 等设备上丢失的电子数据进行抢救和恢复的技术。

20.【答案】C

【解析】题目中提到了确保配置管理数据库被正确更新,所以选项 C 正确。

二、多项选择题(下列各题的备选答案中,至少有两个正确选项,请将正确选项的字母填写在括号中,多选、少选、错选、不选均不得分。每小题 2 分,共 20 分)

1.【答案】CDE

【解析】为了进行域名解析,请求域名解析的客户机可以将域名服务器设置为域名服务器树根节点的 IP 地址、本地域名服务器的 IP 地址、本地域名服务器父节点的 IP 地址。

2.【答案】BDE

【解析】Web 服务页面到页面的链接信息由 URL 维持;Web 客户端程序被称为 Web 浏览器;Web 服务器被称为 Web 站点。

3.【答案】ABCD

【解析】《计算机信息网络国际联网安全保护管理办法》规定,任何单位和个人不得从事危害计算机信息网络安全的活动有:故意制作、传播计算机病毒等破坏性程序的;未经允许,对计算机信息网络功能进行删除、修改或者增加的;未经允许,对计算机信息网络中存储、处理或者传输的数据和应用程序进行删除、修改或者增加的;未经允许,进入计算机信息网络或者使用计算机信息网络资源的。

4.【答案】ABC

【解析】常用来测试电脑网络是否正常的命令有 ping、ipconfig、tracert,不包括 desktop。

5.【答案】ACD

【解析】计算机信息系统安全管理包括组织建设、制度建设、人员意识。

6.【答案】BCD

【解析】升级到 IPv6、多台计算机同时共用一个 IP 地址上网、使用地址转换均可解决 IP 地址资源紧缺问题。使用网页服务器不能解决该问题。

7.【答案】ABD

【解析】发生介质故障后,磁盘上的数据和日志文件都将被破坏,介质故障的恢复需要 DBA 的介入。介质故障恢复的具体步骤是:装入最新的 DBA 转储的数据库后备副本,然后装入相应的日志文件副本,重做已经完成的事务。

8.【答案】ABD

【解析】中间件必须具有以下特点:标准的协议和接口;分布计算,提供网络、硬件、操作系统透明性;满足大量应用的需要;能运行于多种硬件和操作系统平台。

9.【答案】ABC

【解析】键盘不支持冗余。

10.【答案】ABCD

【解析】大数据的 4V 特点:Volume(大量)、Variety(多样)、Velocity(高速)、Value(价值)。

三、判断题(判断下列各题正误,正确的打"√",错误的打"×"。每小题 2 分,共计 20 分)

1.【答案】×

【解析】RAM 中的信息掉电后会消失。

2.【答案】√

【解析】电子邮件到达时,若计算机没有开机,则邮件存放在服务商的 E-mail 服务器。

3.【答案】√

【解析】cn 表示中国的一级域名。

4.【答案】×

【解析】不是所有的漏洞都可以通过打补丁来弥补。

5.【答案】√

【解析】信息网络的物理安全要从环境安全和设备安全两个角度来考虑。

6.【答案】×

【解析】在数据表视图下,每个字段的显示宽度受"字段大小"属性的影响,用户可以更改字段的显示宽度。

7.【答案】×

【解析】不是任何数据类型的字段都可以建立索引以提高数据检索效率。

8.【答案】√

【解析】中间件是一种独立的系统软件服务程序,位于客户机服务器的操作系统之上,管理计算资源和网络通信。分布式应用软件借助这种软件在不同的技术之间共享资源。

9.【答案】√

【解析】在 HTML 文档中用于表示表格的标记对是<table></table>。

10.【答案】√

【解析】分布式数据库是指物理上分散在不同地点,但在逻辑上是统一的数据库。

四、简答题(共 2 小题,每小题 10 分,共计 20 分)

1.【答案】

在完全二叉树中,若第 9 层是满的,则节点数 $=2^{9-1}=256$,而现在第 9 层只有 240 个节点,说明第 9 层是最后一层。其 1~8 层是满的,所以总的节点数 $=2^8-1+240=495$。

因为第 9 层是最后一层,所以第 9 层的节点都是叶子节点,且第 9 层的 240 个节点的双亲在第 8 层中,其双亲个数为 120,即第 8 层有 120 个分支节点,其余为叶子节点,所以第 8 层的叶子节点个数为 $2^9-1-120=8$。因此,总的叶子节点 Al 数 $=8+240=248$ 个。

2.【答案】

(1)视图能够简化用户的操作。

(2)视图使用户能以多种角度看待同一数据。

(3)视图对重构数据库提供了一定程度的逻辑独立性。

(4)视图能够对机密数据提供安全保护。

五、综合案例题(共 2 小题,每小题 10 分,共计 20 分)

1.【答案】

(1)共同的子网掩码为 255.255.255.240,表示前 28 位为网络号,同一网段内的 IP 地址具有相同的网络号。主机 A 的网络号为 192.168.75.16;主机 B 的网络号为 192.168.75.144;主机 C 的网络号为 192.168.75.144;主机 D 的网络号为 192.168.75.160;主机 E 的网络号为 192.168.75.160。故 5 台主机 A、B、C、D、E 分属 3 个网段,主机 B 和 C 在同一个网段,主机 D 和 E 在同一个网段,A 主机在一个网段。主机 D 的网络号为 192.168.75.160。

(2)主机 F 与主机 A 同在一个网段,所以主机 F 所在的网段为 192.168.75.16,第 4 个字节 16 的二进制表示为 0001 0000,最后边的 4 位为主机位,去掉全 0 和全 1。则其 IP 地址范围为 192.168.75.17~192.168.75.30,并且不能为 192.168.75.18。

(3)由于 164 的二进制为 1010 0100,将最右边的 4 位全置为 1,即 1010 1111,则广播地址为 192.168.75.175。主机 D 和主机 E 可以收到。

2.【答案】

导致此类问题的可能的原因有:存储设备故障、SAN 光纤交换机故障、光纤通道故障、主机 HBA 卡故障、Zone 绑定有误等。

步骤一:首先判断相关硬件设备的工作状态,如供电、开关等。

步骤二:判断存储设备是否有故障,查看存储设备端是否有硬件、软件报错。若有故障则报修,解决后再次查看主机端是否正常。否则,继续步骤二。

步骤三:判断 SAN 网络是否有故障。

步骤四:判断 SAN 光纤交换机是否有故障,查看是否有硬件、软件报错,有则报修。

步骤五:判断光纤通道是否有故障,到机房查看光纤通道,本端到对端是否有异常的告警灯,或者在一端看不到对端传来的光,若有异常则更换光纤。

步骤六:判断 HBA 卡是否有故障,主机端是否有 HBA 卡报错,HBA 卡处告警灯是否出现异常闪断,若有异常则更换 HBA 卡。

步骤七:判断主机和存储对应端口的 Zone 绑定是否有误,检查 Zone 绑定配置信息是否有错误,若有问题则重新配置。

以上任何一项故障均有可能导致主机无法访问磁盘的错误,可逐一核实并修正。

模拟试卷(四)

一、单项选择题(下列各题的备选答案中,只有一个正确选项,请将正确选项的字母填写在括号中,多选、错选、不选均不得分。每小题 1 分,共 20 分)

1. 计算机当前的应用领域广泛,但据统计其应用最广泛的领域是(　　)。
   A. 数据处理　　　　B. 科学计算　　　　C. 辅助设计　　　　D. 过程控制
2. 在 DNS 的递归查询中,由(　　)给客户端返回地址。
   A. 最开始连接的服务器　　　　　　　B. 最后连接的服务器
   C. 目的地址所在服务器　　　　　　　D. 不确定
3. DNS 是基于(　　)模式的分布式系统。
   A. C/S　　　　　B. B/S　　　　　C. P2P　　　　　D. 以上均不正确
4. 域名与(　　)具有一一对应的关系。
   A. IP 地址　　　B. MAC 地址　　　C. 主机　　　　D. 以上都不是
5. 下列说法错误的是(　　)。
   A. Internet 上提供客户访问的主机一定要有域名
   B. 同一域名在不同时间可能解析出不同的 IP 地址
   C. 多个域名可以指向同一个主机 IP 地址
   D. IP 子网中主机可以由不同的域名服务器来维护其映射
6. 常见的计算机病毒的特点有(　　)。
   A. 良性、恶性、明显性和周期性　　　B. 周期性、隐蔽性、复发性和良性
   C. 隐蔽性、潜伏性、传染性和破坏性　D. 只读性、趣味性、隐蔽性和传染性
7. 工作用计算机开机口令建议由(　　)组成。
   A. 数字　　　　　B. 字母　　　　　C. 特殊字符　　　D. 以上都是
8. 计算机病毒除通过读/写或复制移动存储器上带病毒的文件传染外,另一条主要的传染途径是(　　)。
   A. 网络　　　　　　　　　　　　　　B. 电源电缆
   C. 键盘　　　　　　　　　　　　　　D. 输入有逻辑错误的程序
9. 下面措施中不能防止计算机感染病毒的是(　　)。

A. 定时备份重要文件
B. 经常更新操作系统补丁
C. 除非确切知道附件内容,否则不要打开电子邮件附件
D. 重要部门的计算机尽量专机专用与外界隔绝

10. 关系数据库规范化是为解决关系数据库中(　　)而引入的。
　　A. 插入、删除和数据冗余　　　　　B. 提高查询速度
　　C. 减少数据操作的复杂性　　　　　D. 保证数据的安全性和完整性

11. 候选关键字中的属性可以有(　　)。
　　A. 0个　　　　B. 1个　　　　C. 1个或多个　　　　D. 多个

12. 数据库恢复的基础是利用转储的冗余数据。这些转储的冗余数据是指(　　)。
　　A. 数据字典、应用程序、审计档案、数据库后备副本
　　B. 数据字典、应用程序、日志文件、审计档案
　　C. 日志文件、数据库后备副本
　　D. 数据字典、应用程序、数据库后备副本

13. 实现数据库安全性控制的常用方法和技术有(　　)。
　　A. 用户标识与鉴别、存取控制、视图机制、审计、数据加密
　　B. 存取控制、视图机制、审计、数据加密、防火墙
　　C. 用户标识与鉴别、存取控制、视图机制、审计、防火墙
　　D. 存取控制、视图机制、审计、数据加密、数据转储

14. 下列关于中间件的描述,错误的是(　　)。
　　A. 中间件处于操作系统与应用软件之间
　　B. 中间件可以屏蔽不同平台与协议的差异性
　　C. 中间件面向最终使用用户
　　D. 利用中间件开发程序快捷方便

15. 下列关于try块的说法,正确的是(　　)。
　　A. try块后至少应有一个catch块　　B. try块后必须有finally块
　　C. 可能抛出异常的方法应放在try块中　D. 对抛出的异常的处理应放在try块中

16. 下列RAID技术中任意一块硬盘出现故障后会丢失数据的是(　　)。
　　A. RAID 0　　　　B. RAID 1　　　　C. RAID 5　　　　D. RAID 6

17. 以下技术中,(　　)不是数据备份的主要技术。
　　A. 入侵检测技术　　　　　　　　　B. 基于磁盘系统的灾难备份技术
　　C. 其他灾难备份技术　　　　　　　D. 基于软件方式的灾难备份技术

18. 运维服务管理平台通过点击门户网站页面的(　　)模块可以修改登录账号密码。
　　A. 综合监控　　B. 服务管理　　C. 个人设置　　D. 不可修改

19. 多项目冲突不包括(　　)。
　　A. 项目内部冲突　　　　　　　　　B. 项目外部冲突
　　C. 跨区域冲突　　　　　　　　　　D. 项目经理冲突

20. 云计算和虚拟或开源实现版本技术的是(　　)。

A. EC2 弹性云计算 B. GFS/HDFS 分布式文件系统
C. Bigtable 结构化数据库存储 D. Chubby 分布式锁服务

二、多项选择题（下列各题的备选答案中，至少有两个正确选项，请将正确选项的字母填写在括号中，多选、少选、错选、不选均不得分。每小题 2 分，共 20 分）

1. 在 STP 和 RSTP 定义的端口状态中，下列关于 Discarding 和 Learning 两种状态的说法正确的有（　　）。
   A. 这两种状态都不转发数据
   B. 这两种状态都不学习 MAC 地址
   C. Discarding 不学习 MAC 地址
   D. Learning 不学习 MAC 地址

2. 登录 FTP 服务器后，上传一个 5GB 的文件时出现报错，其可能的原因有（　　）。
   A. FTP 账号错误
   B. FTP 账号磁盘配额不足
   C. 服务器剩余磁盘空间不足
   D. 服务器使用的文件系统为 FAT32

3. 以太网交换机的帧转发方式有（　　）。
   A. 数元交换 B. 信元交换 C. 直接交换 D. 存储转发交换

4. （　　）的行为属于严重违规行为。
   A. 将涉密计算机接入互联网及其他公共信息网络
   B. 使用非涉密计算机存储、处理国家秘密信息
   C. 擅自卸载涉密信息系统安全技术程序、管理程序
   D. 在涉密计算机和非涉密计算机上交叉使用移动存储设备

5. 防火墙的作用包括（　　）。
   A. 防止未授权用户访问内部网络
   B. 允许内部网络中的用户访问外部网络的服务和资源而不泄露内部网络的数据和资源
   C. 对内部用户访问外部网络无法限制
   D. 记录通过防火墙的信息内容和活动
   E. 对网络攻击进行监测和报警

6. 与 IPv4 相比，IPv6 具有的新特性包括（　　）。
   A. 巨大的地址空间 B. 数据报文处理效率提高
   C. 良好的扩展性 D. 路由选择效率提高

7. 数据库查询处理最复杂、最重要的部分不包括（　　）。
   A. 检查是否存在所查询的关系
   B. 检查该操作是否在合法的授权范围内
   C. 确定查询路径
   D. 查询优化

8. 在 Oracle 中，下面对视图的作用描述正确的有（　　）。
   A. 视图可以加速数据访问
   B. 视图可以屏蔽掉对部分原始数据的访问
   C. 视图可以降低查询复杂度
   D. 视图可以代替原始数据表

9. 计算机数据库知识事务特性是（　　）。
   A. 原子性 B. 完整性 C. 一致性 D. 隔离性
   E. 持久性

10. TCP/IP 协议共划分为 4 个层次,它们是( )。
   A. 应用层　　　　　B. 传输层　　　　　C. 链路层　　　　　D. 网络层
   E. 物理层

三、判断题(判断下列各题正误,正确的打"√",错误的打"×"。每小题 2 分,共计 20 分)

1. 第三代计算机是电子管为主要逻辑元件,体积大、电路复杂且易出故障。( )
2. WWW 是 Internet 上的一个协议。( )
3. 对于信息系统,运维人员只需要保证系统不出故障即可,不需要记录系统运行信息。( )
4. 计算机场地在正常情况下温度应保持在 18～28 摄氏度。( )
5. 在来自可信站点的电子邮件中输入个人或财务信息是安全的。( )
6. 删除关系数据库中的基本表后,建立在该表上的视图也会自动消失。( )
7. 关系数据库中的关系满足不同程度要求的,称为不同的范式。( )
8. J2EE 定义了四种组件:Applet 组件、Application 客户组件、Web 组件及 EJB(Enterprise Java Beans)组件。其中 Web 组件是 J2EE 平台的核心。( )
9. JavaScript 是一种客户端脚本语言,通过嵌入在 HTML 中实现网页动态功能。( )
10. 要想获得大规模数据带来的好处,混乱应该是一种途径,而不应该是竭力避免的。( )

四、简答题(共 2 小题,每小题 10 分,共计 20 分)

1. 在计算机操作中,使用 Truncate 与 Delete 有哪些方面的区别?
2. 在使用 TCP 传送数据时,如果有一个确认报文段丢失了,也不一定会引起与该确认报文段对应的数据的重传。请说明理由。

五、综合案例题(共 2 小题,每小题 10 分,共计 20 分)

1. 某市税务局的信息技术工作人员,在使用办公电脑 1 进行运维时发现,办公电脑 1 可以 Telnet 到应用服务器 A 进行管理,而无法 Telnet 到应用服务器 B,但却可以通过 Telnet 到应用服务器 A 后再 Telnet 到应用服务器 B。请分析造成上述情况的可能原因。
2. 设有一个工程供应数据库系统,包括如下四个关系模式:
   S(SNO,SNAME,STATUS,CITY);
   P(PNO,PNAME,COLOR,WEIGHT);
   J(JNO,JNAME,CITY);
   SPJ(SNO,PNO,JNO,QTY)。
   供应商表 S 由供应商号、供应商名、状态、城市组成;
   零件表 P 由零件号、零件名、颜色、重量组成;
   工程项目表 J 由项目号、项目名、城市组成;
   供应情况表 SPJ 由供应商号、零件号、项目号、供应数量组成。
   (1)用 SQL 查询供应工程 J1 零件为红色的工程号 JNO(不重复);
   (2)用 SQL 查询没有使用天津供应商生产的零件的工程号。

模拟试卷(四)答案及解析

一、单项选择题(下列各题的备选答案中,只有一个正确选项,请将正确选项的字母填写在括号中,多选、错选、不选均不得分。每小题1分,共20分)

1. 【答案】A
   【解析】计算机当前的应用领域广泛,但据统计其应用最广泛的领域是数据处理。
2. 【答案】A
   【解析】在递归查询中,每台不包含被请求信息的服务器都转到别的地方去查找,然后它再往回发送结果,所以客户端最开始连接的服务器最终将返回正确的信息。
3. 【答案】A
   【解析】域名系统DNS是一个基于客户/服务器模式的分布式数据库系统,主要作用是进行域名和IP地址之间的相互映射。
4. 【答案】D
   【解析】如果一个主机通过两块网卡连接到两个网络(如服务器双线接入),就具有两个IP地址,每个网卡对应一个MAC地址,显然这两个IP地址可以映射到同一个域名上。此外,多个主机也可以映射到同一个域名上(如,负载均衡),一个主机也可以映射到多个域名上(如虚拟主机)。因此,选项A、B、C和域名均不具有一一对应的关系。
5. 【答案】A
   【解析】Internet上提供访问的主机一定要有IP地址,不一定要有域名,A错。域名在不同的时间可以解析出不同的IP地址,这样可以用多台服务器来分担负载,B对。也可以把多个域名指向同一个主机IP地址,C对。与下面的主机可以在不同的网络中,IP子网中主机也可以由不同的域名服务器来维护其映射,D正确。
6. 【答案】C
   【解析】计算机病毒一般具有非授权可执行性、隐蔽性、传染性、潜伏性、破坏性、攻击的主动性、不可预见性和可触发性等特征。
7. 【答案】D
   【解析】其一般由数字、字母和特殊字符组成。
8. 【答案】A
   【解析】当前计算机病毒主要的传染途径是网络。
9. 【答案】A
   【解析】定时备份重要文件不能防止计算机感染病毒。
10. 【答案】A
    【解析】关系数据库规范化是为解决关系数据库中插入、删除和数据冗余问题而引入的。
11. 【答案】C
    【解析】候选关键字中的属性可以有1个或多个。
12. 【答案】C

【解析】转储的冗余数据包括日志文件、数据库后备副本。

13.【答案】A

【解析】实现数据库安全性控制的常用方法和技术有：用户标识与鉴别、存取控制、视图机制、审计、数据加密。

14.【答案】C

【解析】中间件是基础软件的一大类，属于可复用软件的范畴。中间件处于操作系统软件与用户的应用软件之间。中间件在操作系统、网络和数据库之上，应用软件的下层，总的作用是为处于自己上层的应用软件提供运行与开发的环境，帮助用户灵活、高效地开发和集成复杂的应用软件。中间件提供所在平台（硬件和操作系统）和应用软件之间的通用服务，针对不同的操作系统和硬件平台，其可以有符合接口和协议规范的多种实现，这些服务具有标准的程序接口和协议。中间件不面向最终使用用户。

15.【答案】C

【解析】try 块后可以无 catch 块和 finally 块，对抛出的异常处理应该放在 catch 块中处理。

16.【答案】A

【解析】RAID 0 没有冗余磁盘，任一磁盘损坏都会造成数据丢失。

17.【答案】A

【解析】入侵检测是指"通过对行为、安全日志或审计数据或其他网络上可以获得的信息进行操作，检测到对系统的闯入或闯入的企图"。

18.【答案】C

【解析】运维服务管理平台修改个人登录账号密码可以通过点击门户网站页面上的个人设置进行。

19.【答案】D

【解析】多项目冲突包括项目内部冲突、项目外部冲突和跨区域冲突。

20.【答案】A

【解析】EC2 是亚马逊的弹性云计算服务。

二、多项选择题（下列各题的备选答案中，至少有两个正确选项，请将正确选项的字母填写在括号中，多选、少选、错选、不选均不得分。每小题 2 分，共 20 分）

1.【答案】AC

【解析】这两种状态都不转发数据；Learning 学习 MAC 地址，Discarding 不学习 MAC 地址。

2.【答案】BCD

【解析】账号已经登录 FTP 服务器，故非账号错误；磁盘配额和剩余空间都会对用户上传文件造成限制；FAT32 文件系统对单个文件大小的限制为 4GB。

3.【答案】CD

【解析】交换机的三种帧转发方式：直通方式的以太网交换机可以理解为在各端口间是纵横交叉的线路矩阵电话交换机；存储转发方式是计算机网络领域应用最为广泛的方式，它把输入端口的数据包检查，在对错误包处理后才取出数据包的目的地址，通过查找表转换成输出端口送出包;碎片隔离方式,则是介于前两者之间的一种解决方案。

4. 【答案】ABCD

   【解析】将涉密计算机接入互联网及其他公共信息网络、使用非涉密计算机存储、处理国家秘密信息,擅自卸载涉密信息系统安全技术程序、管理程序,在涉密计算机和非涉密计算机上交叉使用移动存储设备均属于严重违规行为。

5. 【答案】ABDE

   【解析】选项 C 内容并不属于防火墙的作用。

6. 【答案】ABCD

   【解析】IP v6 具有的新特性包括巨大的地址空间、数据报文处理效率提高、良好的扩展性、路由选择效率提高。

7. 【答案】ABC

   【解析】数据库查询处理最复杂、最重要的部分不包括查询优化。

8. 【答案】BC

   【解析】视图(View)作为一种数据库对象,为用户提供了一个可以检索数据表中数据的方式,能屏蔽掉部分数据的访问,降低查询复杂度。

9. 【答案】ACDE

   【解析】计算机数据库知识事务特性是原子性、一致性、隔离性和持久性。

10. 【答案】ABCD

    【解析】从 TCP/IP 协议分层模型方面来讲,TCP/IP 由四个层次组成:链路层、网络层、传输层、应用层。

三、判断题(判断下列各题正误,正确的打"√",错误的打"×"。每小题 2 分,共计 20 分)

1. 【答案】×

   【解析】第一代计算机是电子管为主要逻辑元件,体积大、电路复杂且易出故障。

2. 【答案】√

   【解析】WWW 是 Internet 上的一个协议。

3. 【答案】×

   【解析】虽然大型计算机一般都有自动记载自身运行情况的功能,但是也需要有手工记录作为补充手段,因为某些情况是无法只用计算机记录的。

4. 【答案】√

   【解析】计算机场地在正常情况下温度应保持在 18~28 摄氏度。

5. 【答案】×

   【解析】最好不要在电子邮件中输入个人或财务信息。

6. 【答案】×

   【解析】删除关系数据库中的基本表后,建立在该表上的视图不会自动消失。

7. 【答案】√

   【解析】关系数据库中的关系满足不同程度要求的,称为不同的范式。

8. 【答案】×

   【解析】EJB 组件是 J2EE 平台的核心。

9.【答案】√

【解析】JavaScript 是一种客户端脚本语言,通过嵌入在 HTML 中实现网页动态功能。

10.【答案】√

【解析】大数据更强调数据的完整性和混杂性,以帮助人们进一步接近事实的真相。

四、简答题(共 2 小题,每小题 10 分,共计 20 分)

1.【答案】

(1)无论大表还是小表,Truncate 速度都非常快。

(2)Truncate 是 DDL 语句,进行隐式提交,操作立即生效,不能进行回滚操作。Delete 是 DML 语句,这个操作会放到 rollback segment 中,事务提交之后才生效。

(3)Truncate 重新设定表和索引的 HWM(高水位标记)由于全表扫描和索引快速扫描都要读取所有的数据块直到 HWM 为止。所以全表扫描的性能不会因为 delete 而提高,但是经过 Truncate 操作后速度会很快。

(4)不能删除 Truncate 一个带有外键的表,如果要删除首先要取消外键,然后再删除。

2.【答案】

这是因为发送方可能还未重传时,就收到了对更高序号的确认。例如主机 A 连续发送两个报文段:(SEQ=92,DATA 共 8B)和(SEQ=100,DATA 共 20B),均正确到达主机 B。B 连续发送两个确认:(ACK=100)和(ACK=120),但前一个确认帧在传送时丢失了。例如 A 在第一个报文段(SEQ=92,DATA 共 8B)超时之前收到了对第二个报文段的确认(ACK=120),此时 A 知道,119 号和在 119 号之前的所有字节(包括第一个报文段中的所有字节)均已被 B 正确接收,因此 A 就不会再重传第一个报文段。

五、综合案例题(共 2 小题,每小题 10 分,共计 20 分)

1.【答案】

(1)应用服务器 B 掩码写错,导致与办公电脑 1 网络不通,应改为 255.255.255.0。

(2)检查行政办公域到业务服务域之间经过的防火墙,确认办公电脑 1 到应用服务器 B 的 Telnet 服务器没有被阻断。

2.【答案】

(1)方案 1:

SELECT DISTINCT JNO

FROM SPJ,P

WHERE SPJ.PNO=P.PNO AND

COLOR='红'AND JNO='J1';

方案 2:

SELECT DISTINCT SNO

FROM SPJ

  WHERE JNO='J1' AND PNO IN

(SELECT PNO

FROM P

WHERE COLOR='红');

(2)方案 1：
SELECT JNO
FROM J
WHERE JNO NOT IN
　　（SELECT JNO
　　　FROM SPJ
　　WHERE SNO IN
　　　（SELECT SNO
　　　　FROM S
　　　　WHERE CITY='天津'））；

方案 2：
SELECT JNO
　　　FROM J
　　　　WHERE NOT EXISTS
　　　　　（SELECT ＊
　　　　　FROM SPJ，S
　　　　　WHERE SPJ.SNO=S.SNO AND
　　　　　SPJ.JNO=J.JNO AND CITY='天津'）；

方案 3：
SELECT JNO
FROM J
WHERE NOT EXISTS
　　（SELECT ＊
　　FROM SPJ
　　WHERE SPJ.JNO=J.JNO AND EXISTS
　　　（SELECT ＊
　　　FROM S
　　　　WHERE S.SNO=SPJ.SNO AND CITY='天津'））；

模拟试卷(五)

一、单项选择题(下列各题的备选答案中,只有一个正确选项,请将正确选项的字母填写在括号中,多选、错选、不选均不得分。每小题 1 分,共 20 分)

1. 通常所说的"裸机"是指计算机仅有(　　)。
   A. 硬件系统　　　　　B. 软件　　　　　C. 指令系统　　　　　D. CPU

2. 下列关于 FTP 服务的描述,错误的是(　　)。
   A. 使用 FTP 可以传送任何类型的文件
   B. 传送文件时客户机和服务器间需建立控制连接和数据连接
   C. 服务器端发起的连接是数据连接,客户端的端口为 20
   D. 客户端发起的连接是控制连接,服务器端的默认端口为 21

3. 下列不属于路由器性能指标的是(　　)。
   A. 吞吐量　　　　　　　　　　　　B. 丢包率
   C. 时延与时延抖动　　　　　　　　D. 最大可堆叠数

4. 使用浏览器访问某大学 Web 网站主页时,不可能使用到的协议是(　　)。
   A. PPP　　　　　B. ARP　　　　　C. UDP　　　　　D. SMTP

5. 下列 Windows 命令中,可以用于检测本机配置的 DNS 服务器是否工作正常的命令是(　　)。
   A. ipconfig　　　　B. netstat　　　　C. pathping　　　　D. route

6. 好友的 QQ 突然发来一个网站链接要求投票,最合理的做法是(　　)。
   A. 把好友加入黑名单
   B. 不参与任何投票
   C. 可能是好友 QQ 被盗,发来的是恶意链接,先通过手机跟朋友确认链接无异常后,再酌情考虑是否投票
   D. 因为是其好友信息,直接打开链接投票

7. 当访问 Web 网站的某个页面资源不存在时,将会出现的 HTTP 状态码是(　　)。
   A. 200　　　　　B. 302　　　　　C. 401　　　　　D. 404

8. (　　)是网络通信中标识通信各方身份信息的一系列数据,提供一种在 Internet 上验证

身份的方式。
  A. 数字认证　　　　B. 数字证书　　　　C. 电子认证　　　　D. 电子证书

9. 病毒程序按其侵害对象不同分为(　　)。
  A. 外壳型、入侵型、原码型和良性型
  B. 原码型、外壳型、复合型和网络病毒
  C. 引导型、文件型、复合型和网络病毒
  D. 良性型、恶性型、原码型和外壳型

10. 当今数据库领域最成功的关系数据库系统是(　　)。
  A. ORACLE　　　　B. FOXBASE　　　　C. SYBASE　　　　D. FOXPRO

11. 下列关于数据库安全的说法中错误的是(　　)。
  A. 数据库是当今信息存储的一个重要形式,数据库系统已经被广泛地应用于政府、军事、金融等众多领域。如果对于针对数据库的攻击不加以遏制,轻则干扰人们的日常生活,重则造成巨大的经济损失,甚至威胁到国家的安全
  B. 数据库系统的安全威胁有非授权的信息泄露、非授权的数据修改和拒绝服务
  C. 防止非法数据访问是数据库安全最关键的需求
  D. 数据库系统的安全威胁有非授权的信息泄露、非授权的数据修改、拒绝服务和病毒感染

12. (　　)是按照一定的数据模型组织的、长期存储在计算机内,可为多个用户共享的数据的集合。
  A. 数据库系统　　　　　　　　　　B. 数据库
  C. 关系数据库　　　　　　　　　　D. 数据库管理系统

13. 现有关系表:学生(宿舍编号,宿舍地址,学号,姓名,性别,专业,出生日期)的主码是(　　)。
  A. 宿舍编号　　　　　　　　　　　B. 学号
  C. 宿舍地址,姓名　　　　　　　　D. 宿舍编号,学号

14. 下列不属于中间件技术的是(　　)。
  A. Java RMI　　　　B. CORBA　　　　C. DCOM　　　　D. Java Applet

15. 结构化分析方法(SA)的主要思想是(　　)。
  A. 自顶向下、逐步分解　　　　　　B. 自顶向下、逐步抽象
  C. 自底向上、逐步抽象　　　　　　D. 自底向上、逐步分解

16. 下列关于电源和风扇等易损模块化部件的N+M冗余设计的解释正确的是(　　)。
  A. N 表示共有 N 个此模块数量　　　B. M+N 为此模块的数量
  C. M 表示最小运行所需要的模块数量　D. M−N 表示可承受损坏的模块数量

17. 以下独立磁盘冗余阵列模式中,磁盘容量利用率最高的是(　　)。
  A. RAID 0　　　　B. RAID 1　　　　C. RAID 5　　　　D. RAID 10

18. 一个变更开始发布、测试和执行的时间是(　　)。
  A. 如果是紧急变更,变更请求一经分类就开始
  B. 变更有撤销计划就马上开始
  C. 影响度分析经过变更顾问委员会讨论就马上开始
  D. 变更请求被正式授权就马上开始

19. 只有获得修改基础架构的授权,配置管理数据库的数据才能被修改,(　　)流程能给予这样的授权。
    A. 变更管理　　　　B. 配置管理　　　　C. 事故管理　　　　D. 服务级别管理
20. 采样分析的精确性随着采样随机性的增加而(　　),但与样本数量的增加关系不大。
    A. 降低　　　　　　B. 不变　　　　　　C. 提高　　　　　　D. 无关

二、多项选择题(下列各题的备选答案中,至少有两个正确选项,请将正确选项的字母填写在括号中,多选、少选、错选、不选均不得分。每小题 2 分,共 20 分)

1. 在 Internet 中,IP 路由器应具备的主要功能包括(　　)。
    A. 转发所收到的 IP 数据报　　　　　　B. 为投递的 IP 数据报选择最佳路径
    C. 分析 IP 数据报所携带的 TCP 内容　　D. 维护路由表信息
    E. 解析用户的域名
2. 下列关于红外无线局域网的描述,正确的是(　　)。
    A. 采用窄带微波作为传输介质　　　　B. 可支持定向光束红外传输方式
    C. 可采用全方位红外传输方式　　　　D. 可支持漫反射红外传输方式
    E. 数据传输距离不受视距限制
3. 安全控制措施可以分为(　　)。
    A. 管理类　　　　B. 技术类　　　　C. 人员类　　　　D. 操作类
    E. 检测类
4. 在关系数据库中存在的完整性规则有(　　)。
    A. 实体完整性规则　　　　　　　　　B. 索引完整性规则
    C. 引用完整性规则　　　　　　　　　D. 用户定义的完整性规则
5. 《全国人民代表大会常务委员会关于维护互联网安全的决定》规定,为了维护社会主义市场经济秩序和社会管理秩序,(　　)的行为,构成犯罪的,依照刑法有关规定追究刑事责任。
    A. 利用互联网销售伪劣产品或者对商品、服务作虚假宣传
    B. 利用互联网侵犯他人知识产权
    C. 利用互联网编造并传播影响证券、期货交易或者其他扰乱金融秩序的虚假信息
    D. 利用互联网损害他人商业信誉和商品声誉
    E. 在互联网上建立淫秽网站、网页,提供淫秽站点链接服务,或者传播淫秽书刊、影片、音像、图片
6. 数据流流出(　　)后还可能携带 VLAN 标识。
    A. Access 端口　　B. Trunk 端口　　C. Hybrid 端口　　D. Switch 端口
7. 文件传输协议 FTP 是用于在网络上进行文件传输的一套标准协议。FTP 客户与服务器之间要建立的双重连接是(　　)。
    A. 应用连接　　　　B. 控制连接　　　　C. 数据连接　　　　D. 物理连接
8. 虚拟化技术可以为数据中心减少的费用有(　　)。
    A. 硬件采购费用　　B. 软件采购费用　　C. 管理费用　　　　D. 电费
9. WebLogic Server 启动时很慢,可能的原因有(　　)。

A. config.xml 配置的需要部署的应用程序太多
B. 没有找到 config.xml 文件
C. 数据库连接池的最小连接数配置太大
D. WebLogic Server 到客户端 IE 的网络速度太慢

10. 面向对象编程(OOP)的优点有(　　)。
A. 代码开发模块化,更易维护和修改　　B. 代码复用
C. 增强代码的可靠性和灵活性　　　　D. 增加代码的可理解性

三、判断题(判断下列各题正误,正确的打"√",错误的打"×"。每小题 2 分,共计 20 分)

1. MIPS 表示的是主机的类型。(　　)
2. 在线路交换、数据报和虚电路方式中,都需要经过线路建立、数据传输与电路拆除 3 个过程。(　　)
3. 逻辑结构属于总线型的局域网,在物理结构上可以被看作是星形的,最典型的是以太网。(　　)
4. 机房内的环境对粉尘含量没有要求。(　　)
5. 有很高使用价值或很高机密程度的重要数据应采用加密等方法进行保护。(　　)
6. 数据库中,主键是可唯一标识记录的一个或多个字段。(　　)
7. 关系数据库中表的主码不能重复。(　　)
8. J2EE 定义了一个典型的四层结构,分别是客户层、表示层(Web 层)、业务逻辑层和企业信息系统层(EIS)。(　　)
9. 需求分析过程是确定项目如何实现的过程,并确定项目的技术方案。(　　)
10. 大数据的特点是数据量巨大,其数据存储量已经从 TB 级别升至 PB 级别。(　　)

四、简答题(共 2 小题,每小题 10 分,共计 20 分)

1. 数据库设计可分为哪几个阶段?
2. 一个 TCP 连接要发送 3200B 的数据。第一个字节的编号为 10010。如果前两个报文各携带 1000B 的数据,最后一个携带剩下的数据,请写出每一个报文段的序号。

五、综合案例题(共 2 小题,每小题 10 分,共计 20 分)

1. 伴随着"互联网+税务"的发展,电子税务局已经成为税务部门为广大纳税人提供服务的重要途径。假设某省电子税务局已经完成软件研发,领导要求安排组织好上线前的软件测试工作,作为负责此项工作的职能部门,应从哪几个方面着手开展测试工作?
2. 试计算在如下条件下,使用非持续方式和持续方式请求一个 Web 页面所需的时间。条件如下:
(1)测试的 RTT 的平均值为 150ms,一个 GIF 对象的平均发送时延为 35ms。
(2)一个 Web 页面中有 10 个 gif 图片,Web 页面的基本 HTML 文件、HTTP 请求报文、TCP 握手报文大小忽略不计。
(3) TCP 三次握手的第三步中捎带一个 HTTP 请求。
(4)使用非流水线方式。

模拟试卷(五)答案及解析

一、单项选择题(下列各题的备选答案中,只有一个正确选项,请将正确选项的字母填写在括号中,多选、错选、不选均不得分。每小题 1 分,共 20 分)

1.【答案】A
【解析】"裸机"是指计算机仅有硬件系统。

2.【答案】C
【解析】FTP 是文件传输协议,允许用户从服务器上获取文件副本,或者将本地计算机上的一个文件上传到服务器。FTP 采用的是客户机/服务器工作方式。传输文件时,为了分开数据流和控制流,服务器和客户机间需要建立控制连接和数据连接。当客户机向服务器发起连接请求时,服务器端的默认端口为 21。服务器端在接收到客户端发起的控制连接时,控制进程创建一个数据传送进程,其端口为 20,与客户端提供的端口建立数据传输的 TCP 连接,故选项 C 错误。

3.【答案】D
【解析】路由器的性能指标主要包括吞吐量、背板能力、丢包率、时延与时延抖动、突发处理能力、路由表容量、服务质量、网管能力、可靠性和可用性。D 中最大可堆叠数不属于路由器性能指标。

4.【答案】D
【解析】当接入网络时可能会用到 PPP 协议,A 可能用到;而当计算机不知道某主机的 MAC 地址时,用 IP 地址查询相应的 MAC 地址时会用到 ARP 协议,B 可能用到;而当访问 Web 网站时,若 DNS 缓冲没有存储相应域名的 IP 地址,用域名查询相应的 IP 地址时要使用 DNS 协议,而 DNS 是基于 UDP 协议的,所以 C 可能用到;SMTP 只有使用邮件客户端发送邮件,或是邮件服务器向别的邮件服务器发送邮件时才会用到,单纯地访问 Web 网页不可能用到,故选项 D 错误。

5.【答案】C
【解析】ipconfig 显示当前 TCP/IP 网络配置;netstat 显示本机与远程计算机是基于 TCP/IP 的 NeTBIOS 的统计及连接信息;pathping 将报文发送到所经过地所有路由器,并根据每一跳返回的报文进行统计;route 显示或修改本地 IP 路由表条目。

6.【答案】C
【解析】点击不明网站链接后,可能会访问到非法或恶意网站,进而引发安全问题,建议先确认后再进行访问。

7.【答案】D
【解析】状态码是用以表示网页服务器 HTTP 响应状态的 3 位数。

8.【答案】B
【解析】数字证书是网络通信中标识通信各方身份信息的一系列数据,提供一种在 Internet 上验证身份的方式。

9.【答案】C

【解析】病毒程序按其侵害对象不同分为：引导型、文件型、复合型和网络病毒。

10.【答案】A

【解析】数据库领域最成功的关系数据库系统是ORACLE。

11.【答案】D

【解析】数据库系统的安全威胁有非授权的信息泄露、非授权的数据修改和拒绝服务。

12.【答案】B

【解析】数据库是按照一定的数据模型组织的、长期存储在计算机内，可为多个用户共享的数据的集合。

13.【答案】B

【解析】主码必须唯一，所以是学号。

14.【答案】D

【解析】Java 远程过程调用（Remote Method Invocation，RMI）、公共对象请求代理体系结构（Common Object Request Broker Architecture，CORBA）和分布式组件对象模型（Distributed Components Object Model，DCOM）都属于分布式对象技术，是分布式对象中间件的基础通信技术。而Java Applet只是浏览器客户端的动态网页技术，与中间件无关。

15.【答案】A

【解析】结构化分析方法（SA）是把一个复杂问题的求解过程分阶段进行，而且这种分解是自顶向下，逐步分解，使得每个阶段处理的问题都控制在人们容易理解和处理的范围内。

16.【答案】B

【解析】N为最小运行所需要的模块数量，M为可承受损坏的模块数量。

17.【答案】A

【解析】RAID 0是所有RAID规格中速度最快但可靠性最差的磁盘阵列模式。

18.【答案】D

【解析】所有变更都应该在正式授权后开始执行。

19.【答案】A

【解析】修改配置属于变更管理流程，应参照变更管理流程执行。

20.【答案】C

【解析】统计学上采样分析有个非常重要的观点：采样分析的准确性随着采样随机性的增加而大幅提高，但与样本数量的增加关系不大。

二、多项选择题（下列各题的备选答案中，至少有两个正确选项，请将正确选项的字母填写在括号中，多选、少选、错选、不选均不得分。每小题2分，共20分）

1.【答案】ABD

【解析】在Internet中，IP路由器应具备的主要功能包括转发所收到的IP数据报、为投递的IP数据报选择最佳路径、维护路由表信息。

2.【答案】BCD

【解析】红外无线局域网可支持定向光束红外传输方式,可采用全方位红外传输方式,可支持漫反射红外传输方式。

3.【答案】ABD

【解析】安全控制措施可以分为:管理类、技术类和操作类。

4.【答案】ACD

【解析】关系数据库中存在的完整性规则包括实体完整性规则、引用完整性规则和用户定义的完整性规则。

5.【答案】ABCDE

【解析】题目所列行为都构成犯罪。

6.【答案】BC

【解析】数据流流出 Trunk、Hybrid 端口后可能携带 VLAN 标识。

7.【答案】BC

【解析】双重连接是指控制连接和数据连接。

8.【答案】ACD

【解析】软件采购费用增加了虚拟化软件授权费,虽然可以通过选择按照物理 CPU 授权的操作系统和应用软件等方式节约其他软件授权费用,但总费用不一定能降低。

9.【答案】AC

【解析】WebLogic Server 启动时很慢的原因有 config.xml 配置的需要部署的应用程序太多或者数据库连接池的最小连接数配置太大。

10.【答案】ABCD

【解析】面向对象编程(OOP)的优点包括代码模块化、易维护、易复用、灵活、便于理解等。

三、判断题(判断下列各题正误,正确的打"√",错误的打"×"。每小题 2 分,共计 20 分)

1.【答案】×

【解析】MIPS(Million Instructions Per Second):单字长定点指令平均执行速度,这是衡量 CPU 速度的一个指标。

2.【答案】×

【解析】在数据报方式中,分组传输时不需要预先在源主机与目的主机之间建立"线路连接"。

3.【答案】√

【解析】尽管物理星形拓扑的实施费用高于物理总线拓扑,然而星形拓扑的优势却使其物超所值。每台设备通过各自的线缆连接到中心设备,因此某根电缆出现问题时只会影响到相关的一台设备,而网络的其他组件依然可正常运行。该优点极其重要,这也正是所有新设计的以太网都采用物理星形拓扑的原因。

4.【答案】×

【解析】机房内的环境对粉尘含量有要求。

5.【答案】√

【解析】有很高使用价值或很高机密程度的重要数据应采用加密等方法进行保护。

6.【答案】√

【解析】数据库中,主键是可唯一标识记录的一个或多个字段。

7.【答案】√

【解析】关系数据库中表的主码不能重复。

8.【答案】√

【解析】J2EE 定义了一个典型的四层结构,分别是客户层、表示层(Web 层)、业务逻辑层和企业信息系统层(EIS)。

9.【答案】×

【解析】需求分析是确定系统必须完成哪些工作,也就是对目标系统提出完整、准确、清晰、具体的要求。

10.【答案】√

【解析】大数据的特点是数据量巨大,是指数据存储量已经从 TB 级别升至 PB 级别。

四、简答题(共 2 小题,每小题 10 分,共计 20 分)

1.【答案】

数据库设计可分为以下六个阶段:

(1)需求分析;

(2)概念结构设计;

(3)逻辑结构设计;

(4)物理结构设计;

(5)数据库实施;

(6)数据库运行和维护。

2.【答案】

TCP 为传送的数据流中的每一个字节都编上一个序号。报文段的序号则指的是本报文段所发送的数据的第一个字节的序号。因此第一个报文段的序号为 10010,第二个报文段的序号为 10010+1000=11010,第三个报文段的序号为 11010+1000=12010。

五、综合案例题(共 2 小题,每小题 10 分,共计 20 分)

1.【答案】

(1)用户界面测试:用户界面测试要注意是否使用说明、站点地图和导航条,还要关注内容、颜色/背景、图片表格等。

(2)功能测试:功能测试要关注链接、信息交互、数据校验等。

(3)接口测试:接口测试关注服务器接口、外部接口、错误处理等。

(4)兼容性测试:兼容性测试要关注操作系统、浏览器、硬件设备等的兼容性。

(5)负载/压力测试:模拟高峰期的办税场景,关注并发的功能、每个功能的并发数、并发场景运行的时间等。

(6)安全测试:组织风险渗透测试,关注系统存在的漏洞和后门,同时还要关注目录设置、登录、日志文件等。

2.【答案】

每次进行 TCP 三次握手时,前两次握手消耗一个 RTT-150ms,第三次握手的报文段捎带了客户对 HTML 文件的请求,故请求和接收基本 HTML 文件耗时一个 RTT = 150ms(其大小忽略不计,则发送时延为 0ms)。

在非持久连接模式下:

第一次建立 TCP 连接并传送 html 文件所需的时间 $T_{html} = (150+150)ms = 300ms$

每一次建立 TCP 连接并传送一个 gif 文件所需的时间 $T_{gif}(150+150+35)ms = 335ms$

所以总时间 $T_{总} = T_{html} + T_{gif} \times 10 = (300+335 \times 10)ms = 3650ms$

在持久连接模式下:

只需要建立一次 TCP 连接,然后传送 html 文件和 10 个 gif 文件。

总时间 $T_{总} = T_{建立TCP} + T_{html} + T_{gif} \times 10 = 150+150+(150+35) \times 10 = 2150(ms)$。

模拟试卷(六)

一、单项选择题(下列各题的备选答案中,只有一个正确选项,请将正确选项的字母填写在括号中,多选、错选、不选均不得分。每小题1分,共20分)

1. 计算机主机的组成是(　　)。
   A. 运算器和控制器　　　　　　　　B. 中央处理器和主存储器
   C. 运算器和外设　　　　　　　　　D. 运算器和存储器

2. Internet 上的每台正式计算机用户都有一个独有的(　　)。
   A. E-mail　　　　B. 协议　　　　C. TCP/IP　　　　D. IP 地址

3. 关于路由器,下列说法中正确的是(　　)。
   A. 路由器处理的信息量比交换机少,因而转发速度比交换机快
   B. 对于同一目标,路由器只提供延迟最小的最佳路由
   C. 通常的路由器可以支持多种网络层协议,并提供不同协议之间的分组转发
   D. 路由器不但能够根据 IP 地址进行转发,而且可以根据物理地址进行转发

4. 一个主机移动到了另一个 LAN 中,如果一个分组到达了它原来所在的 LAN 中,分组会被转发给(　　)。
   A. 移动 IP 的本地代理　　　　　　B. 移动 IP 的外部代理
   C. 主机　　　　　　　　　　　　　D. 丢弃

5. 假冒网络管理员,骗取用户信任,然后获取密码口令信息的攻击方式称为(　　)。
   A. 密码猜解攻击　　　　　　　　　B. 社会工程攻击
   C. 缓冲区溢出攻击　　　　　　　　D. 网络监听攻击

6. 我国在信息系统安全保护方面最早制定的一部法规,也是最基本的一部法规是(　　)。
   A.《中华人民共和国计算机信息系统安全保护条例》
   B.《计算机信息网络国际联网安全保护管理办法》
   C.《信息安全等级保护管理办法》
   D.《计算机信息系统安全保护等级划分准则》

7. 防火墙用于将 Internet 和内部网络隔离,(　　)。
   A. 是防止 Internet 火灾的硬件设施

B. 是网络安全和信息安全的软件和硬件设施

C. 是保护线路不受破坏的软件和硬件设施

D. 是起抗电磁干扰作用的硬件设施

8. 主要感染可执行文件的病毒是(　　)。

 A. 文件型病毒 B. 引导型病毒 C. 网络病毒 D. 复合型病毒

9. "网络黑客"的通常行为是(　　)。

 A. 在网上发布不健康信息 B. 制造并传播病毒

 C. 攻击并破坏 Web 网站 D. 收看不健康信息

10. 自然连接是构成新关系的有效方法。一般情况下,当对关系 R 和 S 使用自然连接时,要求 R 和 S 含有一个或多个共有的(　　)。

 A. 元组 B. 行 C. 记录 D. 属性

11. 一个关系数据库文件中的各条记录(　　)。

 A. 前后顺序不能任意颠倒,一定要按照输入的顺序排列

 B. 前后顺序可以任意颠倒,不影响库中的数据关系

 C. 前后顺序可以任意颠倒,但排列顺序不同,统计处理的结果就可能不同

 D. 前后顺序不能任意颠倒,一定要按照关键字段值的顺序排列

12. SQL 语言具有(　　)的功能。

 A. 关系规范化、数据操纵、数据控制 B. 数据定义、数据操纵、数据控制

 C. 数据定义、关系规范化、数据控制 D. 数据定义、关系规范化、数据操纵

13. SQL 语言中,删除一个表的命令是(　　)。

 A. DELETE B. DROP C. CLEAR D. REMOVE

14. 在一个硬件服务器上运行 WebLogic Server,如果观察到系统性能下降,收集垃圾回收日志,发现 GC 非常频繁,则下列手段最恰当的是(　　)。

 A. 增加 Backlog B. 增加 Heap Size

 C. 增加 SWAP 区 D. 配置集群

15. 在 UML 的例图中,人形符号表示的是(　　)。

 A. 关联 B. 用例 C. 角色 D. 依赖

16. 下列 RAID 技术中任意两块硬盘出现故障后不会丢失数据的是(　　)。

 A. RAID 1 B. RAID 5 C. RAID 6 D. RAID 10

17. 下列关于数据压缩的描述,正确的是(　　)。

 A. 多媒体信息存在许多数据冗余 B. 图像压缩不容许采用有损压缩

 C. 熵编码法属于有损压缩 D. 国际标准大多采用单一压缩方法

18. 运维服务管理平台—服务管理系统,查看上报单据中省局的附件需通过(　　)。

 A. 省局上报单据 B. 详细信息

 C. 问题评估与审核 D. 流程操作日志

19. 下列不属于 CM 模式的优点的是(　　)。

 A. 可以大大缩短工程从规划、设计到竣工的周期

 B. 节约建设投资

C. 减少投资风险

D. 项目责任单一,有早期的成本保证

20. 下列不属于云计算特点的是(　　)。

　　A. 超大规模　　　　B. 私有化　　　　C. 虚拟化　　　　D. 高可靠

二、多项选择题(下列各题的备选答案中,至少有两个正确选项,请将正确选项的字母填写在括号中,多选、少选、错选、不选均不得分。每小题2分,共20分)

1. 下列为广域网协议的有(　　)。

　　A. PPP　　　　B. X.25　　　　C. SLIP　　　　D. EthernetⅡ

2. 在以下网络协议中,属于网络层协议的有(　　)。

　　A. RARP　　　　B. ARP　　　　C. IP　　　　D. SMTP

3. J2EE容器包括的服务器端容器有(　　)。

　　A. Web容器　　　　　　　　　　B. EJB容器

　　C. Applet容器　　　　　　　　　D. Application Client容器

4. 下列邮件是垃圾邮件的有(　　)。

　　A. 收件人无法拒收的电子邮件

　　B. 收件人事先预定的广告、电子刊物等具有宣传性质的电子邮件

　　C. 含有病毒、色情、反动等不良信息或有害信息的电子邮件

　　D. 隐藏发件人身份、地址、标题等信息的电子邮件

　　E. 含有虚假的信息源、发件人、路由等信息的电子邮件

5. 任何人不得在电子公告服务系统中发布含有下列内容之一的信息(　　)。

　　A. 反对宪法所确定的基本原则,危害国家安全,泄露国家秘密,颠覆国家政权,破坏国家统一的

　　B. 损害国家荣誉和利益的;煽动民族仇恨、民族歧视,破坏民族团结的

　　C. 破坏国家宗教政策,宣扬邪教和封建迷信的

　　D. 散布谣言、淫秽、色情、赌博、暴力、凶杀、恐怖或者教唆犯罪的

6. 信息安全最关心的三个原则是(　　)。

　　A. Confidentiality　　　　　　　　B. Integrity

　　C. Authentication　　　　　　　　D. Authorization

　　E. Availability

7. 下列关于IP的说法中正确的是(　　)。

　　A. IP地址可以固化到硬盘中去

　　B. IP地址可以分为A、B、C、D、E 5类

　　C. IP地址一般用16进制表示

　　D. IP地址是由32个二进制数表示

8. 网络运营者收集、使用个人信息,应当遵循(　　)的原则,公开收集、使用规则,明示收集、使用信息的目的、方式和范围,并经被收集者同意。

　　A. 真实　　　　B. 合法　　　　C. 正当　　　　D. 必要

9. 反映WebLogic的Web应用,HTTP访问比较慢,可能的原因有(　　)。

A. 系统使用了太多的对象,出现了过于频繁的 GC 操作
B. 应用使用到了数据库,数据库响应速度太慢
C. WebLogic Server 当时处理能力较差,虽然当时所有执行线程状态为空闲
D. 客户端到 WebLogic Server 端的网络速度太慢

10. Internet 上使用的最重要的两个协议是(　　)。
    A. Telnet　　　　B. TCP　　　　C. SMTP　　　　D. IP

三、判断题(判断下列各题正误,正确的打"√",错误的打"×"。每小题 2 分,共计 20 分)

1. 开机时先开显示器后开主机电源,关机时先关主机后关显示器电源。(　　)
2. 交换式局域网是通过交换机多端口之间并发链接实现多节点间数据并发传输的局域网。(　　)
3. 如果多台计算机之间存在着明确的主/从关系,其中一台中心控制计算机可以控制其他连接计算机的开启与关闭,那么这样的多台计算机就构成了一个计算机网络。(　　)
4. OSI 层次的划分应当从逻辑上将功能分开,越少越好。(　　)
5. Windows 防火墙能帮助阻止计算机病毒和蠕虫进入用户的计算机,但该防火墙不能检测或清除已经感染计算机的病毒和蠕虫。(　　)
6. Oracle 数据库临时表的数据是不能导出的,用户提交事务后就立即清空。(　　)
7. 数据库索引和视图的共同点是提高查询速度,同时占用极少量的存储空间。(　　)
8. 对象是由数据及其操作所构成的封装体,是系统中用来描述客观事物的一个封装,是构成系统的基本单位,对象包含三个基本要素,分别是对象标识、对象状态和对象行为。(　　)
9. JavaScript 是一种脚本语言,它可以嵌入 HTML 中。它是由 Java 语言变换发展而来的。(　　)
10. 互联网中的域名和 IP 地址是等价的,它们之间通过域名系统 DNS 进行映射变换。(　　)

四、简答题(共 2 小题,每小题 10 分,共计 20 分)

1. 计算机感染病毒通常有哪些征兆?可采取哪些预防措施?
2. 防火墙有哪些体系结构?其中堡垒主机的作用是什么?检测计算机病毒的方法主要有哪些?

五、综合案例题(共 2 小题,每小题 10 分,共计 20 分)

1. 某单位工作人员将移动存储介质在涉密计算机和非涉密计算机间交叉使用。请分析这样做的隐患及防范对策。
2. 某企业集团有若干工厂,每个工厂生产多种产品,且每一种产品可以在多个工厂生产,每个工厂按照固定的计划数量生产产品;每个工厂聘用多名职工,且每名职工只能在一个工厂工作,工厂聘用职工有聘期和工资。工厂的属性有工厂编号、厂名、地址;产品的属性有产品编号、产品名、规格;职工的属性有职工号、姓名。
   (1)根据上述语义画出 E-R 图。
   (2)将该 E-R 模型转换为关系模型(要求:以 1∶1 和 1∶n 的联系进行合并)。
   (3)指出转换结果中每个关系模式的主码和外码。

模拟试卷(六)答案及解析

一、单项选择题(下列各题的备选答案中,只有一个正确选项,请将正确选项的字母填写在括号中,多选、错选、不选均不得分。每小题 1 分,共 20 分)

1. 【答案】B
   【解析】计算机主机主要由 CPU 和主存储器组成。
2. 【答案】D
   【解析】Internet 上的每台正式计算机用户都有一个独有的 IP 地址。
3. 【答案】C
   【解析】路由器第三层设备,要处理的内容比第二层设备交换机更多,因而转发速度比交换机慢,A 错误。虽然一些路由协议可以将延 IP 等作为参数进行路由选择,但路由协议使用最多的参数是传输距离,B 错误。路由器只能根据 IP 地址进行转发,D 错误。
4. 【答案】A
   【解析】当一个分组到达用户的本地 LAN 时,它被转发给某一台与本地 LAN 相连的路由器。该路由器寻找目的主机,这时本地代理响应该请求,将这些分组封装到一些新 IP 分组的载荷,并将新分组发送给外部代理,外部代理将原分组解出来后,移交给移动后的主机。
5. 【答案】B
   【解析】假冒网络管理员,骗取用户信任,然后获取密码口令信息的攻击方式被称为社会工程攻击。
6. 【答案】A
   【解析】我国在信息系统安全保护方面最早制定的一部法规,也是最基本的一部法规是《中华人民共和国计算机信息系统安全保护条例》。
7. 【答案】B
   【解析】防火墙是网络信息安全设施。
8. 【答案】A
   【解析】主要感染可执行文件的病毒是文件型病毒。
9. 【答案】C
   【解析】我们通常所说的"网络黑客",其行为主要是攻击并破坏 Web 网站。
10. 【答案】D
    【解析】当对关系 R 和 S 使用自然连接时,要求 R 和 S 含有一个或多个共有的属性。
11. 【答案】B
    【解析】数据库文件中的各条记录前后顺序可以任意颠倒,不影响库中的数据关系。
12. 【答案】B
    【解析】SQL 语言具有的功能:数据定义、数据操纵、数据控制。

13. 【答案】B

    【解析】SQL语言中,删除表的命令是DROP。

14. 【答案】B

    【解析】如果观察到系统性能下降,收集垃圾回收日志,发现GC非常频繁,可以通过增加Heap Size来调节优化系统性能。

15. 【答案】C

    【解析】关联,用实线表示;用例,用椭圆表示;角色,用小人表示;依赖,用虚线箭头表示。

16. 【答案】C

    【解析】RAID 6有两块效验数据磁盘,可以承受任意两块磁盘损坏;RIAD 5只有一块效验数据磁盘,只能承受任意一块磁盘损坏;RAID 1和RAID 10理论上可承受最多一半的磁盘损坏,但任意一对镜像磁盘同时损坏时也会造成数据丢失。

17. 【答案】A

    【解析】多媒体信息存在许多数据冗余。

18. 【答案】A

    【解析】运维服务管理平台—服务管理系统,可以通过【省局上报单据】标签页打开省局单据,即可查看或下载省局上传的附件。

19. 【答案】D

    【解析】CM模式特点如下:①由业主和业主委托的CM解析经理与建筑师组成一个联合小组共同负责组织和管理工程的规划、设计和施工,但CM经理对涉及的管理起协调作用;②CM经理要由精明能干、懂工程、懂经济、又懂管理的人才来担任;③阶段采购管理模式的最大优点是可以大大缩短工程从规划、设计到竣工的周期,节约建设投资,减少投资风险,可以较早地取得收益。

20. 【答案】B

    【解析】云计算是为了向大量用户提供无须关心后台细节的服务而产生的,与需要自建全部后台的私有化之间存在矛盾。

二、多项选择题(下列各题的备选答案中,至少有两个正确选项,请将正确选项的字母填写在括号中,多选、少选、错选、不选均不得分。每小题2分,共20分)

1. 【答案】ABC

    【解析】广域网协议指Internet上负责路由器与路由器之间连接的数据链路层协议。常见的广域网协议如下:PPP、HDLC、Frame-relay、X.25、SLIP。

2. 【答案】ABC

    【解析】SMTP属于应用层协议。

3. 【答案】AB

    【解析】Web容器和EJB容器是服务器端容器,Applet容器和Application Client容器是客户端容器。

4. 【答案】ACDE

    【解析】收件人事先预定的广告、电子刊物等具有宣传性质的电子邮件属于正常邮件。

5. 【答案】ABCD

【解析】任何人不得在电子公告服务系统中发布:反对宪法所确定的基本原则,危害国家安全,泄露国家秘密,颠覆国家政权,破坏国家统一的信息;损害国家荣誉和利益的;煽动民族仇恨、民族歧视,破坏民族团结的信息;破坏国家宗教政策,宣扬邪教和封建迷信的信息;散布谣言、淫秽、色情、赌博、暴力、凶杀、恐怖或者教唆犯罪的信息。

6.【答案】ABE

【解析】信息安全的原则是:Confidentiality、Integrity、Availability。

7.【答案】BD

【解析】IP 地址和硬盘无关,一般用二进制表示。

8.【答案】BCD

【解析】《中华人民共和国网络安全法》第四十一条规定:"网络运营者收集、使用个人信息,应当遵循合法、正当、必要的原则,公开收集、使用规则,明示收集、使用信息的目的、方式和范围,并经被收集者同意。"

9.【答案】ABCD

【解析】HTTP 访问比较慢的原因有频繁的 GC 操作、数据库响应速度太慢、WebLogic Server 当时处理能力和网络问题。客户端到 WebLogic Server 端的网络速度太慢。

10.【答案】BD

【解析】Internet 是基于 TCP/IP 协议的网间网;全球因特网所采用的协议族是 TCP/IP 协议族,IP 是 TCP/IP 协议族中网络层的协议,是 TCP/IP 协议族的核心协议。

三、判断题(判断下列各题正误,正确的打"√",错误的打"×"。每小题 2 分,共计 20 分)

1.【答案】√

【解析】开机时先开显示器后开主机电源,关机时先关主机后关显示器电源。

2.【答案】√

【解析】局域网是通过交换机多端口之间并发链接实现多节点间数据并发传输的。

3.【答案】×

【解析】计算机网络是利用通信线路将地理上分散的、具有独立功能的计算机系统和通信设备按不同的形式连接起来,以功能完善的网络软件及协议实现资源共享和信息传递的系统。

4.【答案】×

【解析】OSI 层次的划分主要原则:(1)网络中各节点都具有相同的层次;(2)不同节点的同等层具有相同的功能;(3)不同节点的同等层通过协议来实现对等层之间的通信;(4)同一节点内相邻层之间通过接口通信;(5)每个层可以使用下层提供的服务,并向其上层提供服务。

5.【答案】√

【解析】Windows 防火墙能帮助阻止计算机病毒和蠕虫进入用户的计算机,但该防火墙不能检测或清除已经感染计算机的病毒和蠕虫。

6.【答案】×

【解析】临时表的数据可以导出。

7.【答案】×

【解析】数据库索引可以提高查询速度,数据库索引同时占用极少量的存储空间,视图占用较多的存储空间。

8.【答案】√

【解析】对象是由数据及其操作所构成的封装体,是系统中用来描述客观事物的一个封装,是构成系统的基本单位,对象包含三个基本要素,分别是对象标识、对象状态和对象行为。

9.【答案】×

【解析】Java 是一种面向对象的语言,而 JavaScript 是基于对象以及事件的脚本语言。虽然它里面有一个"Java",但其实和 Java 并没有多大的关系。

10.【答案】√

【解析】域名是企业、政府、非政府组织等机构或者个人在域名注册商处注册的名称,是互联网上企业或机构间相互联络的网络地址,每一个符号化的地址都与特定的 IP 地址对应。域名和 IP 地址通过 DNS 进行映射变换。

四、简答题(共 2 小题,每小题 10 分,共计 20 分)

1.【答案】

(1)计算机感染病毒的征兆通常有:①计算机经常不能正常启动,运行速度很慢。②文件的长度变长,日期被修改。③打印机经常不能顺利打印,或打印出现乱码。④光驱读盘经常出现错误,或有盘时显示无盘。

(2)可采取以下预防措施:①应尽量使用无病毒的操作系统盘启动系统。②增强软件保护意识,不使用非法复制和来历不明的软盘。③对外来磁盘必须先检测病毒,确信无病毒后再使用。④对系统盘和含有重要数据的软盘进行写保护,并做好备份盘。⑤不打开来历不明的电子邮件。⑥安装杀毒软件,经常更新病毒库,并启用病毒监控功能。

2.【答案】

(1)防火墙的体系结构有屏蔽路由器和屏蔽主机,双宿主网关。(2)堡垒主机,屏蔽子网防火墙。(3)检测计算机病毒的方法主要有外观检测,特征代码法,系统数据对比法,实时监控法,软件模拟法,检测常规内存数。

五、综合案例题(共 2 小题,每小题 10 分,共计 20 分)

1.【答案】

隐患分析:移动存储介质在非涉密计算机上使用时,有可能被植入"木马"窃密程序。当这个移动存储介质又在涉密计算机上使用时,"木马"窃密程序会自动复制到涉密计算机中,并将涉密计算机中的涉密信息打包存储到移动存储介质上。当移动存储介质再次接入连接互联网的计算机时,涉密信息就会被自动发往特定主机,造成泄密。

防范对策:涉密移动存储介质不得在非涉密计算机上使用;非涉密移动存储介质及手机、数码相机、MP3 等具有存储功能的电子产品不得在涉密计算机上使用。

2.【答案】

(1)本题的 E-R 图如下图所示:

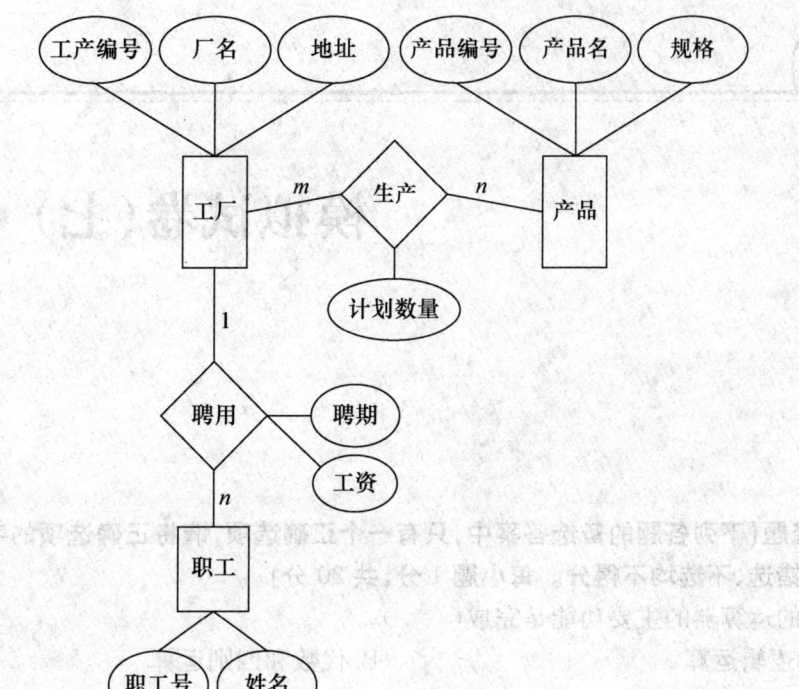

(2)转化后的关系模式如下：
工厂(工厂编号,厂名,地址)
产品(产品编号,产品名,规格)
职工(职工号,姓名,工厂编号,聘期,工资)
生产(工厂编号,产品编号,计划数量)
(3)每个关系模式的主码、外码如下：
工厂：主码是工厂编号,无外码；
产品：主码是产品编号,无外码；
职工：主码是职工号,外码是工厂编号；
生产：主码是工厂编号、产品编号,外码是工厂编号、产品编号。

模拟试卷(七)

一、单项选择题(下列各题的备选答案中,只有一个正确选项,请将正确选项的字母填写在括号中,多选、错选、不选均不得分。每小题1分,共20分)

1. 计算机中的运算器的主要功能是完成(　　)。
   A. 代数和逻辑运算　　　　　　　　B. 代数和四则运算
   C. 算术和逻辑运算　　　　　　　　D. 算术和代数运算

2. 计算机网络按拓扑结构可分为(　　)。
   A. 星状、网络状、集中、分散状　　B. 串行、并行、树状、总线状
   C. 星状、树状、总线、环状　　　　D. 集中、分散状、串行、并行

3. 电子邮件是Internet应用最广泛的服务项目,通常采用的传输协议是(　　)。
   A. SMTP　　　　B. TCP/IP　　　　C. CSMA/CD　　　　D. IPX/SPX

4. 在计算机网络中可以没有的是(　　)。
   A. 客户机　　　　　　　　　　　　B. 服务器
   C. 操作系统　　　　　　　　　　　D. 数据库管理系统

5. 下列有关计算机网络的叙述错误的是(　　)。
   A. 利用Internet可以使用远程的超级计算中心的计算机资源
   B. 计算机网络是在通信协议控制下实现的计算机互联
   C. 建立计算机网络的最主要目的是实现资源共享
   D. 以接入的计算机多少可以将网络划分为广域网、城域网和局域网

6. 如果主机1的进程以端口x和主机2的端口y建立了一条TCP连接,这时如果希望再在这两个端口间建立一个TCP连接,那么会(　　)。
   A. 建立失败,不影响先建立连接的传输
   B. 建立成功,并且两个连接都可以正常传输
   C. 建立成功,先建立的连接被断开
   D. 建立失败,两个连接都被断开

7. 关于计算机病毒,正确的说法是(　　)。
   A. 计算机病毒可以烧毁计算机的电子元件

B. 计算机病毒是一种传染力极强的生物细菌

C. 计算机病毒是一种人为特制的、具有破坏性的程序

D. 计算机病毒一旦产生,便无法清除

8. 下列关于用户口令说法错误的是( )。

　A. 口令不能设置为空

　B. 口令长度越长,安全性越高

　C. 复杂口令安全性足够高,不需要定期修改

　D. 口令认证是最常见的认证机制

9. 防火墙最主要被部署在( )位置。

　A. 网络边界　　　B. 骨干线路　　　C. 重要服务器　　　D. 桌面终端

10. 如果在一个关系中,存在某个属性(或属性组),虽然不是该关系的主码或只是主码的一部分,但却是另一个关系的主码时,称该属性(或属性组)为这个关系的( )。

　A. 候选码　　　B. 主码　　　C. 外码　　　D. 连接码

11. 在数据管理技术的发展过程中,经历了人工管理阶段、文件系统阶段和数据库系统阶段。在这几个阶段中,数据独立性最高的是( )阶段。

　A. 数据库系统　　　B. 文件系统　　　C. 人工管理　　　D. 数据项管理

12. 数据的管理方法主要有( )。

　A. 批处理和文件系统　　　　　　B. 文件系统和分布式系统

　C. 分布式系统和批处理　　　　　D. 数据库系统和文件系统

13. 实体是信息世界中的术语,与之对应的数据库术语为( )。

　A. 文件　　　B. 数据库　　　C. 字段　　　D. 记录

14. WebLogic Server 的生命周期包括( )。

　A. shutdown, admin, resuming, running

　B. shutdown, starting, admin, suspend, running

　C. shutdown, starting, standby, admin, resuming, running

　D. shutdown, starting, standby, admin, suspend, resuming, running

15.《计算机软件保护条例》中所称的计算机软件是指( )。

　A. 计算机程序　　　　　　B. 源程序和目标程序

　C. 源程序　　　　　　　　D. 计算机程序及其有关文档

16. 主机系统高可用技术不包括的工作模式是( )方式。

　A. 双机热备　　　　　　B. 双机互备

　C. 多处理器协同　　　　D. 群集并发存取

17. 对于某些可靠性要求极高、不能中断运行的关键业务,应采用其他方法,在异地建立一个( )中心,保证系统数据不受灾难的影响。

　A. 系统设备　　　B. 网络连接　　　C. 数据备份　　　D. 紧急响应

18. 一般认为,管理服务的可用性比以前更重要是因为( )。

　A. 现在客户对 IT 的依赖已经增长

　B. 现在的系统管理工具能提供更实时的性能管理信息

C. 现在更多的 IT 系统外包
D. 现在更多的服务提供商同他们的客户签署了服务级别协议

19. 如果一位客户反馈,因为若干个与硬件相关的事故,服务水平达不到 SLA 所同意的级别。则(　　)有责任调查潜在原因。
   A. 事故管理经理　　　　　　　　B. 服务级别管理经理
   C. 问题管理经理　　　　　　　　D. 可用性管理经理

20. 虚拟化技术最早研发使用的公司是(　　)。
   A. Microsoft　　　B. IBM　　　C. VMware　　　D. Oracle

二、多项选择题(下列各题的备选答案中,至少有两个正确选项,请将正确选项的字母填写在括号中,多选、少选、错选、不选均不得分。每小题 2 分,共 20 分)

1. Internet 的网络层含有 4 个重要的协议,分别为(　　)。
   A. IP, ICMP　　　B. TCP, ARP　　　C. UDP, RARP　　　D. ARP, RARP

2. 以下关于总线型以太网的描述中,错误的是(　　)。
   A. 核心连接设备是集线器　　　　B. 采用顺序型访问控制方法
   C. 可支持全双工通信模式　　　　D. 只使用点—点信道传输数据

3. 下列现象可以发现系统异常的有(　　)。
   A. 大量的日志错误　　　　　　　B. 超常的网络流量
   C. 防火墙报警　　　　　　　　　D. CPU、内存资源占用率过高
   E. 服务无故停止

4. 下列关于网络信息安全的说法,正确的有(　　)。
   A. 网络运营者应当对其收集的用户信息严格保密
   B. 网络运营者应当妥善管理用户信息,无须建立用户信息保护制度
   C. 网络运营者不得泄露、篡改、毁损其收集的个人信息
   D. 在经过处理无法识别特定个人且不能复原的情况下,未经被收集者同意,网络运营者不得向他人提供个人信息

5. 检测 Windows 系统是否存在后门的方法有(　　)。
   A. 查看服务信息　　　　　　　　B. 查看驱动信息
   C. 查看注册表键值　　　　　　　D. 查看系统日志

6. 数据库系统的三级模式结构是指数据库系统是由(　　)三级构成。
   A. 概念模式　　　B. 外模式　　　C. 内模式　　　D. 中模式

7. 数据管理技术经历了(　　)三个阶段。
   A. 人工管理　　　B. 文件系统　　　C. 数据库系统　　　D. 后台管理

8. 下列是 JSP 隐含内置对象的有(　　)。
   A. request 和 response　　　　　B. page 和 exception
   C. pageContext 和 session　　　　D. out 和 in

9. 下面属于需求分析阶段任务的有(　　)。
   A. 确定软件系统的功能需求　　　B. 确定软件系统的性能需求
   C. 制订软件集成测试计划　　　　D. 需求规格说明书评审

10. 信息社会经历的发展阶段包括(　　)。
    A. 计算机时代　　　B. 互联网时代　　　C. 云计算时代　　　D. 大数据时代

三、判断题(判断下列各题正误,正确的打"√",错误的打"×"。每小题 2 分,共计 20 分)

1. 控制器,运算器,存储器和输入输出设备合称为计算机系统。(　　)
2. 在现有网络中,对流量的控制和转发都依赖于网络设备实现。(　　)
3. INTERNET 使用最广泛的网络协议是 TCP/IP,它的主要设计目标是互联互通,而不是安全,该协议中已有许多人所共知的安全漏洞和隐患。(　　)
4. 在我国,严重的网络犯罪行为也不需要接受刑法的相关处罚。(　　)
5. ORACLE 进程就是服务器进程。(　　)
6. PRIMARY KEY、UNIQUE 关键词在使用的过程中会隐式地创建一条唯一的索引。(　　)
7. NAS 系统功能强大、易于扩展,所以 NAS 完全可以替代 DAS 架构。(　　)
8. 封装是将相关的概念组成一个单元,然后通过一个名称来引用它。(　　)
9. 软件开发模型是软件开发中全部过程、活动和任务的结构框架,是软件开发工作的基础。(　　)
10. 实现虚拟化技术最主要的目的就是使硬件资源的利用最大化。(　　)

四、简答题(共 2 小题,每小题 10 分,共计 20 分)

1. 请指出堆和二叉排序树的区别。
2. 大数据中的数据管理,一般是采用什么方式进行处理的?

五、综合案例题(共 2 小题,每小题 10 分,共计 20 分)

1. 在两台计算机之间传输一个文件有两种可行的确认策略。第一种策略是把文件截成分组,接收方逐个地确认分组,但就整体而言,文件没有得到确认。第二种策略是不确认单个分组的,但当文件全部收到后,对整个文件予以确认。请对这两种策略作出评价。
2. 在浏览器中输入 http://www.sina.com 并按回车,直到新浪的网站首页显示在其浏览器中。请根据此过程,按照 TCP/IP 参考模型,列出从应用层到网络层所用到的协议。

模拟试卷(七)答案及解析

一、单项选择题(下列各题的备选答案中,只有一个正确选项,请将正确选项的字母填写在括号中,多选、错选、不选均不得分。每小题1分,共20分)

1.【答案】C
【解析】计算机中的运算器的主要功能是完成算术和逻辑运算。

2.【答案】C
【解析】计算机网络按拓扑结构可分为:星状、树状、总线、环状。

3.【答案】A
【解析】电子邮件是 Internet 应用最广泛的服务项目,通常采用的传输协议是 SMTP。

4.【答案】D
【解析】从物理组成上看,计算机网络由硬件、软件和协议组成,客户机是客户访问网络的出入口,服务器是提供服务、存储信息的设备,当然是必不可少的。只是,在 P2P 模式下,服务器不一定是固定的某台机器,但网络中一定存在充当服务器角色的计算机。操作系统是最基本的软件。数据库管理系统用于管理数据库,在一个网络上可以没有数据库系统,所以数据库管理系统是可以没有的。

5.【答案】D
【解析】计算机网络按照距离划分为广域网、城域网和局域网。

6.【答案】A
【解析】一条连接使用它们的套接字来表示,因此(1,x)-(2,y)是在两个端口之间唯一可能的连接。而后建立的连接会被阻止,所以不可能接收到数据。

7.【答案】C
【解析】计算机病毒是一种人为特制的、具有破坏性的程序。

8.【答案】C
【解析】复杂口令也需要定期修改。

9.【答案】A
【解析】防火墙最主要被部署在网络边界。

10.【答案】C
【解析】如果在一个关系中,存在某个属性(或属性组),虽然不是该关系的主码或只是主码的一部分,但却是另一个关系的主码时,称该属性(或属性组)为这个关系的外码。

11.【答案】A
【解析】数据独立性最高的是数据库系统阶段。

12.【答案】D
【解析】数据的管理方法主要有:数据库系统和文件系统。

13.【答案】D
【解析】实体是信息世界中的术语,与之对应的数据库术语为记录。

14. 【答案】D

【解析】WebLogic Server 的生命周期包括 shutdown、starting、standby、admin、suspend、resuming、running。

15. 【答案】D

【解析】软件是指为方便使用计算机和提高使用效率而组织的程序以及用于程序开发、使用、维护的有关文档。

16. 【答案】C

【解析】主机系统高可用技术可分为双机热备、双机互备及群集并发存取三种方式。多处理器协同方式不属于高可用技术。

17. 【答案】C

【解析】异地容灾,顾名思义就是在不同的地方,构建一套或者多套相同的应用或者数据库,进一步提高数据对各种可能安全因素的容灾能力,可以对企业应用和数据库起到安全性、连续性等方面的作用。

18. 【答案】A

【解析】选项 B 说的是管理工具;选项 C,IT 为系统外包;选项 D 为服务级别协议。所以采用排除法选项 A 正确。

19. 【答案】C

【解析】问题管理的目标是找出事件产生的根源,从而制订恰当的解决方案或防止其再次发生的预防措施。

20. 【答案】B

【解析】虚拟化技术是 IBM 公司为了充分利用大型机资源而发明的。

二、多项选择题(下列各题的备选答案中,至少有两个正确选项,请将正确选项的字母填写在括号中,多选、少选、错选、不选均不得分。每小题 2 分,共 20 分)

1. 【答案】AD

【解析】位于网络层的协议有:IP,ICMP,ARP,RARP。TCP 和 UDP 协议属于传输层协议。

2. 【答案】BCD

【解析】总线型以太网的介质访问控制方法是 CSMA/CD;不支持全双工,总线型构的数据传输是广播式传输结构,数据发送给网络上的所有的用户。

3. 【答案】ABCDE

【解析】系统异常的表现有:大量的日志错误、超常的网络流量、防火墙报警、CPU 和内存资源占用率过高、服务无故停止。

4. 【答案】AC

【解析】《中华人民共和国网络安全法》第四十条规定:"网络运营者应当对其收集的用户信息严格保密,并建立健全用户信息保护制度。"

第四十二条规定:"网络运营者不得泄露、篡改、毁损其收集的个人信息;未经被收集者同意,不得向他人提供个人信息。但是,经过处理无法识别特定个人且不能复原的除外。

网络运营者应当采取技术措施和其他必要措施,确保其收集的个人信息安全,防止信息泄露、毁损、丢失。在发生或者可能发生个人信息泄露、毁损、丢失的情况时,应当立即采取补救措施,按照规定及时告知用户并向有关主管部门报告。"

5.【答案】ABCD
【解析】检测 Windows 系统是否存在后门的方法有:查看服务信息、查看驱动信息、查看注册表键值、查看系统日志。

6.【答案】ABC
【解析】数据库领域公认的标准结构是三级模式结构,它包括外模式、概念模式和内模式。

7.【答案】ABC
【解析】数据管理技术经历了人工管理、文件系统和数据库系统三个阶段。

8.【答案】ABC
【解析】JSP 中一共预先定义了 9 个这样的对象,分别为:request、response、session、application、out、pageContext、config、page、exception,没有 in。

9.【答案】ABD
【解析】制订软件集成测试计划属于测试阶段任务。

10.【答案】ABD
【解析】信息社会经历的发展阶段包括计算机时代、互联网时代和大数据时代。

三、判断题(判断下列各题正误,正确的打"√",错误的打"×"。每小题 2 分,共计 20 分)

1.【答案】×
【解析】计算机系统由硬件和软件两大部分组成。
(1)硬件:输入设备,输出设备,存储器,运算器,控制器;
(2)软件:系统软件和应用软件。

2.【答案】√
【解析】传统的网络,设备的流量的控制和转发就是交换机本身。

3.【答案】√
【解析】链路层存在的安全漏洞如下:在以太网中,信道是共享的,任何主机发送的每一个以太网帧都会到达别的与该主机处于同一网段的所有主机的以太网接口,一般地,CSMA/CD 协议使以太网接口在检测到数据帧不属于自己时,就把它忽略,不会把它发送到上层协议(如 ARP、RARP 层或 IP 层)。如果我们对其稍做设置或修改,就可以使一个以太网接口接收不属于它的数据帧。例如,有的实现可以使用杂错接点,即能接收所有数据帧的机器节点。网络层安全漏洞如下:几乎所有的基于 TCP/IP 的机器都会对 ICMP echo 请求进行响应。所以如果一个敌意主机同时运行很多个 ping 命令向一个服务器发送超过其处理能力的 ICMP echo 请求时,就可以淹没该服务器使其拒绝其他的服务。另外,ping 命令可以在得到允许的网络中建立秘密通道从而可以在被攻击系统中开后门方便地进行攻击,如收集目标上的信息并进行秘密通信等。

4.【答案】×
【解析】在我国,严重的网络犯罪行为需要接受刑法的相关处罚。

5.【答案】×
【解析】ORACLE 进程分为服务器进程、后台进程和从属进程。

6.【答案】√

【解析】PRIMARY KEY、UNIQUE 关键词在使用的过程中会隐式地创建一条唯一的索引。

7.【答案】×

【解析】NAS 和 DAS 各有各自的特点,不能互相替代。

8.【答案】√

【解析】封装是将相关的概念组成一个单元,然后通过一个名称来引用它。

9.【答案】√

【解析】软件开发模型是软件开发过程中的全部过程、活动和任务的结构框架,是软件开发工作的基础。

10.【答案】√

【解析】为了使硬件资源的利用最大化,需要采用虚拟化技术。

四、简答题(共 2 小题,每小题 10 分,共计 20 分)

1.【答案】

以小根堆为例:堆的特点是双亲节点的关键字必然不大于该孩子节点的关键字,而两个孩子节点的关键字没有次序规定。而二叉排序树中,每个双亲节点的关键字均大于左子树节点的关键字,每个双亲节点的关键字均小于右子树节点的关键字,也就是说,每个双亲节点的左、右孩子的关键字有次序关系。这样,当对两种树执行前序遍历后,二叉排序树会得到一个有序的序列,而堆则不一定是一个有序的序列。

2.【答案】

大数据是指无法在容许的时间内用常规软件工具对其内容进行抓取、管理和处理的数据。对于图像、视频、URL、地理位置等类型多样的数据,难以用传统的结构化方式描述,因此需要使用由多维表组成的面向列存储的数据管理系统来组织和管理数据。也就是说,将数据按行排序,按列存储,将相同字段的数据作为一个列族来聚合存储。不同的列族对应数据的不同属性,这些属性可以根据需求动态增加,通过这样的分布式实时列式数据库对数据统一进行结构化存储和管理,避免了传统数据存储方式下的关联查询。

五、综合案例题(共 2 小题,每小题 10 分,共计 20 分)

1.【答案】

如果网络容易丢失分组,那么对每个分组逐一进行确认比较好,此时仅重传丢失的分组。另外,如果网络高度可靠,那么在不发生差错的情况下,仅在整个文件传送的结尾发送一次确认,从而减少了确认次数,节省了带宽。不过,即使只有单个分组丢失,也要重传整个文件。

2.【答案】

(1)应用层。http:www 访问协议。DNS:域名解析服务。

(2)传输层。TCP:HTTP 提供可靠的数据传输。UDP:DNS 使用 UDP 传输。

(3)网络层。IP:IP 包传输和路由选择。ICMP:提供网络传输中的差错检测。ARP:将本机的默认网关 IP 地址映射成物理 MAC 地址。

模拟试卷（八）

一、单项选择题（下列各题的备选答案中，只有一个正确选项，请将正确选项的字母填写在括号中，多选、错选、不选均不得分。每小题 1 分，共 20 分）

1. ROM 中的信息是（　　）。
   A. 由计算机制造厂预先写入的 B. 在系统安装时写入的
   C. 根据用户需求不同，由用户随时写入的 D. 由程序临时写入的

2. 默认的 HTTP（超文本传输协议）端口是（　　）。
   A. 21 B. 23 C. 80 D. 8080

3. 在计算机网络中，表示数据传输可靠性的指标是（　　）。
   A. 传输率 B. 误码率 C. 信息容量 D. 频带利用率

4. 计算机网络建立的主要目的是实现计算机资源的共享，计算机资源主要指计算机（　　）。
   A. 软件与数据库 B. 服务器、工作站与软件
   C. 硬件、软件与数据 D. 通信子网与资源子网

5. 调制解调器（Modem）的主要功能是（　　）。
   A. 模拟信号的放大 B. 数字信号的整形
   C. 模拟信号与数字信号的转换 D. 数字信号的编码

6. 互联网服务提供者和联网使用单位落实的记录留存技术措施，应当具有至少保存（　　）天记录备份的功能。
   A. 10 B. 30 C. 60 D. 90

7. 文件型病毒传染的对象主要是（　　）类文件。
   A. .COM 和 .BAT B. .EXE 和 .BAT
   C. .COM 和 .EXE D. .EXE 和 .TXT

8. 在防火墙技术中，代理服务技术又称为（　　）。
   A. 帧过滤技术 B. 应用层网关技术
   C. 动态包过滤技术 D. 网络层过滤技术

9. 计算机病毒有哪几个生命周期（　　）。
   A. 开发期、传染期、潜伏期、发作期、发现期、消化期、消亡期

B. 制作期、发布期、潜伏期、破坏期、发现期、消化期、消亡期
C. 开发期、传染期、爆发期、发作期、发现期、消化期
D. 开发期、传染期、潜伏期、发作期、消化期、消亡期

10. 在视图上不能完成的操作是（　　）。
    A. 更新视图　　　　　　　　　　B. 查询
    C. 定义新的基本表　　　　　　　D. 定义新视图

11. 在 SQL 语言的 SELECT 语句中，用于对结果元组进行排序的是（　　）子句。
    A. GROUP BY　　B. HAVING　　C. ORDER BY　　D. WHERE

12. 数据库系统的数据独立性是指（　　）。
    A. 不会因为数据的变化而影响应用程序
    B. 不会因为系统数据存储结构与数据逻辑结构的变化而影响应用程序
    C. 不会因为存储策略的变化而影响存储结构
    D. 不会因为某些存储结构的变化而影响其他的存储结构

13. 层次型、网状型和关系型数据库的划分原则是（　　）。
    A. 记录长度　　　　　　　　　　B. 文件的大小
    C. 联系的复杂程度　　　　　　　D. 数据之间的联系

14. 中间件可以分为数据库访问中间件、远程过程调用中间件、面向消息中间件、实务中间件、分布式对象中间件等多种类型。Windows 平台的 ODBC 和 Java 平台的 JDBC 属于（　　）。
    A. 数据库访问中间件　　　　　　B. 远程过程调用中间件
    C. 面向消息中间件　　　　　　　D. 实务中间件

15. 下列关于 UML 叙述正确的是（　　）。
    A. UML 是一种语言，语言的使用者不能对其扩展
    B. UML 仅是一组图形的集合
    C. UML 仅适用于系统的分析与设计阶段
    D. UML 是独立于软件开发过程的

16. PC 服务器和小型机的关键区别是（　　）。
    A. 板卡数量和分区功能　　　　　B. 配套操作系统
    C. 处理器和内存配置　　　　　　D. CPU 指令集和硬件冗余设计

17. 关于 SAN 存储架构的实施，以下说法正确的是（　　）。
    A. 非常易于实现
    B. 实时价格非常低廉
    C. 是一种实施架构复杂，价格昂贵的解决方案
    D. 以上说法都是错误的

18. 下列说法最恰当地描述了变更管理和配置管理之间的关系的是（　　）。
    A. 配置管理与变更管理之间没有依赖关系
    B. 如果变更管理不和配置管理共同实施，会收效甚微
    C. 变更管理的实施不能离开配置管理

D. 变更管理和配置管理必须同时实施

19. 事故数据的趋势分析表明超过30%的事故有规律地重复发生。下列行动最有助于削减有规律重复发生事故的比率的是（　　）。

　　A. 一份向负责人解释问题管理重要性的陈述
　　B. 核实执行问题管理流程
　　C. 选择一种合适的工具更准确地记录所有事故
　　D. 给客户介绍专一的服务台号码，这样客户知道和谁联系

20. 亚马逊AWS提供的云计算服务类型是（　　）。

　　A. IaaS　　　　B. PaaS　　　　C. SaaS　　　　D. 以上皆是

二、多项选择题（下列各题的备选答案中，至少有两个正确选项，请将正确选项的字母填写在括号中，多选、少选、错选、不选均不得分。每小题2分，共20分）

1. 按照网络覆盖范围的大小可将网络分为（　　）。

　　A. 局域网　　　B. 卫星网　　　C. 广域网　　　D. 城域网

2. 交换机和集线器在外形上非常相似，下面是集线器所具备的特点的有（　　）。

　　A. 每个端口都能独享带宽　　　　B. 仅提供对网络设备连接的功能
　　C. 工作于网络层　　　　　　　　D. 所有的端口分享固有的带宽

3. 通过哪些命令可以给予和取消用户或者角色系统权限（　　）。

　　A. UPDATE　　　B. DELETE　　　C. GRANT　　　D. REVOKE

4. SQL SERVER的身份验证有哪些方式（　　）。

　　A. WINDOWS集成验证方式　　　　B. 混合验证方式
　　C. 加密验证方式　　　　　　　　D. 命名管道验证方式

5. 系统日志检测，一般可以检测出的问题包括（　　）。

　　A. 未授权的访问和异常登录　　　B. 隐藏账号信息
　　C. 未授权的非法程序或服务　　　D. Web的异常访问情况

6. 网络安全事件应急处置工作实行责任追究制，对（　　）行为给予处分。

　　A. 迟报　　　　B. 谎报　　　　C. 瞒报　　　　D. 漏报

7. 以下选项中无效的IP地址是（　　）。

　　A. 192.168.0.1　　　　　　　　B. 254.254.254.255
　　C. 126.168.1.254　　　　　　　D. 128.127.126

8. 下列是J2EE的体系的有（　　）。

　　A. JSP　　　　B. Java　　　　C. Servlet　　　D. WebService

9. 某网站的用户数据库泄露，影响数据总共数亿条，泄露信息包括用户名、MD5密码、密码提示问题/答案（hash）、注册IP、生日等。该网站邮箱绑定的其他账户也受到波及，如iPhone用户的Apple ID等。发生此类问题时，为避免受到更大损失，应该采取的措施有（　　）。

　　A. 立即登录该网站更改密码
　　B. 不再使用该网站的邮箱
　　C. 更改与该网站相关的一系列账号、密码

D. 投诉该网站
10. 下列选项中属于软件缺陷的有（　　）。
   A. 软件没有实现产品规格说明所要求的功能
   B. 软件中出现了产品规格说明不应该出现的功能
   C. 软件实现了产品规格没有提到的功能
   D. 软件实现了产品规格说明所要求的功能但因受性能限制而未考虑的可移植性问题

三、判断题(判断下列各题正误,正确的打"√",错误的打"×"。每小题2分,共计20分)
1. 程序设计语言是计算机可以直接执行的语言。（　　）
2. 网络中通常使用电路交换、报文交换和分组交换技术。（　　）
3. LAN和WAN的主要区别是通信距离和传输速率。（　　）
4. 防火墙是设置在内部网络与外部网络(如互联网)之间,实施访问控制策略的一个或一组系统。（　　）
5. 只要使用了防火墙,网络安全就有了绝对的保障。（　　）
6. 数据库DML操作包括DELETE、INSERT、MERGE等。（　　）
7. 只要投资充足,技术措施完备,就能够保证百分之百的信息安全。（　　）
8. Weblogic是遵循TCP/IP标准的中间件。（　　）
9. 从软件工程的角度讲,软件开发主要分为六个阶段:需求分析阶段、概要设计阶段、详细设计阶段、编码阶段、测试阶段、运行阶段。（　　）
10. 大数据的信息来自总样本,无须抽样,能全面准确反映样本的属性。（　　）

四、简答题(共2小题,每小题10分,共计20分)
1. 试比较分组交换与报文交换,并说明分组交换优越的原因。
2. 系统发生故障时,数据库该如何进行恢复?

五、综合案例题(共2小题,每小题10分,共计20分)
1. 在页式虚拟管理的页面替换算法中,对于任何给定的驻留集大小,在什么样的访问串情况下,FIFO与LRU替换算法一样(被替换的页面和缺页情况完全一样)?
2. 请用关系代数和SQL语言完成如下查询操作:
   C(cno,cname,type,credit,hours,ptno)
   TC(cno,cterm,teacher)
   S(sno,sname,sex,birth,native,spno)
   SC(sno,cno,grade)
   T(teacher,tme)
   (1) 查询选修了四门以上课程的学生学号。
   (2) 查询李四同学的籍贯。
   (3) 查询计算机系学生所选修的所有课程名称。
   (4) 查询所有学生的姓名及其选修课程的课程号。
   (5) 查询选修了全部课程的计算机系学生学号和姓名。
   (6) 查询2012年第1学期(2012-1)开出的课程编号,名称和学分。
   (7) 查询选修了所有课程的学生学号和姓名。

(8)查询每个学生的选修课程数、总成绩、平均成绩。
(9)查询选修"数据库技术与应用"的学生学号及成绩。
(10)找出"张三"的学号与成绩良好(＞85)的课程号与成绩。
(11)查询至少选修了一门直接选修课为"20102"课程的学生学号和姓名。

模拟试卷(八)答案及解析

一、单项选择题(下列各题的备选答案中,只有一个正确选项,请将正确选项的字母填写在括号中,多选、错选、不选均不得分。每小题1分,共20分)

1.【答案】A
【解析】ROM中的信息是由计算机制造厂预先写入的,只能读,不能写。

2.【答案】C
【解析】超文本传输协议的端口是80。

3.【答案】B
【解析】在计算机网络中,表示数据传输可靠性的指标是误码率。误码率越低,表示网络的传输可靠性越高。误码率一般缩写为 BER,即 Bit Error Ratio 的缩写,是衡量一定量数据在规定时间内数据传输精确性的指标。误码率＝传输中的误码/所传输的总码数×100%。

4.【答案】C
【解析】计算机网络建立的主要目的是实现计算机资源的共享,计算机资源主要指计算机硬件、软件与数据。

5.【答案】C
【解析】调制解调器(Modem)的主要功能是模拟信号与数字信号的转换。

6.【答案】C
【解析】互联网服务提供者和联网使用单位落实的记录留存技术措施,应当具有至少保存60天记录备份的功能。

7.【答案】C
【解析】文件型病毒传染的对象主要文件是.COM和.EXE。

8.【答案】B
【解析】代理服务技术又称为应用层网关技术。

9.【答案】A
【解析】计算机病毒的生命周期:开发期、传染期、潜伏期、发作期、发现期、消化期、消亡期。

10.【答案】C
【解析】视图上不能完成的操作是在视图上定义新的基本表。

11.【答案】C
【解析】在SQL语言的SELECT语句中,ORDER BY对结果元组进行排序。

12.【答案】B
【解析】数据库系统的数据独立性是指不会因为系统数据存储结构与数据逻辑结构的变化而影响应用程序。

13.【答案】D
【解析】层次型、网状型和关系型数据库的划分原则是数据之间的联系。

14.【答案】A

【解析】ODBC 和 JDBC 属于数据库访问中间件。开放数据库连接(Open Database Connectivity,ODBC)是微软公司开放服务结构(Windows Open Services Architecture,WOSA)中有关数据库的一个组成部分,它建立了一组规范,并提供了一组对数据库访问的标准应用程序编程接口(API)。Java 数据库连接(Java Database Connectivity,JDBC)是一种用于执行 SQL 语句的 Java API,可以为多种关系数据库提供统一访问,它由一组用 Java 语言编写的类和接口组成。

15.【答案】D

【解析】UML 的定义。

16.【答案】D

【解析】部分 PC 服务器也可能具有较多的板卡数量甚至硬分区功能;小型机一般安装配套 UNIX,但也可安装 PC 服务器使用的 Linux 等操作系统;两者的处理器和内存配置都可达到高水平;两者间关键的区别还是在于 CPU 指令集(小型机处理器采用 RISC 指令集)和硬件冗余度设计级别的不同。

17.【答案】C

【解析】在 SAN 解决方案中,除存储设备外,还需要网络连接部件——光纤交换机,所以价格昂贵。

18.【答案】B

【解析】变更管理和配置管理需要共同实施。

19.【答案】B

【解析】核实执行问题管理流程有助于削减有规律地重复发生事故。

20.【答案】D

【解析】亚马逊 AWS 是全球最大的云服务提供商之一,它提供各种类型的云计算服务。

二、多项选择题(下列各题的备选答案中,至少有两个正确选项,请将正确选项的字母填写在括号中,多选、少选、错选、不选均不得分。每小题 2 分,共 20 分)

1.【答案】ACD

【解析】计算机网络按照覆盖范围分为局域网、城域网和广域网。

2.【答案】BD

【解析】集线器(Hub)的主要功能是对接收到的信号进行再生整形放大,用以扩大网络的传输距离,同时把所有节点集中在以它为中心的节点上。它工作于 OSI 参考模型第一层,即物理层。集线器与网卡、网线等传输介质一样,属于局域网中的基础设备,采用 CSMA/CD 介质访问控制机制。用集线器组成的网络称为共享式网络,共享式以太网存在的主要问题是所有用户共享带宽,每个用户的实际可用带宽随网络用户数量的增加而减少。

3.【答案】CD

【解析】GRANT 授权,REVOKE 收回授权。

4.【答案】AB

【解析】SQL SERVER 的身份验证方法有:WINDOWS 集成验证方式、混合验证方式。

5.【答案】ACD

【解析】系统日志检测，一般可以检测出的问题有：未授权的访问和异常登录、未授权的非法程序或服务、Web 的异常访问情况。

6.【答案】ABCD

【解析】中央网信办及有关地区和部门对不按照规定制订预案和组织开展演练、迟报、谎报、瞒报和漏报网络安全事件重要情况或者应急管理工作中有其他失职、渎职行为的，依照相关规定对有关责任人给予处分；构成犯罪的，依法追究刑事责任。

7.【答案】BD

【解析】254.254.254.255 是广播地址，无效；128.127.126 是无效地址。

8.【答案】ACD

【解析】J2EE 现在更多使用的名字是 JavaEE，JSP 是 JavaEE 设计模式 MVC 中的显示部分；Servlet 是控制部分；WebService 是 JavaEE 的服务部分。

9.【答案】AC

【解析】应尽快采取登录该网站更改密码，更改与该网站相关的一系列账号、密码等措施，避免已泄露的用户名、密码被不法分子盗用。

10.【答案】ABC

【解析】软件缺陷是指存在的某种破坏正常运行能力的问题、错误或隐藏的功能缺陷。软件缺陷的主要类型有：软件没有实现产品规格说明所要求的功能；软件中出现了产品规格说明不应该出现的功能；软件实现了产品规格没有提到的功能；软件没实现虽然规格说明中未明确提及但应实现的目标；软件难理解，不易使用。

三、判断题(判断下列各题正误，正确的打"√"，错误的打"×"。每小题 2 分，共计 20 分)

1.【答案】×

【解析】程序设计语言编写的程序必须通过编译才能被计算机执行。

2.【答案】√

【解析】网络中通常使用电路交换、报文交换和分组交换技术。

3.【答案】√

【解析】LAN 和 WAN 的主要区别是通信距离和传输速率。

4.【答案】√

【解析】防火墙是设置在内部网络与外部网络（如互联网）之间，实施访问控制策略的一个或一组系统。

5.【答案】×

【解析】安全永远是相对的，永远没有一劳永逸的安全防护措施。

6.【答案】√

【解析】数据库 DML 操作包括 DELETE、INSERT、MERGE 等。

7.【答案】×

【解析】没有百分之百的信息安全。

8.【答案】×

【解析】Weblogic 是遵循 J2EE 标准的中间件。

9.【答案】×

【解析】从软件工程的角度讲,需求分析属于软件定义阶段,运行属于维护阶段,均不属于软件开发阶段。

10.【答案】×

【解析】大数据的信息来自总样本,需抽样,能全面准确反映样本的属性。

四、简答题(共 2 小题,每小题 10 分,共计 20 分)

1.【答案】

报文交换与分组交换的原理都是将用户数据加上源地址、目的地址、长度、校验码等辅助信息封装成 PDU,发给下个节点。下个节点收到后先暂存报文,待输出线路空闲时再转发给下个节点,重复该过程直到到达目的节点。每个 PDU 可单独选择到达目的节点的路径。

它们的不同之处在于:分组交换所生成的 PDU 的长度较短且是固定的,而报文交换的 PDU 的长度不是固定的。正是这一差别,使得分组交换具有独特的优点:①缓冲区易于管理;②分组的平均延迟更小,网络中占用的平均缓冲区更少;③更易标准化;④更适合应用,所以现在的主流网络基本上都可以看成分组交换网络。

2.【答案】

①正像扫描日志文件,找出在故障发生前已经提交的事务,将其事务标识记入 REDO 队列。同时找出故障发生时尚未完成的事务,将其事务标识记入 UNDO 队列。②对 UNDO 队列中的各个事务进行撤销处理。③对 REDO 队列中的各个事务进行重做处理。

五、综合案例题(共 2 小题,每小题 10 分,共计 20 分)

1.【答案】

由于驻留集大小任意,现要求两种算法的替换页面和缺页情况完全一样,这就意味着要求 FIFO 与 LRU 的置换选择一致。FIFO 是替换最早进入主存的页面,LRU 是替换上次访问以来最久未被访问的页面,这两个页面一致。也就是说,最先进入主存的页面在此次缺页之前不能再被访问,这样该页面也就同时是最久未被访问的页面。

例如,合法驻留集大小为 4 时,对于访问串 1、2、3、4、1、2、5,当 5 号页面调入主存时,应在 1、2、3、4 页中选择一个替换,FIFO 选择 1,LRU 选择 3。原因在于 1 号页面虽然最先进入主存,但由于其进入主存后又被再次访问,所以它不是最久未被访问的页面。如果去掉对 1 号页面的第二次访问,则 FIFO 与 LRU 的替换选择就相同。同理,当 5 号页面调入主存后,若再访问新的 6 号页面,则 2 号页面会遇到同样的问题。所以依此类推,访问串中的所有页面号都应不同,但应注意到,连续访问相同页面时不影响后面的替换选择,所以对访问串的要求是:不连续的页面号均不相同。

2.【答案】

(1) Select sno from sc group by sno having count(cno)>4

(2) Select NATIVE from s where sname='李四'

(3) Select cname from C where cno in(select cno from sc where sno in (select sno from s where spno='计算机系'))

(4) Select s.sname,sc.cno from s,sc where s.sno=sc.sno

(5) Select sno,sname from s where spno='计算机系'and not exists(select cno from c

where exists（select * from sc where sno=s.sno and c.cno))

(6)Select cno,cname gredit from c,t where t.tim='2012-1'

(7)Select sno,sname from s where not exists(select cno from c where not exists (select * from sc where Sno =s.sno and cno=c.cno))

(8)Select count(cno), sum(grade),avg(grade) from sc group by sno

(9)Select sno,grade from sc ,c where sc.cno=c.cno and cname='数据库技术与应用'

(10)Select cno,grade from sc,s where s.sname='张三'and s.sno=sc.sno and grade>85

(11)Select sno,sname from s where sno in(select sno from sc where cno in(select cno from c where ptno='20102'))

模拟试卷(九)

一、单项选择题(下列各题的备选答案中,只有一个正确选项,请将正确选项的字母填写在括号中,多选、错选、不选均不得分。每小题 1 分,共 20 分)

1. 计算机的技术指标有多种,而最主要的应该是(   )。
   A. 语言、外设和速度 B. 主频、字长和内存容量
   C. 外设、内存容量和体积 D. 软件、速度和重量
2. 与 Internet 相连接的计算机,不管是大型的还是小型的,都称为(   )。
   A. 工作站 B. 主机 C. 服务器 D. 客户机
3. 正确的电子邮件地址应为(   )。
   A. 用户名＋计算机名＋机构名＋最高域名
   B. 计算机名＋@机构名＋用户名
   C. 计算机名＋@用户名＋最高域名＋机构名
   D. 用户名＋@计算机名＋机构名＋最高域名
4. 在 Internet 中,主机的 IP 地址与域名的关系是(   )。
   A. IP 地址是域名中部分信息的表示 B. 域名是 IP 地址中部分信息的表示
   C. IP 地址和域名是等价的 D. IP 地址和域名分别表达不同的含义
5. 计算机网络最突出的优点是(   )。
   A. 运算速度快 B. 联网的计算机能够相互共享资源
   C. 计算精度高 D. 内存容量大
6. 信息安全阶段将研究领域扩展到三个基本属性,(   )不属于这三个基本属性。
   A. 保密性 B. 完整性 C. 不可否认性 D. 可用性
7. (   )对于信息安全管理负有责任。
   A. 高级管理层 B. 安全管理员
   C. IT 管理员 D. 所有与信息系统有关的人员
8. PKI 是(   )。
   A. Private Key Infrastructure B. Public Key Institute
   C. Public Key Infrastructure D. Private Key Institute

9. （　　）最好地描述了数字证书。
   A. 等同于在网络上证明个人和公司身份的身份证
   B. 浏览器的一项标准特性,它使得黑客不能得知用户的身份
   C. 网站要求用户使用用户名和密码登录的安全机制
   D. 伴随在线交易证明购买的收据

10. 设有关系模式 EMP（职工号,姓名,年龄,技能）。假设职工号唯一,每个职工有多项技能,则 EMP 表的主码是（　　）。
    A. 职工号　　　　　　　　　　　B. 姓名,技能
    C. 技能　　　　　　　　　　　　D. 职工号,技能

11. 在关系代数中,对一个关系做投影操作后,新关系的元组个数（　　）原来关系的元组个数。
    A. 小于　　　　B. 小于或等于　　　　C. 等于　　　　D. 大于

12. 在数据库中存储的是（　　）。
    A. 数据　　　　　　　　　　　　B. 数据模型
    C. 数据以及数据之间的联系　　　D. 信息

13. 数据库三级模式体系结构的划分,有利于保持数据库的（　　）。
    A. 数据独立性　　　　　　　　　B. 数据安全性
    C. 结构规范化　　　　　　　　　D. 操作可行性

14. 下列关于中间件的描述,不正确的是（　　）。
    A. 中间件位于客户机服务器操作系统内核中,提高内核运行效率
    B. 分布式应用软件借助中间件在不同的技术之间共享资源
    C. 中间件应支持标准的协议和接口
    D. 中间件是一种独立的系统软件服务程序

15. 面向对象技术中,关于封装的目的的说法,错误的是（　　）。
    A. 隐藏类的实现细节
    B. 通过定制好的方法（对象的接口）访问数据,可以方便地加入控制逻辑,限制对属性的不合理操作
    C. 便于修改,增强代码的可维护性
    D. 处理程序的非正常情况

16. 下列不属于 SAN 与 NAS 的差异的是（　　）。
    A. NAS 设备拥有自己的文件系统,而 SAN 没有
    B. NAS 适合于文件传输与存储,而 SAN 对于块数据的传输和存储效率更高
    C. SAN 可以扩展存储空间,而 NAS 不可以
    D. SAN 是一种网络架构,而 NAS 是一个专用型的文件存储服务器

17. RAID 5 相对 RAID 1 的优点是（　　）。
    A. 提升了写性能　　　　　　　　B. 故障后重建速度更快
    C. 磁盘利用率更高　　　　　　　D. 可靠性更高

18. 下列不是发布管理流程的目标的是（　　）。

A. 评估软件变更的影响

B. 紧密结合变更管理,与软件发布的内容一致

C. 设计和执行有效的分发程序,使整个组织接受软件的变更

D. 阻止软件病毒进入组织

19. 发生一个严重事故,指派的解决小组不能在约定时间内解决这个事故,事故管理经理被召集。下列升级形式可以描述上面的事件发生顺序的是(　　)。

A. 正式升级　　　　B. 功能性升级　　　　C. 结构性升级　　　　D. 运作升级

20. 下列关于容器与虚拟化技术的关系的描述,不正确的是(　　)。

A. 创建容器的速度比虚拟机要快　　　　B. 容器和虚拟机都具有高度可移植性

C. 容器是一种轻量级的虚拟化技术　　　　D. 容器与虚拟化技术不能同时使用

二、多项选择题(下列各题的备选答案中,至少有两个正确选项,请将正确选项的字母填写在括号中,多选、少选、错选、不选均不得分。每小题 2 分,共 20 分)

1. 以下关于 Internet 的描述中,正确的是(　　)。

A. 是一个互联网　　　　　　　　　　B. 是一个物理网

C. 是一个信息资源网　　　　　　　　D. 是一个局域网

E. 是一个以太网

2. 下列关于 WebLogic Server JDBC connection pool 的描述,正确的有(　　)。

A. 与数据库预先建好连接,是一个 ready-to-use 的 pool

B. 应用必须通过 DataSource 来访问 connection pool

C. 一个 connection pool 只能用于一个 application

D. connection pool 中的连接可以被共享和重用

3. (　　)是建立有效的计算机病毒防御体系所需要的技术措施。

A. 杀毒软件　　　　　　　　　　　　B. 补丁管理系统

C. 防火墙　　　　　　　　　　　　　D. 网络入侵检测

E. 漏洞扫描

4. 下列属于 Weblogic 主要目录的有(　　)。

A. user-projects 目录　　　　　　　　B. utils 目录

C. home 目录　　　　　　　　　　　D. bin 目录

5. 为了保障互联网的运行安全,对有下列行为之一的,构成犯罪的,依照刑法有关规定追究刑事责任(　　)。

A. 侵入国家事务、国防建设、尖端科学技术领域的计算机信息系统

B. 故意制作、传播计算机病毒等破坏性程序,攻击计算机系统及通信网络,致使计算机系统及通信网络遭受损害

C. 违反国家规定,擅自中断计算机网络或者通信服务,造成计算机网络或者通信系统不能正常运行

D. 非法截获、篡改、删除他人电子邮件或者其他数据资料,侵犯公民通信自由和通信秘密

6. 建设关键信息基础设施应当确保其具有支持业务稳定、持续运行的性能,并保证安全技术措施(　　)。

  A. 同步规划   B. 同步建设   C. 同步投运   D. 同步使用

7. 下列对关系的描述正确的是(　　)。

  A. 关系是一个集合   B. 关系是一张二维表

  C. 关系可以嵌套定义   D. 关系中的元组次序可交换

8. 关于模式和实例之间的关系，以下描述不正确的是(　　)。

  A. 模式的一个具体值称为模式的一个实例

  B. 模式是相对稳定的，而实例是相对变动的

  C. 实例反映的是数据的结构及其联系

  D. 模式反映的是数据库某一时刻的状态

9. 为了防治垃圾邮件，常用的方法有(　　)。

  A. 定期对邮件进行备份   B. 使用邮件管理、过滤功能

  C. 借助反垃圾邮件的专门软件   D. 避免随意泄露邮件地址电子申报

10. 在以下网络技术中，属于无线网络的是(　　)。

  A. VLAN   B. WSN   C. WMN   D. ATM

  E. FDDI

三、判断题(判断下列各题正误，正确的打"√"，错误的打"×"。每小题2分，共计20分)

1. CPU 的主要功能是进行算术运算，不能进行逻辑运算。(　　)
2. 双绞线不仅可以传输数字信号，而且也可以传输模拟信号。(　　)
3. 在局域网中，网络软件和网络应用服务程序主要安装在工作站上。(　　)
4. 在计算机上安装防病毒软件之后，就不必担心计算机受到病毒攻击。(　　)
5. 任意侵入计算机信息系统但是不修改或删除数据的行为不违法。(　　)
6. 在 SQL 查询语句中可以通过使用 HAVING 来进行条件限制。(　　)
7. 由于传输的内容不同，电力线可以与网络线同槽铺设。(　　)
8. JDBC 是 JVM 虚拟机之间连接的协议。(　　)
9. 文本组件分成三种：文本框、密码框和文本域，只有文本框和密码框可以放在 form 标记中用于接收文本数据。(　　)
10. 机器人是集机械、电子、控制、计算机、传感器、人工智能等多学科先进技术于一体的现代化智能装备。(　　)

四、简答题(共2小题，每小题10分，共计20分)

1. 通常情况下，计算机病毒主要是通过哪些途径进行传播的？
2. 在数据库中，视图与基本表二者存在着怎样的关系？

五、综合案例题(共2小题，每小题10分，共计20分)

1. 覆盖技术与虚拟存储技术有何本质不同？交换技术与虚拟存储技术中使用的调入/调出技术有何相同与不同之处？
2. 在页式虚存管理系统中，假定驻留集为 m 个页帧(初始所有页帧均为空)，在长为 p 的引用串中具有 n 个不同页号($n>m$)。对于 FIFO、LRU 两种页面置换算法，试给出页故障数的上限和下限，并举例说明理由。

模拟试卷(九)答案及解析

一、单项选择题(下列各题的备选答案中,只有一个正确选项,请将正确选项的字母填写在括号中,多选、错选、不选均不得分。每小题1分,共20分)

1. 【答案】B
   【解析】计算机的技术指标最主要的是主频、字长和内存容量。
2. 【答案】B
   【解析】与Internet相连接的计算机,不管是大型的还是小型的,都称为主机。
3. 【答案】D
   【解析】电子邮件地址为:用户名+@计算机名+机构名+最高域名。
4. 【答案】C
   【解析】IP地址和域名是等价的。
5. 【答案】B
   【解析】计算机网络最突出的优点是联网的计算机能够相互共享资源。
6. 【答案】C
   【解析】信息安全阶段将研究领域扩展到三个基本属性:保密性、完整性、可用性。
7. 【答案】D
   【解析】所有与信息系统有关的人员对于信息安全管理负有责任。
8. 【答案】C
   【解析】公钥基础设施技术(Public Key Infrastructure,PKI)。PKI技术采用证书管理公钥,通过第三方的可信任机构认证中心(Certificate Authority,CA),把用户的公钥和用户的其他标识信息捆绑在一起,在Internet网上验证用户的身份。
9. 【答案】A
   【解析】数字证书等同于在网络上证明个人和公司身份的身份证。
10. 【答案】A
    【解析】表的主码必须唯一,所以是职工号。
11. 【答案】B
    【解析】在关系代数中,对一个关系做投影操作后,新关系的元组个数小于或等于原来关系的元组个数。
12. 【答案】C
    【解析】在数据库中存储的是数据以及数据之间的联系。
13. 【答案】A
    【解析】数据库三级模式体系结构的划分,有利于保持数据库的数据独立性。
14. 【答案】A
    【解析】中间件是一种独立的系统软件服务程序,分布式应用软件借助这种软件在不同的技术之间共享资源,中间件位于客户机服务器的操作系统之上,管理计算资源和网络通信。
15. 【答案】D
【解析】处理程序的正常情况。
16. 【答案】C
【解析】SAN 和 NAS 都可以扩展存储空间。
17. 【答案】C
【解析】RAID 5 容量计算：$(n-1)/n$ 的总磁盘容量（n 为磁盘数）。RAID 1 容量计算：总磁盘容量的 50%。
18. 【答案】A
【解析】发布管理的主要目标是有效地执行变更计划，完成变更工作。选项 A，是变更管理工作的目标。
19. 【答案】C
【解析】事件升级分为：功能性升级（技术升级）和结构性升级（管理升级）。功能性升级，是指召集更高的技术资源通过技术手段处理和解决事故，结构性升级，是指召集更高的管理人员通过决策手段处理和解决事故。
20. 【答案】D
【解析】容器技术可以结合虚拟化技术同时使用。

二、多项选择题（下列各题的备选答案中，至少有两个正确选项，请将正确选项的字母填写在括号中，多选、少选、错选、不选均不得分。每小题 2 分，共 20 分）

1. 【答案】AC
【解析】Internet 是一个互联网，也是一个信息资源网。
2. 【答案】ABD
【解析】connection pool 中的连接可以被共享和重用，所以选项 C 错误。
3. 【答案】ABCDE
【解析】计算机病毒防御体系相关的技术有：杀毒软件、补丁管理系统、防火墙、网络入侵检测、漏洞扫描。
4. 【答案】ABC
【解析】bin 目录隶属于 user-projects 目录。
5. 【答案】ABCD
【解析】题目所列行为都会追究刑事责任。
6. 【答案】ABD
【解析】《中华人民共和国网络安全法》第三十三条规定："建设关键信息基础设施应当确保其具有支持业务稳定、持续运行的性能，并保证安全技术措施同步规划、同步建设、同步使用。"
7. 【答案】ABD
【解析】关系是一个集合，是一张二维表，关系中的元组次序可交换。
8. 【答案】ABD
【解析】模式又称概念模式或逻辑模式，对应于概念级，它是对数据库中全部数据的逻辑结构和特征的总体描述,是所有用户的公共数据视图(全局视图);数据库实例就是后台进程和数据库文件的集合。

9.【答案】BCD

【解析】定期对邮件进行备份不是防治垃圾邮件的方法。

10.【答案】BC

【解析】无线传感器网络(Wireless Sensor Networks,WSN)是一种分布式传感网络,WSN 中的传感器通过无线方式通信;WMN 是移动 Ad Hoc 网络的一种特殊形态,WMN 被写入了 IEEE802.16 无线城域网(Wireless Metropolitan Area Network,WMAN)标准中。

三、判断题(判断下列各题正误,正确的打"√",错误的打"×"。每小题 2 分,共计 20 分)

1.【答案】×

【解析】CPU 的主要功能是进行算术运算和逻辑运算。

2.【答案】√

【解析】双绞线不仅可以传输数字信号,而且也可以传输模拟信号。

3.【答案】×

【解析】在局域网中,网络软件和网络应用服务程序主要安装在服务器上。

4.【答案】×

【解析】在计算机上安装防病毒软件之后,计算机仍然可能受到病毒攻击。

5.【答案】×

【解析】侵入任意的计算机信息系统,即使不修改或删除数据也是违法的。

6.【答案】√

【解析】在 SQL 查询语句中可以通过使用 HAVING 来进行条件限制。

7.【答案】×

【解析】为保证安全,电力线不能与网络线同槽铺设。

8.【答案】×

【解析】JDBC 是以统一方式访问数据库的服务。

9.【答案】×

【解析】文本组件分成三种:文本框、密码框和文本域,它们都可以放在 form 标记中用于接收文本数据。

10.【答案】√

【解析】机器人是集机械、电子、控制、计算机、传感器、人工智能等多学科先进技术于一体的现代化智能装备。

四、简答题(共 2 小题,每小题 10 分,共计 20 分)

1.【答案】

通常情况下,计算机病毒主要是通过以下途径进行传播的。

(1)通过软盘等存储介质传播;

(2)通过游戏软件传播;

(3)通过网络传播;

(4)通过计算机硬件传播。

2.【答案】

视图是从一个或几个基本表导出的表,它与基本表不同,是一个虚表。数据库中只存放视图的定义,而不存放视图对应的数据。这些数据存放在原来的基本表中,当基本表中的数据发生变化,从视图中查询出的数据也就随之改变。视图一经定义就可以像基本表一样被查询、删除,也可以在一个视图之上再定义新的视图,但是对视图的更新操作有限制。

五、综合案例题(共 2 小题,每小题 10 分,共计 20 分)

1.【答案】

(1)覆盖技术与虚拟存储技术最本质的不同在于覆盖程序段的最大长度要受内存容量大小的限制,而虚拟存储器中程序的最大长度不受内存容量的限制,只受计算机地址结构的限制。另外,覆盖技术中的覆盖段由程序员设计,且要求覆盖段中的各个覆盖具有相对独立性,不存在直接联系或相互交叉访问;而虚拟存储技术对用户的程序段之间没有这种要求。

(2)交换技术就是把暂时不用的某个程序及数据从内存移到外存中去,以便腾出必要的内存空间或把指定的程序或数据从外存读到内存中的一种内存扩充技术。交换技术与虚存中使用的调出技术的主要相同点是:都要在内存与外存之间交换信息。交换技术与虚存中使用的调入技术的主要区别是:交换技术调入/调出整个进程,因此一个进程的大小要受内存容量大小的限制;而虚存中使用的调入/调出技术在内存和外存之间来回传递的是页面或分段,而不是整个,从而使得进程的地址映射具有了更大的灵活性,且允许进程的大小比可用的内存空间大。

2.【答案】

发生页故障的原因是当前访问的页不在主存,需要将该页调入主存。此时不管主存中是否已满(已满则先调出一页),都要发生一次页故障,即无论怎样安排,n 个不同的页号在首次进入主存时必须要发生一次页故障,总共发生 n 次,这是页故障数的下限。虽然不同页号数为 n,小于等于总长度 p(访问串可能会有一些页重复出现),但驻留集 m<n,所以可能会有某些页进入主存后又被调出主存,当再次访问时又发生一次页故障的现象,即有些页可能会出现多次页故障。最差的情况是每访问一个页号时,该页都不在主存,这样共发生 p 次故障。

所以,对于 FIFO、LRU 置换算法,页故障数的上限均为 p,下限均为 n。例如,当 m=3,p=12,n=4 时,有如下访问串:

1 1 1 2 2 3 3 3 4 4 4 4

则页故障数为 4,这是下限 n 的情况。

又如,访问串:

1 2 3 4 1 2 3 4 1 2 3 4

则页故障数为 12,这是上限 p 的情况。

模拟试卷(十)

一、单项选择题(下列各题的备选答案中,只有一个正确选项,请将正确选项的字母填写在括号中,多选、错选、不选均不得分。每小题 1 分,共 20 分)

1. 超市收款台检查货物的条形码属于计算机系统应用中的( )。
   A. 输入技术　　　　B. 输出技术　　　　C. 显示技术　　　　D. 索引技术
2. HTTP 的中文意思是( )。
   A. 布尔逻辑搜索　　　　　　　　　B. 电子公告牌
   C. 文件传输协议　　　　　　　　　D. 超文本传输协议
3. LAN 通常是指( )。
   A. 广域网　　　　B. 局域网　　　　C. 资源子网　　　　D. 城域网
4. IPv4 地址由( )位二进制数组成。
   A. 16　　　　B. 32　　　　C. 64　　　　D. 128
5. 国家作为顶级域名,中国的顶级域名是( )。
   A. cn　　　　B. ch　　　　C. chn　　　　D. china
6. 以下对计算机病毒的描述不正确的是( )。
   A. 计算机病毒是人为编制的一段恶意程序
   B. 计算机病毒不会破坏计算机硬件系统
   C. 计算机病毒的传播途径主要是数据存储介质的交换以及网络链接
   D. 计算机病毒具有潜伏性
7. 用于实现身份鉴别的安全机制是( )。
   A. 加密机制和数字签名机制　　　　B. 加密机制和访问控制机制
   C. 数字签名机制和路由控制机制　　D. 访问控制机制和路由控制机制
8. 一般而言,Internet 防火墙建立在一个网络的( )。
   A. 内部子网之间传送信息的中枢　　B. 每个子网的内部
   C. 内部网络与外部网络的交叉点　　D. 部分内部网络与外部网络的接合处
9. 安全扫描可以( )。
   A. 弥补由于认证机制薄弱带来的问题

B. 弥补由于协议本身而产生的问题
C. 弥补防火墙对内网安全威胁检测不足的问题
D. 扫描检测所有的数据包攻击,分析所有的数据流

10. 设属性 A 是关系 R 的主属性,则属性 A 不能取空值(NULL)。这是(　　)。
   A. 实体完整性规则　　　　　　　　B. 参照完整性规则
   C. 用户定义完整性规则　　　　　　D. 域完整性规则

11. 数据模型用来表示实体间的联系,但不同的数据库管理系统支持不同的数据模型。在常用的数据模型中,不包括(　　)。
   A. 网状模型　　B. 链状模型　　C. 层次模型　　D. 关系模型

12. 关系数据库管理系统应能实现的专门关系运算包括(　　)。
   A. 排序、索引、统计　　　　　　　B. 选择、投影、连接
   C. 关联、更新、排序　　　　　　　D. 显示、打印、制表

13. 在关系代数运算中,五种基本运算为(　　)。
   A. 并、差、选择、投影、自然连接　　B. 并、差、交、选择、投影
   C. 并、差、选择、投影、乘积　　　　D. 并、差、交、选择、乘积

14. 如果 Weblogic Server 启动时,JDBC 不能正常启动,则错误级别是(　　)。
   A. Info　　　B. warning　　　C. error　　　D. critical

15. 在面向对象开发方法中,用 UML 表示软件体系架构,用到5个视图:逻辑视图、构件视图、部署视图、(　　)。
   A. 使用视图和动态视图　　　　　　B. 用例视图和动态视图
   C. 用例视图和进程视图　　　　　　D. 静态视图和动态视图

16. 用于表示灾难发生后可恢复数据时间点的指标是(　　)。
   A. RIO　　　B. RTO　　　C. RPO　　　D. TCO

17. 下面 RAID 级别中,数据冗余能力最弱的是(　　)。
   A. RAID 5　　B. RAID 1　　C. RAID 6　　D. RAID 0

18. 下列工作提供服务、资产和基础架构的视图的是(　　)。
   A. 故障管理　　B. 问题管理　　C. 配置管理　　D. 变更管理

19. 下列属于"重大故障"的描述的是(　　)。
   A. 在找到规避措施前需要做根本原因分析的复杂故障
   B. 需要大量人员参与解决的故障
   C. 由资深经理记录的故障
   D. 有高优先级或对业务有重大影响的故障

20. 大数据的核心应用是(　　)。
   A. 告知与许可　　B. 预测　　C. 匿名化　　D. 规模化

二、多项选择题(下列各题的备选答案中,至少有两个正确选项,请将正确选项的字母填写在括号中,多选、少选、错选、不选均不得分。每小题 2 分,共 20 分)

1. 局域网的拓扑结构主要包括(　　)。
   A. 总线形　　B. 星形　　C. 圆形　　D. 环形

2. 组成计算机网络的资源子网的设备是（   ）。
   A. 联网外设　　　　B. 终端控制器　　　　C. 网络交换机　　　　D. 终端
   E. 计算机系统
3. 常用的数据交换技术包括（   ）。
   A. 线路交换　　　　B. 报文交换　　　　C. 基点交换　　　　D. 分组交换
4. 网络按通信方式分类，可分为（   ）。
   A. 点对点传输网络　　　　　　　　　　　B. 广播式传输网络
   C. 数据传输网络　　　　　　　　　　　　D. 复杂网络
5. 国家实行网络安全等级保护制度。网络运营者应当按照网络安全等级保护制度的要求，履行的安全保护义务有（   ）。
   A. 制定内部安全管理制度和操作规程，确定网络安全负责人，落实网络安全保护责任
   B. 采取防范计算机病毒和网络攻击、网络侵入等危害网络安全行为的技术措施
   C. 采取监测、记录网络运行状态、网络安全事件的技术措施，并按照规定留存相关的网络日志不少于六个月
   D. 采取数据分类、重要数据备份和加密等措施
6. 网络运营者应当制定网络安全事件应急预案，及时处置（   ）等安全风险；在发生危害网络安全的事件时，立即启动应急预案，采取相应的补救措施，并按照规定向有关主管部门报告。
   A. 网络漏洞　　　　B. 计算机病毒　　　　C. 网络攻击　　　　D. 网络侵入
   E. 系统漏洞
7. 以下各项中属于日常生活中的数据库应用系统的是（   ）。
   A. 银行业务系统　　B. 超市销售系统　　C. 大厦监控系统　　D. 教学管理系统
8. 以下关于文件管理的特点的描述不正确的是（   ）。
   A. 数据可以长期保存
   B. 通过文件系统管理数据，应用程序和数据之间不存在独立性
   C. 数据共享性差、冗余量大
   D. 数据的独立性较强，灵活性较高
9. 从技术上看，中间件可以为应用系统提供（   ）。
   A. 可靠性　　　　B. 可扩展性　　　　C. 可管理性　　　　D. 应用安全性
10. 下列说法中错误的有（   ）。
    A. Java 面向对象语言容许单独的过程与函数存在
    B. Java 面向对象语言容许单独的方法存在
    C. Java 语言中的方法属于类中的成员（member）
    D. Java 语言中的方法必定隶属于某一类（对象），调用方法与过程或函数相同

三、判断题（判断下列各题正误，正确的打"√"，错误的打"×"。每小题 2 分，共计 20 分）
1. 二进制数 101100 转换成等值的八进制数是 45。（   ）
2. 网络域名也可以用中文名称来命名。（   ）
3. TCP/IP 体系结构的应用层相当于 OSI/RM 的应用层和表示层。（   ）

4. 信息安全的层次化特点决定了应用系统的安全不仅取决于应用层安全机制,同样依赖于底层的物理、网络和系统等层面的安全状况。（　　）
5. 实现信息安全的途径要借助两方面的控制措施：技术措施和管理措施。从这里就能看出技术和管理并重的基本思想,重技术轻管理,或者重管理轻技术,都是不科学的,并且有局限性的错误观点。（　　）
6. 每个数据库至少应该有一个表空间,而一个表空间只能属于一个数据库,每个表空间只能有一个数据文件。（　　）
7. 管理 WebLogic 的时候,必须通过图形界面的 console 执行。（　　）
8. 接口在面向对象分析和设计过程中起到了至关重要的桥梁作用,系统分析员通常先把有待实现的功能封装并定义成接口,而后期程序员依据此接口进行编码实现。（　　）
9. 计算机软件是组成计算机系统的两大部分之一,是能够在计算机上运行的程序,能够被计算机识别和处理的数据及与程序和数据相关的各种文档的统称。（　　）
10. 物联网的处理技术应用于农业,可以对感知到的周边温度、湿度、光照进行分析,加以判断。（　　）

四、简答题(共 2 小题,每小题 10 分,共计 20 分)

1. 一般来说,哪些行为会危及计算机机房用户的安全？
2. 数据库的冷备份和热备份有哪些不同点？各自的优点是什么？

五、综合案例题(共 2 小题,每小题 10 分,共计 20 分)

1. 借助以下描述,画出图书借阅系统的 E-R 图。
   图书借阅系统中学生实体的属性有借书证号、姓名、专业、性别、出生日期、借书量、照片,图书实体的属性有 ISBN、书名、作者、出版社、价格、复本量、库存量,它们之间的联系是借阅。借阅的属性有索书号、借阅时间。一个学生可以借阅多种图书,一种图书可被多个学生借阅。
2. DMA 控制方式与中断控制方式的主要区别是什么？

模拟试卷(十)答案及解析

一、单项选择题(下列各题的备选答案中,只有一个正确选项,请将正确选项的字母填写在括号中,多选、错选、不选均不得分。每小题 1 分,共 20 分)

1. 【答案】A
   【解析】超市收款台检查货物的条形码属于计算机系统应用中的输入技术。

2. 【答案】D
   【解析】HTTP:超文本传输协议(Hyper Text Transfer Protocol,HTTP)是互联网上应用最为广泛的一种网络协议。所有的 WWW 文件都必须遵守这个标准。

3. 【答案】B
   【解析】LAN:局域网(Local Area Network)是在一个局部的地理范围内(如一个学校、工厂或机关内),将各种计算机、外部设备和数据库等互相连接起来组成的计算机通信网,简称 LAN。

4. 【答案】B
   【解析】IPv4 协议使用的是 32 位地址。

5. 【答案】A
   【解析】域名由两组或两组以上的 ASCII 或各国语言字符构成,各组字符间由点号分隔开,最右边的字符组称为顶级域名或一级域名,倒数第二组称为二级域名,倒数第三组称为三级域名,以此类推。顶级域名又分为三类:一是国家和地区顶级域名(country code Top-Level Domains,ccTLDs),目前 200 多个国家都按照 ISO3166 国家代码分配了顶级域名,如中国是 cn,日本是 jp 等。

6. 【答案】B
   【解析】计算机病毒会破坏计算机硬件系统。

7. 【答案】A
   【解析】用于实现身份鉴别的安全机制是,加密机制和数字签名机制。

8. 【答案】C
   【解析】Internet 防火墙建立在一个网络的内部网络与外部网络的交叉点。

9. 【答案】C
   【解析】安全扫描可以弥补防火墙对内网安全威胁检测不足的问题。

10. 【答案】A
    【解析】属性 A 是关系 R 的主属性,则属性 A 不能取空值(NULL)。这是实体完整性规则。

11. 【答案】B
    【解析】常用的数据模型:网状模型、层次模型、关系模型。

12. 【答案】B
    【解析】关系数据库管理系统应能实现的专门关系运算包括选择、投影、连接。

13. 【答案】C
    【解析】在关系代数运算中,五种基本运算为并、差、选择、投影、乘积。

14. 【答案】C

【解析】JDBC是以统一方式访问数据库的服务，错误级别是error。

15. 【答案】C

【解析】UML表示软件体系架构，用到5个视图：逻辑视图、构件视图、部署视图、用例视图和进程视图。

16. 【答案】C

【解析】一般而言，凡论及灾备方案，都以RTO及RPO作为最基本的标准。复原时间目标(Recovery Time Objective, RTO)是企业可容许服务中断的时间长度。比如，灾难发生后半天内便需要恢复，RTO值就是12小时；复原点目标(Recovery Point Objective, RPO)是指当服务恢复后，恢复得来的数据所对应的时间点。如果企业每天凌晨零时进行备份一次，当服务恢复后，系统内储存的只会是最近灾难发生前那个凌晨零时的资料。

17. 【答案】D

【解析】RAID 0是所有RAID规格中速度最快但可靠性最差的磁盘阵列模式。无冗余，无热备盘，无容错性，安全性低。

18. 【答案】C

【解析】配置管理的目标是计量所有IT资产，为其他服务管理流程提供系统、准确的信息，作为事故管理、变更管理和发布管理的基础，验证基础架构记录的正确性并纠正发现的错误。

19. 【答案】D

【解析】"重大故障"是有高优先级或业务有重大影响的故障。

20. 【答案】B

【解析】大数据预测是大数据最核心的应用。大数据预测的优势体现在它把一个非常困难的预测问题，转化为一个相对简单的描述问题，而这是传统小数据集根本无法企及的。

二、多项选择题（下列各题的备选答案中，至少有两个正确选项，请将正确选项的字母填写在括号中，多选、少选、错选、不选均不得分。每小题2分，共20分）

1. 【答案】ABD

【解析】局域网按照网络拓扑结构，可分为总线形网络、星形网络、环形网络等。

2. 【答案】ABDE

【解析】资源子网主要负责全网的信息处理数据处理业务，向网络用户提供各种网络资源和网络服务。为网络用户提供网络服务和资源共享功能等。它主要包括网络中所有的主计算机、I/O设备和终端，各种网络协议、网络软件和数据库等。

3. 【答案】ABD

【解析】常用的数据交换技术包括线路交换、报文交换、分组交换。

4. 【答案】AB

【解析】网络按照通信方式分为广播式传输网络、点对点传输网络（又称对等式网络）。

5. 【答案】ABCD

【解析】《中华人民共和国网络安全法》第二十一条规定："国家实行网络安全等级保护制度。网络运营者应当按照网络安全等级保护制度的要求，履行下列安全保护义务，保障网络免受干扰、破坏或者未经授权的访问，防止网络数据泄露或者被窃取、篡改：

(一)制定内部安全管理制度和操作规程,确定网络安全负责人,落实网络安全保护责任;(二)采取防范计算机病毒和网络攻击、网络侵入等危害网络安全行为的技术措施;(三)采取监测、记录网络运行状态、网络安全事件的技术措施,并按照规定留存相关的网络日志不少于六个月;(四)采取数据分类、重要数据备份和加密等措施;(五)法律、行政法规规定的其他义务。"

6.【答案】BCDE

【解析】《中华人民共和国网络安全法》第二十五条规定:"网络运营者应当制定网络安全事件应急预案,及时处置系统漏洞、计算机病毒、网络攻击、网络侵入等安全风险;在发生危害网络安全的事件时,立即启动应急预案,采取相应的补救措施,并按照规定向有关主管部门报告。"

7.【答案】ABD

【解析】大厦监控系统不属于日常生活中的数据库应用系统。

8.【答案】BD

【解析】文件管理不具有"通过文件系统管理数据,应用程序和数据之间不存在独立性"以及"数据的独立性较强,灵活性较高"的特点。

9.【答案】ABCD

【解析】可靠性:中间件提供一个坚固的系统运行环境,具有强大的故障恢复能力、系统重新启动和恢复能力、数据可靠传输能力等。可扩展性:中间件提供动态部署能力,涉及交易方式、应用程序配置、对象服务嵌入等。可管理性:中间件系统要实现有效的管理,管理内容包括应用服务器、操作系统进程和线程、数据库连接,以及网络会话等。应用安全性:中间件包括最终用户身份认证、节点连接的安全认证、应用程序的安全认证、管理界面的访问权限控制、数据加解密功能、安全事件报警等。

10.【答案】ABC

【解析】Java语言完全是面向对象的。

三、判断题(判断下列各题正误,正确的打"√",错误的打"×"。每小题2分,共计20分)

1.【答案】×

【解析】二进制数101100转换成等值的八进制数是54。

2.【答案】√

【解析】网络域名也可以用中文名称来命名。

3.【答案】×

【解析】TCP/IP协议的应用层对应于OSI/RM协议模型的应用层、表示层和会话层。

4.【答案】√

【解析】信息安全的层次化特点决定了应用系统的安全不仅取决于应用层安全机制,同样依赖于底层的物理、网络和系统等层面的安全状况。

5.【答案】√

【解析】实现信息安全的途径要借助两方面的控制措施:技术措施和管理措施。从这里就能看出技术和管理并重的基本思想,重技术轻管理,或者重管理轻技术,都是不科学的,并且有局限性的错误观点。

6.【答案】×

【解析】每个表空间可以有多个数据文件。

7.【答案】×

【解析】WebLogic可以通过命令执行操作。

8.【答案】√

【解析】接口在面向对象分析和设计过程中起到了至关重要的桥梁作用,系统分析员通常先把有待实现的功能封装并定义成接口,而后期程序员依据此接口进行编码实现。

9.【答案】√

【解析】计算机软件是组成计算机系统的两大部分之一,是能够在计算机上运行的程序,能够被计算机识别和处理的数据及与程序和数据相关的各种文档的统称。

10.【答案】√

【解析】物联网的处理技术应用于农业,可以对感知到的周边温度、湿度、光照进行分析,加以判断。

四、简答题(共2小题,每小题10分,共计20分)

1.【答案】

(1)不按照流程操作,肆意拔插电源,影响计算机安全;

(2)用户的不规范行为造成机器无法正常启动;

(3)违反机房上机管理制度造成设备不能正常运行;

(4)随意更改机器设备参数;

(5)利用网络潜入,故意破坏系统。

2.【答案】

(1)热备份针对归档模式的数据库,在数据库仍处于工作状态时进行备份。

(2)冷备份是指在数据库关闭后进行备份,适用于所有模式的数据库。

(3)热备份的优点在于当备份时,数据库仍旧可以被使用并且可以将数据库恢复到任意一个时间点。

(4)冷备份的优点在于它的备份和恢复操作相当简单,并且由于冷备份的数据库可以在非归档模式下工作,数据库性能会比归档模式稍好。

五、综合案例题(共2小题,每小题10分,共计20分)

1.【答案】

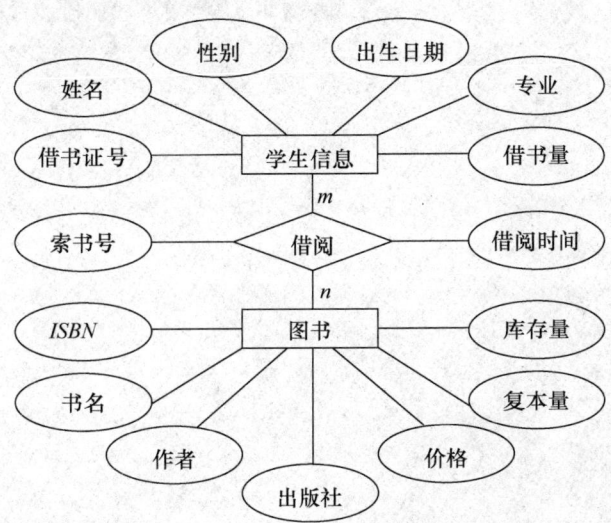

2.【答案】
DMA 控制方式与中断控制方式的主要区别为：
(1) 中断控制方式在每个数据传送完成后中断 CPU，而 DMA 控制方式则是在所要求传送的一批数据全部传送结束时中断 CPU。
(2) 中断控制方式的数据传送在中断处理时由 CPU 控制完成，而 DMA 控制方式则是在 DMA 控制器的控制下完成。不过，在 DMA 控制方式中，数据传送的方向、存放数据的开始地址及传送数据的长度等仍然由 CPU 控制。
(3) DMA 控制方式以存储器为核心，中断控制方式以 CPU 为核心。因此，DMA 控制方式能与 CPU 并行工作。
(4) DMA 控制方式传输批量的数据，中断控制方式传输则以字节为单位。